LES RICHIER

ET

LEURS ŒUVRES

LES RICHIER

ET

LEURS ŒUVRES

PAR

L'ABBÉ SOUHAUT

DOYEN DE LIGNY-EN-BARROIS
MEMBRE CORRESPONDANT DES SOCIÉTÉS ARCHÉOLOGIQUES DE NANCY
ET DE BAR-LE-DUC

L'OUVRAGE SE VEND
DANS TOUTES LES LIBRAIRIES CATHOLIQUES

1883

HOMMAGE

A SA GRANDEUR MONSEIGNEUR HACQUARD

ÉVÊQUE DE VERDUN

Monseigneur,

En 1869, Votre Grandeur me confiait l'église Saint-Étienne de Saint-Mihiel. Quatorze années passées à l'ombre des murs quatre fois séculaires de cet édifice, avaient étroitement resserré les liens qui unissent, pour la gloire de Dieu et le salut des âmes, une paroisse et un pasteur.

Je vivais pour cette église et surtout pour son Sépulcre, ce monument sans pareil, que lui avait légué le génie de Ligier Richier. Toute ma pensée était là, Monseigneur; mon cœur était voué à cette œuvre merveilleuse. Aussi, combien j'ai souffert de la trouver privée d'air, de lumière et de salubrité! Et quand les hommes éclairés, que la Providence avait chargés avec moi des destinées de l'église Saint-Étienne, entreprirent de lutter, dans cette grotte, contre l'action du temps et de l'humidité, combien je bénis les mains généreuses qui m'aidèrent dans la tâche difficile de sauver ce joyau de la renaissance chrétienne! Nos efforts ont été, j'ose le dire, couronnés d'un succès dont je suis fier.

Dès lors, j'avais espéré consacrer à cette chère église les années que la Providence daignerait encore m'accorder; mais votre sollicitude, Monseigneur, qui étreint, dans les liens d'une charité apostolique, toutes les paroisses de votre beau diocèse, en jugea autrement. Toutefois, en m'éloignant de Saint-Mihiel, Votre Grandeur ne me défendait point de conserver, toujours vivants au fond de mon cœur, le souvenir et l'amour du Sépulcre, et je sais quel bienveillant intérêt vous daignez accorder aux pages que je publie.

Ce sont mes méditations prolongées en face du groupe, que possède mon ancienne paroisse, qui m'ont inspiré le désir d'en révéler tout le mérite, au monde qui l'ignora trop longtemps.

Cette étude m'amena successivement à découvrir d'autres travaux, qui doivent exciter l'admiration des artistes, d'abord pour le grand Imagier lorrain, puis pour son école, encore moins connue que lui.

Aussi j'intitule mes recherches *les Richier et leurs œuvres*.

Je sais par expérience, Monseigneur, avec quel zèle pieux et quelle haute intelligence vous encouragez l'art religieux et l'appelez à la transformation des sanctuaires de votre diocèse. Je dépose donc avec confiance, aux pieds de Votre Grandeur, ces quelques pages, que leur imperfection aurait dû condamner à l'oubli, si le but qu'elles se proposent et les recherches qu'elles ont nécessitées, n'offraient en leur faveur une excuse et une recommandation.

Veuillez étendre sur elles, Monseigneur, et sur leur auteur, votre main paternelle, qu'un sacerdoce de cinquante années a suavement habituée à bénir.

Daignez agréer cet humble hommage des sentiments respectueux, dans lesquels je suis,

Monseigneur,

de Votre Grandeur,

le fils très-obéissant.

Ch. SOUHAUT.

Ligny-en-Barrois, 1ᵉʳ août 1883.

LES RICHIER

ET

LEURS ŒUVRES

CHAPITRE PREMIER.

INTRODUCTION.

Les œuvres du génie méritent d'être connues, et ne le sont pas toujours. — Plan du travail.

Le Sage, énumérant les titres qui recommandent les hommes à l'admiration de leurs contemporains et de la postérité, se garde bien d'oublier *les arts*, dont les œuvres inspirées font aimer à la grande famille humaine la vérité et la vertu. *Laudemus viros gloriosos, pulchritudinis studium habentes* (1).

L'histoire nous révèle, dans chaque siècle, l'apparition d'hommes exceptionnels, qui ont reçu de la Providence, avec des facultés extraordinaires, la mission évidente de travailler, en passant ici-bas, à éclairer les intelligences, à élever les cœurs.

Mais elle nous montre également que des noms et des œuvres, non moins dignes d'une mémoire impérissable que d'une admiration universelle, peuvent rester ensevelis dans un oubli complet, ou bien n'obtenir qu'une célébrité restreinte entre

---

(1) Louons les hommes illustres qui ont mérité la gloire par leur amour du beau. (*Eccli.*, XLIV.)

quelques montagnes; ou enfin, attendre des siècles, avant d'être inscrits dans les fastes des peuples.

La petite ville lorraine de Saint-Mihiel est justement fière d'avoir vu naître un de ces génies, qui créa par lui-même ou inspira à d'habiles artistes, ses compagnons et ses élèves, des chefs-d'œuvre de sculpture et de statuaire, que l'on admire dans les collections nationales de Paris, dans les églises et les musées de Nancy et de Bar-le-Duc, dans les sanctuaires d'Étain, de Clermont-en-Argonne, et de beaucoup d'autres localités moins connues, mais surtout à Solesmes (Sarthe) et à Saint-Mihiel.

C'est égal; en dehors de sa patrie, le grand *Imagier*, l'un des artistes les plus illustres du XVIe siècle, le sculpteur le plus éminent de la Lorraine, l'une des gloires de l'art en France et même dans le monde entier, fut « relativement le plus délaissé, » selon l'expression de M. Dumont (1).

Un fait, relaté par M. Victor Fournel dans l'*Artiste*, prouve combien peu l'auteur du *Sépulcre* est connu dans le monde. David d'Angers, passant par Saint-Mihiel, resta six heures en contemplation devant le chef-d'œuvre que possède l'église Saint-Étienne de cette ville. Il dut demander quel était le maître qui avait exécuté ce travail, et avoua que le nom de Ligier Richier lui était complètement inconnu (2).

Je voudrais, par des recherches sérieuses sur sa vie, ses œuvres et son école, relever la gloire d'un statuaire, digne à tous égards d'être proposé pour modèle aux artistes et surtout aux ateliers chrétiens.

Sans doute, depuis notre siècle, bien des plumes lui ont accordé des louanges, de tout point légitimes; mais en se contentant de lui consacrer quelques lignes, quelques pages, au plus quelques feuilles de courts opuscules. M. Justin Bonnaire, avocat très-distingué de Nancy, avait, dans un prospectus paru en 1840, annoncé qu'il allait publier un manuscrit sur Ligier Richier et ses œuvres; mais les circonstances l'ont empêché de réaliser son désir.

---

(1) *Histoire de Saint-Mihiel*, IV, 406.
(2) Novembre 1856.

C'est donc la première fois qu'un travail complet sur cet homme éminent réclame le bienveillant accueil des lecteurs, qu'un tel sujet doit intéresser, soit comme souvenir national, soit comme étude artistique, soit au point de vue religieux.

La tâche que j'entreprends m'impose, pour premier devoir, l'examen à fond de ce que la tradition peut apprendre sur la vie de Richier, de ceux qui travaillèrent sous sa direction, ou héritèrent de son talent.

En second lieu, je dois étudier les œuvres qu'une tradition légitime nous a habitués à regarder comme les productions de ces illustres imagiers.

Des découvertes nouvelles, ayant grossi ce catalogue, je dois leur accorder, dans cet ouvrage, la place qu'elles méritent.

A notre époque, une imitation servile de la nature, sans création d'idéal, ni élévation de sentiments, a fait dégénérer l'art dans ce qu'on appelle le *réalisme*. Mais les grands artistes, sentant ce qu'il y a d'étroit dans cet ordre d'idées, s'efforcent de revenir aux vrais principes, c'est-à-dire, d'unir la sublimité du fond au charme de la forme. Là seulement, l'art est la splendeur du beau.

Aussi, des hommes éminents, ayant bien voulu prendre connaissance de mon travail, lui ont promis bon accueil auprès des esprits sérieux, qui s'intéressent aux saines traditions de la sculpture, de la statuaire, et même de l'esthétique en général.

En parlant de Michel-Ange, Condivi, son biographe, disait : « Je plains les critiques qui veulent mesurer un géant à leur » taille de nain. » En face de cette menace, dont je sens à mon égard la juste application, mon premier mouvement serait de me contenter d'admirer et de sentir, sans raisonner, sans parler, sans écrire. Mais il semble que cette pusillanimité doit céder au besoin, non moins légitime, que j'éprouve, d'appeler l'attention de la France et du monde entier sur des merveilles jusqu'alors trop peu connues.

C'est pourquoi, loin d'avoir la présomption d'atteindre dans ces pages à la hauteur de mon sujet, je réclame plutôt l'indulgence des lecteurs, et déclare, en toute simplicité, que je recevrai avec reconnaissance les observations bienveillantes qui me seront adressées.

Les éclaircissements qui en résulteraient, m'aideraient à accélérer une seconde édition, qui, par des dissertations au point de vue historique, des analyses plus détaillées sous le rapport de l'art et la reproduction d'un plus grand nombre de *fac-simile*, mériterait encore meilleur accueil des artistes et des archéologues.

Quelques critiques, bornant leurs pensées au désir d'étudier dans les Richier l'époque de la belle Renaissance, me reprocheront peut-être le caractère religieux que je donne à mes pages; mais tout lecteur intelligent et impartial se convaincra bientôt que, vu l'esprit éminemment chrétien de Ligier Richier, une étude sérieuse de ses œuvres et de son école doit se placer au point de vue de la foi et des sentiments qu'elle inspire.

CHAPITRE II.

ORIGINE DE LIGIER RICHIER ET DE SES FRÈRES.

Nom de Ligier Richier. — Son pays natal. — Date de sa naissance. — Famille de Ligier. — Claude et Jean, frères de Ligier.

La première page de toute biographie doit redire le nom, la famille, la date de la naissance, le lieu natal de celui que l'on veut faire connaître. Or, dès ce début, nous rencontrons l'ignorance ou les hésitations des annalistes; et, si des documents authentiques ne nous donnent pas une solution positive de ces questions, nous ne pouvons proposer à nos lecteurs que des conjectures.

Le nom du chef de l'école Sanmihielloise est LIGIER RICHIER. Par inadvertance ou défaut de critique, on l'a désigné sous les noms de *Hugues* (1) et de *Ogier* (2). Mais le doute est impossible. Le musée de Bar-le-Duc possède une plinthe, sur laquelle l'artiste a gravé sa signature. Son nom se représente plusieurs fois dans les chartes, que le temps et les révolutions ont épargnées, soit de la maison ducale de Nancy, soit de l'abbaye de Saint-Mihiel, soit enfin des archives de la municipalité de cette ville.

En 1574, le cens payé par feu *maître Ligier Richier* est *imputé, par mutation,* sur la tête de son fils *Gérard Richier*. Rien n'est plus formel : *Richier* était son nom de famille : *Léger*,

---

(1) Additions au Théâtre historique de Gueudeville.
(2) Alex. Lenoir, p. 181.

Liégier ou *Ligier*, le prénom qu'il avait reçu au jour de son baptême.

Où Ligier Richier vit-il le jour?

Acceptant sans contrôle l'assertion de Dom Calmet, beaucoup d'écrivains de notre siècle et du siècle dernier, attribuèrent l'honneur d'avoir vu naître Ligier Richier à Dagonville, petit village situé entre Ligny et Saint-Mihiel.

Dans la réfutation de Dom Calmet, Chévrier affirme au contraire que « Ligier Richier, le dernier des grands hommes » que la Lorraine ait produits sous le règne de René II, et » peut-être le plus fameux sculpteur que l'Europe ait vu jus-» qu'alors, est né à Saint-Mihiel. »

En face de ces deux textes contradictoires, des annalistes préférèrent exprimer un doute, qu'il leur eût été facile de dissiper.

En effet, en 1530, le 15ᵉ jour d'août, le bon duc Antoine, venant à Saint-Mihiel pour les *Grands-Jours*, c'est-à-dire pour la session annuelle de son Parlement, faisait expédier à Ligier Richier un brevet dont voici le début : « Savoir faisons que, » pour le bon rapport que fait nous a été de la personne de » notre bien amé Liégier Richier, imaigier, *natif et à présent* » *demourant en ceste notre ville de Saint-Mihiel.* »

Peut-on désirer un document plus explicite? Ligier Richier était *natif de Saint-Mihiel et y demeurait.*

Je voudrais préciser à mes lecteurs la date de la naissance de notre grand artiste; mais, devant ce nouveau problème, je ne puis offrir que des probabilités.

Dom Calmet se tait sur ce point.

Chévrier assigne une date, et certes bien précise, le 4 avril 1506. Mais, en fait de chronologie, cet écrivain n'a réellement pas la plume heureuse, et, dès lors, mérite peu de confiance. D'ailleurs, un fait semble contredire son assertion. On sait que la première œuvre connue de Ligier porte, à Hattonchâtel, la date de **1523**. Or, il est difficile d'admettre qu'un jeune homme de dix-sept ans ait pu concevoir et réaliser un tel chef-d'œuvre. Puis, comment concilier cette date avec les années que Ligier dut consacrer à un voyage en Italie? Car il est impossible de ne pas reconnaître, dès son début dans sa noble carrière, des attaches sérieuses à l'école de Michel-Ange et de Raphaël.

M. Dumont et M. Lepage, voulant éluder ces difficultés, aiment mieux dire que Ligier est né vers 1500. Nous adopterons cette date, d'autant plus volontiers qu'une erreur de copiste aura pu, dans le texte de Chévrier, changer le zéro en six; car on sait qu'à cette époque, on élevait très-peu le linéament qui différencie ces deux chiffres.

D'ailleurs, la date de 1523 étant bien positive pour l'achèvement du groupe d'Hattonchâtel, le jeune artiste n'a pu l'exécuter en moins d'une année. En 1522, il était donc certainement à Saint-Mihiel. Accordons qu'il ait consacré, tant aux lenteurs du voyage qu'au séjour à Rome, un laps de deux ou trois années, il aurait pu partir de son pays natal vers 1519. Or, la date de 1500 étant admise pour sa naissance, il aurait eu, en 1519, l'âge où un artiste entreprend volontiers et avec profit, une pérégrination lointaine.

Cependant, absolument parlant, il est possible que Chévrier ait raison. En effet, deux siècles auparavant, Jacques de Revigny quittait le Barrois, à l'âge de quatorze ans, pour acquérir à Parme un nom illustre dans la jurisprudence. De même, dès sa dix-septième année, Raphaël avait peint le *San Nicolo de Tolentino* et d'autres toiles déjà remarquables.

Si le lecteur demande des détails sur la famille de Richier, il est impossible de rien préciser.

M. le Dr Bégin, à qui nous devons des recherches très-savantes sur Metz et la Lorraine, pense que le père de notre artiste était boulanger. Il appuie cette hypothèse sur le surnom de *Michier,* que la tradition, selon Dom Calmet, donnait à l'auteur du Sépulcre. Jouissant d'un des fours de la ville, comme locataire ou par droit de propriété, le père de l'artiste aurait préparé les *miches* ou les pains de ses concitoyens.

En tout cas, Dom Calmet, et plusieurs qui l'ont copié, ont commis une erreur grossière, en entachant les parents de Ligier Richier d'une adhésion apostate à l'hérésie génevoise. Est-il possible de faire naître, en 1500, Ligier Richier de parents calvinistes, quand ce fut seulement en 1536, que Calvin, né en 1509, publia son livre de l'*Institution chré-*

tienne? Au surplus, le fait est d'autant moins vraisemblable que, dès ses premiers débuts, le ciseau de notre artiste est exclusivement consacré à la statuaire religieuse, aux cloîtres et aux sanctuaires catholiques. Certes, à Hattonchâtel, à Étain, à Bar-le-Duc, à Pont-à-Mousson, à Saint-Mihiel, Richier ne se révèle pas à nous comme un *briseur d'images.*

« Dom Calmet n'avait donc pas vu le Sépulcre, s'écrie » M. Victor Fournel, il n'avait pas vu l'un des plus incontes- » tables monuments de l'art catholique, pour avoir pu insi- » nuer que Ligier Richier était calviniste (1)? »

Ligier avait-il des frères?

« On tenait par tradition, dit Dom Calmet, que les habiles » sculpteurs de Saint-Mihiel étaient trois frères. »

Les recherches de M. Dumont l'amenèrent à désigner des noms de *Claude* et de *Jean*, les collaborateurs de Ligier, sans préciser s'ils étaient ses frères ou ses neveux.

Nous établirons plus tard qu'en 1523, pour l'exécution du Calvaire dont nous avons déjà parlé, il y avait dans l'atelier des Richier un artiste, qui semble même, par la signature qu'il appose au travail, assumer la responsabilité de l'œuvre. C'était, à n'en pas douter, *Claude Richier*, et, vu les circonstances que nous relatons, le plus âgé des artistes. Pendant trente ans au moins, nous suivrons sa collaboration aux monuments qui proviennent de l'atelier Sanmihiellois. Tout porte donc à conclure que *Claude* et *Ligier* étaient frères, et nous les regarderons comme tels dans cette biographie, puisque la tradition s'accorde ici avec les grandes probabilités que nous venons de constater.

Je crois, qu'en suivant la même argumentation, des motifs identiques nous déterminent à voir *Jean Richier*, frère de Ligier Richier, dans le troisième artiste que nous admirerons à l'œuvre à Saint-Mihiel, à Nancy, à Solesmes, sous l'inspiration et la direction de ses aînés.

(1) *L'Artiste,* novembre 1856.

CHAPITRE III.

VOYAGE DES RICHIER A ROME.

Comment D. Calmet et M. Baillot expliquent ce voyage. — Causes plus naturelles auxquelles on peut l'attribuer. — Claude accompagne Ligier dans cette pérégrination.

Dom Calmet, se faisant l'écho d'une ancienne tradition sur Ligier Richier, dit que tout jeune encore, notre « artiste réus- » sissait si bien dans le dessin, qu'à l'âge de quinze ans, sans » avoir eu de maître, il dessinait parfaitement (1). »

Ces lignes ont inspiré à M. le capitaine Baillot, dans sa *Chronique du Barrois*, une lettre que M⁰ Ligier aurait écrite plus tard à un sien ami de Bar-le-Duc. J'en transcrirai ici un fragment, dans le but de dissuader mes lecteurs de toute confiance dans de tels romans, qui n'ont pour eux ni la vérité, ni même la vraisemblance.

« Privé fort jeune de mes père et mère, je fus recueilli » chez un mien oncle, qui me commit à la garde de ses » bestiaux. Or, dans cette vie de contemplateur oisif, je pas- » sais mes heures à modeler en terre de petites statues de » bergers, de brebis, de vaches, de chiens, de tous les objets » qui m'étaient familiers. Je faisais présent de ces œuvres à » tous les habitants de notre village, et plusieurs de ces pe- » tites figures furent portées jusqu'à Saint-Mihiel, et y furent » remarquées. »

(1) D. Calmet, *Histoire de Lorraine*, IV.

C'est très-intéressant, mon capitaine, et vous savez à merveille appliquer à Ligier Richier la légende de Giotto. Malheureusement, votre imagination seule a créé cette idylle. Mais il faut poursuivre la lecture du roman.

« Voilà qu'un jour, un beau laquais, tout bariolé d'or,
» vient de cette ville (de Saint-Mihiel), me chercher avec mon
» oncle, de la part d'un seigneur étranger, qui désirait me
» voir. Fort ébahi de cette visite, je me laissai cependant con-
» duire, et, arrivés à Saint-Mihiel, nous fûmes introduits
» près d'un homme à figure imposante et vêtu comme un duc,
» qui me parla de mon goût pour la sculpture, et me demanda
» si je voudrais le suivre en Italie pour étudier cet art. Je
» consultai mon oncle du regard et répondis que j'y consen-
» tais... Pendant le voyage, j'appris que mon nouveau pro-
» tecteur était le célèbre Michel-Ange Buonarotti. »

Cet à-propos merveilleux d'un voyage de Michel-Ange en Lorraine a été puisé dans la relation qu'un bénédictin de Saint-Mihiel, D. Grégoire Thomas, fit à D. Calmet, de ce qu'il avait appris sur Ligier Richier auprès d'un vieil armurier de la ville.

Mais si poétique que soit cet agencement de circonstances, il est plus ingénieux que vraisemblable. Lisez Vasari, l'ami et l'élève du grand-maître, Quatremère de Quincy et tous les biographes modernes, tous gardent le silence le plus absolu sur ce voyage. Or, on ne fera croire à personne qu'on aurait laissé dans un complet oubli un fait aussi important.

« Michel-Ange allait à Paris, » dit D. Calmet. Nous ne saurions admettre qu'une pérégrination d'un artiste aussi éminent ait pu s'accomplir, au milieu de la Lorraine et de la France, sans que les traditions des deux pays en aient conservé le souvenir.

Il y a bien d'autres hypothèses pour expliquer le voyage de Richier vers la Ville éternelle. Il a pu profiter du départ de quelques amis ou d'une pieuse caravane. Les Bénédictins ont pu confier le jeune Sanmihiellois à la protection de quelque membre de leur couvent, car la dévotion des pèlerinages où les intérêts de leur ordre conduisaient souvent les religieux *ad limina Apostolorum*.

Ligier dut peut-être cette faveur au crédit et aux libéralités du cardinal Raphaël de Volterre, qui résidait alors en Italie, après avoir été abbé titulaire du couvent des Bénédictins de Saint-Mihiel.

Enfin, pourquoi le duc Antoine, alors régnant en Lorraine, n'aurait-il pas accordé son insigne protection à ses jeunes sujets, que des facultés extraordinaires devaient appeler à illustrer son duché, dont la gloire lui était si chère?

Avant de nous transporter à Rome, observons que si le héros principal de cette pérégrination fut Ligier Richier, son frère aîné dut partager avec lui les fatigues du voyage, avec lui s'inspirer des merveilles que la Ville éternelle offrait alors aux regards étonnés du monde entier. En effet, en suivant les trois frères dans les travaux de leur atelier commun, nous nous convaincrons bientôt que le plus jeune, sans avoir été à Rome, s'étudiait à imiter Ligier, qui méritait à juste titre son admiration de préférence. Mais Claude avait dû rapporter d'un voyage au-delà des monts cette science architecturale, cet art de la sculpture, ce goût de l'ornementation, qui caractérisent ses œuvres dès l'installation des trois frères à Saint-Mihiel.

Par les facultés que la Providence avait départies aux deux voyageurs, elle préparait un atelier parfait. Apte surtout aux créations animées de la statuaire, Ligier voulait devenir un maître *imagier*; et pour encadrer richement dans la pierre les splendides images que taillerait son puîné, Claude aspirait à devenir *maître masson*, selon le langage de cette époque.

Cependant, c'est Ligier qui réclame tout spécialement notre attention dans ce voyage de Rome; car, aux pieds des maîtres, comme plus tard dans leur propre atelier, c'est à l'ombre de son génie, que ses deux frères développent leurs talents très-remarquables sans doute, mais d'un ordre inférieur.

CHAPITRE IV.

LES RICHIER A ROME.

Rome sous Léon X. — Michel-Ange et Raphaël. — La Renaissance. — La Physiologie, l'Histoire et la Théologie. — Jusqu'à quel point Ligier est élève de l'École italienne. — Ce que Claude rapporte de son voyage.

Si la Rome païenne avait vu, sous le règne d'Auguste, succéder à l'âge de fer l'âge d'or des arts et de la littérature; la Rome chrétienne de Constantin, de Charlemagne et des Papes était devenue, sous le pontificat de Léon X, un véritable musée, où tous les savants, tous les artistes apportaient à l'envi l'appoint de leurs découvertes et de leurs merveilleuses créations. Le spectacle féerique, que nos mœurs modernes cherchent périodiquement dans de splendides *expositions*, Rome ne cessait de l'offrir à ses enfants infatués de leur vieil orgueil, et à l'admiration des étrangers.

Mais deux hommes dominaient de la sublimité de leur génie, et je les appellerais volontiers les deux *Anges* de ce beau siècle, puisque tous deux avaient reçu au berceau le nom d'un ange.

Né en 1474, près de Florence, *Michel-Ange Buonarotti* s'était, dès ses débuts, élevé au premier rang dans les trois grands arts qui ont le dessin pour base, la sculpture, la peinture et l'architecture. La statue de *Moïse*, le tableau du *Jugement dernier*, la *Basilique de Saint-Pierre*, donneront à tous les siècles étonnés la mesure du géant.

A côté de lui, *Raphaël Sanzio*, né à Urbino en 1483, méritait à juste titre le surnom d'*Homère de la peinture*. Correct dans le dessin, comme son rival, l'auteur de la *Transfiguration* avait plus de grâce et de noblesse dans les figures, plus de finesse dans l'expression, plus de naturel dans les attitudes. On disait que l'ange de Tobie avait donné à Sanzio sa tendresse en même temps que son nom.

Tels étaient les maîtres de la grande école, à laquelle les deux frères Lorrains venaient demander l'inspiration et la vraie science de l'art. Guidé peut-être par les conseils de Michel-Ange, qui pourtant n'acceptait point de disciples, Ligier reçut, si l'on en croit D. Grégoire Thomas, les leçons d'un artiste habile dans la statuaire.

Mais, doué personnellement de facultés éminentes, que ses œuvres devront bientôt nous révéler, avait-il besoin d'un laborieux apprentissage, quand son œil observateur pouvait contempler à loisir la chapelle Sixtine, ce prodige du pinceau de Michel-Ange, cette page qui n'aura jamais de pendant dans le domaine de l'art humain ? D'un autre côté, Sanzio ne venait-il pas de terminer la décoration des salles du Vatican, avec cette pureté et cette fraîcheur de couleurs, cette suavité de détails et cette harmonie d'ensemble, qui lui auraient permis de disputer la palme, s'il avait possédé, au même point que son rival, l'originalité de la conception, le grandiose de l'idéal et la vigueur de l'exécution ?

A cette école, nos artistes, qui n'avaient guère connu jusque-là que la sculpture, la statuaire et la peinture du Moyen-âge, purent se convaincre de la profonde et complète révolution qui s'opérait dans les arts. L'antiquité païenne s'était bornée au charme de la forme. Luttant partout et sans relâche contre le sensualisme, le Moyen-âge n'avait accepté, pour la statuaire et la peinture, qu'une beauté idéale, où la nature disparaissait sous la touche du surnaturel. Dans un essor qui nous ravit encore d'admiration, la Renaissance s'efforçait d'emprunter aux anciens la pureté des contours, et certes, elle les surpasse en mérite, quand, sous le souffle du christianisme, elle surajoute à la régularité matérielle, au lieu du sensualisme des formes, le reflet de la vertu et de la sainteté.

Or, l'antiquité ayant puisé la perfection du dessin dans une profonde science anatomique, cette étude entrait indispensablement dans le programme de la nouvelle école.

Sans doute, il y avait au commencement du xvie siècle en Lorraine, comme en Bourgogne et en Flandre, des sculpteurs d'un grand talent, avec lesquels M. Ménard constate que l'atelier de Saint-Mihiel eut certaines affinités; mais pour sentir la haute nécessité de l'anthropologie et acquérir cette science, il fallait à nos artistes un séjour à Rome.

Non, ce n'était pas en Lorraine, où un tel enseignement aurait été plutôt réprouvé et maudit, que l'on pouvait suivre le scalpel d'hommes capables de révéler tous les secrets de notre organisme. L'ensemble du corps humain, les os qui en forment la charpente, les ligaments qui en rattachent les diverses parties, les muscles qui le revêtent, les veines et les artères qui le vivifient, les nerfs qui y déterminent le mouvement, l'œil attentif de Ligier sut tout étudier, tout approfondir, comme chaque coup de son ciseau le prouvera, depuis son début dans le castel d'Hatton, jusqu'à l'apogée de son génie dans la grotte du sépulcre à Saint-Mihiel.

Mais, s'il avait scruté avec une opiniâtreté persévérante notre économie organique, il s'était gardé de négliger d'autres études, non moins essentielles à l'artiste : la physiologie morale de l'homme, la connaissance de nos facultés intellectuelles, l'observation des passions humaines dans leurs élans les plus nobles, comme dans leurs excès les plus vils, et en même temps, les mystérieuses relations qui unissent le corps et l'âme.

Nous constaterons dans ses œuvres, qu'il avait acquis de l'histoire, de la Bible surtout, non une esquisse superficielle, mais une science suréminente. A Solesmes, en particulier, et au Sépulcre, nous pourrons nous convaincre que, ni les types d'Israël, ni la grâce antique de la Grèce, ni les profils sévères des Romains, n'avaient échappé à ses investigations universelles.

Bien plus, ce qui lui assure à jamais une supériorité incontestable dans l'art, et l'élève parmi les princes de la Renaissance chrétienne, c'est qu'il s'était appliqué à approfondir les mystères de la vie surnaturelle, l'action de la grâce sur l'âme et son reflet sur le corps comme sur toute la vie de l'homme.

Ayant lu dans les *Recherches sur l'art français* (1) que « le » grand sculpteur lorrain n'a pas été à Rome, » M. le Dr Bégin, dont on connaît l'admiration pour Ligier Richier, écrivit en note ces lignes remarquables : « Je pense que Richier fut » à Rome, et qu'après avoir *tâté* Michel-Ange et son réalisme » artistique, il revint en Lorraine spiritualiser le faire Italien, » et animer le ciseau par les inspirations lumineuses de la » foi. »

Homme de génie, il possède en lui-même une richesse extraordinaire de facultés qu'il développe, forme et enrichit par les études les plus sérieuses. Observateur de Michel-Ange et de Sanzio pendant son séjour à Rome, il s'inspire de la pureté de dessin et de la régularité anatomique, qu'il admire dans l'un, sans tomber dans le maniérisme dont sa perspicacité lui révèle l'exagération. Il sait emprunter à l'autre la pureté des contours, la vérité des émotions et la grâce de la composition. Il me semble que son cœur, répugnant à imiter l'énergie excessive du premier, le porte de préférence vers le style plus délicat du second ; mais, en même temps, une piété scrupuleuse le tient en garde contre le naturalisme où il le voit glisser.

Somme toute, il veut demeurer lui-même avec son originalité. Il trouve, dans son propre fonds, une grandeur de pensée, un pittoresque d'imagination, une vivacité de sentiment et un art de les traduire, qu'il mettra au service de Dieu et de la patrie.

Il quitte l'Italie avec reconnaissance pour les leçons de correction que ses maîtres lui ont données ; mais, sans accepter d'être tour à tour, comme eux, chrétien, profane et même païen, il veut rester lui-même, créer lui-même son école, et s'élever, par son génie religieux, au niveau, peut-être au-dessus des artistes de tous les siècles.

Claude accompagne son frère à son retour dans leur chère

---

(1) Page 85.

Lorraine. Riche des dessins qu'il a crayonnés à Rome, il rêve les rétables et les ciboriums aux étages variés ; les portiques aux colonnes enguirlandées et aux chapiteaux fantaisistes ; les arabesques délicates, où le règne végétal enlace, dans les plantes les plus capricieuses, des animaux, dont l'imagination crée et varie les formes ; tous ces décors enfin, toute cette ornementation qui caractérisent la belle renaissance, et qu'il met, comme Ligier, au service de la religion et de la patrie.

CHAPITRE V.

RETOUR DE LIGIER ET DE CLAUDE EN LORRAINE.

Motifs de ce retour. — Laissèrent-ils des œuvres à Rome. — Réfutation d'une calomnie. — Époque de ce retour. — Amour du pays natal. — Ville de Saint-Mihiel. — La Lorraine en 1522. — Les artistes Lorrains de cette époque. — Atelier des Richier.

Au milieu de la tristesse générale que causa dans la ville de Rome la mort prématurée de Raphaël (6 avril 1520), l'âme sensible de Ligier dut comprendre qu'en donnant le génie aux artistes, la Providence ne leur promet pas toujours une longue carrière; et que, s'il voulait consacrer lui-même ses talents au service de sa chère patrie, il lui fallait bientôt en reprendre le chemin. Et puis, la nostalgie ne naît-elle pas de la tristesse?

Il est possible aussi que les deux frères furent rappelés en Lorraine par quelque deuil personnel, dans ce temps où la peste visitait, comme périodiquement, la vallée de la Meuse. Or, en 1520, elle sévit cruellement à Saint-Mihiel.

N'ayant que des *peut-être* à enregistrer pour motiver le retour de Claude et de Richier, nous pouvons supposer le rappel de quelque puissant protecteur qui, en limitant ses libéralités, les obligea à mesurer le temps de leur séjour à Rome.

Enfin, pourquoi, dans leur instinct d'artistes, n'auraient-ils pas eu conscience qu'ils pouvaient désormais, sans avoir à rougir de leurs essais, se produire au milieu de leurs concitoyens, dessiner et sculpter pour leur bien-aimée Lorraine?

Avant de partir de Rome, y laissèrent-ils quelques vestiges de leur passage? On a prétendu que Ligier avait ébauché une *Léda* que Michel-Ange aurait achevée. On a écrit également qu'il y avait à Sainte-Marie-Majeure une statue de saint Michel, sculptée par notre artiste reconnaissant, en souvenir de son maître Italien et de son pays natal, voués tous deux par leur nom à la protection de l'Archange. Malheureusement les recherches les plus minutieuses dans les catalogues les plus autorisés, et de la part des personnes les plus expertes, n'ont point jusqu'ici confirmé ces allégations.

Cependant j'ai l'espérance que les efforts de M. Lallemant, dans le but d'arriver à quelque heureuse découverte, nous permettront bientôt de signaler des œuvres marquées du coin des Richier et laissées par eux à Rome, peut-être riches de leurs signatures ou inscrites sous leurs noms dans les volumineux catalogues soit de Rome, soit d'autres cités italiennes.

J'ai lu dans un misérable roman un épisode qu'il me répugnerait de rapporter; mais l'intérêt de la vérité m'oblige à en parler, pour en faire justice. Une plume, habituée sans doute à écrire des intrigues, nous représente Ligier, épris d'une jeune Italienne, la ramenant avec lui sur les bords de la Meuse, et en perpétuant partout le souvenir sous les traits ravissants de la Madeleine.

Avancer de ces choses sans en avoir la preuve, c'est calomnier. Or, je défie l'auteur de citer les documents où il a pris ce qu'il écrit. Comment concilier ces relations scandaleuses avec le mariage légitime que l'artiste contracte quelques années après son retour, sous le regard et la protection du duc Antoine lui-même? Comment voir dans la Madeleine du Sépulcre, sculptée probablement vers 1560, le portrait d'une Italienne, ravie à sa famille quarante ans auparavant? Que quelques artistes soient tombés malheureusement, victimes de leur réalisme, dans des écarts au point de vue des mœurs, l'histoire le déplore, mais est-il permis de couvrir de cette flétrissure la mémoire de Ligier, que l'on voit prolongeant ses méditations au Calvaire, y pleurant avec la Mère des douleurs, et n'imprégnant si profondément ses œuvres d'un parfum surnaturel, que parce que lui-même devait porter bien haut son intelligence par la foi et son cœur par la sainteté?

Il est incontestable qu'en 1523, Claude et Ligier posaient à Hattonchâtel un magnifique rétable, taillé par leurs ciseaux dans des blocs de pierre de leur pays natal. Or, ce travail ayant dû coûter une année de méditation et d'exécution, on peut affirmer que, dès 1522, Ligier et son frère étaient de retour à Saint-Mihiel.

Des hommes qui ne comprennent pas combien le sentiment national est fort dans certaines âmes, se demandent pourquoi nos artistes, après la traversée des Alpes, n'ont pas pris le chemin de Paris, où ils auraient trouvé une protection plus efficace et des confrères illustres, tels que Cousin, Goujon et Pilon; pourquoi du moins n'ont-ils pas préféré pour séjour Nancy, cette autre capitale, qui aurait certainement procuré plus de ressources à leur talent, plus d'éclat à leur gloire artistique. Non, il est des caractères sensibles, pour lesquels rien ne peut compenser le souvenir, les joies, les affections du pays natal.

Suivons-les donc à Saint-Mihiel.

Bâtie sur la rive droite de la Meuse, la petite cité avait d'ailleurs des attraits bien légitimes pour des âmes ardentes. Claude et Ligier durent tressaillir de joie en revoyant *le Camp des Romains* qui domine la vallée; les sinuosités du fleuve au milieu de vastes prairies; le château, flanqué de tours, que la duchesse Sophie avait construit, plutôt pour maintenir la ville que pour la protéger; le prieuré, qui couronnait la pente abrupte de la montagne Saint-Blaise, et plus loin, les sept falaises, appelées par le vulgaire *Hottes du diable*.

Dans le vallon arrosé par la Marsoupe, les Bénédictins avaient, depuis cinq siècles, construit la célèbre abbaye que saint Michel avait demandée là au bienheureux Vulfrade, et qui élevait noblement, au-dessus des édifices consacrés à d'autres ordres plus récents, sa tour romane et ses deux flèches gothiques. Avec plus de joie encore, enfants de Saint-Mihiel, ils contemplaient le beffroi de la chère église paroissiale, où ils avaient reçu les grands bienfaits de la vie chrétienne. Autour de l'abside de Saint-Étienne, se dressaient de vastes échafaudages, car les ouvriers élevaient déjà les contreforts et partageaient en baies flamboyantes, les larges fenêtres qui avaient atteint leur hauteur.

A cette vue, Richier se prit à rêver quelles merveilles il demanderait à son ciseau pour payer son tribut filial au nouveau sanctuaire.

Les deux frères pouvaient donc être fiers de leur patrie. D'ailleurs, n'était-ce pas dans ses murs que les *Grands Jours* ramenaient, bien souvent, autour de leur Souverain, pour les assises solennelles du Parlement, tous les gens de cape, de robe et d'épée du Barrois?

C'est à Saint-Mihiel que les nobles ducs frappaient à leur effigie les monnaies barisiennes.

Enfin, cette ville était la dernière étape des pieux Lorrains dans leurs pèlerinages annuels au sanctuaire de Benoîtevaux.

Oui, Saint-Mihiel avait des charmes pour les jeunes artistes, alors même que les liens du sang, de l'amitié et de la reconnaissance ne les y auraient point rappelés.

Mais, en vouant leur ciseau à leur pays natal, ils n'entendaient pas oublier la grande patrie Lorraine.

A cette époque, Antoine, en réalité duc de Lorraine et de Bar, pour mémoire roi de Jérusalem et de Sicile, avait succédé à son père René II. Allié à la cour de France par son mariage avec Renée de Bourbon, il prendra d'abord le parti de François Ier contre Charles-Quint, dans leur lutte au sujet de l'Empire, mais pour se rapprocher bientôt de l'Allemagne, comme les intérêts Lorrains le lui recommandaient.

Depuis trois ans déjà, la reine-mère, Philippe de Gueldres, consacrant à Dieu son veuvage, sous l'humble habit des Clarisses, dans leur couvent de Pont-à-Mousson, faisait l'admiration du monde catholique par la sublimité de ses vertus.

D'ailleurs, la Lorraine, jouissant enfin de la paix, après la terrible invasion de Charles le Téméraire, se ressentait de l'élan général qui, à cette grande époque, ressuscitait les beaux-arts; mais, profondément chrétienne, la patrie de Godefroi de Bouillon et de la Pucelle d'Orléans, n'accepta de la Renaissance que le réveil des artistes et la correction de leur travail, pour garder son caractère catholique et national.

Alors, l'architecte *Jehan de Rancouval* ayant dressé la flèche de la mutte de Metz, on achevait le transept et l'abside de cette basilique. Là était l'abbé *Grandjean*, qui sculptait son œuvre splendide, l'*Enseignement de Sainte-Anne.*

Les admirateurs de *Jacquemin Rogier* de Commercy terminaient la cathédrale de Toul, dont il avait élevé un siècle auparavant le portail et les tours. On lisait sur sa tombe :

> Ceux qui usent d'art et useront
> Moult renommés sont et seront.

Si la gloire de ces grands hommes a été moult renommée de leur vivant, tant mieux ; l'honneur qu'ils ont reçu de leurs contemporains compense l'oubli presque universel, dans lequel les laisse l'ingratitude de la postérité.

L'histoire des arts, à cette époque, cite *Simon Moyset* dont le génie créa à Saint-Nicolas-du-Port un édifice d'autant plus cher à tout le duché, que c'était bien le sanctuaire de la Lorraine.

Moins connu, l'abbé *Etienne Bourgeois*, prieur de Saint-Vanne, dirigeait à Verdun une école vouée aux beaux-arts, et sa haute intelligence inspirait les travaux réalisés alors dans les cloîtres bénédictins. Il mourut en 1552.

La peinture était en grande estime à la cour du duc Antoine qui savait en rémunérer les travaux. Après *Hugues de la Faye* dont le pinceau décora splendidement la résidence ducale, vinrent *Médard Chuppin* et *Claudin Crock*, qui reçurent chacun de la libéralité du duc François Ier la somme, considérable pour le temps, de cent francs barrois, afin de pouvoir se rendre en Italie, comme l'avaient fait nos Richier, et s'y perfectionner.

Ce *Claudin*, fils de Jean Crock, *tailleur et maître de pourtraitures et imaiges*, se livra de préférence à la peinture. Son frère *Martin* fut surtout sculpteur et employé à décorer les résidences ducales.

Dans une autre sphère, le peintre verrier *Valentin Bousck*, qui trépassa à Metz en 1541, embellissait de verrières les sanctuaires de la région.

Les historiographes lorrains, à qui nous empruntons ces détails, nous rappellent encore que l'atelier des Richier eut deux autres émules souvent heureux. *Mansuy Gauvain*, qui sculptait le bois et la pierre, débuta par le groupe de *Notre-Dame de Bon-Secours*, dont la ville de Nancy possède l'original, et celle de Saint-Mihiel la reproduction.

L'autre rival de Ligier, ou plutôt son ami et peut-être son élève, car ils travaillaient souvent sous le même toit, fut le barisien *Paul Gaget* (1500-1561). « Pour mieux le louer, dit » Chévrier, je dirai que ses ouvrages ont été souvent confon- » dus par les connaisseurs avec ceux de Richier (1). »

Nos lecteurs, qui n'ignorent pas les habitudes du Moyen-âge, apprendront, sans en être étonnés, qu'un noble *compagnonnage* liait ensemble tous les artistes, ou plutôt leur donnait droit d'entrée et de coopération dans des associations. Les centres principaux de ces *confrairies des beaux-arts* dans la Lorraine étaient la maison du chanoine *Lud* à Saint-Dié, le *Cercle de Villefranche* à Metz, le cloître de l'abbé *Bourgeois* à Verdun, le palais ducal à Nancy.

Les chroniqueurs, les philologues, les poètes, les sculpteurs, les peintres, les architectes, les musiciens se réunissaient là, formant des cercles d'hommes dévoués aux sciences, aux lettres et aux arts.

Ils organisaient les fêtes publiques, jouaient les mystères, aidaient aux travaux typographiques.

Or, M. Bégin a lu le nom de Mᵉ Ligier Richier dans une liste de l'association messine. Ce parchemin, écrit à l'époque même, n'indique malheureusement pas si notre artiste assistait à cette réunion, à titre de membre habituel, ou comme simple visiteur.

Le lecteur me pardonnera ces digressions, qui le mettent mieux à même de connaître la patrie et l'époque de Ligier Richier.

Désormais nous entrons dans l'atelier de Saint-Mihiel, et

---

(1) *Mémoires sur les hommes illustres de Lorraine*, I, 107.

nous contemplons les trois frères à l'œuvre, car Jean, le plus jeune, attend là ses aînés, et nous constaterons plus loin qu'il fut un heureux élève et un habile collaborateur.

Nous ne pouvons nous attendre à voir, autour d'eux, les marbres dont le sol italien est si généreux. Heureusement les vallons boisés du voisinage mettaient à leur disposition des chênes séculaires, faciles à travailler; et les vergers étaient peuplés de noyers, dont le bois, lisse et compacte, se prêtait volontiers à la sculpture.

Les entrailles de la terre leur offraient aussi à Savonnières-en-Perthois, à Sorcy et à Verdun, une pierre très-fine de grain et facile au ciseau.

Mais, dans la campagne même de Saint-Mihiel, non loin de la porte de Nancy, dans le pli de terrain appelé encore *la Vaux*, une carrière, alors en pleine exploitation, leur procurait une pierre d'une extrême finesse, très-tendre, légèrement rosée, capable, après dessiccation, de résister à la gelée, susceptible du poli le plus parfait.

N'était-ce pas là une mine précieuse pour Ligier Richier, pour ses frères, et, pendant trois siècles, pour les héritiers de leur art?

Il me semble que des fouilles intelligentes remettraient en lumière cette carrière de la Vaux, que nos artistes Sanmihiellois ont si longtemps exploitée. On dit qu'un commandant de cavalerie, il y a environ un siècle, n'ayant pas le temps d'enterrer ses chevaux atteints d'un mal contagieux, les fit abattre dans les galeries souterraines de cette carrière, et en combla au plus vite l'orifice (1).

(1) Les cultivateurs des faubourgs de Saint-Mihiel désignent cet endroit sous le nom de Carrière de la Vache, prouvant, par cette dénomination, qu'ils ont conservé, depuis un siècle, l'habitude d'enfouir dans ce vallon les bestiaux qu'ils sont forcés d'abattre.

CHAPITRE VI.

LE CALVAIRE A HATTONCHATEL.

Le castel d'Hatton. — Vue générale du rétable.

I. Le portement de croix. — Sujet de l'épisode. — Le Christ. — Les bourreaux. — Les amis du Sauveur. — Étude artistique de ce groupe.
II. Jésus sur la croix. — Le génie de Ligier. — Sujet du second épisode. — Le crucifix. — La *Mater dolorosa*. — Saint Jean et les trois Marie. — Le centurion et Longin. — Les ennemis du Christ.
III. La sépulture. — Le groupe. — Maître Gauchon et saint Maur.
IV. Étude architecturale. — Plan et détails. — Écu de Lorraine. — Inscription. — Date. — Signature de Claude.
V. Un dernier mot sur le Calvaire de Hattonchatel. — Peinture du travail. — Date de sa pose. — Il est trop peu connu.

C'est l'église de Hattonchâtel qui possède la première en date des œuvres connues de l'atelier créé par nos Richier.

A dix-huit kilomètres de Saint-Mihiel, au milieu de cette ligne de montagnes escarpées qui s'étendent de Toul à Verdun, et séparent la vallée de la Meuse des plaines de la Woëvre, s'élevait sur un sommet proéminent, une citadelle bâtie par un évêque de Verdun, qui lui donna son nom. A l'époque que nous étudions, le chevalier René de Gueupf avait la garde du castel, dont il commandait le poste militaire. Mais, dans l'intérieur de la forteresse, florissait une collégiale dont le doyen s'appelait alors messire Gauchon.

Gravissons la montagne. Les tours crénelées du castel ne la couronnent plus; mais la vieille église est toujours là, avec une partie de son cloître. C'est au chevet de ce vieux monument du xive siècle, que nous devons trouver l'objet de notre première recherche.

Nos yeux l'aperçoivent, sous une fenêtre à triple ogive, derrière un maître-autel de goût moderne. Ici, comme partout, sous prétexte de réparation, on a remplacé par des marbres sans style, les pierres d'un autre âge. Heureusement, les mains des démolisseurs ont pu renverser le vieux tombeau, sans dégrader le rétable, dont les préjugés du commencement du xixe siècle empêchaient pourtant d'apprécier tout le mérite.

Derrière cette grille de fer qui le protège, voilà ce chef-d'œuvre, que la plupart de nos artistes ignorent encore aujourd'hui; et comment le connaîtraient-ils, quand le nom de ses auteurs n'a pas même une ligne dans beaucoup de nos biographies, même les plus complètes?

C'est égal; après un court instant d'hésitation, on sent que tout y séduit les yeux, que tout y charme l'âme. Là, où d'abord on ne remarquait rien, on ne se lasse plus d'admirer. Le travail est si fini dans chaque personnage! les caractères et les sentiments ont tant de netteté! On est frappé de l'élévation des uns, de l'opposition relative des autres, de l'harmonie générale de la composition, de l'architecture elle-même, si régulière dans les dessins, si riche dans les ornements.

Le Sauveur du monde *chargé de sa croix*, *crucifié*, puis *enseveli* : voilà le grand drame que Ligier Richier offre ici à nos méditations avec une admirable unité, à laquelle les caractères particuliers des trois épisodes ajoutent leurs charmes.

Négligeons un instant l'agencement général de l'œuvre au point de vue architectural, pour satisfaire au plus vite l'avidité de nos regards, par la contemplation détaillée de cette triple image.

I. *Le portement de croix.*

Sur la voie que le Christ parcourut pour monter au Calvaire, se succédèrent des scènes émouvantes. Ligier a le secret d'en réunir plusieurs en un même épisode, où éclatent sa foi et son génie. Le Sauveur succombe sous le faix de la croix et, plus encore, sous l'accablement de la tristesse; dans ce moment d'angoisse, il reçoit de la généreuse Véronique un témoignage de dévouement; mais il récompense à l'instant même sa pieuse compassion par le miracle de la *Sainte Face.*

Artistes et chrétiens, efforçons-nous de saisir tous les détails de cette scène singulièrement dramatique.

Nous admirons la tête du Christ, où se peignent à la fois des tortures indicibles et pourtant le reflet de la divinité. Les genoux du Dieu victime, ayant fléchi sous le bois du supplice, son corps entier a dû s'affaisser; mais sa main droite, le retenant dans cette chute, lui permet de soulever vers nous son noble front couronné d'épines. Jusque sous la croix, que sa main gauche étreint avec amour; jusqu'au milieu des bourreaux, qui lui ont pressé les reins d'une corde, dont les extrémités aident à leur fureur pour le harceler, le Verbe de Dieu fait chair adresse à la terre la parole de justice et de vérité. Ce qu'il dit alors aux saintes femmes, l'Évangile le rapporte (1) comme une prophétie qui devait poursuivre Jérusalem et, dans tous les siècles, les complots d'une perversité déicide.

Cette majesté de la victime contraste avec la frénésie des deux satellites, que la rage des Juifs a chargés d'exécuter la plus impie des sentences. L'un des deux supporte de la main gauche les pièces énormes du gibet; son autre bras, levé sur le Christ, tient convulsivement un marteau, dont il veut déjà le frapper. Au feu qui jaillit des yeux, au grincement des dents, à la crispation des traits, on sent dans ce malheureux le paroxysme de la fureur.

Le second satellite, qui a reçu au prétoire les clous destinés au crucifiement, les porte dans une main; de l'autre il soutient par le sommet l'instrument du supplice.

Mais il y a là des cœurs compatissants pour consoler le Sauveur. Au pied de la croix, et prêt à s'en charger, ne reconnaissez-vous pas, à ses vêtements d'étranger et à la piété de son allure, Simon le Cyrénéen, que la grâce a touché dès l'instant où lui-même a touché la croix?

---

(1) Saint Luc, xviii, 27.

Voici Véronique, agenouillée dans le respect de l'adoration devant la *Sainte Face*, dont le Sauveur a daigné laisser l'effigie sur le voile, qu'elle avait approché de son visage. Quelle expression dans la physionomie de cette sainte femme ! Quelle noble affection dans son regard ! Que de respect dans son attitude ! mais aussi, quelle délicatesse dans le ciseau de l'artiste qui a su rendre, trait pour trait, sur le lin de Véronique, la figure admirable du Sauveur !

S'avançant au-dessus de sa compagne, dans le désir de contempler cette empreinte miraculeuse, Madeleine a bien, au milieu des saintes femmes, la place que le repentir lui a méritée. A la suavité du visage, aux flots de la chevelure, aux grâces de la taille, vous retrouvez la courtisane de Magdala, en même temps qu'un reflet surnaturel répandu sur toute cette personne, vous fait admirer la pénitente de l'Évangile.

Une troisième Israélite, dont la coiffure rappelle le costume oriental, traduit convulsivement, par ses mains jointes et son regard suppliant, les impressions de son âme. Elle demande à Dieu d'éloigner de la cité déicide les malédictions qu'elle vient d'entendre; elle prie pour elle-même, elle pleure sur les siens. Ne semble-t-elle pas, en même temps, conjurer le Père céleste qu'il épargne à son Fils le calice amer de la Passion ?

Les personnages qui concourent à la première partie de ce drame émouvant, sont donc au nombre de sept, tous taillés en ronde bosse; leur grandeur moyenne est de quarante-cinq centimètres.

Incontestablement, ce groupe est un chef-d'œuvre. Au point de vue anatomique, analysez chaque personnage, vous y reconnaîtrez une science consommée. Sous le rapport de l'expression, vous admirerez cette pierre qui sent, qui souffre, qui pleure, qui parle, qui agit, avec tant de souplesse dans les mouvements, tant de vérité dans les larmes, les sanglots, les paroles, les attitudes et les actes.

Sous le rapport des vêtements, les draperies ne sont-elles pas agencées avec d'autant plus d'art, que l'art semble disparaître, sous le naturel qui captive d'abord notre admiration? Toute la vie de l'artiste se peint dans les costumes de ses personnages; car, en parcourant des yeux ces coiffures variées, ces ajustements de femmes, ces costumes de bourreaux, vous découvrez tour à tour un souvenir de la Judée, une réminiscence de l'Italie, une reproduction du vestiaire Lorrain au XVIᵉ siècle.

II. *Jésus sur la croix.*

Nous avons à peine commencé l'examen du rétable d'Hattonchâtel, et déjà nous nous sentons le droit de conclure que, dès son premier essai connu, Ligier se révèle à nous comme l'artiste chrétien, dans tout ce que cette expression a de plus noble. Oui, sublimité d'un idéal tout surnaturel, intelligence hors ligne pour le concevoir, cœur aussi profondément délicat que religieux pour le sentir, ciseau sans rival pour le rendre, tels nous apparaissent les caractères de notre jeune imagier. Des groupes de ce castel au Sépulcre Sanmihiellois, que de fois nous admirerons sa science parfaite du texte sacré, le talent avec lequel il y ajoute la légende, son génie qui anime réellement la pierre!

Dans la seconde scène, neuf personnages de la même dimension que les premiers, entourent la croix de Jésus.

Tout était consommé; inclinant légèrement la tête, le Rédempteur du monde venait d'exhaler, avec son dernier soupir, une dernière prière pour le monde coupable.

Représenter le *divin Crucifié*, tel devait être le premier effort de Ligier dans ce nouveau drame.

L'image du Christ se trouve partout, sur la croix du chemin, sur l'autel du sanctuaire, dans l'alcôve de la famille chrétienne. On rencontre des crucifix très-précieux, repoussés dans le métal, ciselés dans l'ivoire, taillés dans la pierre ou le marbre. Tous, jusqu'aux plus simples moulages de plâtre, ont droit à notre vénération pour l'image bénie qu'ils offrent à notre culte, mais c'est le très-petit nombre qui mérite l'admiration de l'artiste.

Plusieurs ont pu, à ne considérer que l'étude anatomique du corps humain, arriver à un haut degré de vérité, et frapper les regards des réalistes par leur savante imitation de la nature ; mais l'homme sérieux y cherche, au delà de cet art, l'expression qu'exige la mort d'un Dieu fait homme.

Il ne veut pas que la figure du Christ soit muette, ou à peu près, pour l'esprit qui lui demande une pensée surnaturelle, et plus muette encore pour le cœur qui voudrait y puiser une affection religieuse ; il ne veut pas que le statuaire, dans l'expression qu'il donne à son œuvre, méconnaisse l'action de la mort, jusqu'à oublier les convulsions que le Sauveur accepta de souffrir à sa dernière heure ; ou bien exagère celles-ci, en négligeant de faire ressortir le caractère surnaturel, le calme et la dignité de l'Homme-Dieu jusque dans les luttes du trépas.

C'est avec ces principes que je voudrais étudier le crucifix d'Hattonchâtel, mais l'impartialité me fait un devoir de l'avouer, le type que nous avons sous les yeux est incomparablement au-dessous de celui que nous admirerons plus tard à Bar-le-Duc et à Saint-Mihiel. Il est tellement inférieur aux personnages qui l'entourent et aux représentations du Christ dans les deux autres scènes, que j'y soupçonne la retouche de quelque sculpteur qui aura voulu restaurer quelque dégradation.

Dans le premier tableau, notre œil avait cherché à découvrir la Mère de douleur parmi les saintes femmes qui entouraient Jésus. Dans la seconde scène, l'artiste répond à notre attente.

Les peintres et les sculpteurs aiment à représenter la Reine des martyrs, douée d'une force surhumaine et comme impassible, même en face de la mort. Tel ne sera jamais l'idéal de notre école. Expliquant la compassion de Marie (1), saint Bernard s'écriait un jour : « Si Notre Seigneur a pu mourir » corporellement, sa divine Mère a pu mourir avec lui spiri- » tuellement. » Le sculpteur Sanmihiellois, pénétré de cette pensée, semble convaincu, peut-être par son expérience personnelle, qu'il est plus utile aux cœurs désolés de connaître les saintes défaillances de Celle qu'ils imploreront aux jours

---

(1) *Sermon des douze étoiles.*

de l'épreuve, et qu'ils réclameront avec plus de confiance lorsqu'ils l'auront vue, épuisant elle-même, jusqu'à la lie, le calice de l'amertume.

Le ciseau de Ligier n'oublie pas le legs mystérieux que Jésus fit sur la croix. Le disciple bien-aimé soutient sa Mère adoptive. Dans cette tâche douloureuse, il est aidé par son aïeule, Marie de Cléophas, sœur de saint Joseph, nièce de sainte Anne, et par conséquent cousine-germaine et belle-sœur de la Mère de Dieu. Nous n'avons que de l'admiration pour ce groupe, si vrai d'attitudes, si noble de visages, si expressif de sentiments, si naturel et si modeste sous le rapport des vêtements, pour lesquels la tradition est parfaitement observée.

Agenouillée au pied de la croix qu'elle étreint avec amour, Madeleine nous apparaît de nouveau. Quels sanglots s'exhalent de sa poitrine! Que de larmes coulent de ses yeux! Quelles plaintes résignées se pressent sur ses lèvres! Il fallait le ciseau de notre Ligier pour traduire dans la pierre, avec autant de charmes, la noble affection de cette illustre pénitente. Ne semble-t-elle pas demander qu'un suprême pardon l'absolve de nouveau, ou que les dernières gouttes du sang du Rédempteur coulent sur son front trop longtemps couronné de fleurs coupables? Les flots de la chevelure, la souplesse des mouvements, la beauté des formes, tout révèle le grand statuaire, l'admirateur de Raphaël, oui, mais surtout l'artiste chrétien.

Salomé, mère de saint Jean, ne devait pas être oubliée au milieu de cette scène douloureuse, car nous constaterons partout, dans notre école, le culte des trois Marie de l'Évangile. Nous voyons à droite, debout, mais dans l'attitude et l'élan de la prière, cette pieuse femme d'Israël.

Lecteur attentif du texte sacré, Ligier savait le rôle important qu'un centurion avait rempli sur le Calvaire, à l'heure suprême de la Rédemption du monde. Tandis que les enfants de Jacob crucifiant leur roi, perdaient leurs droits aux bénédictions du ciel, ce capitaine, représentant de Rome et de la Gentilité, avait affirmé la conversion future des nations à la loi du Christ.

Aussi, voyez à votre droite, dans le premier plan, ce cavalier dont la cotte d'armes, le collet d'hermine rabattu sur les épaules, le large cimeterre, les molletières de fer, les bottes éperonnées et les larges étriers font plutôt le type parfait d'un chevalier du XVIe siècle. Le coursier, dont sa main gauche gantée tient les rênes, mériterait qu'une juste critique blâmât ses formes trop massives, si l'artiste n'avait, sur ce point, suivi fidèlement la tradition de l'art à cette époque. Le centurion élève vers Jésus une banderolle flottante, que Ligier lui a mise dans la main droite, afin de pouvoir y inscrire ces mots historiques : *Vere hic homo Filius Dei erat* (1).

En même temps que vous croyez lire ces paroles, examinez le visage de cet homme, et dites s'il n'est pas manifeste qu'en ceci le cri spontané des lèvres est l'expression énergique de la foi.

Mais, il n'est pas moins évident pour tout visiteur habitué aux manières des artistes, que ce capitaine, qui n'a des temps anciens que la longue barbe et le turban, est un contemporain de nos Richier, sans aucun doute un des bienfaiteurs de leur atelier naissant. N'est-ce pas ce René de Gueupf, qui commandait à cette époque le castel de la Woëvre, au nom du prince-évêque de Verdun, et dont les armoiries se voient au soubassement du tryptique? Une saine critique ne reprochera pas à Ligier de tels anachronismes, qui sont très-familiers à nos plus grands maîtres.

Le parallélisme des lignes plus saillantes, cette loi qui garantit l'harmonie et la régularité de l'ensemble dans tout groupe peint ou sculpté, exigeait un cavalier, qui fît pendant à celui que nous venons d'admirer.

Des hagiographes prétendent que le même homme, qui ouvrit le cœur de Jésus sur la croix, proclama en l'adorant, les paroles relatées plus haut; mais des historiens, non moins estimés, attribuent l'acte à un soldat romain, *unus militum*, et la protestation à un autre, dont le grade est relaté : *centurio*.

S'inspirant de cette dernière interprétation du texte sacré,

---

(1) S. Marc, xv, 39 : « En vérité, cet homme était le Fils de Dieu. »

Ligier fait intervenir à gauche un cavalier, vêtu plus simplement, monté sur un cheval moins élégamment caparaçonné. Ce soldat laisse tomber sa lance, et, les mains jointes, le visage tout embrasé, implore pardon de Celui, dont il n'a ouvert le côté, que pour sentir la grâce céleste descendre sur la terre, en même temps que l'eau et le sang s'échappaient de la blessure divine.

La grande sculpture n'a jamais négligé l'habile opposition des contrastes pour produire, comme par des repoussoirs, des effets plus saisissants. Les larrons de Bar-le-Duc prouvent de quelle main magistrale, notre école savait user de ce grand moyen. Mais Ligier avait pu se convaincre, par l'étude des tryptiques, que la multiplicité exagérée des personnages produisait nécessairement la confusion, de même que l'exiguité des proportions enlève à la solennité des scènes.

Donc, à regret, mais pour cause, il omet de représenter ici les larrons, de même que son bon goût lui inspire, pour ses personnages, des proportions qui permettent à son génie de parfaire les poses, les vêtements, les expressions.

Mais, puisqu'il faut des contrastes, il saura bien en trouver d'autres dans le récit évangélique, et les disposer au pied de la croix, sans les élever sous le dôme d'honneur que prépare le ciseau de Claude Richier et qui ne doit point couronner, à titre égal, d'ignobles larrons et le Sauveur du monde.

Nous lisons dans l'histoire de la Passion, qu'épuisé de sang sur la croix, le Christ s'écria, dans l'ardeur de la fièvre qui le dévorait : « J'ai soif! » et qu'un malheureux, plaçant une éponge imbibée de fiel et de vinaigre au bout d'une pique, la lui présenta, en le raillant. Nous voyons à Hattonchâtel ce sbire infâme, debout entre la croix et le centurion. Ne semble-t-il pas opposer encore aux protestations dévouées de celui-ci l'ignominie de ses blasphêmes?

Ce n'est pas assez. Avant de s'éloigner du Calvaire, où il a rempli sa tâche déicide, un autre cavalier veut une dernière fois insulter à la victime. Le poing sur la ceinture, le visage contracté par la fureur, il jette au Christ, en branlant la tête, ces outrageants défis : « Si tu es le Fils de Dieu, » descends de la croix. Vah! toi qui détruis le temple du

» Seigneur et le rebâtis en trois jours... Toi qui sauves les
» autres (1) ! »

Par un singulier à propos, que l'imagination de l'artiste a su créer, le cheval de ce monstre répond aux sarcasmes de son maître par un hennissement d'impatience.

III. *La sépulture.*

De cet épisode, traité si magistralement, où la critique n'a pu essayer de censurer que les proportions exagérées des chevaux, passons à la troisième partie de la composition.

La mise au tombeau présente huit personnages, agencés sur deux plans distincts, mais avec une parfaite harmonie d'ensemble et de détails. Examinons d'autant plus attentivement cette page de notre artiste, qu'elle est évidemment l'ébauche de son incomparable chef-d'œuvre de Saint-Mihiel.

Au centre du premier plan, le corps inanimé du Christ frappe nos regards par la justesse des proportions, le naturel de la pose et l'exquise beauté des formes. Que tout est admirable dans ce cadavre divin, qui s'affaisse inerte sur lui-même ; cette tête qui se renverse ; ce bras gauche qui retombe à terre et que nous voudrions retenir ; ce bras droit qui demeure appuyé sur le giron de la Vierge ; ces membres que la mort a glacés, sans les raidir !

Dans l'empressement qu'elle met à soutenir son divin Fils, la Mère de douleur, non moins admirable de résignation que de dévouement, serre pieusement une des mains divines dans la sienne. On sent l'anxiété qui désole son cœur ; on voit les larmes qui inondent son visage ; on voudrait la soutenir elle-même dans sa prostration ; on demande avec elle que la mort lui rende sa victime ; car on devine à ses caresses maternelles, qu'elle voudrait rouvrir les paupières éteintes de son Jésus, rendre la parole à ses lèvres glacées, raviver ce cœur qui ne palpite plus.

Fils de Marie par le testament du Sauveur, saint Jean

---

(1) Saint Mathieu, xxxiii, 59.

témoigne, dans son empressement, qu'il ratifie l'adoption faite en sa faveur. Avec quel respect il soutient sous les aisselles, le corps de celui en qui il avait vu jusque-là son Maître et son Dieu, mais qui avait voulu devenir son frère!

Plus tard, nous admirerons à Solesmes saint Pierre en face de la Vierge au tombeau, et dans la grande scène sanmihielloise, Nicodème enveloppé des rayons qui jaillissent de la figure du Sauveur. Par un effet non moins merveilleux, il semble à Hattonchâtel qu'un reflet divin illumine le front virginal de l'Apôtre.

Les trois Marie sont là, car, nous l'avons déjà remarqué, le ciseau de Ligier ne pouvait négliger cette circonstance rapportée dans les Saints Livres. Marie-Madeleine nous apparaît drapée dans ce long vêtement, dont elle enveloppe son corps, parce qu'un voile affreux de tristesse couvre son âme. Marie-Cléophée, la mère de saint Jacques le mineur, et Marie-Salomé, la mère de saint Jean, sont près de Jésus et de l'auguste Vierge. Baignées de larmes, elles voudraient témoigner leur dévouement, mais elles s'arrêtent immobiles sous l'impression du respect et de l'adoration.

La première scène de ce beau tryptique rappelait, tout à l'heure, à l'œil du visiteur, *le portement de la Croix*, ce sublime effort du pinceau de Raphaël; la coiffure singulière du Cyrénéen y semblait également un souvenir des montagnes qui avoisinent Rome. La reproduction du chevalier de Gueupf était une nouvelle licence imitée des maîtres que Richier avait étudiés dans la Ville éternelle. Ces réminiscences se retrouvent dans le troisième épisode, objet actuel de notre examen. D'abord, le génie de Richier s'est inspiré du *Spasimo* de Raphaël, pour rendre Notre-Dame des Douleurs; puis, il a introduit sur la scène deux personnages évidemment postérieurs au grand drame de l'ensevelissement du Christ. Certainement, c'est encore par imitation des grands modèles qu'il avait médités, car Michel-Ange, Sanzio et tant d'autres, se sont donné dans leurs compositions cette licence, que le cœur ou l'imagination réclamait de leur main.

Mais les critiques, qui s'accordent à voir dans le vieillard en surplis, à genoux, la tête découverte et les mains jointes, le vénérable doyen d'Hattonchâtel, maître Gauchon, interprètent différemment cet évêque, que l'on distingue à gauche, debout et revêtu de tous les ornements pontificaux.

Les uns croient reconnaître en lui le prince Louis de Lorraine, évêque de Verdun, ou son frère le cardinal Jean, qui lui succéda sur le même siége; seulement, leur jeunesse à cette époque empêche la critique de ratifier cette opinion. M. Dauban voit dans ce personnage l'abbé mitré de Saint-Mihiel, tandis que la direction de la crosse indique que l'artiste avait en vue un évêque, et non un abbé dont la juridiction se borne au for intérieur, dans les limites du cloître.

Il paraît donc plus vraisemblable de voir dans ce pontife le saint évêque Maur, qui fut chargé, après saint Saintin, de la propagation de la foi dans le territoire de Verdun, et que leur successeur Hatton donna pour patron à sa chapelle castrale (1).

IV. *Étude architecturale.*

Nous avons admiré le statuaire; étudions maintenant l'architecte et le sculpteur.

Ce rétable mesure 2^m,60 en longueur, 1^m,60 en hauteur; les deux compartiments latéraux ont 0,64 de base sur 0,70 d'élévation. La scène du milieu, large de 0^m,88, a 1^m,20 dans l'autre sens.

Les trois épisodes s'offrent à nos regards, enchâssés entre des pilastres, qui forment une sorte de portique de l'ordre composite. Un arc surbaissé exhausse la partie centrale, sous un entablement richement ciselé, que l'on retrouve également sur les collatéraux.

Entre le cintre et les angles du fronton supérieur, deux

---

(1) Les visiteurs n'oublient pas de vénérer un reliquaire, qui constitué pour Hattonchâtel un véritable trésor, je veux dire, le bras d'argent, dans lequel est encastrée une relique authentique de saint Maur.

médaillons représentent en bas-reliefs les profils des apôtres saint Pierre et saint Paul.

Les chapiteaux, régulièrement semblables par leurs proportions et parfaitement harmonisés, diffèrent cependant de dessin.

Le fût des pilastres est décoré d'arabesques, où se trouvent symbolisés le chevalier dont on voit les armes, l'artiste dont on reconnaît l'outillage.

Les plafonds des trois compartiments sont délicatement constellés de rosaces alternant avec des losanges.

Au-dessus de l'inscription INRI, apparaît, sculpté à la clef de voûte, le blason bien connu de la maison de Lorraine. Coupé d'un trait et parti de trois, il est, au premier quartier, *burelé d'argent et de gueules, de huit pièces*, en souvenir de la Hongrie; au second, *d'azur, semé de fleurs de lis d'or sans nombre, et brisé en chef d'un lambel de gueules à trois pièces*, qui rappellent les Deux-Siciles; au troisième, *d'argent à la croix potencée d'or, cantonnée de quatre croisettes de même*, car nos ducs conservaient le titre de Rois de Jérusalem. Le quatrième, *d'or, à quatre pals de gueules*, est le blason d'Aragon; le cinquième, *d'azur, semé de France, à la bordure de gueules*, est de France-Anjou; le sixième, *d'azur, au lion couronné d'or, armé, lampassé et couronné de gueules*, est de Gueldres; le septième, *d'or, au lion de sable, armé, couronné et lampassé de gueules*, est de Juliers; le dernier quartier, *d'azur, à deux bars adossés, cantonné de quatre croisettes recroisettées au pied fiché d'or*, est de Bar; puis, brochant sur le tout, l'écu de l'antique Lorraine porte *d'or à la bande de gueules, chargée de trois alérions d'argent*.

Le soubassement du rétable ne mérite pas moins notre attention. Remarquons-y les feuilles d'eau qui en décorent la saillie supérieure, nous les retrouverons dans plusieurs autres œuvres des Richier.

Dans le fond de cet entablement, on lit une inscription, dont les lettres romaines attestent que notre sculpteur les avait rapportées d'Italie, à une époque où les caractères gothiques étaient encore exclusivement en usage dans les écoles lorraines.

Le texte en est extrait de saint Pierre (Ire Ep., II, 21) :

$\overline{\text{XPS}}$ · PASSVS · EST · PRO · NOBIS
VOBIS · RELINQVENS . EXEMPLVM
VT · SEQVAMINI · VESTIGIA · EIUS (1)

« Le Christ a souffert pour nous, vous laissant son exemple,
» afin que vous suiviez ses traces. »

Trois autres détails ne sauraient être oubliés dans cet examen, la date de l'œuvre, la signature de l'artiste et le blason du bienfaiteur qui avait demandé ce travail ; car nous les voyons, sculptés dans le soubassement du rétable, et il n'est personne qui ne sente l'importance de ces particularités.

Partagée d'une manière assez bizarre, mais qui sent son époque, la date se trouve incrustée sur le piédestal de chacun des pilastres :

LAN — 1000 — 500 — 23

Comme cette inscription porte en elle-même tous les caractères d'une irrécusable authenticité, elle fixe la critique sur l'époque, où les Richier ont débuté dans la carrière des beaux-arts.

Le bienfaiteur qui leur paya ce premier essai, est également désigné. Un blason, qui orne le talus de la base, au milieu d'une couronne de fruits, porte en pointe une *tête de cerf armé, séparé par un chevron d'argent du lambel qui occupe le chef sur un champ d'azur*. D'après les nobiliaires, ces armoiries représentent la maison des Gueupf. On les retrouve à Saint-Benoît, non loin de là, dans une maison particulière.

Il nous reste à interpréter les initiales C. R. creusées de

---

(1) Dans cette inscription, la lettre B se trouve placée au milieu de la lettre O pour les mots NOBIS et VOBIS; la lettre V au milieu de la lettre Q, pour les mots RELINQVENS et SEQVAMINI; la lettre I au milieu de la lettre G pour le mot VESTIGIA, et la lettre S dans le V pour le mot EIVS.

chaque côté de la couronne de fleurs. Parmi les visiteurs de ce monument, les uns voudraient lire dans ces deux lettres l'abrégé de René de Gneupfer ; car ils prétendent voir à gauche un G au lieu d'un C ; ou bien, selon eux, une de ces lettres rappellerait le vénérable prieur de la collégiale, messire Gauchon ; ou enfin le G et l'R formeraient une heureuse combinaison des noms de Gueupf ou de Gauchon et de Richier. Si ces caractères n'avaient pas les mêmes notes d'antiquité que le texte même de la légende écrite au-dessus, on pourrait y voir un acte d'audace de quelque restaurateur.

Mais, par un examen bien attentif, on arrive à la conviction que la première de ces lettres est un C, bien différent du G que l'on voit dans le mot *vestigia*.

Aussi, depuis que j'ai reconnu le ciseau de Claude Richier dans des rétables à Verdun, à Génicourt et à Saint-Mihiel, et surtout dans le travail architectural de la splendide chapelle de Solesmes, je n'hésite pas à lire dans ces initiales le nom de *Claude Richier*.

Nous devons les trois groupes à son frère. Il est impossible de le contester, quand on a vu le sépulcre de Saint-Mihiel. Cette signature prouve donc une œuvre collective. Claude s'est chargé de la structure du triptique et de l'ornementation architecturale ; Ligier a disposé dans les trois baies les scènes que son génie lui avait inspirées.

Mais le statuaire, sans doute plus jeune que le sculpteur, avait dû lui laisser l'honneur de leur première composition. C'était à l'aîné que la commande avait été faite, c'est lui qui signe l'œuvre parachevée.

V. *Un dernier mot sur le Calvaire d'Hattonchâtel.*

A la double palme de la sculpture et de la statuaire, les deux frères ont su en joindre une troisième ; car ils avaient rehaussé le fini de leur travail par les teintes polychromées, dont Rome leur avait donné le secret, et dont nous pressentons encore aujourd'hui l'exquise finesse de tons et de nuances, malgré les détériorations causées par l'indiscrétion des visiteurs ; puis, par l'action délétère des siècles et l'exsudation de la pierre ; mais surtout par la témérité d'un certain Cellier Delatour, qui n'a pas craint de cacher sous un ignoble badigeon les teintes primitives.

M. l'abbé Vautrin, qui administra longtemps la paroisse d'Hattonchâtel, aimait à répéter un détail historique, qu'il tenait des recherches patientes de M. Bonnaire.

Ce dernier ne craignait pas d'affirmer que ce petit chef-d'œuvre avait pris sur la montagne sa place d'honneur pour le 12 juillet 1523, à l'occasion des fêtes solennelles, qui furent célébrées au castel, lors d'une visite du prince-évêque Louis de Lorraine.

S'arrêtant à leur première impression, beaucoup de touristes hâtent leur visite dans cette église, où il leur semble qu'un chef-d'œuvre ne peut trouver abri. Méconnaissant l'immense valeur de ce travail, ils ont vu superficiellement quelques statuettes polychromées, et ils n'ont pas compris tout ce qu'il fallait d'art et de génie, pour ciseler en ronde-bosse dans la pierre ces petites têtes, ces petites poitrines, ces petits membres, et leur inspirer la vie, le mouvement, le surnaturel, dans trois épisodes différents d'un drame admirable d'unité.

Depuis 1523 jusqu'en 1840, que devint le Calvaire d'Hattonchâtel? Nous l'ignorons, n'ayant à relater à son sujet, pour ce laps de temps, que l'imprudente réparation, osée en 1764 par le pinceau de Cellier Delatour, qui cependant ne craignit pas de signaler son passage à l'attention de la postérité. *Reparavit*, lisons-nous sous le plafond du dernier compartiment.

En 1840, le monde des artistes fut singulièrement étonné de lire dans les colonnes du *Constitutionnel*, qu'à la demande de M. Etienne, député de la Meuse, le Gouvernement accordait 500 francs pour la restauration du monument que nous venons d'étudier ; de ce monument dont, ni Richard de Vassebourg, ni l'abbé Roussel, ni Durival, ni D. Calmet, ni aucun ancien ne font mention.

Dans leurs opuscules où les articles, qu'ils consacrent à Richier, M. le Dr Denys, MM. Dumont, Digot, Lepage,

Fournel et Ménard ont à peine quelques lignes sur le Calvaire d'Hattonchâtel, qu'ils se contentent d'insérer parmi les œuvres authentiques de l'artiste Sanmihiellois.

Seul jusqu'ici, M. Dauban a analysé et décrit cette œuvre, qu'il est temps de mettre en lumière, comme le nom de ses auteurs, pour la gloire de la renaissance chrétienne.

Si M. Ménard a pu dire (1) que la « sculpture chrétienne ne » s'est jamais élevée plus haut que le sépulcre de Saint-Mihiel, » qui est assurément, sous le rapport de l'expression, le plus » grand chef-d'œuvre de l'école française dans la statuaire; » si le même écrivain, relatant brièvement l'œuvre de Ligier à Hattonchâtel, et la date de ce travail, a dû reconnaître que dès lors « le talent de l'artiste était formé (2); » mes lecteurs comprendront pourquoi j'ai consacré un chapitre considérable à l'étude de cette composition, qui est bien la pierre fondamentale de la gloire des Richier (3).

(1) L'*Art en Alsace-Lorraine*, 298.
(2) *Id.*, 294.
(3) M. Justin Bonnaire, originaire d'un village voisin d'Hattonchâtel, avait étudié avec soin ce monument; malheureusement son manuscrit n'a pas été édité.

CHAPITRE VII.

LE RÉTABLE DE L'ASSOMPTION, A VERDUN.

Ce qui reste du travail. — Description du groupe primitif.

La cathédrale de Verdun, remarquable par les vastes proportions de sa nef et son double transept, porte malheureusement l'empreinte de tous les siècles.

Tant qu'il n'avait accepté, pour modifier les formes sévères du xe siècle, que les diverses phases architecturales du Moyen-âge, ce monument comptait parmi les beaux édifices religieux de la région; mais l'engouement d'une renaissance mal comprise, y remplaça les faisceaux de colonnettes, les arceaux romans ou gothiques et les baies primitives par des cintres, des colonnes et des sculptures, que la bonne école flétrit du nom de Pompadour.

Verdun, siége épiscopal du diocèse dont Saint-Mihiel dépendait, ne pouvait rester sans relation avec l'atelier des Richier. Deux circonstances surtout durent amener de bons rapports entre le clergé Verdunois et les sculpteurs de Saint-Mihiel. D'abord, le travail élevé comme couronnement sur l'autel de saint Maur dans la chapelle castrale d'Hatton, avait nécessairement mérité à ses auteurs l'admiration de l'évêque, des religieux et des prêtres séculiers du diocèse. Puis, l'abbé Bourgeois, qui fut à quelque temps de là, nommé prieur de Saint-Vanne de Verdun, et que nous avons déjà mentionné comme le bénédictin artiste de l'époque, dut protéger les Richier, en même temps qu'il confiait des travaux de sculpture à Gaget, l'ami et probablement l'élève du statuaire Sanmihiellois.

Un touriste, visitant, dans toutes ses chapelles, la cathédrale de Verdun, signalait à l'attention du vénérable M. Mayer, vicaire général, une œuvre qui ne frappe point les visiteurs superficiels, mais qui « *était en réalité*, disait-» il, *le détail le plus intéressant au point de vue de la sculp-» ture.* »

Pénétrez, à gauche du grand portail, dans une petite chapelle dédiée à l'Assomption. Entre l'autel de marbre et une grande draperie blanche, décorée de médaillons dorés, ne reconnaissez-vous pas immédiatement un rétable de la Renaissance, ayant toutes les affinités possibles avec celui du castel de la Woëvre? Ce n'est pas une copie, mais c'est le dessin du même crayon, l'œuvre du même ciseau.

Puisque nous nous sentons en présence d'un rétable qui nous rappelle si parfaitement celui que nous admirions sur la montagne d'Hatton, examinons-en tous les détails.

Ce sont des marbres variés qui ont été travaillés par l'artiste, et des pierres que la peinture rend parfaitement semblables au marbre.

Les chapiteaux des colonnes et des pilastres sont bien de l'atelier des Richier, qui mariaient habilement le règne végétal et le règne animal. Des oiseaux de fantaisie, des cornes de bélier, des volutes bien fouillées, des feuilles d'acanthe en forment l'ornementation.

Comme à Hattonchâtel, des olives et des feuilles d'eau, ciselées dans les diverses moulures, ressortent entre les parties planes des entablements.

Surtout, rendons-nous compte de l'art exquis avec lequel le ciseau du sculpteur a partagé les plafonds des trois compartiments en caissons symétriques, et de la délicatesse achevée qu'il a mise à finir chacun de ces détails, et nous avouerons que c'est l'œuvre d'un grand maître.

Le fronton triangulaire qui s'élève au-dessus des deux entablements collatéraux, pour couronner le cintre du milieu, est supporté par deux colonnes ornées de torches dorées. Deux petits chérubins, déployant leurs ailes, garnissent les angles de ce fronton.

D'autres anges balancent des guirlandes enrubannées de lis et de roses dans les parois intérieures des compartiments qui forment les côtés.

Si cette dernière ornementation, partie de pierre sculptée, partie de métal repoussé, rappelle par son genre les décorations italiennes, elle avait encore une autre raison d'être ; car, nous l'avons déjà dit, ce tryptique était consacré à l'Assomption de la sainte Vierge, et le sculpteur ne devait pas oublier les fleurs apportées par des messagers célestes sur le tombeau de Marie.

Dans le fronton nous lisons :

ASSVMPTA - EST - MARIA - IN - COELUM (1)

en lettres romaines taillées en creux et dorées comme à Hattonchâtel, avec les mêmes caractères d'abréviation et de ponctuation.

Sur les deux autres frises, se partage la légende suivante, exactement du même style :

ANNO - AB - INCARNATIONE - DOMINI - MILLESIMO - QVINGENTESIMO - XXV (2).

Enfin la plinthe inférieure qui sert de soubassement à tout l'ensemble, nous révèle les noms des donateurs :

IACOBVS - ET - FRANCISCVS - DE - MVSSONO - FRATRES - CANONICI - DEO - OPTIMO - MAX - AC - DIVE - EIVS - GENITRICI - MARIE - SANCTISSIMISQ[E] - APOSTOLIS - FVNDARVNT - AC - DOTARVNT (3)

---

(1) Dans ce mot, la lettre E est placée au milieu de la lettre O.
(2) L'an de l'Incarnation du Seigneur 1525.
(3) Jacques et François de Mousson, frères, chanoines, ont fondé et doté cet autel consacré au Dieu très-bon et très-grand, à sa divine mère Marie et aux très-saints Apôtres.

Les deux vénérables chanoines, dont une délibération capitulaire du 30 avril 1522 autorisa la pieuse fondation, reposent au pied de l'autel. En 1866, quand on leva les dalles de cette chapelle, pour inhumer le corps de Monseigneur Rossat, on retrouva leurs tombes et leurs ossements qu'on recouvrit avec respect.

Aujourd'hui, ce rétable est à peu près vide, car on ne peut compter pour quelque chose une représentation grotesque de l'Assomption qui en occupe le centre. Seulement, le sommet de la voussure supérieure a conservé, au milieu d'une nuée, un débris du Christ. Malgré quelques dégradations, nous pouvons admirer cette tête. Les cheveux, séparés sur le front, retombent en flots sur les épaules; les traits sont empreints de la bonté qui caractérise le Sauveur. On sent que c'était Jésus souriant à sa Mère et la recevant dans la gloire céleste. Une agrafe attache sur sa poitrine les bords de son manteau royal. Par sa pose, on peut encore juger que, d'une main, il accueillait celle qui venait à lui, tandis que, de l'autre, il la bénissait. Plus tard, nous verrons au Musée du Louvre et à la bibliothèque Nationale, des bas-reliefs ciselés par nos Richier; or, les nuages de Verdun rappellent exactement ceux de Paris.

L'examen de tous ces détails me porte à attribuer sans hésitation l'ensemble de l'œuvre à Claude Richier. En particulier, ce qui reste du Christ m'autorise à le penser, car Ligier aurait revêtu de plus de majesté la face de l'Homme-Dieu, et afin de produire un relief plus heureux, l'aurait moins plaqué sur le fond du rétable.

Plus tard, l'examen des autels de Génicourt confirmera encore le jugement que je porte ici.

Mais qu'était devenu le reste du travail? Le lecteur bienveillant trouvera bon que j'évoque ici un souvenir qui m'est tout personnel.

En 1834, aimant à parcourir les chapelles de l'édifice, je m'arrêtais toujours, je me le rappelle, devant un groupe, dont mon âge ne me permettait pas de pressentir les beautés artistiques; mais je gémissais sur des profanations que l'on me montrait comme l'œuvre exécrable de mains sacrilèges, d'un temps que l'on nommait *la Terreur* ; car les personnages étaient encore là, mais mutilés et décapités.

Au-dessus du tombeau, que le suaire couvrait en partie, mais sans voiler les quatre têtes de chérubins qui en formaient les angles, apparaissait, portée par les anges, la glorieuse Vierge, s'élevant vers son divin Fils qui l'appelait au ciel. Autour du monument vide, les apôtres étaient presque tous agenouillés. A ce qui restait de leur corps, on pouvait juger que les uns suivaient du regard la divine Mère, tandis que d'autres interrogeaient la cavité du sépulcre pour constater la disparition de celle qu'ils y avaient ensevelie, ou voulaient s'élancer à sa suite.

Dans les compartiments latéraux, les deux fondateurs, à genoux et les mains jointes, semblaient assister de loin au triomphe de Marie.

Répétons-le avec douleur, ce groupe avait été mutilé dans une époque de délire, où l'on prétendait tout niveler, en décapitant les œuvres du génie, comme les hommes que leur vertu, leur dignité ou les services rendus à la patrie élevaient au-dessus d'une prétendue égalité. Seul, protégé par sa position au sommet du tryptique, le buste du Christ avait été conservé ; encore, une pique sacrilége lui avait-elle déchiré les lèvres.

Vassebourg, l'archidiacre de Verdun, n'avait pas écrit un mot sur ce monument ; Roussel garda également à cet égard le silence le plus complet.

Quand M. Bonnaire lut dans l'Académie Nancéienne, des pages qu'il avait écrites sur ce rétable, il souleva dans la docte assemblée quelques contradictions ; mais, à l'appui de sa thèse, il apportait trois arguments, dont il est impossible de contester la valeur.

L'examen du travail, sa date, son style, ses détails ne permettent pas un doute.

Dans plusieurs débris d'anges qu'il avait pu recueillir, il était facile de reconnaître la touche de l'école Sanmihielloise.

Enfin, les vieillards qu'on avait interrogés, confirmaient cette appréciation par l'autorité d'une tradition dont ils étaient les fidèles interprètes. Seulement, à Verdun, comme à Saint-Mihiel, tout ce qui portait le cachet des Richier, était attribué à Ligier, que son mérite surément avait incontestablement placé à la tête de l'école, et M. Bonnaire lui-même avait le tort de confondre ici le ciseau de Claude avec celui de son frère.

CHAPITRE VIII.

LE CALVAIRE DE BAR-LE-DUC.

Le Christ. — Les Larrons. — Jugement des critiques. — Observations sur ce groupe. — Historique de ce Calvaire.

Chef-lieu du duché, dont Saint-Mihiel était le centre législatif et judiciaire, la ville de Bar-le-Duc dut réclamer de bonne heure, auprès des Richier, des œuvres dignes de leur renommée et d'une capitale.

Gravissons la montagne, dont la cime était couronnée par le château ducal; pénétrons dans l'antique église de la ville haute, dans cet édifice, que des restaurations intelligentes replaceraient certainement au premier rang parmi les sanctuaires les plus remarquables de la région.

Immédiatement, nos guides nous conduiraient au pied de la statue de la Mort, et nous en expliqueraient les *belles horreurs*, si nous ne réclamions que, pour l'heure présente, c'est le Christ que nous cherchons, et les deux Larrons qui l'accompagnent.

Nous les voyons en face de la chaire, suspendus à trois colonnes de la grande nef.

Cette fois, ce n'est plus une miniature que nous contemplons, comme à Hattonchâtel; c'est un travail en grand, d'autant plus digne de notre étude, qu'ici les proportions se rapprochent davantage de la nature, et même les dépassent. C'est beau! par instinct nous l'attribuons à Ligier, et tout à l'heure, nous verrons jusqu'à quel point nous sommes dans le vrai.

Sous les épines tressées avec un art achevé, le noble front du Christ s'incline vers la terre, que son sacrifice vient de racheter. Sa figure porte la triste empreinte d'une souffrance poignante, d'un calme inaltérable, d'une majesté surhumaine.

Ligier ne soulève pas la poitrine de son Christ, comme tant d'artistes exagérés; il laisse le corps s'affaisser dans l'inertie de la mort, sans le raidir comme au Moyen-âge, sans le maniérer à l'instar de l'école moderne.

Pour ceindre les reins de la victime, il ne déploie plus la robe byzantine, mais la draperie, moins modeste peut-être, quoique plus vraisemblable, de la Renaissance; seulement il sait en agencer les replis, avec l'art exquis que nous avons déjà reconnu dans sa première œuvre.

A son époque, le jansénisme n'avait pas encore essayé de redresser les bras du Christ, comme pour rétrécir sa miséricorde envers les pécheurs. Sur la croix de Ligier, sans être raidement étendus comme au XIIe siècle, les bras s'ouvrent largement, attachés par des clous qui déchirent les mains, font gonfler les veines et crispent nécessairement les doigts.

Les pieds sont superposés; un seul clou les traverse. C'est encore là un des signes caractéristiques de l'école des Richier. La sacristie de la paroisse Saint-Michel, à Saint-Mihiel, possède certainement un magnifique crucifix d'ivoire; mais, sans même chercher d'autres caractères, je conclus des deux clous qui en attachent les pieds, que ce n'est pas une œuvre de nos Richier.

En face du Christ barisien, j'appelle surtout l'attention du visiteur sur les lèvres ouvertes et un peu contournées, qui, jointes à la contraction du visage, rendent avec tant de vérité le dernier râle de l'agonie.

Cependant une juste critique reproche un défaut de cambrure dans la jambe droite, qui se prolonge avec une raideur que rien ne saurait justifier.

Pour représenter la scène du Calvaire sous des traits plus énergiques, Ligier demande au récit des Évangélistes un détail qu'il a préféré négliger à Hattonchâtel. Le prophète avait dit que le Christ serait *placé au milieu des scélérats et réputé l'un d'entre eux*. Les Juifs réalisent cet oracle, en crucifiant aux côtés de Jésus deux malfaiteurs : *unum a dextris et alterum a sinistris*. La conversion éclatante de l'un des deux, l'opiniâtreté endurcie de l'autre, sont des faits que tout le monde connaît, mais qui demandent au pinceau ou au ciseau de l'artiste, qui entreprend de les représenter, trois qualités rarement réunies dans un homme ; une science anatomique parfaite, puisque tout est nu dans ces statues ; une profonde connaissance du cœur humain, dont on doit exprimer là les mouvements les plus passionnés ; et enfin un tact exquis pour ne tomber ni dans le vulgaire, ni dans le grotesque.

Voyons si l'artiste qui a sculpté les Larrons possède ces perfections, ou plutôt à quel degré elles élèvent son talent.

A la droite du Christ est le bon Larron, celui qui, touché de la grâce, vient de proclamer avec l'humble aveu de ses crimes, sa foi au Rédempteur, et de mériter, par le repentir, l'insigne promesse du paradis. A gauche, l'autre Larron, perverti jusqu'à la fin, ajoute à ses crimes du passé le blasphème de ses lèvres expirantes. L'artiste saura différencier les traits, les expressions, les poses, avec cette netteté qui le caractérise, que nous avons déjà admirée à Hattonchâtel, et que nous constaterons surtout au Sépulcre, dans le contraste si émouvant des ignobles joueurs en face des amis éplorés de la victime.

Le bon Larron a bien les cheveux crépus, la barbe inculte, le visage osseux qui lui conviennent ; mais sa tête inclinée avec calme, tournée vers le Sauveur comme vers son espérance, offre parfaitement le type de l'homme, tout à l'heure coupable, et maintenant réhabilité. Au milieu de l'agonie, il a vu que le Christ mourant dirigeait vers lui son regard de miséricorde ; aussi la confiance renaît dans son cœur ; sous le souffle de la grâce son front se rassérène, et il rend en paix son dernier soupir.

La pose des membres complète ce caractère. Malgré les entraves des cordes qui l'attachent à la croix, il n'y a dans son attitude ni raideur, ni convulsion ; la jambe gauche se projette librement; le bras droit, appuyé sur le croisillon, paraît même soulager le patient; la main gauche tombe naturellement, sans crispation.

Approchons maintenant de celui qui a été son compagnon dans le crime et le supplice, mais non dans le repentir. Des pieds, des mains, de la tête, du corps entier, on dirait qu'il repousse encore le contact de la grâce. Il fuit le Christ. Il se débat à la fois dans les angoises de l'agonie et l'horreur du désespoir. La poitrine gonflée, le torse contourné, les mains crispées, les grincements de dents, les lèvres qui semblent vomir encore l'écume et le blasphème, les cheveux hérissés sur la tête qui se renverse, tout dans ce malheureux est saisissant, épouvantable.

L'imagination de l'artiste, dirigée par le sentiment des convenances, sait éviter ce qui pourrait choquer les regards les plus délicats; aussi les draperies des Larrons, quoique moins amples que celles du Christ, suffisent à la pudeur.

Mais cette composition a-t-elle obtenu en sa faveur l'unanimité des suffrages? Tous les connaisseurs lui accordent-ils qu'elle soit parfaite au point de vue artistique?

Pour résoudre ces questions, l'impartialité fait un devoir de relater les appréciations des hommes les plus autorisés.

L'auteur de l'*Art en Lorraine*, après avoir avoué que tout le groupe est estimable, n'y reconnaît pas encore la puissance et l'énergie du maître. Il reproche l'attitude maniérée des Larrons et le modelé un peu arrondi des chairs (1).

M. Dauban range cette composition parmi celles que le maître a plutôt dirigées qu'exécutées lui-même. Cependant il appelle l'attention sur les caractères du mauvais Larron; il se plaît à constater l'énergie remarquable, avec laquelle il a été traité; l'expression de méchanceté endurcie que l'artiste lui a donnée; les convulsions du torse, les crispations musculaires de tout ce corps taillé dans un seul morceau de bois (2).

Cet écrivain commence sa critique par des réticences, il la finit par une véritable admiration.

---

(1) *L'Art en Lorraine*, p. 325.
(2) *Ligier Richier*, p. 32.

M. Victor Fournel estime qu'il est impossible d'attribuer les Larrons au ciseau de Ligier Richier. Il y voit des exagérations de pose, des contorsions étranges, sans fini et sans expression, qui annoncent l'élève et non plus le maître (1). La vérité oblige de reconnaître que l'appréciation de M. Victor Fournel n'est pas sans fondement. La pose du mauvais Larron n'est pas correcte, les reins se rapprochant trop de l'épaule gauche pour qu'on puisse expliquer ce mouvement forcé. Seulement ce détail devait être invisible, avant que le groupe ne fût placé à l'endroit qu'il occupe actuellement.

M. le Dr Denys, plaçant ce travail parmi les œuvres d'un mérite secondaire, dit que les connaisseurs l'attribuent au ciseau de Ligier Richier (2).

M. Dumont classe les compositions Sanmihielloises d'après les caractères d'authenticité qu'il y a reconnus. Or, à ses yeux, le Christ et les Larrons sont de second ordre seulement (3).

Somme toute, il me semble qu'il est facile de rapprocher, malgré leurs divergences, les admirateurs trop indulgents et les censeurs trop sévères.

J'avouerai tout d'abord que nous ne sommes, en face du Calvaire barisien, qu'au début de la carrière artistique de Ligier Richier. Plusieurs années ont dû s'écouler entre cet essai et le crucifiement de Saint-Mihiel, dont la supériorité est incontestable.

Je reconnaîtrai en second lieu que Ligier Richier ayant eu de bonne heure dans son atelier le concours de Claude et de Jean, ses frères, on peut présumer que ceux-ci, dans l'exécution du travail, ont traité quelques détails avec moins de régularité. En 1531, sculptant sous la direction de Ligier le rétable de Génicourt, Claude retracera, ligne pour ligne, le même Christ mourant au milieu des mêmes Larrons. Il est possible que quatre ou cinq ans auparavant, son ciseau ait

---

(1) *L'artiste*, 1856, Novembre, p. 398.
(2) *Mémoire sur Ligier Richier*, II, p. 9.
(3) *Histoire de Saint-Mihiel*, IV, 406.

travaillé dans une composition qui devait lui servir d'inspiration et de modèle.

Un seul manuscrit est pour nous l'organe de la tradition.

Le barisien Brouilly, écrivant son *Mémoire sur ce que la France a de plus curieux*, fait mention « du grand Christ et des deux Larrons, du même maître que le fameux Sépulcre de Saint-Mihiel, qui se voient dans le fond du chœur de la collégiale de Saint-Pierre. » Le rapporteur crut que ces statues étaient de pierre. La couleur qui les recouvrait explique cette erreur. Il désigne l'église de la ville-haute sous le vocable du chef des Apôtres. En réalité, on lui donne indistinctement ce nom ou celui de Saint-Étienne.

Une autre autorité, que nous citerions volontiers, est toute contemporaine du travail, mais la citation qu'en font D. Calmet et D. de l'Isle nous offre de singulières difficultés. L'*Itinéraire* de Chatouru en 1532, rapporte, disent-ils, que l'on voit dans l'église Notre-Dame de Bar-le-Duc, un fort beau crucifix, accompagné de la sainte Vierge, soutenue par saint Jean, de saint Longin, et de quatre anges qui reçoivent le sang qui coule des plaies du Sauveur.

Les mêmes historiens ajoutent que ces pièces sont encore en partie dans cette église, mais transportées *sur une porte du collatéral de la paroisse*.

Or, trois circonstances ont peut-être été négligées par quelques lecteurs : l'église dont parlent Chatouru et ses deux copistes, n'est point celle de la ville-haute de Bar ; ils citent les personnages qu'ils ont vus dans le groupe ; or, il n'est pas question des Larrons ; enfin les deux Bénédictins affirment qu'il existait encore des débris de ce groupe, et qu'ils les avaient vus, eux-mêmes, dans l'église Notre-Dame, sur une porte qu'ils désignent.

Ces trois faits m'autorisent à ne pas partager l'avis de quelques archéologues qui veulent d'abord, à quelques erreurs près, voir dans la relation de Chatouru, une allusion au groupe de l'église Saint-Étienne de Bar-le-Duc, puis en conclure l'antériorité de ce travail de Ligier à la date de l'*Itinéraire*.

J'en conclus plutôt, que Ligier Richier avait sculpté pour

l'église Notre-Dame de Bar-le-Duc, avant 1532, un groupe semblable à celui qu'il plaça dans l'église bénédictine de sa ville natale, et que nous avons à ce sujet une perte bien déplorable à regretter.

Mais j'ai hâte de revenir en face du Christ et des Larrons, objets de notre étude actuelle. Cette date de 1532 étant nécessairement postérieure à l'exécution du groupe de l'église abbatiale de Saint-Mihiel, et ce groupe l'emportant incontestablement en mérite sur celui de Bar, je ne crains pas d'affirmer que plusieurs années les distancient l'un de l'autre, et je place le Calvaire barisien parmi les premiers essais de l'atelier Sanmihiellois.

Il ne mérite qu'une place secondaire parmi les œuvres de Ligier Richier, on y consent; toutefois, on l'aime, ce Christ que l'on trouve beau entre tous ceux que l'on a vus, parce qu'il répond mieux à l'idéal d'un Dieu acceptant dans son amour pour nous des souffrances inouïes, qui lui arrachent la vie, mais non son calme surhumain. On admire ces Larrons, dont les convulsions, n'ayant d'autres obstacles que les étreintes des cordes, expriment mieux, ce semble, les luttes de natures indomptées, dont la férocité expire, pour l'un, dans la rage du désespoir, pour l'autre dans l'assouplissement à la grâce surnaturelle.

Quelques questions se présentent aux esprits habitués à demander compte des moindres nuances dans les œuvres auxquelles ils s'intéressent. Essayons de les élucider.

Il est certain que le Christ a été attaché à la croix par des clous, et la tradition ne varie que sur leur nombre. Mais, où l'imagination de l'artiste a-t-elle vu les cordes, dont il garotte les membres des Larrons, les liant à la croix, sans les y clouer?

Notre Seigneur, livrant lui-même ses mains et ses pieds à la férocité de ses bourreaux, n'obligeait pas ceux-ci à l'étreindre dans des chaînes avant de le crucifier. Mais les malfaiteurs, opposant ordinairement la résistance de toutes leurs forces, pour retarder l'horreur de leur exécution, on comprend qu'après les avoir renversés sur le gibet, on les y enchaînait d'abord. N'est-ce pas cette différence qui a frappé l'esprit de Ligier, et qu'il veut nous faire saisir à nous-mêmes ? D'ailleurs il connaissait à cet égard les traditions du Moyen-âge, qui, pour ne pas assimiler complètement le supplice du Christ à celui d'infâmes scélérats, lui réservait les clous dont parle le texte sacré, et laissait aux artistes la licence d'attacher simplement par des cordes les membres des Larrons, bien qu'en réalité, pour les coupables, comme pour le Saint des saints, on ait employé les liens et les clous.

Seconde question. Pourquoi la croix du Christ a-t-elle une prolongation au-dessus de la tête ?

Celle des Larrons manque de cette partie supérieure et offre exactement la forme de la lettre T ; elle est par conséquent l'image plus exacte de cet instrument de supplice.

Mais il fallait, dans l'atelier des artistes prolonger la grande tige, pour attacher, au-dessus de la victime, l'inscription que l'on connaît. Cette latitude permet de donner à la croix rédemptrice plus de majesté.

Autre observation. L'heure où l'inspiration conduit Ligier sur le Calvaire, est celle où le Christ vient d'exhaler son dernier soupir ; car sous le vermillon d'un peintre moderne, je n'ai pas retrouvé la blessure du côté droit du Sauveur. Les deux autres patients n'ont donc pas encore cessé de vivre, mais le sang ne circule plus dans leurs veines, et ils agonisent, en attendant que pour hâter leur mort, les envoyés du prétoire leur brisent les jambes, avant d'ouvrir le cœur du Christ.

Des touristes regrettent que ce groupe soit peint ; mais ce reproche est irréfléchi. Sculptées dans le noyer, dont les veines trop variées auraient produit des nuances disparates, les trois statues ont été primitivement enrichies de couleurs par l'auteur lui-même. Il avait su donner aux figures des teintes qui supposaient aussi le génie de la peinture. La tradition rapporte que la pâleur du Christ exprimait bien sa longue agonie morale et physique ; que ses blessures étaient au vif ; qu'on distinguait, aux teintes bleuâtres sur les bras et les jambes des larrons, les chairs que la pression des cordes avait froissées. Aucun détail n'avait été négligé par l'artiste, aussi habile peintre que bon sculpteur. Nous ne disons rien du pinceau moderne qui a essayé de raviver les couleurs primitives.

Un dernier mot sur l'histoire de ce groupe.

Jadis, les trois croix, placées au chevet de l'église Saint-Étienne, derrière le maître-autel, reposaient sur un vaste soubassement de pierre, à saillies de forme ovale, entouré de guirlandes de fruits, et revêtu d'une couche d'encaustique qui lui donnait l'apparence du marbre.

Ce bloc de pierre, déplacé depuis longtemps, a été creusé pour servir de cuve baptismale à la paroisse. On le voit encore dans la chapelle des fonts. Il semble avoir subi plusieurs modifications; car, primitivement, il devait être taillé à plat par derrière afin de se coller au mur. Il devait être exhaussé, et la console qui supporte dans cette chapelle une statue de la sainte Vierge, était probablement le cul de lampe qui finissait le travail. Les fleurs et les rubans du socle appuient cette assertion.

Mais pour agencer les trois croix dans l'espace très-restreint de la voussure qui termine l'abside, Ligier Richier a dû élever celle du Christ, d'une dimension déjà supérieure aux deux autres, sur un exhaussement. Sans doute, le socle que l'on retrouve à la chapelle baptismale, sculpté, orné d'une jolie guirlande de fruits, dans le même goût que le grand soubassement, avait primitivement ce but.

Je pense que ces pierres qui formaient la base des croix, avaient été travaillées par le *maître masson*, Claude, qui reproduira souvent les mêmes dessins.

En effet, nous les reverrons dans le trumeau de la cheminée de l'atelier, au rétable de l'église du Sépulcre à Saint-Mihiel, et à Solesmes, dans la grotte de la Pâmoison.

Il résultait de cette disposition, que les croix des Larrons se trouvaient sous celle du Christ. La miséricorde ne devait-elle pas couvrir les pécheurs? Ne faut-il pas que nos tribulations puisent leur mérite et leur consolation dans la grâce qui descend des bras de la croix du Sauveur? Enfin, on aime à voir le front du Larron pénitent rapproché, par cet agencement, du côté ouvert de Notre Seigneur Jésus-Christ. Le pécheur converti prend au Calvaire, la place qu'occupait à la Cène le disciple bien-aimé.

CHAPITRE IX.

LE BON DIEU DE PITIÉ, A ÉTAIN.

Comment s'étend la réputation de nos sculpteurs. — Le groupe d'Étain. — Son origine. — Son histoire. — Maquette de ce groupe.

On se persuade aujourd'hui que nos ancêtres d'il y a quatre siècles, demeuraient confinés entre leurs montagnes, et que les voies ferrées ont seules amené des pérégrinations jusqu'alors impossibles.

Il est incontestable que la vapeur, en accélérant nos démarches, les a multipliées et développe singulièrement l'amour des voyages.

Mais on est étonné, quand on étudie les mœurs du Moyen-âge au point de vue religieux, de voir les pèlerinages répétés, qui entraînaient souvent, même des multitudes, que n'arrêtaient ni les distances, ni les difficultés de la route.

Les nécessités de la vie obligeaient également nos pères à des déplacements, pour leurs intérêts commerciaux et industriels. Souvent, dans ces temps de foi, la religion sanctifiait le commerce, et le commerce aidait à la vie religieuse, comme le prouvent *les rapports*, établis autour de beaucoup de sanctuaires, aux anniversaires de fêtes, dont les villages, même éloignés, et les cités n'oubliaient jamais les dates.

Des pèlerins et des commerçants, attirés à Hattonchâtel pour les fêtes de Saint-Maur, redirent dans tous les pays d'alentour, quelles splendides *ymaiges* ils avaient vénérées dans la chapelle du castel. Les rapports Verdunois avaient encore ajouté à la renommée des Richier; les foules qui se pressaient dans ces rendez-vous de la foi et du négoce, répétaient à leur retour au foyer, quelle *Notre-Dame* ornait une chapelle tout fraîchement décorée dans la sainte basilique.

Aussi, nous ne nous étonnons pas de voir confier à notre atelier les sculptures de quelque valeur, que la piété faisait ériger, dans l'intérieur des églises ou des cloîtres, ou que des particuliers demandaient pour l'ornementation de leurs demeures.

Les révolutions et le temps ont effacé les traces de nos artistes dans beaucoup de localités de notre région; nous en avons la triste conviction; mais n'est-ce pas un juste motif d'étudier, d'analyser, de savourer ce que les siècles ont ménagé, et d'en transmettre le détail aux générations à venir?

Aujourd'hui, la statuaire multiplie les images du Cœur adorable de Notre Seigneur et les représentations des apparitions plus récentes de la très sainte Vierge. Plus tard, ces compositions qui caractérisent notre temps, aideront à fixer la date de telle chapelle, de tel groupe.

A l'époque des Richier, et dans les deux siècles qui avaient précédé, l'ordre des Servites de Marie, en répandant partout le culte des Douleurs de cette auguste Vierge, avait inspiré une multitude de chapelles et d'*ex-voto*, où les statuaires chrétiens la retraçaient, souvent avec plus de naïveté que d'art.

Ces pensées nous amènent à Étain, petite ville située à quelques lieues de Verdun, sur la grande route qui relie cet évêché à celui de Metz. Là, dans une très-belle église, que le cardinal Huin dota d'une abside flamboyante très-remarquable, nous avons bientôt reconnu le groupe que le vulgaire désigne sous le nom expressif de *Bon Dieu de Pitié*, dont nous voulons étudier la composition, le mérite, l'origine et les péripéties, et qui porte évidemment le cachet des œuvres de Ligier lui-même.

Les disciples avaient étendu sur la terre une toison soyeuse, préparée par leur piété, pour recevoir le corps du Sauveur, quand ils l'auraient descendu de la croix. C'est ce moment douloureux que l'artiste a voulu nous retracer.

La Vierge, fléchissant un genou, soutient contre l'autre et de la main droite le torse de son fils inanimé, que les disciples ont respectueusement confié à sa tendresse maternelle.

Avec la libre allure d'un esprit riche de son propre fonds, Ligier ne veut rien emprunter ; Sa Pieta ne sera pas une copie. Sauf les types légendaires, que l'iconographie chrétienne veut que tout artiste respecte, le dessin sera original.

Sa délicatesse ne lui permettait point d'écraser les genoux de l'auguste Vierge sous le poids d'un corps qui n'a plus ni souplesse, ni maniement ; il lui répugnait de nous la peindre désolée, en face d'une poitrine disloquée, qui, n'envoyant plus de vie à la tête, laisse retomber celle-ci en arrière avec des lèvres béantes et l'affreuse rigidité du trépas. Pour notre artiste, dont la foi et le tact inspirent les dessins, la nature humaine en Jésus-Christ doit jusque dans l'horreur de la mort, révéler son union hypostatique avec sa nature divine, c'est-à-dire, conserver l'empreinte de sa majesté souveraine et d'une toute-puissance, qui n'est liée que par son amour infini pour les hommes.

De même, quels que soient les glaives douloureux qui transpercent le Cœur de Marie, elle doit, dans sa Compassion, nous apparaître digne comme la Mère d'un Dieu ; calme comme une âme immaculée qu'aucun remords n'agite ; résignée dans son obéissance aux décrets du Ciel, son dévouement au salut du monde et sa confiance aux promesses divines. Voilà bien l'idéal de notre Ligier.

Pour le réaliser, il a rêvé une mise en scène simple et naturelle.

Le Christ est assis sur la terre ; la jambe droite allongée permet de voir le genou gauche, que l'artiste a un peu soulevé, sans bien comprendre, il faut l'avouer, ce dernier mouvement. Le bras droit retombe sur la toison, le long du corps ; l'autre est soutenu par la main de Marie. Ces deux détails seraient admirables de naturel, si une malheureuse restauration n'avait donné aux doigts de la main gauche du Christ, une rigidité qui contraste avec la flexibilité des autres membres.

Que de délicatesse dans cette tête, où la vie est éteinte, mais qui semble encore s'appuyer sur le sein maternel! Et dans ce regard de la Mère, qui contemple son Fils bien-aimé, avec déchirement sans doute, mais avec une résignation surhumaine!

Ainsi que nous l'avons déjà remarqué, ceux qui ont vu dans l'église Saint-Étienne de Saint-Mihiel l'expression que Ligier sait donner au Christ mort, le voile dont il couvre la tête de la Vierge, et les vêtements qu'il drape d'une manière toute pudique autour des saintes femmes, n'hésitent pas un instant à le désigner pour l'auteur de cette *Pieta*. Sous son crayon et son ciseau, les contours n'ont pas encore à Étain la pureté que nous admirerons à Saint-Mihiel; il n'y a là rien qui étonne, le Sépulcre a été l'effort suprême de son génie, la *Pieta* n'en était que l'essai. Nous disons l'*essai*, parce que le groupe d'Étain et le crucifiement de Bar sont, à notre connaissance, les premiers travaux de grandeur naturelle, sortis de l'atelier des Richier.

En établissant des rapprochements, on dirait volontiers que la Salomé du Sépulcre et la Vierge d'Étain ont une grande ressemblance de physionomie; que l'artiste a vêtu celle-ci du corsage qu'il donnera plus tard à la Véronique de Saint-Mihiel, et que la cordelière qui descend de la ceinture, est la même qui ornementera plus tard Cléophée dans la grotte Sanmihielloise. Les cheveux bouclés qui tombent des tempes du Christ jusque sur ses épaules, ne les trouvons-nous pas exactement au Sépulcre ?

Au Calvaire d'Hattonchâtel, nous avons admiré surtout le Christ mis au tombeau, et la Compassion de sa divine Mère. Comparons ce groupe avec celui d'Étain; là, nous avions la miniature, ici la grandeur des proportions nous permettant de constater d'ailleurs la similitude des types et des expressions, nous met à même de mieux apprécier le travail au point de vue anatomique, les proportions des membres, le naturel des poses, et, sous les replis qui l'enveloppent, l'exactitude de la charpente osseuse.

Dans ce travail, où il fallait rendre la vie aux prises avec la souffrance morale, peindre l'inertie de la mort dans un corps animé tout à l'heure d'une intelligence divine, tout nous révèle sans doute la jeunesse du talent, avec moins de fini dans le dessin et moins de parfait dans l'exécution; mais quelles merveilles il nous promet pour l'avenir, et, déjà que c'est beau!

Seul, parmi les auteurs, M. Dumont parle de ce groupe, qu'il estime un des premiers essais du ciseau de notre artiste. Il a recueilli de M. Vieillard des renseignements précis sur l'origine de cette *Pieta*.

Jacquemin Quiolt, ayant perdu sa compagne, *Gillette de Marque*, le 6 mars 1525, fit ériger, trois ans plus tard, ce beau monument sur la tombe de celle qu'il pleurait.

L'inscription suivante en faisait foi.

« CY DEVANT CESTE IMAGE GIST HONNÊTE FEMME GILLETTE
» DE MARQUE, JAYDIT FEMME A JACQUEMIN QUIOLT, Q TRÉ-
» PASSA LE VIe JOUR DE MARS L'AN MIL V^c XXV. PRIÉS
» DIEU POUR ELLE. LEDIT JACQUEMIN A FAIT FAIRE CESTE
» DÉVOTION L'AN MIL V^c XXVIII. »

Mais M. Dumont ne nous apprend rien de plus.

Un examen attentif de l'édifice et la recherche des documents qu'un vénérable curé d'Étain a recueillis en 1788 en un volume de *Nottes* singulièrement précieuses, permettent de déterminer l'endroit où fut d'abord placé le groupe qui nous occupe.

Quand, en 1455, le cardinal Huin fit reconstruire le chevet de l'église de sa ville natale, les ossements extraits d'une multitude de tombes, durent être réunis dans un caveau du côté de l'Évangile, tout près de la balustrade actuelle. Vous voyez là une arcade, qui protège aujourd'hui la légende de la Passion, peinte sur bois dans seize panneaux que leur mérite et leur antiquité rendent inestimables. C'est à la place que ce précieux tableau occupe seulement depuis quelques années, que l'œuvre de Richier avait été exposée à la dévotion des fidèles. En 1528, Jacquemin Quiolt avait payé à l'artiste Sanmihiellois son *Bon Dieu de Pitié;* en 1537, Jean Thiéry compléta la fondation de la chapelle, comme le prouve son épitaphe, qu'on lit encore à gauche de l'arcade.

En souvenir des faits que nous venons de relater, ce sanctuaire reçut, dans les actes publics, la dénomination de *Chapelle de la Vierge de Pitié du Charnier* ou de l'*Ossuaire*. Des visiteurs trop rapides, n'ayant entendu que cette dernière expression, et plus malheureusement encore, l'ayant dénaturée, par une erreur de leur oreille trompée ou de leur mémoire infidèle, ont écrit que le groupe s'appelait le *Suaire*.

Ils ont également conclu des rapports qui leur avaient été faits sur la mort et le mausolée de Gillette de Marque, que l'œuvre de Ligier avait primitivement été destinée à ornementer une tombe dans le cimetière. Il nous semble au contraire incontestable, que cette *dévotion* était dès le principe dans l'intérieur de l'église.

Aux jours néfastes, où la Révolution française brisait tout ce qui ne pouvait être consumé dans de sacrilèges auto-da-fé, la Vierge de Pitié, déjà mutilée par des mains impies, aurait été pulvérisée, si des hommes intelligents n'avaient réclamé au nom des Beaux-Arts.

Grâce à leur intervention, nous possédons encore ce groupe, qu'une sage administration a replacé d'abord au chevet de l'abside, puis dans la chapelle du Sacré-Cœur, où nous pouvons l'admirer encore.

Nous nous servons du mot *replacer,* car les vieillards d'Étain se rappellent que la *Pieta,* cachée probablement lors de la tourmente révolutionnaire, dans le jardin de M. de Nettancourt, y séjourna pendant la première partie de notre siècle, exposée aux intempéries de l'air.

A l'époque de sa rentrée dans l'église paroissiale, l'œuvre de Ligier Richier subit plusieurs restaurations, dont quelques-unes, nous l'avons déjà constaté, furent maladroites. On a pris, croyons-nous, les teintes, ajoutées par l'artiste lui-même, pour un mauvais badigeon, qu'on a fait disparaître. Mais on ne peut qu'approuver qu'on ait rattaché au corps du Christ les pieds qui en avaient été séparés ; qu'une suture habile ait rajusté les trois blocs dans lesquels l'ensemble avait été taillé ; et qu'on ait incrusté une pierre bien dissimulée au bas de la poitrine de l'Homme-Dieu.

Peut-être des antiquaires, qui préfèrent l'art à toutes les autres considérations, auraient mieux aimé qu'on respectât l'original jusqu'à interdire toute réparation, que ne justifierait pas le devoir de conserver l'œuvre d'un génie. Mais ce qui est une règle très-sage dans l'entretien de nos musées, ne s'accorde pas avec ce que la décence exige de tout monument placé dans l'intérieur des églises, surtout quand une image est l'objet d'une piété populaire.

Or, nous terminons cette notice, en constatant que le but du généreux fondateur est encore, de nos jours, pleinement atteint. Ce groupe est toujours *une dévotion*.

Les pieux fidèles de la ville d'Étain et des villages environnants le visitent volontiers. Aux jours où l'épreuve les frappe, ils s'empressent de venir puiser aux pieds de Notre-Dame la résignation chrétienne ou réclamer de sa compassion la délivrance des maux qui les menacent.

Notons encore, en finissant, que le groupe d'Étain mesure $1^m,30$ de longueur à sa base, sur $0^m,70$ de profondeur et $1^m,10$ de hauteur ; ce qui donne en réalité au corps du Christ, s'il se redressait, une dimension de $1^m,80$. Il ne faut pas plus négliger de remarquer que la pierre est de Saint-Mihiel.

Appelé pour des réparations artistiques dans la petite ville de Clermont-en-Argonne, M. Pierson, dont toute la région connaît et estime l'atelier de sculpture religieuse, eût le bonheur de découvrir une maquette, qui rappelle singulièrement la *Piéta* d'Étain. L'inscription 1530, gravée dans l'argile, date ce petit groupe, qui surpasse celui d'Étain en dessin, en inspiration, en mérite. C'est bien du Ligier, avec cette heureuse perfection d'idéal et cette grande sûreté dans le maniement du ciseau, que nous avons déjà constatée à Hattonchâtel.

Cependant un examen sérieux des statuettes de Clermont me fait croire que nous n'avons sous les yeux qu'un beau fragment d'une composition, où d'autres personnages devaient nécessairement figurer.

Ligier n'aurait pas supposé que la sainte Vierge aurait pu, d'une main, soulever presque tout le buste du Christ, qui n'est appuyé contre elle que par l'épaule droite. Elle devait être aidée dans sa pénible tâche par saint Jean; mais ce nouveau personnage appelait comme pendant, à l'autre extrémité, la Madeleine qui accompagne si bien la Mère de douleur, comme nous le verrons bientôt dans une excursion à Bonzée.

Mais puisque la découverte de cette intéressante maquette nous invite à faire l'ascension de la montagne de Clermont, cherchons la chapelle qui la possède, pour y contempler une autre merveille.

CHAPITRE X.

LA MADELEINE, A CLERMONT-EN-ARGONNE.

La chapelle Sainte-Anne de Clermont. — La Madeleine. — Personnages qui l'entourent.

Sur le versant d'une des montagnes les plus élevées de l'Argonne, la petite ville de Clermont est bâtie en amphithéâtre. Une belle église gothique domine les habitations; les archéologues y visitent la chapelle et surtout le mausolée construits pour la famille à jamais illustre des Pimodan. Puis on les invite à gravir la montagne Sainte-Anne. L'excursion est pénible, mais arrivant au sommet, ils n'en regrettent point les fatigues.

Un horizon splendide découvre, à leurs pieds, toute la vallée de l'Aire; dans le lointain, par-dessus les cîmes des montagnes de l'Argonne, les altitudes les plus remarquables de la région, le camp des Romains qui domine Saint-Mihiel, Montfaucon, Longwy. Ce splendide panorama n'est que la première récompense du touriste.

Une longue avenue de sapins lui révèle une chapelle construite en l'honneur de sainte Anne il y a quatre siècles, restaurée après la Révolution par les soins de M. Buzy, et tout récemment encore, par le zèle de M. le doyen de Clermont, qui a ressuscité les pieux pèlerinages d'autrefois à la sainte montagne. A peine a-t-on franchi le seuil de cette chapelle, qu'on s'arrête avec respect en face d'un sépulcre. Il faut avouer qu'après cette première impression, l'œil du visiteur serait complètement désillusionné, si en parcourant les détails, il ne découvrait un chef-d'œuvre, oui, un vrai chef-d'œuvre.

Au milieu d'un groupe de personnages qui honorent la sépulture du Sauveur, vous apparaît Madeleine. Elle est debout, mais inclinée; elle contemple, elle gémit. Ce qu'il y a d'expression dans la pose de cette femme, ses bras tendus vers le visage du Christ, ses traits purs et nobles, ses lèvres tremblantes qui murmurent des plaintes aussi résignées qu'affectueuses, l'œil ne se lasse pas de le voir, l'âme ne finit pas de le sentir, mais la plume ne peut le retracer.

Malgré le mutisme de tous les écrivains jusqu'à ce jour, c'est, à n'en pas douter une minute, le ciseau, la manière, l'âme de Ligier Richier.

La chevelure disparaît sur la tête sous une coiffure singulière, dans laquelle l'artiste a voulu laisser un souvenir ingénieux des costumes lorrains. De larges bandes, nouées derrière le cou avec les boucles des cheveux, permettent à ceux-ci de s'épandre sur le dos, puis viennent se rejoindre sur la poitrine, grâce à un bouton qui rapproche les parties de cette ingénieuse gorgerette, et à un nœud de la dernière délicatesse qui en relie les extrémités.

La robe, autre souvenir lorrain, avec ses manches ouvertes jusqu'aux coudes et cependant resserrées par des boutons, révèle bien aussi l'art de Ligier Richier.

Le manteau, appuyé sur l'épaule gauche, est retenu à droite par une ceinture, que cachent les replis de la robe relevée en forme de casaque. Ce dernier détail, joint aux crevés des bras, rappelle exactement le vêtement de l'Ange du Sépulcre. Seulement, des plis couvrent la poitrine de l'Ange, tandis que, pour Madeleine, la taille du vêtement fait ressortir avec une parfaite modestie les formes du corps.

Les pieds sont protégés par des sandales, dont les rubans disparaissent sous la bordure de la robe.

Les visiteurs hésitent à nommer cette sainte femme. Si ce n'était sa coiffure originale, le vase de baume qu'elle tient sous le bras gauche, et son air de jeunesse, elle a dans la taille et les traits quelque chose de si angélique, qu'elle semble un type parfait de la Vierge. Est-ce avec ce reflet de virginité que Richier représenterait Madeleine? Comme l'artiste, qui s'inspire toujours du texte sacré, a nécessairement voulu reproduire une des saintes femmes, qui achetèrent des aromates pour embaumer le corps de Jésus, nous devons choisir entre Marie Cléophée, Salomé, et Madeleine, les trois Marie. Mais Salomé étant la mère de saint Jean, et Marie Cléophée son aïeule, l'air de jeunesse répandu dans ce personnage me porterait à croire que l'artiste, en peignant Madeleine sous des traits aussi modestes que ravissants, a voulu exprimer, par cette beauté surnaturelle, jusqu'à quel point, la grâce pouvait réparer, au physique comme au moral, les inconséquences d'une vie mondaine.

Cependant étudions le reste du groupe. Dans le creux d'un tombeau de 2 mètres 30, un Christ en pierre gît inanimé; la tête repose sur un oreiller; les mains sont raidement attachées aux reins. Les dimensions de cette statue ne sont nullement en rapport avec la taille des autres personnages. A la tête et aux pieds de ce Christ, deux anges, portés sur des nuages et leurs grandes ailes de bois déployées, adorent.

Si le Christ est d'un mérite tout secondaire, les anges sont détestables.

Entre le tombeau et le mur se tiennent debout trois personnages; celui du milieu, nous l'avons étudié; les deux autres, d'une dimension un peu plus forte, c'est-à-dire, d'un mètre quarante centimètres, représentent, à gauche, saint Jean; à droite, une sainte femme portant un vase de parfums. Il y a dans ces deux statues une grossièreté de travail, qui ne permet pas même de demander si elles sont des Richier, et cependant des détails rappellent évidemment l'atelier de Saint-Mihiel.

Nous retrouvons au Sépulcre Sanmihiellois la boucle qui rattache le manteau de l'Apôtre sur l'épaule gauche, la ceinture à agraffes de coquilles de la sainte femme et l'ornementation très-riche de ses liserés. Ces deux statues sont dues, je crois, à des tailleurs d'images, qui avaient emprunté les dessins de la grande école, sans en avoir les talents.

En réalité, je pense que M. Buzy, ayant transporté dans cette chapelle un tombeau dont il avait fait l'acquisition, a voulu l'ornementer, en l'entourant de ces Anges qu'il avait trouvés quelque part, de cet Apôtre et de cette Madeleine, qui provenaient de quelque sépulcre exécuté par un sculpteur vulgaire. Seulement, il a eu le bonheur de rencontrer une statue magnifique du grand maître, et il l'a placée là, espérant en faire rejaillir le mérite et la délicatesse sur l'ensemble du groupe, tandis que, par sa perfection, l'œuvre d'un génie fait ressortir les incorrections du dessin et de l'exécution dans les essais de simples apprentis.

Plusieurs mutilations regrettables attristent encore l'œil du visiteur. Notre belle statue a eu les mains brisées; celles qu'on lui a rajoutées, ne révèlent pas un artiste sérieux; les mains de l'autre femme n'ont pas encore été remplacées.

CHAPITRE XI.

LE BON DIEU DE PITIÉ, A BONZÉE.

Le Christ. — Saint Jean. — La Mère de douleur. — Madeleine.

Nous aurions pu, dans notre excursion d'Étain à Clermont-en-Argonne, nous arrêter un instant dans le petit village de Bonzée, situé entre la route qui mène de Verdun à Fresnes-en-Woëvre et la côte des Hures, que les Romains avaient jadis choisie pour leur camp retranché.

Un vénérable chanoine de la cathédrale de Nancy, M. l'abbé Garot, originaire de là, ayant découvert au milieu des épines d'une haie de jardin, à Lachaussée, des personnages sculptés dans la pierre, qui ne lui semblèrent pas dépourvus de tout mérite, offrit quelques sous au propriétaire de ce groupe, emporta sa trouvaille dans son pays natal et la plaça dans l'église.

Or, cette composition, en pierre de Saint-Mihiel, ayant seulement 0,60 de longueur sur 0,50 de hauteur, constitue pour la paroisse de Bonzée un véritable trésor. Ce n'est qu'un trois quarts de ronde bosse, mais le ciseau de Ligier y a laissé son empreinte incontestable.

Nous y revoyons la scène de douleur, qu'il traitait plus volontiers : Notre-Dame de Pitié, accompagnée de saint Jean et de sainte Madeleine, contemplant les restes inanimés du Christ, au moment où l'on vient de les descendre de la croix.

Comme à Étain, le corps de la divine Victime ne repose qu'en partie sur la terre. Les épaules sont appuyées contre les genoux de saint Jean, qui à son tour, soutient la tête du divin Maître contre sa propre poitrine.

Ici les détails anatomiques semblent mieux compris qu'à Étain; la tête est bien la miniature de celle du Sépulcre, avec la chevelure partagée sur le front, des boucles qui retombent sur l'épaule, la barbe légèrement bifurquée et ondulée. Le buste est exact de proportions et les membres auraient certainement la même perfection, si les Vandales, qui en ont brisé les mains et les pieds, n'avaient donné occasion à des retouches récentes, du goût le plus pitoyable.

La blessure ouverte au côté droit, frappe surtout par ce qu'elle a de vrai, de naturel, de déchirant. Le linge qui ceint les reins de la victime, au lieu d'être simplement drapé autour du corps, rentre entre les jambes et laisse ses extrémités se prolonger sur la terre.

Si les scènes évangéliques de Ligier sont toujours heureusement mouvementées, naturellement c'est le Christ qui en est le centre; c'est vers lui que doit converger toute l'action. Ce principe d'harmonie et d'unité est parfaitement observé à Bonzée.

Debout, mais incliné, saint Jean supporte de la main droite l'épaule du Christ, sans oublier les devoirs que lui impose l'adoption du Calvaire, car son autre bras, entourant le dos de la Vierge, prévient l'affaissement de cette Mère de douleur.

La pose de l'Apôtre bien comprise et ses proportions parfaitement observées, révèlent l'habileté de l'artiste. Il fallait que celui-ci, pour légitimer la courbe du corps, ménageât la projection des pieds et celle de la tête. Il fallait qu'il se rendît compte de l'effet, que produirait la main du fils supportant sa mère adoptive, pour obtenir une combinaison de mouvements qui fût vraie et naturelle. Or, on peut établir que, sous ce rapport, la statue de saint Jean n'est pas seulement au-dessus de tout reproche, mais qu'elle est plutôt en dessus de tout éloge.

La tristesse est parfaitement rendue dans les traits du visage; la tunique est recouverte d'un manteau noué sur l'épaule gauche; les vêtements sont drapés avec tant de naturel, qu'on oublie de les remarquer; les cheveux sont courts et légèrement crépus. Ne dirait-on pas que notre étude a pour objet le même Apôtre dans les églises de Saint-Mihiel?

La main et les pieds, sculptés par un maître, font regretter davantage la témérité de celui qui a remis des mains et des pieds au Christ.

A gauche de saint Jean, et par conséquent, au centre du groupe qui entoure la victime du Calvaire, la Vierge à genoux soutient de la main droite la tête de son Jésus; de la main gauche, elle devait supporter celle de ce Fils bien-aimé. Hélas! les remaniements, que nous avons déjà regrettés, sont encore ici plus déplorables. En effet, si l'avant-bras du Christ, refait jusque dans les doigts hideusement crochus, est inqualifiable; comment, de l'autre côté, expliquer qu'un mort soulève son bras et même redresse son avant-bras, sans l'intermédiaire d'une main étrangère?

Voici, ce semble, comment une restauration intelligente rétablirait l'idée de l'artiste. La Vierge, ayant tout d'abord considéré le visage tout ensanglanté de son Fils, se garde bien d'échapper cette tête adorable; seulement elle la laisse s'incliner légèrement vers l'Apôtre, qui à son tour, y contemple l'empreinte de la mort. Un second mouvement, qui ressort évidemment de l'ensemble du groupe, explique le plan de l'artiste. Marie ne détourne de ce premier spectacle ses yeux mouillés de larmes, que pour les reporter sur un autre, non moins douloureux à son cœur. Elle saisit dans sa main celle du Christ, elle y voit la blessure cruelle que lui a faite le clou du crucifiement.

Il faudrait donc que la main maternelle, bien comprise, soulevât délicatement celle de la victime, de manière à en placer la plaie béante sous les yeux.

Au vêtement de la Vierge, au voile qui s'avance modestement autour de la tête et se rattache sous le cou; au manteau qui tombe des épaules; aux formes chastes et délicates de la taille; à la ceinture, qui relie simplement la robe au-dessus des reins, on sent l'âme de Ligier Richier, on retrouve son faire d'Hattonchâtel.

Quant à l'expression, autant le front, le visage et les lèvres de saint Jean révèlent en lui l'anxiété, autant la figure virginale de Marie est calme dans une douleur profonde.

La position agenouillée de Marie n'a pas empêché le sculpteur de donner au buste et à tous les membres le maintien et la justesse dans les proportions. Ce que l'on voit de la main droite, fait encore regretter les mutilations sacrilèges dont nous avons déploré les malheureuses restaurations.

Le dernier personnage est Madeleine. Agenouillée à la gauche de Marie et les mains jointes, elle s'incline vers le Sauveur, mais avec un mouvement qui indique, à n'en pas douter, qu'associant sa pensée et ses larmes à la douleur de la Mère, elle aussi veut contempler la blessure de la main gauche du Fils.

A Bonzée, comme dans toutes les compositions de Ligier Richier, cette illustre pénitente de Béthanie nous apparaît avec un double caractère; le souvenir de sa vie mondaine d'autrefois se révèle encore sous l'empreinte de la vie surnaturelle, recouvrée naguère aux pieds de Celui qui a tout pardonné.

Les traits de Madeleine ont de la finesse; ses cheveux partagés sur le front, laissent retomber leurs boucles sur les épaules et la poitrine; un voile rejeté derrière la tête et noué élégamment, retient d'autres flots de cette chevelure.

Le haut de la taille est nu. La robe, ornementée de bouffants aux épaulières, est reliée à la ceinture par un cordon délicatement noué, puis retroussée sur les reins, de manière à ne pas gêner les mouvements. L'ampleur de cette robe extérieure recouvre un autre vêtement plus simple, dont les manches descendent sur les avant-bras.

Selon ses habitudes, Ligier revêt encore Madeleine d'un manteau qui l'enveloppe, mais de manière à nous laisser voir parfaitement sa taille et comprendre son mouvement.

Toutefois, la vérité nous oblige à le dire, les traits de cette femme sont loin d'avoir l'expression, qu'on ne se lasse point d'admirer au Sépulcre.

Vue de profil, elle gagne sous ce rapport; mais alors son buste, d'ailleurs trop massif, nous montre ce qu'il a de replet et de mal contourné entre les épaules.

C'est égal; on préfère considérer le groupe de côté; car, en même temps que les traits de Madeleine semblent avoir plus de sentiment, saint Jean s'offre alors à nos regards tel qu'on le connaît à Saint-Mihiel, et la Vierge a bien la belle figure ovale, le nez effilé, la bouche élégante et délicate que l'on apprécie tant dans la *Pieta* de la même ville.

La couleur grise, uniforme, qui couvre actuellement le groupe, cache d'anciennes peintures, peut-être les teintes que le pinceau de l'artiste avait surajoutées à l'œuvre du ciseau, pour en compléter l'effet.

Si nos lecteurs demandent qu'une date soit assignée à ce groupe, nous répondrons qu'à Bonzée, comme à Étain, on sent que l'artiste n'est pas à la hauteur où son génie peut s'élever. Ordinairement, les hommes doués de facultés hors ligne, lancent d'abord des éclairs de génie, qui étonnent le monde; puis se reposent, comme si leur âme, fatiguée d'un premier effort, avait besoin de recouvrer de nouvelles forces, pour reprendre son essor dans les régions surhumaines et ne plus en descendre.

Hattonchâtel a été pour Ligier Richier le premier jet. Les œuvres qui suivirent, l'élevèrent moins haut, jusqu'à ce que la maturité du talent nous donnât dans l'atelier du maître une série de chefs-d'œuvre, qu'aucune intermittence ne viendra plus interrompre.

Il semble donc juste d'assigner au groupe de Bonzée la même date environ qu'à celui d'Étain. Il a dû être exécuté avant 1530. Peut-être faisait-il partie d'un rétable sur l'autel d'une chapelle; peut-être ornait-il un mausolée dans l'église de Lachaussée ou quelque autre sanctuaire de la région. Si nous connaissions la place qu'il occupait dans le principe, nous comprendrions sans doute pourquoi l'artiste a donné moins de soin au torse de la Madeleine.

CHAPITRE XII.

LIGIER RICHIER ET LA FAMILLE DUCALE.

Chroniques du Barrois. — Diplôme du duc Antoine. Portraits de la famille ducale.

Jusqu'ici nous avons suivi Ligier Richier dans sa vie d'artiste, cherchant, par les dates et les caractères de ses œuvres, les diverses étapes qu'il avait dû parcourir.

Nous aurions voulu ajouter à ces détails artistiques la révélation de sa vie intime, mais nulle part nous n'avons pu découvrir de documents, au moins de documents sérieux.

L'auteur des *Chroniques du Barrois* consacre sans doute des pages singulièrement intéressantes à notre Ligier Richier. Il s'étend longuement sur les relations d'amitié, qui auraient uni notre artiste à un peintre Barisien, nommé Errard; il va, comme nous l'avons vu, jusqu'à transcrire les lettres et les réponses des deux amis, puis il les fait partir de compagnie pour Metz, sans doute le mousquet sur l'épaule; il les montre piochant ensemble pour aider à construire les retranchements et payant de leurs personnes, sur les remparts qu'assiégeait Charles-Quint.

N'ayant trouvé aucun caractère d'authenticité dans ces chroniques, en ce qui concerne notre artiste, nous ne prenons pas la peine de rechercher ce qu'elles méritent de confiance sur ce point.

Mais ce qui est certain ou que l'on peut conclure de documents qui méritent foi, nous nous ferons un bonheur de le rapporter dans le cours de ces études.

Le duc Antoine passa à Saint-Mihiel l'été de 1530, avec ses conseillers Vidranges, Savonnières, et Volcyr qui écrivait les annales de son prince.

Or, le 18 août de cette année, le Bon Duc signa un diplôme, dont nous avons déjà extrait quelques lignes, à propos du pays natal de Ligier, mais que cette fois nous allons reproduire *in-extenso*, tel qu'on le retrouve dans le Recueil des Chartes des ducs de Lorraine et de Bar.

« Antoine, etc.
» Savoir faisons que, pour le bon rapport que fait à nous a
» été de la personne de nostre bien-aimé Liégier Richier, imai-
» gier, natif et à présent demourant en ceste notre ville de
» Saint-Mihiel, lequel s'est puis naguières marié soubs nous
» en ce dit lieu et est expert de son art, comme avons en-
» tendu, pour ces causes et autres à ce nous mouvans, eu sur
» ce l'advis de nos officiers de ce dit lieu.
» Avons icelui Liégier affranchy et exempté, et par la te-
» neur de ces présentes, affranchissons et exemptons, jusques
» à notre bon plaisir, tant qu'il se tiendra à demeure en ce dit
» lieu, de toutes tailles, aydes, prières, subsides, droictures,
» subventions et impositions et autres choses quelconques, à
» nous dues en ceste nostre dite ville de Saint-Mihiel, saulf
» guetz et gardes portes et murailles.
» Sy donnons, en nostre ville du dit Saint-Mihiel, l'an
» 1530, le 18e jour d'août. »

Ces lettres de franchise constituent un document incontestable.

Il en résulte que Liégier Richier, imaigier, natif de Saint-Mihiel, y avait fixé sa résidence. Ces quelques mots nous certifient son nom, son prénom, sa profession, son origine, son domicile.

Nous y voyons que notre sculpteur avait attiré sur lui la bienveillance du duc, non-seulement par ses œuvres, où il révélait qu'il était *expert de son art;* mais encore *par d'autres causes*, sans doute par ses qualités, qui lui méritèrent *le bon rapport fait de sa personne*.

Cette année même, Ligier avait donc contracté mariage, en la ville de Saint-Mihiel, en présence de son Souverain : *Soubs nous, en ce dit lieu, naguières*. Ces lettres d'affranchissement, dans de telles conjonctures, ont bien l'apparence d'un cadeau de noces, offert par la libéralité du prince aux jeunes époux.

Combien nous eussions désiré qu'une ligne de plus, dans cette charte, nous apprît le nom de celle qui venait s'asseoir au foyer de Ligier! Épouse, mère et aïeule d'artistes éminents, elle devait apporter sous leur toit une riche dot de nobles vertus.

L'histoire nous parle des magnificences de ce prince envers ses sujets les plus distingués, dont il encourageait les talents. Avant de quitter Nancy et d'établir sa résidence d'été à Saint-Mihiel, il avait doté de mille francs barrois, Hugues de La Faye, le peintre décorateur de son palais dans sa capitale. Cette fois, c'était un sculpteur qu'il voulait honorer. En témoignage d'estime et de considération, il l'exemptait des charges communes, jugeant que, par les productions, le génie s'acquittait surabondamment de tout tribut envers le souverain et le pays.

L'histoire des Grands-Jours de Saint-Mihiel a conservé les noms des protecteurs de Ligier; de ces officiers, à la fois justes et intelligents, dont la bienveillance inspira le *bon rapport fait de sa personne* et détermina la libéralité du duc Antoine.

C'étaient Hardy du Tillon, grand-maître d'hôtel; Claude de Fresneau, bailli de Clermont-en-Argonne; le bailli de Saint-Mihiel, Bernardin de Lenoncourt; son lieutenant général, Jehan Warin de Gondrecourt; le receveur des domaines, Henri Lebrun.

Maître Guillermont était alors curé de la paroisse; D. Nicolas Loupvent, le célèbre pèlerin, illustrait l'abbaye par sa science, ses vertus et ses munificences.

Pendant cet été de 1530, il dut y avoir à l'atelier des Richier de fréquentes visites de la part du souverain, qui put estimer par lui-même le mérite hors ligne des artistes, et même, en le comparant à ses rivaux nancéiens, placer Ligier bien au-dessus d'eux dans son appréciation.

Dès lors, le lecteur se demande pourquoi le duc Antoine laissa un génie aussi éminent relégué dans la petite cité Sanmihielloise, sans l'attirer dans sa capitale. Déjà j'ai prévenu cette question, en constatant la prédilection du grand sculpteur pour son pays natal.

Puis, la Lorraine proprement dite possédant à Nancy la grande école des Beaux-Arts, était-ce trop pour le duché de Bar, de l'atelier des Richier, qui consacraient, nous l'avons déjà vu, leur temps et leurs talents, non-seulement aux églises de Saint-Mihiel, mais encore aux collégiales de Bar, à la cathédrale de Verdun et à leurs dépendances?

Il existe cependant un vieux parchemin, qui atteste certaines attaches de Ligier Richier au palais ducal de Nancy. C'est une note du cellérier, dans son compte de 1533. En voici la teneur :

« Payé à Jehan de Mirecourt, menuisier demeurant à Nancy,
» pour une grande layette en forme de coffre, de quinze pieds
» de longueur et IIII de hauteur, qu'il a fait et fourni de son
» bois de sapin, à mettre les pourtraictures faites de terre,
» tant de Monseigneur le duc, que Madame, et autres, faits
» par maître Lieger, imaygier, VIII fr. »

C'était donc à Nancy même que Ligier avait ébauché son travail. Il avait dû consacrer un temps assez considérable, pour faire poser devant son chevalet les membres de la famille ducale, et mouler en argile des maquettes, qui fussent déjà de fidèles « pourtraictures. » Le texte de la note du cellérier prouve évidemment que cette glaise, transportée ensuite à l'atelier ordinaire des Richier à Saint-Mihiel, devait y être parachevée et servir de type à d'autres reproductions.

Ces bustes, effigies ou statues, étaient considérables, et quant à leurs dimensions, et quant à leur nombre. On peut l'affirmer, vu les proportions énormes de la caisse destinée à leur transport : *quinze pieds de longueur et quatre de hauteur.*

Après avoir parlé des portraictures de Monseigneur le duc et de Madame, c'est-à-dire d'Antoine et de Renée de Bourbon, le compte du cellérier ajoute « *et d'autres.* » Ce mot semble désigner les jeunes membres de la famille ducale.

Or, une mort prématurée ayant enlevé à cette noble maison les deux enfants que Mansuy Gauvain s'essaya à représenter, de mémoire, sur leur mausolée, dans l'église des Cordeliers; il restait au duc Antoine deux fils : Nicolas, le plus jeune, dont le baptême s'était célébré avec grande solennité à Bar en 1524; François, plus âgé, qui préparait son prochain départ pour la cour de France; et une fille, Anne, l'aînée de la famille, cette infortunée princesse, qui demandera plus tard à Ligier un mausolée pour le prince d'Orange.

Dès 1864, M. Dauban parlait de ces portraits; il tenait ce détail de M. Dumont (1) qui l'avait lui-même lu dans *La Notice sur le palais ducal de Nancy*, par M. Henri Lepage. Ce dernier, archiviste éminent, n'avait donc découvert, au sujet de ce travail, d'autre vestige que les quelques lignes tracées par le cellérier dans son compte de 1533. Les années et les recherches n'ont pas éclairé davantage cette question, et nous en sommes réduits à relire la note du menuisier qui fit la caisse, sans rien savoir, ou à peu près, des œuvres merveilleuses qu'elle a dû contenir.

M. Noël, dont nos lecteurs connaîtront dans la suite la riche collection lorraine, parle, aux n°s 5581 et 5582, de portraits recouverts, s'ils sont en pierre, d'un vernis blanc, de même nature que celui employé par les Richier pour imiter le marbre, puis incrustés dans du bois, et adaptés dans des cadres sculptés. Chaque sujet est rond, ayant avec le cadre $0^m 34$ cent. de diamètre. L'un est le portrait de René II; l'autre, celui de Philippe de Gueldres, son épouse.

M. Noël relate que M. Bonnaire admettait la possibilité que ces deux reliefs fussent du célèbre Ligier. Auraient-ils compté parmi les portraictures dont nous nous sommes occupés dans ce chapitre ?

(1) P. 405.

CHAPITRE XIII.

LE GROUPE DE L'ÉGLISE ABBATIALE DE SAINT-MIHIEL.

La chapelle de D. Loupvent. — Le Calvaire de l'abbaye. — La Vierge de Pitié. — Saint Jean. — Le Crucifix. — Reproduction de la Pieta.

En attendant qu'on eût terminé dans l'église paroissiale de Saint-Mihiel, les restaurations dont nous avons déjà parlé, Ligier Richier, devenu par son génie hors ligne, le véritable chef de l'atelier, tenait à donner à sa ville natale, par une œuvre vraiment magistrale, un témoignage de sa reconnaissance pour les bienfaiteurs qui avaient aidé ses débuts et ceux de ses frères dans leur carrière artistique.

Les occasions favorables n'avaient pas tardé à se présenter.

Le prieur claustral de la grande abbaye bénédictine, D. Nicolas de Loupvent, avait fait un pieux pèlerinage en Terre Sainte. A son retour, l'âme tout imprégnée des souvenirs de Jérusalem, il érigea dans le cimetière contigu à l'église abbatiale, une chapelle commémorative, dont le vicaire pontifical de Toul, Monseigneur Clément, évêque de Chrysopolis, fit la consécration, au nom de Monseigneur Psaume, qui illustrait déjà le siège de Verdun.

Cette chapelle était dédiée :

1° A la sainte et indivisible Trinité ;

2° A la glorieuse résurrection de Notre Seigneur Jésus-Christ ;

3° A la Vierge Marie ;

4° Aux saints Anges,

5° Aux onze mille Vierges.

Quelques vœux, sans doute, faits dans la traversée ou dans d'autres périls du voyage, justifiaient le vocable si multiple de cet oratoire, où l'on voyait probablement autant de groupes en pierre ou en terre cuite, exécutés dans l'atelier de nos artistes. M. Dumont rapporte qu'avant la Révolution, on remarquait, sur un petit autel de l'église abbatiale, un Christ moulé par les Richier, et qui provenait de ce sanctuaire. Il reste à peine, de la chapelle de D. Loupvent, quelques débris qui se voient encore dans les attenances de la maison de M. Montbled., près de l'endroit où le monument avait été élevé.

Je les ai visités et en dirai seulement un mot. Le sculpteur, probablement Jean, le plus jeune des frères, y représente une vaste construction, dont les assises ébranlées ont amené la démolition; les blocs, en se détachant, ont couvert de leurs ruines une femme, dont elles permettent cependant de distinguer le corps et les membres. N'est-ce pas un emblème de la synagogue étouffée avec le judaïsme sous les ruines du temple, en même temps que la résurrection du Christ sonnait l'heure de son triomphe? De chaque côté de ce monument qui s'effondre, deux arbres dont les pieds desséchés ne portent plus que quelques tronçons de branches arides, représentent, selon moi, Jérusalem et Samarie, maudites également pour leur déicide commun et rejetées de Dieu.

Le temps et les révolutions ont détruit tout le reste.

On croit que la même inspiration, détermina plus tard, c'est-à-dire, vers 1531, maître Ligier à sculpter Notre-Dame de Pitié, groupe merveilleux devant lequel nous voulons nous agenouiller dans l'église principale de Saint-Mihiel.

Dédiée dès le principe à saint Michel, ancien sanctuaire des Bénédictins, monument très-remarquable de la Renaissance, édifice que beaucoup d'évêques envieraient pour leur cathédrale, cette église est éminemment digne de la visite des artistes; car à la beauté et à la régularité de ses proportions grandioses, se joint le fini des ornementations qui en décorent l'intérieur; or, c'est elle, disons-nous, qui possède Notre-Dame de Pitié, relique précieuse du génie de Ligier, un des deux joyaux qu'il a légués à sa ville natale.

Traversez toute la basilique, allez au chevet de l'abside, où vous devez contempler cette *Pieta*, et dites-moi, si à sa vue, l'éloge et la critique ne sont pas également impossibles ! Devant ce chef-d'œuvre des chefs-d'œuvre que Richier a ciselés dans le bois, une seule parole rend le sentiment de l'âme : c'est sublime !

Mais pour que vous saisissiez bien la pensée de ce groupe, il faut que vous en connaissiez l'origine.

Un bourgeois de Troyes en Champagne, allant à Saint-Nicolas du Port en 1532, pour des intérêts de sa paroisse passa à Saint-Mihiel ; il y admira dans l'église de l'abbaye *plusieurs ouvrages de sculpture, faits par maître Ligier, tailleur d'images* ou sculpteur, *demeurant audit lieu de Saint-Mihiel, que l'on tient le plus expert et meilleur ouvrier en dit art, que l'on vit jamais.*

Ce Champenois amateur écrivit à son retour le mémoire de son itinéraire, document d'une haute valeur que nous n'avons plus, mais dont, par bonheur, D. Calmet a vu de ses yeux l'original et transcrit plusieurs passages.

Or, Chatouru, relatant ce qu'il a le plus admiré dans cette église bénédictine, parle en particulier *du Crucifix, de la sainte Vierge de Pitié soutenue par saint Jean, de saint Longin, de Marie-Madeleine, des quatre Anges qui tenaient chacun un calice pour recevoir le sang du Sauveur, qui accompagnaient la croix.*

Nous n'avons donc sous les yeux qu'un fragment d'une grande composition. Il nous fallait connaître ces détails pour apprécier la *Pieta* de l'abbaye. Elle est encore splendide sans doute dans son isolement ; mais la critique, en face de cette Mère désolée, cherche où est celui qu'elle pleure, parce que la *Mater Dolorosa* est toujours aux pieds de son Fils crucifié ; ou bien elle reçoit entre ses bras le corps inanimé que l'on vient de descendre de la croix ; ou enfin elle assiste à ses tristes funérailles.

Grâce au mémoire de Chatouru et à la plume de D. Calmet, qui nous en a conservé quelques lignes, nous pouvons par l'imagination reconstituer le groupe entier. Nous nous représentons le Christ, avec l'expression que le ciseau de Ligier devait lui avoir communiquée; la pécheresse convertie, agenouillée aux pieds de Jésus, belle comme au sépulcre, tourne vers son divin Maître ses yeux éplorés et ses mains frémissantes; à gauche de la croix, saint Longin, que le cœur de Jésus a converti, au moment où l'eau et le sang mouillaient le fer de sa lance, proteste, comme à Hattonchâtel, de son repentir pour le passé, de son dévouement pour l'avenir; quatre anges, aux ailes aériennes, aux vêtements et aux cheveux soulevés par le vent, voltigent, avec le respect de l'adoration, autour de leur Maître crucifié, et reçoivent dans des coupes les derniers flots de sang qui jaillissent des plaies divines; à droite de la croix, voici la Vierge défaillante, soutenue par son fils d'adoption, le groupe que nous avons sous les yeux, et que nous allons étudier successivement au point de vue du sujet, du sentiment, de l'anatomie et de l'exécution.

En comparant cette *Pieta* à celles du Calvaire d'Hattonchâtel, du rétable de Génicourt, du Sépulcre de Saint-Mihiel, on constate la pensée de l'école des Richier, relativement à la Mère de douleur. Ce n'est pas le *Stabat* de l'Évangile qu'ils veulent traduire; des méditations leur ont révélé que si le Christ, en face du calice de la passion, éprouva des défaillances jusqu'à presque mourir et eut besoin qu'un ange vînt le réconforter, la Reine des martyrs, en face de son Fils inanimé, put s'évanouir elle-même, et serait tombée jusqu'à terre, sans le secours filial de saint Jean.

Le Christ venait d'expirer; elle avait souffert et pleuré avec lui; il meurt, elle veut mourir aussi. Une mère qui reçoit le dernier soupir de son fils se jette sur son corps bien-aimé; mais au Calvaire, le lit de mort du Fils est la croix, la Mère éplorée succombe sans pouvoir l'étreindre; seulement elle se rappelle que son Jésus mourant vient de la léguer à saint Jean: c'est entre les bras de ce fils adoptif qu'elle se laisse tomber;

Le disciple que sa pureté plus exquise et la bonté de son cœur, jointes aux liens de la parenté, rendaient dignes de cette substitution, vient au secours de celle que la grâce fait sa mère et que déjà la mort voudrait lui ravir. Il la supporte entre ses bras, contre son cœur.

Mais en représentant la très-sainte Vierge au moment où ses yeux se voilent, où ses forces l'abandonnent, où elle tombe anéantie sous l'excès de la douleur, l'artiste chrétien, poète par l'imagination, mais profond théologien, se garde bien de nous retracer une mère ordinaire, des angoisses simplement humaines, un évanouissement vulgaire.

Cette tête qui s'est inclinée en même temps que celle du Christ, joint à l'expression d'une douleur sans pareille, le reflet d'une résignation surhumaine. Quelle angoisse, mais quel calme! N'est-ce pas l'image d'un sublime *fiat* dans un sacrifice au-dessus des forces de la nature? une adoration suppliante dans une soumission sans réserve? une immolation volontaire sous les coups de ce glaive qui sait atteindre en elle jusqu'à la division de l'âme et de l'esprit?

Un voile pudique couvre de ses ombres le front de la Reine des vierges. Toutes les vertus ennoblissent cette figure que la douleur peut allonger, mais que les rides ne sauraient plisser, parce que jamais un remords n'a flétri l'âme immaculée de Marie.

Tout est instantané dans la chute; le corps s'affaisse; les mains tombent sans résistance au bout des bras inertes; la jambe droite ployée n'a plus d'aplomb, et celle de gauche repliée par derrière manque encore plus de consistance. Mais au milieu de cet évanouissement, comme tout est digne dans Marie! Un parfum exquis de chasteté s'exhale de ses vêtements, de la gorgerette qui entoure son cou virginal, de la robe dont les longs replis descendent jusque sur ses pieds, de la ceinture toute légère nouée au-dessous de sa poitrine, de sa taille enfin que l'artiste a dessinée avec une délicatesse toute suave de modestie.

Dans la personne, dans le vêtement, dans la pose, tout est simple, tout est vrai, tout est naturel, tout est beau à défier la moindre critique.

Le fils adoptif est digne de sa mère. L'artiste a parfaitement saisi son attitude. S'arc-boutant lui-même pour opposer plus de résistance au poids de la Vierge qui succombe, saint Jean a soutient des mains, contre sa propre poitrine.

M. Dauban prétend que la main gauche de l'Apôtre est mal posée. Il constate que Ligier a su éviter au Sépulcre ce qui peut être reproché comme une maladresse. Mais ce critique oublie l'instantanéité de la chute et la promptitude du mouvement. M. Fournel regrette également la figure trop calme de saint Jean : « Au sépulcre, dit-il, l'artiste a su mieux saisir » l'anxiété du disciple, et son empressement à porter secours. » Loin d'accepter ce dernier reproche, bien des visiteurs admirent dans le visage de saint Jean, la contraction qui résulte de ses efforts pour refouler ses larmes. Jusque-là il avait essayé de contenir sa douleur, pour ne pas augmenter celle de sa mère adoptive; mais, à la vue de son évanouissement, il éclate en sanglots.

D'ailleurs, supposé même qu'elle ait quelques imperfections, la statue de saint Jean est une œuvre merveilleuse.

Sous ces cheveux assez longs, épars et bouclés qui encadrent la figure, quelle expression à la fois de profonde tristesse et de chaste respect règnent dans ces traits, où nous reconnaissons d'ailleurs un type plutôt Lorrain qu'Israélite ! Sa longue tunique est recouverte d'un manteau, dont les draperies sont jetées on ne peut plus naturellement; seul, le nœud bouffant qui en relie les extrémités sur l'épaule droite, peut être accusé d'un certain maniérisme. Du moins, c'est le reproche que lui adresse M. Dauban.

Tandis que les pieds de la Vierge ne sont protégés que par des sandales, ceux de l'Apôtre sont complètement chaussés. N'est-ce pas un des traits qui devaient caractériser l'Apôtre, pour mieux symboliser, selon le texte de nos livres saints, la disposition à aller où Dieu l'enverrait porter aux nations l'Évangile de la paix ?

Je n'ai fait qu'esquisser cette *Pieta* « où, dit M. V. Fournel, » tout est bien ordonnancé, bien posé, bien drapé. » « Ce » groupe, ajoute-t-il, que le naturel, la beauté simple, l'ab- » sence de toute recherche doivent mettre fort haut dans l'es-

» time des vrais connaisseurs; » cette composition que le dictionnaire de M. Larousse voudrait estimer comme le débris du chef-d'œuvre le plus achevé de Ligier. Or, la plupart des critiques souscriraient à cette appréciation, si le Sépulcre n'offrait à leur admiration une *Pieta*, sous plusieurs rapports plus digne encore du génie de l'artiste.

J'ai prononcé le nom de génie, et en réalité l'art est si grand dans ce groupe de l'abbaye, « qu'au premier moment il n'ap- » paraît point, on ne l'explique que par réflexion (1). » Mais c'est l'art chrétien à son apogée, puisé dans les conceptions d'une foi profonde, animé par les inspirations d'une vive piété.

Aussi Notre-Dame de Pitié ne peut jamais devenir un objet d'art dans un froid musée, il la faut sur un autel, attirant à elle quiconque souffre et pleure.

En la contemplant dans sa chapelle consacrée, les artistes ne l'en trouveront pas moins belle. Après avoir ravi leur admiration au point de vue de l'idéal, de l'exécution, des proportions et des détails, elle arrachera aux plus réalistes l'aveu que l'art religieux a des ressources incomparables. Autant la grâce l'emporte sur la nature, autant l'idéal catholique a de supériorité sur tous les efforts de l'esprit humain, quand il borne son essor dans les limites resserrées de la nature.

Mais l'aspect de ces deux statues merveilleuses, excite, dans tous les visiteurs, un immense regret que le reste de la composition ne soit plus là.

Hélas! tout cet ensemble, où les personnages étaient de grandeur naturelle, avait été taillé dans des blocs de noyers. Les statues de Madeleine, de Longin et des quatre Chérubins, vermoulues de bonne heure, tombaient en poussière, quand, en 1720, les religieux Bénédictins durent transformer la chapelle qui les possédait. Cette poussière fut malheureusement jetée au vent, sans qu'une main prévoyante essayât de sauver au moins quelques débris, ou de tracer pour la postérité une esquisse du groupe complet, ou au moins rédigeât un compte-rendu que nous lirions aujourd'hui avec le plus vif intérêt.

---

(1) *Magasin pittoresque*, 1849.

Le Crucifix avait survécu, transféré par les Bénédictins dans leur réfectoire. L'abbé de Senones, après avoir dit quel cas tous les connaisseurs faisaient de ce travail, rapporte qu'autrefois on voyait, au pied de la croix, un petit caniche, d'une expression si naturelle et d'une si parfaite imitation, qu'il provoquait les aboiements des chiens.

Ceux qui savent que l'habitude des artistes de cette époque était de représenter volontiers le type de la fidélité, ne reprocheront pas à Ligier d'avoir placé au pied de la croix un animal qui, par sa présence, semblait demander aux hommes, s'ils étaient fidèles à leur Maître mourant.

Mais ce Christ disparut dans les saturnales qui souillèrent la fin du siècle dernier. Nos pères l'ont vu, arraché de la maison des religieux, jeté sur un monceau de fagots au milieu de la place publique, et consumé dans des flammes impies.

Le lendemain de cette orgie sacrilège, une femme (1) attirée dès le matin par le désir de recueillir pour son foyer le charbon du bûcher, trouva, parmi des bois que la flamme avait épargnés, la tête du Christ, endommagée sans doute par le feu qui avait atteint la barbe et la couronne, mais toujours belle (2).

A la mort de cette personne, M. Ducque (3) fit l'acquisiton de cette relique, que la ville de Saint-Mihiel aurait dû à tout prix conserver dans le trésor d'une de ses églises, ou dans sa bibliothèque. Hélas! elle avait été adjugée pour deux francs! Cette tête insigne suivit bientôt à Strasbourg son nouveau propriétaire.

Il est heureux, qu'à l'initiative de MM. Bonnaire et Tour-

---

(1) Un menuisier, dit M. Dauban.

(2) M. Dumont émet quelque doute à ce sujet. Il ne sait pas si la tête du Christ que nous possédons, provient du groupe que nous étudions ou de l'un des crucifix qui étaient exposés dans les deux églises de Saint-Mihiel, au-dessus de l'avant-chœur. Évidemment celui de Saint-Étienne, dont nous ayons encore les pieds et la tête, et qui était aussi une œuvre des Richier, avait une dimension bien supérieure. Il est à présumer que le Christ de la grande église abbatiale devait au moins être égal à ce dernier. En sorte que le doute émis par M. Dumont, n'est nullement fondé.

(3) Et non pas M. Lebrun, comme le dit M. Dauban.

tat, un statuaire du pays, M. Pierson, qui a placé son atelier de Vaucouleurs sous la double égide de saint Luc et de Ligier Richier, s'empressa de mouler cette tête du Christ, où la puissance du modelé, le mouvement de la barbe et des cheveux attestent la main du grand artiste.

Chef-d'œuvre magistral, elle frappe vivement d'admiration, quand on contemple les enlacements de la couronne aux épines aiguës ; les cheveux qui retombent en boucles épaissies par le sang coagulé, et surtout les traits du visage, où les douleurs d'une agonie volontaire s'effacent dans le calme de la mort, et se surnaturalisent sous le rayonnement de la divinité.

Aussi vous retrouvez cette image auguste dans beaucoup de maisons de Saint-Mihiel, soit comme bustes coulés en plâtre, ou en métal, soit comme dessins. Elle a été acceptée dans le musée de Nancy. Elle orne la chapelle du palais épiscopal de Verdun, où elle a pour heureux pendant le buste de Notre-Dame de Pitié.

Ce n'était pas encore assez d'honneur pour cette tête. L'artiste chrétien de Vaucouleurs, réalisant un désir bien naturel, en agença une reproduction sur un corps, où la main du disciple s'efforça d'imiter le faire du maître. Ce crucifix, de taille naturelle, se voit en face de la chaire dans l'église Saint-Étienne de Saint-Mihiel. C'est une des belles œuvres sorties de l'atelier de M. Pierson (1).

Quant à la Vierge défaillante, elle fut placée, lors de la dispersion du groupe, aux abords de la sacristie, au-dessus d'un tombeau, où l'on conservait un saint Suaire en terre cuite, attribué aussi aux Richier, et peut-être extrait de la chapelle de D. Loupvent. Sous la Terreur, on la cacha dans le jardin de M. Martin, tout près de l'église où les fidèles et les artistes furent heureux de la revoir, à la réouverture des temples.

(1) Ce Christ est dû à la libéralité de M. Baudot, membre du conseil de fabrique.

Nous aurons, à propos du Sépulcre, à constater de nouveau le dévouement de M. Martin, à qui la ville de Saint-Mihiel doit de posséder encore ses deux plus beaux joyaux.

Une dernière observation nous ramène devant la Vierge de Pitié.

Taillée dans un énorme bloc de noyer, cette composition pouvait offrir à l'œil l'effet désagréable des teintes disparates qui zèbrent ordinairement ce bois trop riche de veines.

Afin d'éviter ces teintes regrettables et de prévenir d'ailleurs l'action désastreuse des vers, Ligier coloria son sujet avec décors et enluminures. « La robe de la Vierge, dit l'ar-
» ticle déjà cité du *Magasin pittoresque*, d'un bleu foncé, était
» ornée de fleurons et d'entrelacs d'or; son voile était blanc
» comme un fin tissu de lin. La tunique de saint Jean était
» brune; son manteau, vert à l'extérieur, était rouge intérieu-
» rement et les cheveux paraissaient noirs. »

Malgré ce premier travail de l'artiste, la vermoulure menace toujours ce groupe précieux. On serait même tenté de croire que, dès le siècle dernier, les religieux durent remplacer le pied que saint Jean jette en arrière, car on ne saurait attribuer au ciseau de Ligier celui que l'on voit actuellement et qui est très-grossier, à moins que la position élevée de ce Calvaire ne justifiât cette négligence. Redoutant l'action du temps et des vers, les administrateurs de l'église Saint-Michel crurent prudent de faire disparaître l'enduit original et de lui substituer, sur une couche d'huile cuite, une teinte lithoïde. On peut regretter une restauration qui pouvait se réaliser sans une modification aussi essentielle. D'ailleurs, comme le remarque le même rapporteur, « l'effet n'est plus aussi puissant
» que lorsqu'on entrevoyait sous le clair obscur du voile et en
» contraste avec les couleurs, le visage de la Vierge, où se
» peint une si profonde souffrance (1). »

---

(1) Le rapport que je lis dans le *Magasin pittoresque* sur la *Pieta* Sanmihielloise, a tous les caractères du style de M. Bonnaire. En face des groupes d'Étain, de Bar, de Saint-Mihiel, son âme ardente lui avait inspiré des pages parfumées de poésie. Son manuscrit, revu et édité, serait, j'aime à le répéter, un monument à la gloire de Ligier Richier.

Si malheureusement ce groupe vermoulu venait à s'effondrer, on devrait une grande reconnaissance à M. Pierson d'en avoir exécuté une reproduction, qui parut à l'Exposition universelle de Paris en 1867, et que l'on a placée dans une chapelle de l'église Saint-Michel.

En réalité, ce moulage, que l'administration n'avait pas d'abord autorisé, mérite d'être applaudi de tous ceux qui s'intéressent aux œuvres de l'antiquité. Je sais qu'il permet de reproduire le groupe; mais, au lieu d'y perdre, l'œuvre de Ligier y gagne en valeur. Les copies que M. l'abbé Didelot vient de placer dans les cimetières de Dieue et de Vadonville, détermineront ceux qui les auront vues à visiter l'original à Saint-Mihiel.

M. Enard, curé de Troyon, près de Saint-Mihiel, eut l'heureuse idée de demander à M. Pierson un Calvaire, où le Christ, dont je viens de parler, est accompagné de la Mère de douleur et de saint Jean, d'après le groupe de l'abbaye de Saint-Mihiel. Cette composition, en fonte bronzée, est bien réussie.

CHAPITRE XIV.

ŒUVRES DE CLAUDE RICHIER, A GÉNICOURT.

Génicourt et son église.

I. Maître-autel. — Jésus au prétoire. — Chute du Christ. — Le Calvaire. — Descente de croix. — Sépulture du Sauveur. — Portique. — *Ciborium.*

II. Petits autels. — Chapelle de la Vierge. — Chapelle de Saint-Nicolas.

III. Maquette du musée barisien. — *Mater Dolorosa* et saint Jean. — Descente de croix.

Si les trois frères avaient débuté par des travaux, où chacun d'eux payait son tribut d'effort et de talent, les œuvres postérieures nous prouvent que Ligier prédominait dans l'atelier, comme l'âme inspiratrice de tous les dessins et le directeur de leur exécution; mais qu'en dehors des groupes considérables, chacun d'eux avait sa tâche personnelle et sa composition à part. C'est ainsi que la date de 1531 nous fait assister à Génicourt à la pose de sculptures, toutes dues au ciseau de Claude Richier.

Génicourt, situé à demi distance entre Saint-Mihiel et Verdun, possède une église, dont la tour semble, par sa position et sa construction, avoir dû servir également à défendre la vallée de la Meuse.

Dans leurs études sur les monuments religieux plus remarquables du Verdunois, les archéologues devraient signaler à l'attention des touristes cet édifice, construit au commencement du XVIe siècle par la générosité de pieux châtelains, dont de riches vitraux ont perpétué jusqu'à nous les fidèles portraits.

L'architecture de la nef est flamboyante, simple et régulière. Mais ce qui frappe d'abord quand on pénètre dans l'intérieur, c'est la légende du Symbole, peinte à fresques sur les murs. Chaque article y est offert sous trois points de vue. Le dogme énoncé par le texte a sa représentation dans une scène qui occupe le sommet; au milieu, est peint l'Apôtre qui a édicté cette partie du Symbole; à la base, est un prophète, dont on lit un oracle à l'appui de l'enseignement apostolique.

Toutes ces peintures sont vraiment remarquables.

I. *Maître-autel.*

Cependant le touriste s'empresse d'arriver au sanctuaire, où sur un tombeau de la dernière simplicité, évidemment destiné à être voilé par l'*antipendium* de l'antique liturgie, s'élève un rétable on ne peut plus intéressant. Sur le gradin même de l'autel, cinq groupes, où la ronde bosse forme le premier plan, nous représentent :

1° Jésus entre les mains de ses ennemis au prétoire ;

2° La chute du Sauveur dans la Voie douloureuse ;

3° Le Calvaire ;

4° La descente de croix ;

5° La mise au tombeau.

Le bas-relief du milieu peut avoir 0,70 centimètres de hauteur sur 0,40 de base; les autres, non moins larges, n'ont que 0,50 centimètres d'élévation.

Le tabernacle mesquin, qu'on a ouvert dans le gradin, n'est pas de l'époque; le sculpteur avait placé le *Ciborium* au-dessus de ce rétable, avec les belles colonnes qui l'entourent et le dôme qui le couronne. Un escalier, placé derrière l'autel, devait en faciliter l'accès; les glaces qui garnissaient l'intérieur y ont encore leurs feuillures bien visibles; on voit aussi à l'extérieur les vestiges de la porte qui fermait ce tabernacle.

Le rétable est relié aux murs de l'abside par une sorte de portique. Les colonnes qui en soutiennent l'entablement, sont surmontées elles-mêmes des statues de sainte Madeleine, de sainte Marthe, de sainte Véronique et de sainte Salomé.

Mais tous ces détails méritent d'être étudiés en particulier.

La première scène du côté de l'Évangile, avons-nous dit, est un épisode de la passion de Notre Seigneur Jésus-Christ : abandonné par les juges qui auraient dû le défendre contre la barbarie de ses bourreaux, il endure de la part de ceux-ci les humiliations les plus accablantes. Assis sur la pierre des prisonniers, il est accusé par un malheureux qui énumère, en les comptant sur ses doigts, les griefs de la nation déicide; ce faux témoin se tient debout derrière Jésus, dont il ne pourrait supporter le regard; à gauche, un sbire fléchit le genou et présente comme sceptre à celui qu'il salue Roi un roseau dérisoire; deux autres font peser sur la tête couronnée d'épines du Sauveur le bois de la croix. C'est une traduction artistique du *crucifigatur* (1). On ne voit plus que les pieds d'un autre personnage qui a disparu et laisse le groupe incomplet. Probablement ce bourreau insultait au visage du Sauveur, car celui-ci semble tendre la face à l'infamie de ses soufflets ou à la souillure de ses crachats.

Le bas-relief voisin, retraçant la première chute de Jésus dans la voie du Calvaire, est vraiment remarquable par l'expression de douleur et de bonté qui caractérise la belle tête du Christ. Par contraste, les bourreaux s'acharnent avec fureur contre lui; l'un d'entre eux, à gauche, le foule aux pieds et le pousse à coups de gourdin; un autre le relève violemment par la robe qu'il a saisie à la gorge et s'apprête aussi à le frapper; un troisième le tire par la corde dont il a entouré les reins de la victime.

Un personnage, que son accoutrement fait aussitôt distinguer comme un chef du peuple, placé également au milieu du groupe, mais derrière la croix, représente par son attitude, le triomphe de l'iniquité; on sent qu'il sourit aux bour-

---

(1) M. L'abbé Didiot, doyen de la Faculté de théologie à Lille, voit, dans ce détail, un souvenir des artistes allemands, qui, pour rendre avec plus de force le *percutientes caput ejus,* imaginaient deux bois superposés, servant aux bourreaux pour peser davantage sur les épines de la couronne et les enfoncer plus cruellement dans la tête de la victime. Cette pensée traduit avec la dernière vigueur les paroles révélées qui comparent le Sauveur au raisin sous le pressoir.

reaux et qu'il leur recommande pourtant de ménager la victime jusqu'au Calvaire.

Cependant, sous une porte que l'artiste a ingénieusement ouverte dans un coin du tableau, apparaissent trois personnages, que leurs traits et leurs larmes distinguent de ces sbires déicides; c'est l'auguste Vierge qui vient se joindre au cortège; c'est Simon de Cyrène, qui, tout à l'heure, aidera le Christ à porter la croix; c'est Véronique, qui essuiera sa face adorable.

Cette scène est bien plus remarquable que la première.

La station du Calvaire a trois plans. Au premier, est une cavité creusée naturellement dans le rocher qui sert de base à la croix; Madeleine accroupie, pleure là, comme elle le fera dans la grotte de Marseille. A votre gauche, vous voyez la Vierge soutenue par saint Jean, au moment où elle succombe, sans que la défaillance l'empêche de chercher des yeux son Fils mourant; à votre droite, trois hommes dans lesquels on reconnaît au premier aspect les caractères de l'autorité, se demandent si Jésus est mort, et ce qu'ils vont faire; au flambeau que l'un tient caché derrière lui, on se souvient des démarches nocturnes de Nicodème auprès du divin Maître; Longin tient la lance qui rappelle le côté du Sauveur ouvert sur la croix; le troisième est nécessairement Joseph d'Arimathie.

Au second plan paraît Jésus crucifié; derrière l'arbre du supplice, une femme agenouillée semble lever les yeux au ciel, pendant que deux juifs préparent le breuvage empoisonné, qu'ils présenteront aux lèvres du Sauveur. On comprend que Notre Seigneur vient de crier: *Eli! Eli!* et de dire: *Sitio!* Cette femme regarde si Élie vient du ciel; des soldats vont offrir au mourant le fiel et le vinaigre.

Sur le même plan, les deux Larrons rappellent exactement ceux du crucifiement de Bar-le-Duc; le dessin, les poses, les sentiments sont identiquement les mêmes; seulement un détail plein d'intérêt y est surajouté. De la tête du bon Larron sort un tout petit enfant, qu'un ange reçoit, tandis qu'un diablotin attend que le mauvais Larron, tourné en réalité vers lui, rende son dernier soupir. On sait que les artistes du Moyen-âge aimaient à représenter l'âme impalpable sous la figure sensible d'un petit enfant. En arrière, deux soldats à cheval tirent au sort la robe du Sauveur.

Le sculpteur, comprenant mal les lois de la perspective, ou plutôt, exagérant les effets de la souffrance et de la mort sur le corps humain, a trop amaigri les personnages des deux derniers plans.

Toutefois, il y a du drame, de l'action, de la vie, du sentiment dans cette scène; l'idée est admirablement conçue. Sauf cette critique, que dirai-je de l'exécution de tous ces détails dans la pierre ?

Le défaut que nous blâmions dans le drame du Calvaire, frappe également le regard dès qu'on examine la quatrième scène de ce bas-relief. Le corps de Jésus que l'on descend de la croix est trop amaigri ; mais que toutes les poses de ce groupe sont naturelles ! Un disciple, monté sur une échelle et retenant par un linge sous les aisselles le corps inanimé du Christ, dont Marie presse déjà une main dans la sienne ; un autre disciple qui tord avec des tenailles le clou des pieds ; saint Jean qui soutient sa mère adoptive, Madeleine qui sanglote de l'autre côté, chacun de ces détails est traité de main de maître.

L'épisode de l'ensevelissement rappelle Hattonchâtel et Saint-Mihiel. En avant de la scène est le tombeau où l'on va déposer le Christ. Les deux disciples que nous connaissons et dont l'un porte dans sa coiffure l'insigne sénatorial, supportent le poids du corps ; placé contre le tombeau, entre Nicodème et Joseph, Marie, les mains jointes, contemple avec compassion son Fils bien-aimé. Saint Jean est derrière l'auguste Mère de douleurs, prêt à la soutenir; les trois autres Marie sont également là ; l'une d'elles, à la chevelure flottante, est bien Madeleine.

Dans les cinq stations, les costumes rappellent ceux de l'école que nous étudions ; seulement dans le groupe du prétoire, je crois reconnaître des artistes du XVIe siècle. Selon moi ces archers représenteraient des statuaires envieux du talent des Richier, et à qui la jalousie inspirait la haine et la calomnie.

Je ne détaille pas les arcatures ornementées, qui couronnent les scènes de ce bas-relief ; on sait tout ce que cette époque déployait de richesse et de délicatesse dans ce genre de décorations.

Mais notre étude du maître-autel de Génicourt est loin d'être complète.

Prolongeant le rétable jusqu'aux murs de l'abside, deux colonnades ont de remarquable des têtes de monstres, des oiseaux, des reptiles, des feuilles d'acanthe et des fruits mêlés à d'élégantes volutes qui forment les chapiteaux. C'est de la fantaisie, mais de très-bon goût.

De chaque côté s'ouvre la porte, qui conduisait à l'escalier du *Ciborium*.

Le tympan de celle de gauche est orné du losange héraldique de Nicole d'Apremont, la bienfaitrice de l'église; son blason *coupé* est *d'or en chef, de sable en pointe. Trois merlettes de gueules ornent la partie supérieure de l'écu.*

Du côté de l'Évangile, la disposition est parallèlement la même. Le blason correspondant à celui de Nicole d'Apremont, porte *un champ coupé d'or et d'azur. Le lion de sable émergeant de la pointe*, indique les armes de Philippe de Norroy, époux de la bienfaitrice.

Tout ce travail est remarquable d'exécution.

La partie supérieure présente six détails à étudier.

Le tabernacle est exactement du même style que celui que l'on admire dans le rétable de Saint-Étienne de Saint-Mihiel. Au pied, un blason porte les instruments de la passion. Les colonnes cannelées, fuselées et enguirlandées, supportent l'entablement du dôme qui couronnait le *Ciborium*, et dont les quatre Évangélistes occupent les angles; l'artiste a disposé avec goût, autour du fronton, des anges qui tiennent la sainte hostie, le calice sur lequel elle repose et des flambeaux. Trois petites statuettes représentant la Foi, l'Espérance, la Charité.

Le dôme supérieur porté sur des colonnettes, comme à Saint-Mihiel, se termine par une croix large et haute.

En redescendant de ce faîte, au pied du *Ciborium*, les yeux remarquent deux belles salamandres, aux queues ornementées, qui servent de contreforts à la base du rétable. Nous retrouverons plus tard ce détail à Solesmes. Elles supportent deux petits anges dont les yeux et les encensoirs se dirigeaient vers le tabernacle où la présence réelle de Notre Seigneur appelait leurs adorations. Un de ces anges a été brisé.

Après cette étude, il nous reste à considérer tour à tour les quatre statues qui mesurent chacune 1 mètre 40 centimètres. Elles sont de pierre comme tout ce travail.

1° Sainte Véronique contemple la couronne d'épines qu'elle porte pieusement entre ses mains; la pose est la même qu'au Sépulcre.

2° Sainte Marthe tient à la laisse le monstre qu'elle a dompté, la *tarasque* légendaire, dont on voudrait tirer le nom de Tarascon. Sa main gauche, aujourd'hui mutilée, devait présenter aux fidèles quelqu'un des instruments de la Passion, le marteau probablement et les tenailles (1).

3° Sainte Madeleine, unissant selon la règle de cette école, un élégance achevée à une piété toute mystique, porte dans sa main gauche le vase de l'embaumement, dans sa droite le livre où est écrit ce qu'elle a fait en mémoire de la mort du Sauveur. Ses doigts entr'ouvrent le volume aux divers endroits qui font mention de ce dévouement.

4° Enfin sainte Salomé a pour sa part, dans ce mémorial de la Passion, les trois clous qu'elle offre à nos regards.

Or, je n'hésite pas à affirmer que ce travail a été exécuté à l'atelier même de Ligier Richier. Le ciseau qui l'a fait, dans la première partie du XVIe siècle, a été évidemment inspiré par notre grand imagier.

Je ne dois pas omettre, après toutes les preuves que j'ai déjà données, de signaler aux visiteurs une observation qui les confirmera encore. Les têtes des deux chefs des Apôtres se retrouvent ici comme à Hattonchâtel. Placées au-dessus des portes au milieu de couronnes de fleurs, elles forment deux médaillons suspendus dans des cartouches, qui devaient

---

(1) Sans examiner l'authenticité de la légende relativement au monstre, nous ferons remarquer que Tarascon portait ce nom avant l'ère chrétienne.

eux-mêmes servir de bases à quelques décorations. Les clefs de saint Pierre ont été brisées.

II. *Les petits autels.*

Les petits autels de cette belle église compléteront ma thèse.

La chapelle de la Vierge se compose d'un portique à trois baies avec tous les caractères de la Renaissance; malgré de nombreuses et regrettables mutilations, c'est une œuvre d'art. Le siège sur lequel Marie est assise, a la forme d'un pliant de la plus riche élégance; la mère et l'enfant se regardent; de sa main droite, Jésus étreint le cou de l'auguste Marie.

Dans la baie gauche, sainte Anne, assise également et ayant en main un livre ouvert, savoure pour elle-même, ou semble expliquer le texte sacré.

Dans la baie opposée, sainte Catherine vêtue exactement comme la Véronique du Sépulcre, a la même pose que sainte Anne. De la main gauche, elle indique dans un livre ouvert une de nos pages divinement inspirées; de l'autre, elle tient le glaive de son supplice. Sous ses pieds, un philosophe humilié rappelle les conférences de l'héroïne chrétienne avec les docteurs d'Alexandrie.

Les mêmes blasons que nous avons étudiés dans le sanctuaire, ornent les deux côtés du portique; dans le fronton du milieu, ou plutôt le cintre sculpté qui le surmonte et que domine la croix, on lit, écrits en lettres romaines, les deux mots :

PORTA AVREA.

L'ensemble peut avoir 2 mètres 50 de hauteur sur une largeur proportionnelle.

Le rétable, dans la chapelle de Saint-Nicolas, est construit sur le même plan; mais les deux colonnes du milieu sont remplacées par des pendentifs qui permettent de voir les instruments de la Passion ciselés en arabesques sur les pilastres intérieurs. Le couronnement est un fronton triangulaire. Au-dessus des deux baies latérales, on voit, entre des cornes d'abondance, les blasons des bienfaiteurs de l'église que nous connaissons.

Saint Nicolas est coiffé de la mitre antique. Sans doute on objectera que les Richier avaient l'habitude de l'allonger, mais l'étroitesse du local explique cette dérogation à leurs usages. De la crosse, aujourd'hui brisée, descend le tissu, qui accompagnait autrefois cet insigne de l'épiscopat. Entre les orfrois de la chape, apparaît la tunique terminée par une frange soyeuse, selon le style des Richier.

Dans la cuve traditionnelle (1), un enfant adresse à saint Nicolas une supplique toute confiante, un autre regarde le ciel, le troisième cherche des yeux le monde où il voudrait rentrer.

A la droite du saint pontife, est une statue que l'on vénère dans les temps de calamité. Malgré ce culte et l'inscription qui l'autorise, ce personnage, qui a le front ceint d'une couronne de lis, et qui tenait autrefois de la main droite le cimeterre dont on voit encore au côté gauche le fourreau, n'est évidemment pas le saint que l'Église invoque contre la peste. Le peuple a confondu un lion avec le compagnon obligé de saint Roch. N'est-ce pas plutôt saint Ferdinand, exactement avec cette figure austère que l'iconographie chrétienne lui attribue; le vainqueur des Maures, qui a réuni le royaume de *Léon* à la couronne de Castille?

A gauche, saint Georges, le patron de la chevalerie, dont il porte le costume bardé de fer, s'apprête à pourfendre de son glaive le dragon qu'il tient sous son pied.

Si les arabesques des pilastres intérieurs rappellent Hattonchâtel, les chapiteaux de ce portique, par les anges, les animaux, et les monstres qui les composent, nous remettent sous les yeux le tryptique de Verdun.

Mais une circonstance que j'ai réservée pour terminer cette dissertation, parce que je lui attribue une immense valeur dans nos recherches, c'est la date de 1531, écrite en chiffres

---

(1) En Lorraine, cette cuve s'appelle le *ballon*, ou le *bellon*, de saint Nicolas.

qui sentent bien leur époque, au fronton des deux chapelles latérales de Génicourt, et que nous pourrions inscrire également au maître-autel, puisque le style des grandes statues du sanctuaire révèlent exactement le même ciseau, et que la même libéralité a payé toute l'ornementation de cette église.

En 1531, à l'époque où Ligier venait de décorer de son grand Calvaire l'abbaye de Saint-Mihiel et l'église Notre-Dame de Bar-le-Duc, le statuaire qui s'inspirait si parfaitement de lui, copiait ses sujets, ses poses, ses caractères, ses costumes, était Claude son frère, dont nous avons déjà constaté le beau talent à Hattonchâtel et à Verdun; dont nous admirerons les œuvres à Saint-Nicolas du Port et à Neufchâteau; dont nous trouverons enfin le nom dans les archives, au sujet de la chapelle ducale de Kœur.

III. *La maquette de Bar-le-Duc.*

Une visite au Musée de Bar-le-Duc m'a révélé trois petites compositions, qui ont bien du rapport avec le rétable du maître-autel de Génicourt.

Voici un petit bas-relief haut de 0,50 et large de 0,25, provenant de la Congrégation de Notre-Dame de Saint-Mihiel, et donné au Musée par M. Wandelaincourt, curé de Woël. Cet argile paraîtrait tout d'abord n'être que la maquette d'un des épisodes du beau rétable de Génicourt, si des différences ne le caractérisaient. A Bar, les bras des personnes sont trop longs; il y a plus de cavaliers autour du Christ; c'est dans la grotte ouverte sous le rocher, que la sainte Vierge défaille, et que les saintes femmes témoignent de leur dévouement au Sauveur. L'artiste n'a pas complété l'ébauche de cette seconde scène qu'il se proposait de placer au dessous des croix, de manière à offrir au premier plan deux épisodes superposés du même drame.

On a mal rajusté la tête du mauvais Larron, qui devait, comme à l'église Saint-Etienne de Bar et à Génicourt, se détourner du Christ; on n'a pas compris que le diablotin, placé au-dessus de la scène, attend là l'esprit de son malheureux suppôt.

Un détail mérite d'être remarqué dans cette composition. Les bras des deux Larrons y sont représentés par l'artiste brisés et pendants. L'Evangile parle des jambes, mais non des bras. Pour nous, il est évident que cette terre a été pétrie par Claude Richier, et qu'elle lui a servi pour sa composition de Génicourt.

Voyez encore cette *Mater Dolorosa* et ce *saint Jean*, que la collection doit à la libéralité de M. Guyot, architecte départemental.

Vous vous demandez, en palpant l'encaustique qui donne au travail l'apparence de l'albâtre, quelle matière a servi à l'artiste; en tout cas, vous comprenez que vous n'avez sous les yeux que deux débris d'une composition aujourd'hui dépareillée. Quand le Christ en croix était debout entre sa mère et son disciple bien-aimé, en vérité, l'ensemble devait être splendide. Sans doute, vous reprochez tout de suite à la figure de la Vierge trop de rondeur et à son épaule droite un mouvement forcé; vous critiquez la longueur démesurée des doigts dans les deux personnages, et une mèche de cheveux qui descend sur le vêtement de l'Apôtre.

C'est égal, que d'âme il y a dans ces deux statuettes! Cette tête de la Vierge, qui s'incline sous le faix de la douleur; ces mains jointes et crispées, qui peignent encore mieux le paroxisme de la souffrance morale; ce regard de saint Jean vers son maître mourant; ces bras croisés dans une attitude qui sent l'extase; tous ces détails charment nos yeux.

Le large voile qui recouvre le front de la Vierge, les vêtements simples, sans raideur et parfaitement modestes, des deux personnages, l'expression des traits, la polychromie elle-même, tout excite à écrire au dessous du groupe le nom de Claude Richier.

Les administrateurs des églises de Bar-le-Duc ont préféré confier au Musée des œuvres d'art, qui ne pouvaient être exposées au culte dans les chapelles des édifices religieux. C'est là une preuve de sage gouvernement, bien préférable à l'abus trop commun de reléguer sur des combles, des objets qui mériteraient très-souvent une place honorable dans nos collections artistiques.

Une autre pensée naît de cette considération. Les francs-maçons, qui voudraient éteindre autour d'eux tout sentiment religieux, devraient se rendre compte par l'examen, même superficiel, de nos moindres musées, que l'inspiration surnaturelle a été, dans tous les siècles, la mine la plus féconde pour les beaux-arts.

Nous faisons ces réflexions, en nous agenouillant devant une *Descente de Croix*, donnée au Musée par la fabrique de l'église Saint-Antoine de Bar-le-Duc. Probablement il y avait primitivement plus de personnages dans le groupe, qui se compose du Christ, déjà détaché de la croix, de Joseph d'Arimathie et de Nicodème qui rendent à leur divin Maître les derniers devoirs.

Les bras de Jésus sont d'une maigreur excessive, comme à Génicourt, mais la figure a bien l'expression que l'on admire au Sépulcre de Saint-Mihiel; les poses sont naturelles, les vêtements assez bien drapés, les coiffures un peu exagérées. Chaque personnage a environ un pied de hauteur. Le Maître et les deux disciples, la croix, l'échelle tout est en bois polychromé et dû au ciseau de Claude Richier.

Nota. Une visite plus scrupuleuse encore des sculptures de Génicourt, en me déterminant à reconnaître le ciseau de Claude dans les statues de saint Éloy et de saint Hubert, qui ornent la chapelle de la Vierge, m'a mis à même d'étudier un Calvaire, sur lequel je vais émettre mon appréciation.

Le Christ, la Vierge et saint Jean, personnages d'un mètre 20 centimètres, devaient primitivement occuper le centre de la grande arcade, à l'entrée du sanctuaire. Selon moi, ces statues remarquables pour l'énergie des attitudes, l'expression des traits et l'agencement des draperies, portent le cachet d'un talent naissant. Comme elles ont indubitablement les caractères de l'école Sanmihielloise et qu'on ne saurait les renvoyer à la seconde partie du XVIe siècle, je les attribue à Jean, qui put travailler à Génicourt, en même temps que son frère.

CHAPITRE XV.

LA MAISON DE LIGIER RICHIER.

Maison de Ligier. — Le Plafond. — La cheminée. — Le trumeau. — Translation du manteau de la cheminée au Presbytère de Han.

Monsieur Lepage nous représente Ligier Richier comme un trouvère « *toujours en route, tantôt à la cour d'un prince, tantôt dans un monastère, dans une église, ou dans un château perché au sommet d'une colline* (1). » Il y a du vrai dans ce caractère.

Il me semble pourtant que notre artiste et ses frères préféraient la vie calme du foyer, d'où ils ne s'exilaient que pour y rentrer au plus vite, après avoir élaboré leurs plans, rendu à leur destination et posé les œuvres exécutées.

Une preuve de mon assertion, c'est le fait des bustes de la famille ducale, que Ligier se contente de mouler dans l'argile à Nancy, comme nous l'avons vu précédemment, et qu'il fait transporter au plus vite à Saint-Mihiel, pour les y reproduire en pierre ou en marbre, ne voulant sans doute retourner au palais ducal qu'après leur parachèvement.

D'ailleurs, nous savons que Ligier avait son intérieur de famille et s'était marié en 1530. Plus tard, nous verrons son fils Gérard essayer le ciseau sous les yeux de son père et de ses oncles.

Mais surtout nous connaissons et nous signalons aux visites

(1) *Ligier Richier*, 5.

des touristes, comme au respect des Sanmihiellois, la maison que Ligier avait achetée et habitait dans sa ville natale.

« La rue Haute-des-Fosses, dit l'historien de Saint-Mihiel, « a l'insigne honneur de posséder la maison habitée par le « célèbre Ligier Richier; ce qui est constaté de la manière « la plus certaine par les comptes de l'abbaye, à laquelle il « payait un cens. »

« Il l'acheta en 1535 de Jehan Balland, écuyer, homme « d'armes de la compagnie du duc de Guise, et de demoi-« selle Loïse, sa sœur, femme de Claude de Lahayville, aussi « écuyer, lesquels en avaient hérité de Thiéry Balland, leur « père, mari d'une demoiselle de Saint-Hillier, dont le père « la possédait (1). »

Dès lors, pourquoi l'édilité de Saint-Mihiel, en rejetant le nom primitif d'une rue où l'industrie de nos ancêtres n'existait plus, a-t-elle substitué au nom de *Rue des Drapiers* la qualification banale de *Rue Haute-des-Fosses*, qu'une position relative justifie sans doute, mais que nous serions heureux de voir remplacer par les noms glorieux de *Ligier Richier*?

Des documents, ayant pour date le 18 février 1536, relatent le contrat passé entre le nouvel acquéreur et le pitancier des Bénédictins, car l'abbaye exerçait un droit de censitaire sur toutes les constructions qui l'entouraient.

Cette maison, qui n'avait alors qu'un rez-de-chaussée, bâtie ou restaurée par notre artiste dans le goût de la Renaissance, et qui fut complètement renouvelée il y a cent cinquante ans quant à la façade extérieure, est toujours, pour les amis de Ligier Richier, le lieu qu'il a habité, la demeure où ils voudraient, selon l'expression de M. le Dr Denys, « *chercher quelque émanation de sa vie et de son âme* (2). »

Malheureusement, en frappant à cette porte, on sait que ce n'est point dans un musée public que l'on demande accès, mais dans une maison particulière, d'où la discrétion écarte bien des touristes, malgré le bienveillant accueil que font toujours ses propriétaires.

---

(1) *Histoire de Saint-Mihiel*, IV.
(2) *Mémoire sur Ligier Richier*, II, 11.

Pénétrons un instant dans cette demeure recommandée à notre vénération par les plus précieux souvenirs. La grande salle, qui servait d'atelier à Richier et à ses élèves, est partagée aujourd'hui en plusieurs pièces, qui lui enlèvent son beau cachet d'alors, surtout qu'au lieu des compositions achevées, des chevalets et des maquettes, des dessins et des moules, nos yeux désolés rencontrent nécessairement de toutes parts un ameublement tout moderne.

C'est égal; au-dessus de votre tête vous reconnaissez le passage de l'artiste dans cette maison.

Le plafond est intact. Formé, selon le genre de l'époque, par des poutrelles délicatement croisées entre des poutres plus considérables, il présente à votre œil un agencement à la fois symétrique et varié, de caissons ornementés avec un goût exquis.

Sous les couches regrettables d'un badigeon que chaque lustre a renouvelé, vous distinguez encore parfaitement des broderies minutieuses, qui courent, en forme de frises, autour du lambris; des arabesques, des fruits, des oiseaux; des animaux de fantaisie qui ornent les poutrelles, ou forment pendentifs dans les caissons; des entrelacs et des moulures qui dissimulent l'épaisseur des pièces plus volumineuses.

La matière employée dans le moulage des reliefs n'est point le plâtre, mais une composition particulière d'une dureté extrême. — « Aussi, dit M. Dauban, *malgré les siècles et la succession de propriétaires, le plafond est encore à peu près intact* (1). »

Cette salle possédait une des belles œuvres du génie de Ligier, un morceau qui, aujourd'hui encore, caractérise son habileté d'artiste.

Je veux parler de sa *cheminée*.

Pour la revoir, il nous faudra chercher, au delà du *camp des Romains*, à quelques kilomètres de Saint-Mihiel, le village de Han-sur-Meuse, qui, certes, ne céderait à personne, pour quelque argent qu'on propose, le trésor qu'il est fier de posséder dans la maison curiale.

Le manteau de cette cheminée est en pierre de Meuse, long

---

(1) *Ligier Richier*, 21.

de deux mètres, haut de cinquante centimètres, formé de deux blocs, dont la suture est si parfaite, que M. Victor Fournel crut qu'il n'y avait qu'un seul morceau. Le temps et la fumée ont donné à cette pierre une teinte jaunâtre, qui augmente encore l'illusion. En entrant dans l'appartement, si vous n'êtes averti, vous croyez voir suspendu au devant de la cheminée, un rideau de riche damas, bien frangé de laine. Retenu au milieu et aux extrémités par des cordelières qui en resserrent les plis, il vous fait l'effet d'une étoffe véritable, dont les attaches sont des rubans noués avec la dernière grâce. Il vous semble que, sous l'action de l'air, au moment où vous entr'ouvrez la porte, ce manteau léger et ces rubans s'agitent, voltigent, ondulent sous vos yeux.

Y avait-il pour soutenir ce manteau des consoles également ouvragées par l'artiste? Je le crois, mais il n'en est rien resté. Si ce n'était peut-être la corniche qui termine le trumeau de cette cheminée et qui est palmée en feuilles de vigne, comme le fronton du tryptique de Verdun, nous ne verrions aucun autre vestige probable de l'ensemble primitif, que le manteau, isolé entre des constructions modernes.

Je n'ai point garanti l'authenticité de cette corniche, car je croirais volontiers que la riche collection de M. Moreau possède la partie supérieure de la cheminée de M° Ligier. Cet homme érudit, également versé dans les beaux-arts et la jurisprudence, à la fois naturaliste et archéologue, avait acheté, lors d'une démolition de plusieurs maisons de la rue Haute de Saint-Mihiel, un trumeau de cheminée, tout enrichi d'arabesques, dont le dessin et le fini attestent une habileté magistrale.

En réalité, je l'attribuerais volontiers à Ligier Richier, ou à Claude, son frère. Dépouillés du badigeon qui les obstruait, les contours m'en apparaissent aussi heureux de plan et d'exécution, que ceux que nous admirerons plus tard dans le *Jugement de Suzanne*, et me semblent de la même époque.

Du fronton artistement déchiqueté de la corniche, se détachent trois médaillons. Dans celui du milieu on lit l'exergue :

OU QVE DIEU VEVLT.

Supportant ce fronton, deux anges, admirablement exécutés, décorent des consoles qui se prolongent sous la forme de glands parfaitement imités, et entre lesquels, des cornes sculptées avec non moins de délicatesse, versent de leur abondance, des fleurs et des fruits.

Dans la ville des *Grands-Jours*, où l'imagination se nourrit volontiers de plaids et d'assignations, on a voulu voir, sous le manteau de cette cheminée, un souvenir de la pénurie d'argent dans la bourse des Richier.

La translation de la cheminée à Han est un fait incontestable; mais, quant à la raison qu'on en allègue, je n'y crois pas plus qu'à la tradition Sanmihielloise, qui veut voir dans le centenier et les deux joueurs du Sépulcre, un usurier sans entrailles, un fournisseur intraitable, un huissier sans commisération.

En 1751, quand D. Calmet écrivait sa *Bibliothèque Lorraine*, la cheminée était encore dans l'ancienne maison de Ligier. Il y vit de ses yeux « *cette draperie si bien faite, qu'on l'aurait prise pour une tenture ou un rideau.* »

Après le milieu du XVIIIe siècle, un propriétaire de la maison de Me Ligier désirait y ajouter un étage; D. Baudelaire s'engagea à payer le travail de ses propres deniers, à condition que la cheminée lui serait concédée, et qu'il pourrait la transporter dans la cure de Han, dont il était bénéficier. M. Dumont fournit sur ces faits les éclaircissements que je rapporte, et qui détruisent la tradition dont je parlais plus haut (1).

M. Dauban fut scandalisé, lorsqu'il visita cette cheminée, du peu de cas et de respect qu'on avait dans la maison curiale pour un travail aussi précieux. Mais je puis appeler tous les Sanmihiellois en témoignage; ils répondront que les nombreux visiteurs qui frappent au presbytère de Han, dans le désir de voir cette merveille, y trouvent toujours l'accueil le plus bienveillant, et s'étonnent plutôt, qu'après un laps de temps si considérable, les arabesques soient si bien conservées, que les franges soient intactes, que seules les banderolles et un pli de l'étoffe aient été avariés.

(1) *Histoire de Saint-Mihiel*, IV.

A propos de la maison de Ligier, je dois ajouter à cette notice que Gérard Richier continua à travailler dans la maison paternelle, jusqu'au jour où les ducs, par suite de dissensions entre les diverses Facultés, séparèrent les cours de droit de l'Université de Pont-à-Mousson, et les transférèrent à Saint-Mihiel, siège du Parlement du Barrois.

Le fils de Richier profita de cette circonstance pour louer, à raison de soixante-dix francs par an, son habitation aux docteurs, qui n'y tinrent, pas même pendant une année entière, leurs cours publics de jurisprudence, et rentrèrent bientôt à Pont-à-Mousson.

Depuis, nous voyons cette habitation passer en dot à Marguerite, fille de Daniel Richier, et devenir, par le fait de ce mariage, l'officine de Bidault, apothicaire. Mais je n'ai pas l'intention de la suivre dans toutes ses vicissitudes de transformations et de propriétaires.

J'ai entendu souvent exprimer le regret que cette maison ne fût pas la possession de la ville, qui pourrait, en la consacrant à des collections d'arts et de sciences, y établir un musée.

CHAPITRE XVI.

QUELQUES ŒUVRES DE JEAN RICHIER.

I. Le Jubé de Saint-Mihiel.
II. Le Calvaire de Troyon.
III. La Samaritaine.
IV. Le Christ de la cathédrale de Nancy.
V. Le groupe du grand Séminaire de Nancy.

En suivant les œuvres datées, dans lesquelles nous constatons le travail de Mᵉ Ligier et de Claude, son frère, nous avons déjà été amenés à faire connaissance avec Jean Richier. En effet, quoique le plus jeune de cette famille d'artistes, il voulut coopérer également aux œuvres et à la gloire de l'école Sanmihielloise.

I. *Le Jubé de Saint-Mihiel.*

Nous lisons dans l'histoire de l'abbaye de Saint-Mihiel : « Richier a fait le triomphe de Constantin contre Maxence : « cet ouvrage qui représente les personnes qui accompagnaient « le prince victorieux, est d'une largeur très-considérable. Il « paraît avoir été au nombre des pièces qui ornaient l'ancien « Jubé. Il est présentement placé dans la première partie de « notre église, près de la sacristie. »

M. Dumont, parlant de cet ambon, qui séparait la nef du chœur, dit qu'il ne manquait pas d'élégance, mais ne veut pas admettre que les fragments, placés près de la sacristie, soient des Richier. Il prétend que ces morceaux remontent à une époque bien antérieure (1).

Je n'admets pas sa manière de voir. Si l'on juge de l'ensemble par les fragments qui restent, mais qui sont juxtaposés sans aucun ordre, la galerie qui ornementait ce Jubé se composait de petites arcatures de la Renaissance, décorées sous les clefs de voûtes par des têtes d'anges et couronnées selon le style du xvie siècle. Il devait exister, à des distances égales, de petites niches et des colonnettes. Les bas-reliefs qu'on y voit, représentent Adam et Ève au pied de l'arbre ; la misère et la mort, montées sur des chevaux, accourant pour châtier l'homme ; le déluge, le transport de l'arche, un combat équestre. Mais tout est mutilé, mal agencé, sans qu'on puisse essayer d'en donner une critique assez fondée. Si j'ose hasarder quelques appréciations, je crois que l'artiste, se voyant, dans la largeur de l'église, le champ libre pour son inspiration, avait esquissé, dans une suite de bas-reliefs, les principales époques du monde, depuis la création jusqu'au triomphe de l'Église avec Constantin. C'était la méthode de son époque. Son contemporain, Richard de Wassebourg, voulant décrire les antiquités de la Gaule-Belgique, ne manque pas de remonter à Adam et au paradis terrestre.

Je pense donc que le travail a été exécuté dans l'atelier de Saint-Mihiel, par le ciseau d'un frère de Ligier. Un document confirme cette assertion. On trouve dans le compte du pitancier, en 1534, mention d'une dépense de 1 franc payé à Didier Jenson, pour avoir « levé les images au Jubé, fourni les poulies et cordages avec leurs personnes. » M. Dumont, citant ces lignes, n'ose affirmer s'il était question de construction, ou de réparation, ou de destruction. Mais il me semble que le mot « levé » est assez clair. Le manœuvre Jenson a aidé à *lever,* non à descendre ce travail. Il ne s'agissait pas de quelque partie de l'œuvre ; c'étaient les images, évidemment toutes les images ou toutes les scènes du Jubé qu'il fallait mettre en place.

L'époque indiquée par le vieux parchemin coïncide bien

(1) *Histoire de Saint-Mihiel*, IV, 6.

avec celle où Jean devait faire honneur à ses frères, les aidant par le concours qu'il leur donnait dans les grands travaux, ou par les compositions dont ils lui confiaient l'exécution.

Le badigeon qui recouvre ces bas-reliefs empêche de porter un jugement net et formel, je l'avoue. Mais ne retrouvant dans ces débris, ni la perfection que j'ai admirée à Génicourt, ni la richesse d'ornementation qui distingue les travaux de Claude, ni à plus forte raison les caractères des œuvres de Ligier, j'inclinerais à croire que nous pouvons placer ce monument dans notre nomenclature, sous le nom de Jean, frère de Ligier et de Claude.

II. *Le Calvaire de Troyon.*

Serait-ce également de Jean, ce Calvaire, que la paroisse de Troyon a vu enlever de son église il y a plus d'un siècle, et qu'on a depuis recueilli dans un petit oratoire, au fond du jardin curial? Sous un couronnement bien exécuté, où les lignes flamboyantes s'entrecroisent selon le style du XVIe siècle, huit pilastres, garnis d'arabesques de la Renaissance, partagent un petit rétable en sept compartiments. Les apôtres, deux à deux, occupent six de ces petites niches; celle du milieu est réservée à une représentation de Jésus sur la croix. A droite du Sauveur se pressent les amis, à sa gauche les ennemis et les bourreaux.

Sauf le chef d'un apôtre, toutes les figures manquent de dessin et de proportion; les autres parties du corps ne sont pas plus heureuses; mais il y a du drame et quelque chose de l'école Sanmihielloise. Serait-ce un premier essai du jeune frère de Ligier?

On a remplacé par de l'argile les parties mutilées de cette composition, et en particulier les bases, dont on a conservé grossièrement la forme gothique.

III. *La Samaritaine.*

Puisque le Jubé de Saint-Mihiel et ce Calvaire de Troyon ont amené sous notre plume le nom de Jean Richier, étudions quelques œuvres qui nous semblent dues au même ciseau. C'est d'abord le groupe de la Samaritaine.

Dans une propriété cédée par M. Viller aux Israélites de Saint-Mihiel, pour la construction de leur synagogue, on voyait un bas-relief, dont M. Étienne, percepteur de cette ville, a fait l'acquisition, et qu'il a placé dans la cour de sa maison. Il représente l'épisode du puits de Jacob.

Trois pierres du pays, dont les sutures devaient moins paraître dans le principe, occupent une largeur de 1 mètre 30 sur une hauteur de 0,70 y compris la bordure, qui entoure la scène. L'emploi de trois blocs pour un travail, en réalité assez exigu, autorise à croire que ces sculptures ont été effectuées par après, dans un mur, pour orner un linteau de porte par exemple, ou un trumeau de cheminée.

Examinons comment l'épisode a été rendu.

Au milieu du bas-relief est un puits; mais la fontaine de Jacob, par les cannelures de sa margelle et de ses deux colonnes, comme par le dôme qui la surmonte, ressemble surtout à un puits lorrain du XVIe siècle. Une poulie, suspendue à une tête de lion, aidait à dérouler une corde dont on voit encore des vestiges.

Devant la margelle, est posé à terre un vase, habilement ornementé, à deux anses, l'une fixe sur le côté, l'autre se repliant à volonté. Un oiseau ciselé dans la partie opposée à l'anse immobile, ouvre son bec pour verser l'eau renfermée dans le vase. Ces détails sont bien des réminiscences de l'Étrurie, dans le goût de la Renaissance.

Voici, à gauche du puits, cette femme de Samarie, dont l'Évangile nous retrace l'histoire; elle appuie sa tête contre le dôme, et le bras gauche sur le vase qu'elle vient de remplir et qui masque en partie sa poitrine.

Une casaque laisse à nu presque toute la taille; tandis que

des flots de vêtements, nullement motivés et mal agencés, descendent de la ceinture. Le bras gauche de la Samaritaine est démesuré ; son bras droit, depuis longtemps mutilé, devait indiquer sa ville natale. Une perspective mal comprise, rapproche les remparts, les maisons, voire même une cheminée, dont l'épaisse fumée rompt maladroitement la régularité des ciselures qui bordent le bas-relief.

A droite du puits, Notre Seigneur assis parle à la Samaritaine. La bonté et la miséricorde se peignent encore dans sa figure, malgré de regrettables dégradations. Ses mains tournées vers la pécheresse, offriraient à l'œil un geste admirable d'éloquence, si, malheureusement, elles ne semblaient enfermées dans la même manche.

Nous retrouverons dans un Christ de Solesmes la même expression.

Derrière Notre Seigneur, trois apôtres joignent l'étonnement à l'admiration. Au milieu d'eux est saint Pierre, qui, sans cacher l'impression pénible que lui cause la condescendance du Sauveur pour une Samaritaine, prête cependant une oreille attentive aux paroles du maître. Ses bras expriment la surprise, sa tête rend très-bien l'attention de la curiosité.

Saint Jacques, la main droite levée vers la Samaritaine, comme pour la maudire, ne rappelle-t-il pas d'une façon énergique le mépris de Jérusalem pour Samarie ?

De saint Jean on ne voit guère que la tête.

Les trois compagnons du Sauveur ont dans leur chevelure les caractères traditionnels qui les distinguent. Le front de saint Pierre a conservé une seule mèche ; de larges nattes bifurquées tombent sur les oreilles de saint Jacques ; saint Jean a les cheveux plus courts.

Tous les personnages ont les pieds chaussés de sandales.

A qui faut-il attribuer ce groupe, qui porte d'ailleurs, dans les poses et le drame, des empreintes visibles de notre école ? Évidemment ce n'est ni à Ligier, ni à Claude, qui auraient traité le sujet avec plus de délicatesse. Nous ne pouvons y reconnaître la touche de Gérard, qui allongera autrement les doigts, ni le faire de leurs héritiers qui joignent à l'art de traiter élégamment les draperies, plus de fini dans le coup de ciseau.

La critique a donc à reconnaître ici l'œuvre du troisième frère de Ligier. Il semble que les creux des ciselures qui entourent le bas-relief, le genre de cette bordure, les caractères plus grossiers de l'ensemble et son cachet d'antiquité, autorisent à reporter ce travail à cette partie du xvie siècle où Jean s'essayait dans l'atelier de ses frères. Bientôt, il y créera lui-même des merveilles.

IV. *Le Christ de la cathédrale de Nancy.*

Une excursion à Nancy complétera nos premières études sur Jean Richier.

Dans sa biographie de Ligier, M. Dumont relate et classe les diverses œuvres attribuées à cet artiste. Or, il désigne, comme n'ayant qu'un caractère secondaire de certitude, un Christ, de grandeur naturelle, exposé dans la cathédrale de Nancy. En effet, nous le voyons, suspendu à une grande croix, dans le transept de l'Évangile.

La tête en serait de tout point remarquable, si elle n'était trop petite pour le corps; la bouche entr'ouverte produit un effet saisissant. Les traits ont assez de contraction, pour exprimer la douleur la plus poignante; assez de dignité, pour rappeler la majesté de celui qui meurt. La chevelure, les épines de la couronne, la barbe bifurquée, ont bien les caractères que nous constatons, chaque fois que, dans l'atelier de nos Richier, il s'agit de représenter l'Homme-Dieu dans le mystère de notre Rédemption.

Mais au-dessous de cette tête admirable, les membres sont raides, les bras contournés, les mains démesurément petites. On n'aime ni le prolongement rectiligne des jambes, ni l'exagération des aisselles, ni l'agencement de la draperie qui ceint les reins du Christ.

On n'hésiterait pas à attribuer la tête à maître Ligier, mais tout doute est impossible quant au corps et aux membres. Certainement, ils ne sont pas son œuvre.

Ne pourrait-on pas admettre qu'en effet cette figure, si belle et si heureuse d'expression, est due au ciseau de Ligier, et qu'il a laissé un de ses frères achever la statue? Or, si nous confrontons le travail certain de Claude avec le crucifix de Nancy, nous placerons volontiers au pied de celui-ci la signature de Jean Richier.

V. *Le groupe du grand Séminaire de Nancy.*

Les amis des beaux-arts signalent également à l'attention des touristes, un groupe de pierre, composé de quatre statues de haute grandeur naturelle, qui ornent une construction élégamment disposée pour terminer le jardin du grand Séminaire, autrefois résidence des R.R. P.P. de la Société de Jésus, à Nancy.

Assurément, c'est une conception magistrale. Le statuaire représente Notre Seigneur aux prises avec les tristesses de l'agonie, dans le jardin des Oliviers; saint Pierre et saint Jean, attentifs en ce moment aux angoisses qui étreignent le cœur de leur divin Maître, s'efforcent de le soutenir; saint Jacques, épouvanté, se demande quelles catastrophes les menacent.

Dans cette scène où l'on reconnaît une interprétation bien légitime du texte évangélique, il y a du mouvement, du sentiment et une belle unité. C'est un vrai drame, tout palpitant d'intérêt.

Mais, si l'idée est admirable, l'exécution fourmille de défauts. Quand on examine les chevelures maniérées, plaquées ou non moins ridiculement frisées, les bras du Christ démesurés, les doigts trop longs, le manque d'anatomie dans les formes et les dimensions des membres, on sent l'impossibilité de murmurer le nom de Ligier Richier. La pensée a pu être de lui, il a pu donner une épure esquissée de sa main, mais il n'a concouru en rien à l'exécution de cette œuvre.

Néanmoins, certains détails de ce groupe rappellent beaucoup l'école Sanmihielloise; au premier aspect, il y a quelque chose du Sépulcre dans la physionomie de Notre Seigneur et dans celle de saint Jean; les nœuds du vêtement de saint Pierre, la courroie et l'agrafe du disciple bien-aimé, semblent également des souvenirs de Saint-Mihiel.

Assurément, c'est un beau travail, mais l'homme de foi y puise plus d'édification que l'artiste. Par le sentiment, il appartient aux Richier; seuls, dans la Lorraine, ils savaient comprendre à ce degré l'inspiration religieuse et traduire ainsi dans la pierre les thèmes de nos saints Évangiles. Tout pesé, si je devais mettre au bas de ces statues une signature d'auteur, c'est à Jean Richier que je les attribuerais; car ce groupe unit à des caractères, qui le datent et sentent leur école, un style qui n'est ni celui du grand maître, ni celui de Claude. Plus tard nous verrons ce talent réel se développer et joindre la régularité du dessin à l'expression du sentiment.

CHAPITRE XVII.

L'ASSOMPTION, A KŒUR. — IMPORTANCE DE CE BAS-RELIEF.
DATE ET NOM.

Heureuse de suivre son noble époux, chaque fois que les Grands-Jours réunissaient à Saint-Mihiel, autour de leur souverain, la noblesse, le clergé et les députés du Barrois, Renée de Bourbon avait choisi pour sa résidence de campagne, à une lieue de cette ville, non loin des bords de la Meuse, le château fortifié de Kœur.

Dans ce manoir elle avait sa chapelle, dont il ne reste plus, hélas! qu'un seul débris, mais il est singulièrement précieux pour nos recherches, parce qu'il enlève une de nos incertitudes sur l'école des Richier.

Quand, dans nos appréciations antérieures, nous nommions Claude, nous nous basions sur un raisonnement qui nous semblait juste sans doute, mais nous eussions préféré une date, et surtout un diplôme extrait de documents publics.

Cette date, l'église de Génicourt nous l'a fournie, de manière à nous affermir dans notre jugement en faveur d'un frère de Richier.

Ce document public, l'histoire du castel de Kœur va le mettre sous nos yeux.

En parcourant les rues de ce village, vous vous arrêtez devant un bas-relief, qui décore la façade d'une maison. D'instinct, vous avez conscience que c'est un travail consacré par le double mérite de l'antiquité et du talent. Si vous désirez recevoir à ce sujet quelques éclaircissements, interrogez M. le curé de Kœur et les vieillards de la localité : ils vous répondront, sans hésiter, que ce débris avait été sauvé des ruines du château.

C'est une Assomption; l'ensemble, de forme rectangulaire, mesure environ 80 centimètres de hauteur sur 60 de base. A part quelques dégradations, toujours regrettables, le travail est assez bien conservé.

Considérons d'abord la Vierge qui s'élève dans les airs. Les cheveux tombent en ondes sur ses épaules; ses mains, gracieusement jointes, sont tournées vers le ciel; une longue robe, la couvrant de plis modestes, descend jusque sur ses pieds; les bords du manteau sont habilement ramenés et liés ensemble au-dessous de la taille, que serre une torsade finissant par des glands.

La figure de la Mère de Dieu a les caractères, sous lesquels on la dépeint, quand on veut représenter le recueillement de sa vie intérieure. Des étoiles, disposées en couronne, scintillent au milieu des rayons et des flammes qui composent son nimbe.

Au-dessus de Marie, cinq chérubins forment comme une auréole, tandis que d'autres, placés au-dessous d'elle, lui servent de marchepied. Ces chérubins n'ont que des têtes ailées. Mais, six anges, aux formes humaines, aux ailes déployées, vêtus de manteaux qui laissent à leurs bras nus toute liberté, et de pardessus, qui rappellent très-bien la casaque de l'Ange du Sépulcre, concourent surtout à former le cortège de l'auguste Marie.

Deux des messagers célestes portent dans leurs mains les pieds bénis de leur Reine et soutiennent ses genoux. Deux autres, approchant délicatement leurs mains des épaules et de la taille de Marie, viennent au nom des Thrônes, enlever de la terre qui la pleure, vers le ciel qui l'envie, la Vierge Immaculée.

Enfin, les deux derniers, de dimension moindre, voltigent au-dessous du groupe. Il semble que leur mission est de consoler la terre, tandis que leur désir serait d'accompagner leur Reine dans son triomphe.

Or, il n'y a pas de doute, l'agencement du groupe et la

disposition des vêtements révèlent l'école des Richier. De plus, l'expression de la Vierge et des grands anges nous reporte sans hésiter à Génicourt, à Neufchâteau, à Saint-Nicolas-du-Port. C'est incontestablement le même ciseau. Génicourt nous a donné la date, 1531 ; Kœur me commande d'inscrire le nom de Claude Richier au bas de son petit monument, et, par conséquent, sur les autres œuvres de la même main.

En effet, je lis dans les archives de Bar qu'en 1543, la duchesse fit *verser à Claude l'imaigier une rémunération de sept livres pour trois sujets qu'il avait placés dans la chapelle castrale de Kœur.*

Ces lignes sont une grande lumière pour nous, qui savons qu'à cette époque, on se contentait très-souvent de désigner les artistes par leur prénom.

CHAPITRE XVIII.

TRAVAUX DANS L'ÉGLISE PAROISSIALE DE SAINT-MIHIEL.

I. Clefs de la voûte.
II. Rétable du maître-autel.
III. Statues de sainte Lucie et de sainte Marthe.
IV. La Visitation.
V. Chapelle de saint Éloi.
VI. Blason de la maison de Wassebourg.

Dès lors que nous admettons, sur l'autorité de Philippe de Vigneulles, la date de 1545, pour la consécration de cette partie de l'église Saint-Étienne de Saint-Mihiel, qui constitue actuellement la totalité de l'édifice, on peut attribuer à la même année l'exécution, par les artistes Sanmihiellois, des détails qui réclamaient le ciseau du sculpteur.

I. *Clefs de la voûte.*

Je dois attirer l'attention des visiteurs, qui étudieront ce monument, sur la finesse avec laquelle toutes les clefs de la voûte sont dessinées et exécutées.

Je n'hésiterais pas à attribuer à Ligier lui-même la pierre qui reçoit les derniers arceaux de l'abside.

Saint-Étienne, patron de la paroisse et l'Archange, dont la grande abbaye bénédictine avait tiré son nom, y ont été représentés, en pied, et presque en ronde bosse. A gauche, saint Michel terrasse l'ange rebelle; à droite, le pape martyr soutient d'une main la croix qui a vaincu Lucifer, tandis que de l'autre, il déroule une banderolle, où je soupçonne que l'artiste avait, dans le principe, gravé quelque légende.

Dans la clef de voûte du sanctuaire, deux anges, aux ailes déployées, soutiennent entre leurs mains le grand blason de nos ducs, coupé d'un trait et parti de trois, avec ses huit quartiers et l'écu de l'antique Lorraine, brochant sur les autres armoiries. Malheureusement, bien des détails en ont été mutilés par le temps, les révolutions, et, peut-être, d'imprudentes réparations.

Les nefs de droite et de gauche ont également plusieurs clefs armoriées. J'y vois la double croix de Jérusalem; ailleurs, deux génies supportant un écu chargé des trois alérions qui rappellent la Lorraine, et surmonté d'un chapeau de cardinal qui me ferait penser qu'il s'agit du prince-évêque de Verdun; et enfin, dans un autre blason, les barbeaux adossés de Bar et les croisettes qui les cantonnent (1).

Les autres travées de la grande nef et des nefs latérales, offrent à notre étude l'art, avec lequel le ciseau a su déchiqueter les plantes architecturales qui ornent les clefs de voûte, y mêler des têtes de chimères, des cornes et des corbeilles d'abondance.

Mais, dans les dernières travées, le sculpteur s'est contenté de rafraîchir et de replacer les pierres qui avaient servi au même but dans l'édifice du xiie siècle.

Quand M. l'abbé Jamin eut l'heureuse pensée de faire gratter les murs intérieurs de l'église, il comprit quel soin particulier réclamaient ces sculptures. Habilement restaurées par M. Pierson, elles devaient être polychromées avec bon goût, d'après les dessins intelligents de M. Maxe, architecte du diocèse. Mais une critique, aussi malveillante que maladroite, obligea à se contenter de teinter les détails saillants en blanc sur fond gris. Ce qui permet bien de distinguer le fini des arabesques, mais ne dessine pas aussi nettement les détails héraldiques.

Personne, je crois, ne démentira l'attribution que je fais

---

(1) Cayon, *Ancienne chevalerie de Lorraine*, 120.

de ces sculptures à Ligier Richier et à ses frères, vu l'époque de l'exécution, et surtout, vu la perfection du travail.

II. *Rétable du maître-autel.*

Nous invitons les amis des beaux-arts à ne pas oublier, dans leur visite à l'église Saint-Étienne de Saint-Mihiel, le monument de sculpture qui en termine l'abside. Ce travail « *dans le goût de la Renaissance*, dit M. Dumont (1), *est d'une assez belle composition dans son ensemble et dans ses détails.* »

C'est, en réalité, le *Rétable* du maître-autel, puisqu'il en complète l'ornementation. Dans les anciennes délibérations de la fabrique, on le désigne sous le nom de *Reliquaire*, à cause de l'ossement considérable de sainte Lucie, qu'on y avait exposé à la vénération des fidèles. Les archéologues l'appellent aussi *Ciborium*, persuadés que le pavillon, ouvert dans la troisième galerie, était primitivement destiné à conserver la Présence Réelle.

Élevée sur une base en maçonnerie, au niveau du gradin de l'autel, le premier plan est une sorte de tryptique. Douze colonnes, divisées en quatre groupes, toutes très-remarquables par les arabesques d'une délicatesse achevée qui les ornent et les chapiteaux qui les terminent, séparent des deux niches latérales une arche beaucoup plus vaste, évidemment destinée à recevoir soit une statue couchée sur une pierre tombale, soit un reliquaire.

Cet emplacement du milieu, dont on admire le plafond formé de caissons et de superbes pendentifs et les parois latérales ornées de magnifiques arabesques, est lui-même partagé en trois compartiments, ayant chacun son cartouche et ses guirlandes de fruits reliées par des anneaux que des têtes de lions soutiennent ingénieusement.

L'entablement supporté par cette colonnade, sert lui-même de base à une seconde galerie, non moins riche que la première, mais avec des caractères tout différents.

(1) *Histoire de Saint-Mihiel*, III, 353.

Trois niches très-délicates de sculpture se terminent, celle du milieu par un splendide cul-de-lampe qui soutient le *ciborium;* celles des extrémités par des coquilles et des pendentifs.

Ce second tryptique, avec les colonnes qui le forment, n'occupant pas tout l'espace de la première galerie, est accompagné de deux dômes ayant eux-mêmes leurs bases ornementées par des coquilles et des jetons; leurs niches encadrées entre des colonnes de la Renaissance; leur coupole enfin, en écailles de poissons, sculptée de la base au couronnement.

Une troisième galerie surmonte ce nouvel ordre d'architecture. En se rétrécissant, à mesure qu'il s'élève, le rétable offre cette fois à nos regards le *ciborium* antique avec sa riche façade, dont le fronton triangulaire est soutenu par des colonnes fuselées et enguirlandées. Un portique, surmonté de deux rangs de fenêtres, forme chacun des côtés de ce tabernacle à jour; deux dômes du genre que nous avons déjà remarqué, l'accompagnent.

Avec une hardiesse étonnante, quelques colonnes très-légères, appuyées sur le *ciborium*, lancent en l'air trois coupoles juxtaposées, sur lesquelles s'élève celle que couronne le dôme du faîte.

Joignez à ces détails quelques vases artistement sculptés, placés dans les interstices et aux extrémités, et vous n'aurez encore qu'une idée singulièrement imparfaite de ce chef-d'œuvre.

« L'auteur en est inconnu, » dit M. Dumont. Cependant, cette pierre rosée, qui est de Saint-Mihiel; ces guirlandes de fruits, que nous avons déjà vues à Bar-le-Duc; ce tabernacle rappelant si parfaitement celui de Génicourt, qui semble n'être que l'ébauche; ces colonnes de la seconde galerie, que nous avons également admirées dans le même *ciborium*, tout me dit que le travail est de Claude Richier, mais j'y reconnaîtrais, non moins volontiers, la perfection de dessin de Ligier, son frère.

J'appelle avec d'autant plus d'insistance l'attention des visiteurs sur l'ensemble et les détails de ce monument, qu'il a des analogies frappantes avec les arcs-de-triomphe de Solesmes. Aussi, quoique ce rétable soit en désaccord avec le style flamboyant de l'édifice, puisqu'il ne garde absolument aucune réminiscence du genre gothique, il faut bien espérer que jamais aucun architecte ne songera à demander l'extradition d'une œuvre, vraie fleur de la belle Renaissance, joyau d'autant plus digne de notre considération, qu'il est au-dessus de tous nos éloges.

Je n'ai fait aucune mention des statues de différentes grandeurs dont on l'a peuplé. Évidemment, il faudrait à leur place des œuvres d'art, en harmonie avec des niches si délicatement ciselées et des colonnes d'une élégance vraiment consommée. De même, on vondrait voir devant ce rétable un autel, dont le dessin, par un tour de force du sculpteur, eût assez de rapports avec le style de l'église d'une part et celui de la Renaissance de l'autre, pour défier la critique des artistes, qui sont nécessairement très-susceptibles et très-rigoureux, quand il est question de ces raccords entre des genres disparates.

III. *Statues de sainte Lucie et de sainte Marthe.*

Les visiteurs se demandent si le *Ciborium* de Saint-Mihiel, n'avait pas reçu, soit de Claude lui-même, soit de ses frères, des statues ou des sujets, pour en peupler les arcades et les niches. La tradition est complètement muette à cet égard relativement aux compartiments du haut, ainsi qu'aux niches inférieures. Mais, il y a moins de trente ans, une admirable statue tombale d'un mètre et demi de longueur, occupait l'arcade du milieu. On l'honorait sous le vocable de sainte Lucie d'Écosse, patronne de Sampigny. Actuellement cette statue est à la place d'honneur dans la collection de M. Moreau.

La figure, douce et jeune, est probablement un portrait. Les boucles de la chevelure, se partageant sur les épaules, retombent sur l'oreiller funèbre. La tunique, montant modestement jusqu'au cou, est richement damassée, dans le genre que pratiquait l'école de Saint-Mihiel. Une ceinture légère qui la relie, la frange qui la borde, sont du même style. La robe vient couvrir les pieds, qui s'appuient contre trois agnelets couchés. Cette circonstance est diversement jugée par les visiteurs; les uns y voient la preuve que c'était l'image de la sainte bergère de Sampigny; des archéologues veulent y reconnaître un des caractères de la sculpture tombale de cette époque, et voient dans ce sujet un mausolée élevé sur le cercueil d'une jeune fille.

Quoi qu'il en soit, sans admettre avec quelques critiques que cette belle pierre soit l'œuvre de Ligier Richier, je l'assigne, comme le rétable, au ciseau de son frère aîné. La figure et les draperies me confirment dans ce jugement. L'agencement des cheveux me rappelle également la Madeleine de Génicourt.

Une statue que je trouve dans la même collection, et que ses possesseurs baptisent à tort du nom de sainte Marguerite, n'aurait-elle pas occupé une des grandes niches de notre rétable? Malgré bien des mutilations, il est facile de distinguer à la pose, à la figure, à l'agencement des draperies, une œuvre de Claude Richier.

Mais en réalité, ce n'est pas sainte Marguerite, écrasant sous son pied le serpent qui la menaçait. Ici, la gueule du monstre, obligée d'échapper la victime qu'elle allait engloutir, et docile plutôt à la volonté de la sainte, me rappelle la tarasque provençale, et comme à Génicourt, je reconnais dans cette femme la sœur de Marie-Madeleine.

On ne sort jamais de cette maison, sans avoir à témoigner sa reconnaissance pour le bienveillant accueil qu'y reçoivent les amis des beaux-arts. Mais le regret de voir tant de morceaux loin de l'église paroissiale, des chapelles et des tombes qu'ils y décoraient, ne peut trouver de compensation, ni dans les soins intelligents que cette famille prodigue aux moindres débris, ni dans son empressement à en montrer la collection.

IV. *La Visitation.*

Puisque ce chapitre traitant des travaux exécutés, dans le principe, par les Richier pour Saint-Étienne, nous a introduits dans la collection de M. Moreau, il convient de parler ici du groupe de la Visitation.

L'historien de Saint-Mihiel (1) nous apprend, qu'en 1670, les chapelles de l'église paroissiale de cette ville avaient tellement souffert dans les guerres antérieures et étaient dans un état si affreux de délabrement, que l'évêque de Verdun ordonna de démolir les autels et d'enterrer les statues. Or, la chapelle de la Visitation possédait un travail très-curieux, un groupe de deux personnages au moins, dû au ciseau du grand maître. L'ordre de l'évêque ne fut pas exécuté dans toute sa rigueur; seulement la sainte Vierge et sainte Élisabeth furent descendues de leur piédestal, et aucune tradition ne dit ce qu'elles devinrent, jusqu'au jour où M. Moreau les trouva dans un jardin de la rue des Tisserands, à Saint-Mihiel, et les acheta.

De la Vierge, il n'y avait plus que le tronc. Sainte Élisabeth était assez bien conservée, il ne lui manquait que les mains. M. Watrinelle, sculpteur à Verdun, fut chargé de la restaurer, et je souhaite qu'un artiste s'inspirant des vierges de Richier et du fragment qui reste, reconstitue également avec l'inspiration du texte sacré, le corps entier de l'autre statue.

Contemplons un instant dans le *Musée* de M. Moreau celle qui donnera bientôt le jour à saint Jean-Baptiste. Comme son mouvement bien marqué au devant de sa parente, ses bras tendus et en même temps levés vers le ciel, ses yeux pleins d'éloquence, traduisent de la manière la plus expressive les paroles de l'Évangile (2) : *d'où me vient ce bonheur que la mère de mon Dieu entre dans ma maison?*

Si les traits de la figure, le naturel de la pose, la vérité du sentiment montrent jusqu'à l'évidence que l'œuvre est de Ligier, on ne reconnaît pas avec moins de certitude son style dans la disposition des vêtements. L'artiste devant représenter une femme qui espère bientôt l'honneur de la maternité, dessine ces apparences avec la délicatesse qui le caractérise;

---

(1) III, 320.
(2) Saint Luc, I, 43.

et cette circonstance, sans gêner son habileté à copier les formes du corps, explique seulement pourquoi, préférant pour elle la position inclinée, il l'habille encore d'un quadruple vêtement. Sur le mantelet montant jusqu'au cou et orné des dessins les plus riches, on admire surtout un de ces rubans que le ciseau seul des Richier sait nouer, dérouler, et faire flotter au vent. Une seconde tunique, également ouvragée de damasseries, qui rappellent la cheminée de Han, descend au-dessous des genoux; sous ces vêtements qui ont plus de moëlleux que d'ampleur, et que bordent des franges de laine plutôt que de pierre, la robe proprement dite, avec ses larges replis, s'abaisse jusque sur les pieds. Pour compléter le costume, un manteau, attaché sur l'épaule gauche et relié à droite en dessus de la casaque, au lieu de gêner les mouvements, semble plutôt s'ouvrir pour les favoriser.

Les pieds n'ont que de légères sandales; la tête est couverte d'une coiffure strictement lorraine, avec des passes et un fond, dont la simplicité convient à la femme obligée de garder son intérieur.

J'ai dit que des restaurations avaient été faites par M. Watrinelle; il a rejoint les fragments de la tête, et sous ce rapport, son travail est parfaitement réussi. Un avant-bras et les deux mains faits à neuf par lui, sont peut-être moins heureux.

C'est égal, je n'ai pu voir cette statue sans former le désir qu'elle reprît bientôt sa place d'honneur dans l'église Saint-Étienne.

De la Vierge, ai-je dit, il ne reste que le tronc, mais quelle délicatesse dans ce torse! Quelle manière d'attacher les vêtements, de faire circuler et de nouer des rubans vrais à étonner nos industriels! Puis, comme les replis festonnés qui entourent le cou, sont bien l'exacte copie de la gorgerette que nous admirerons plus tard dans la Cléophée du Sépulcre!

Oui, qu'un artiste rétablisse une tête et des pieds; qu'il suive bien dans la pose des bras la direction indiquée par ce qui reste; qu'il exprime l'empressement avec lequel Marie se jette dans les bras d'une parente bien-aimée, et aussi l'enthousiasme de son *Magnificat* d'actions de grâces pour les merveilles que Dieu avait opérées en faveur de sa servante, devenue sa mère!

Ces statues auraient chacune un mètre vingt de hauteur.

V. *Chapelle de Saint-Éloi.*

La chapelle de la Visitation me rappelle qu'il y avait dans la même église un autel fondé par Humblet de Gondrecourt en l'honneur de saint Éloi.

N'est-ce pas à décorer ce sanctuaire qu'était destinée une statue, haute de plus d'un mètre, qui fait partie de la collection de M. Moreau, à Saint-Mihiel (1)?

L'illustre évêque de Noyon est amplement vêtu des ornements pontificaux. A sa gauche est une enclume, que l'artiste a ingénieusement décorée d'un blason, où se reconnaît le patron de la maréchalerie.

Je lirais volontiers le nom de Claude au bas de cette statue, surtout à cause de l'expression de tristesse, qui caractérise les figures sculptées par son ciseau.

N. B. J'attribuerais au frère aîné de Ligier deux autres statuettes que possède cette collection.

L'une d'elles, haute d'environ 0,35, image d'un évêque vêtu de la chape et de la mitre, est très-remarquable de pose et d'expression. Le saint pontife, assis, médite les pages d'un livre ouvert sur ses genoux.

L'autre est un saint François d'Assise, haut de 60 centimètres.

VI. *Blason de la maison de Wassebourg.*

Il est certain que, dans sa ville natale surtout, Ligier Richier dut mettre son ciseau au service de l'Église d'abord,

---

(1) M. Dumont traduit *Eligii confessoris* par le *très-heureux confrère monseigneur saint Éloi!*

puis de la chevalerie et des riches bourgeois. C'est ainsi que je regarde comme son œuvre un blason, que l'on voit dans le mur d'une des dernières maisons de Saint-Mihiel, sur l'ancienne route de Commercy. Au milieu d'une couronne d'arabesques, se dessinent très-nettement un *geneste d'argent, moucheté de sable, chargeant un chef d'azur*, et au-dessous, *un chevron de gueules sur un champ d'or*. Ces armes, qui caractérisent la maison de Wassebourg, me rappellent qu'à la place de ces habitations, la famille du célèbre archidiacre avait fondé une léproserie, dont on peut voir encore les chambranles gothiques et d'autres débris, d'ailleurs sans intérêt.

C'est de la chapelle de cette léproserie que provient la niche qui entoure actuellement la statue de sainte Anne, dans l'église du Sépulcre (1).

(1) Ce travail a été donné par M. Génin-Thiéry, et réparé par M. Chenin, sculpteur à Saint-Mihiel.

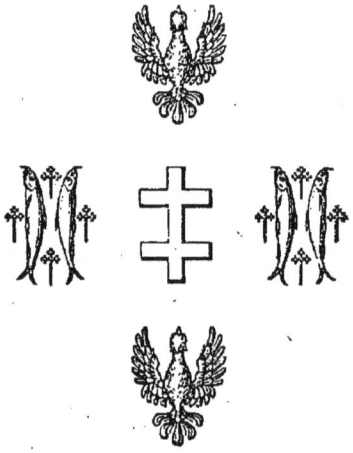

CHAPITRE XIX.

STATUE DE SAINT AUBIN.

Moëslains. — Statue de saint Aubin.

A quelques kilomètres de Saint-Dizier, tout près du village de Moëslains, sur un monticule qui a toutes les apparences d'un môle exhaussé par la main de l'homme pour la construction d'un castel, mais où la Providence a tout disposé pour une admirable station de pèlerinage, s'élève l'antique chapelle de Saint-Aubin.

Or, la monographie de ce pèlerinage (1) attire l'attention des touristes sur la statue du saint Evêque d'Angers, chef-d'œuvre véritable au jugement des artistes. « Tout annonce, y est-il dit, qu'elle est l'ouvrage d'un maître. » Cette appréciation est vraie. Je pense que la peinture des chairs et la dorure des ornementations du costume, quoique remontant à une très-vieille date, sont postérieures à l'œuvre du statuaire. Mais, à part l'effet produit par l'éclat de cet or, ni les croix et les palmes alternées pour décorer la chasuble et le *pallium*, ni les déchiquetures qui bordent les manches et le bas de l'aube, ne sont d'une main vulgaire.

M. l'abbé Mazelin continue : « Il n'y a rien d'improbable qu'elle soit l'œuvre de Léger Richier, l'auteur du Sépulcre de Saint-Mihiel. ». J'avoue qu'au seuil de la chapelle, le premier

---

(1) Saint Aubin, évêque d'Angers, sa vie, son pèlerinage à Moëslains, page 258.

sentiment favorise cette opinion, rapportée d'ailleurs par les Petits Bollandistes.

On est saisi d'une profonde admiration à la vue de cette statue majestueuse, qui mesure 2 mètres 33 centimètres, surtout que l'attitude du saint Evêque d'Angers est celle d'un apôtre inspiré qui semble ne plus toucher à la terre ; tenant un livre de la main gauche et les yeux fixés en haut, il élève le bras droit vers le ciel. C'est la traduction de ce texte de nos livres saints : *Ecce sacerdos magnus qui in tempore iracundiæ factus est reconciliatio. Voici le grand-prêtre, qui, dans le temps de la colère céleste, s'est fait la réconciliation de la terre avec Dieu* (1). Il s'élance comme pour conjurer les foudres du ciel ; en même temps on voit dans les traits du pontife une vie surnaturelle, qui lui donne cette sainte liberté jusqu'en face du Très-Haut.

Si vous approchez plus près de ce travail dont l'inspiration vous a d'abord frappé, vous vous convainquez encore de sa valeur artistique, soit dans l'ensemble, soit dans les détails, au point de vue de la science anatomique comme de l'agencement des draperies.

La profonde arcature des yeux, l'ossature des tempes et de la face, la coupe du nez, sentent le faire de notre école et autorisent des critiques très-intelligents à lui attribuer ce chef-d'œuvre. Sous cette peau qui est pourtant de pierre, on sent le système ganglionnaire du cou, les tendons des poignets, les veines des mains qui sont parfaites de proportion.

En s'approchant de tout près, on s'étonne que le ciseau ait pu évider aussi parfaitement les sinuosités des vêtements, nettement distincts les uns des autres, et surtout faire flotter au vent le *pallium* qui s'en détache, car la statue a été taillée dans un seul morceau de pierre très-dure. Le Perthois offre sans doute de grandes ressources à la sculpture, mais les blocs qu'on en extrait n'ont pas la finesse de grain, que nos statuaires rencontraient dans la pierre de Saint-Mihiel, et qui favorisait singulièrement le travail.

Un examen plus attentif de cette statue empêche de l'attri-

---

(1) Eccli., XLIV, 17.

buer à Ligier Richier ou à son frère Claude dont nous connaissons le style.

Mais avec eux travaillait leur frère Jean, qui, moins habile peut-être que ses collaborateurs à traiter des médaillons ou des bas-reliefs de petites dimensions, préférait les grandes scènes et les œuvres où le ciseau pouvait donner au personnage une stature héroïque.

Nous lui avons attribué le groupe du séminaire de Nancy, nous plaçons volontiers sa signature au bas de la statue du pèlerinage de Moëslans, en reconnaissant que plusieurs années ont dû s'écouler entre l'exécution des deux œuvres si différentes de perfection.

Deux circonstances ne sauraient être négligées dans ce rapport. L'histoire de l'abbaye de Saint-Mihiel nous montre les religieux de Moëslans en relation avec nos bénédictins. Ce fait n'explique-t-il pas le choix d'un artiste Sanmihiellois pour l'exécution de cette statue? A l'époque du siége de Saint-Dizier, Charles-Quint ordonna de respecter cette œuvre magistrale, qui avait alors toute sa fraîcheur. Cette date ne justifie-t-elle pas encore notre attribution?

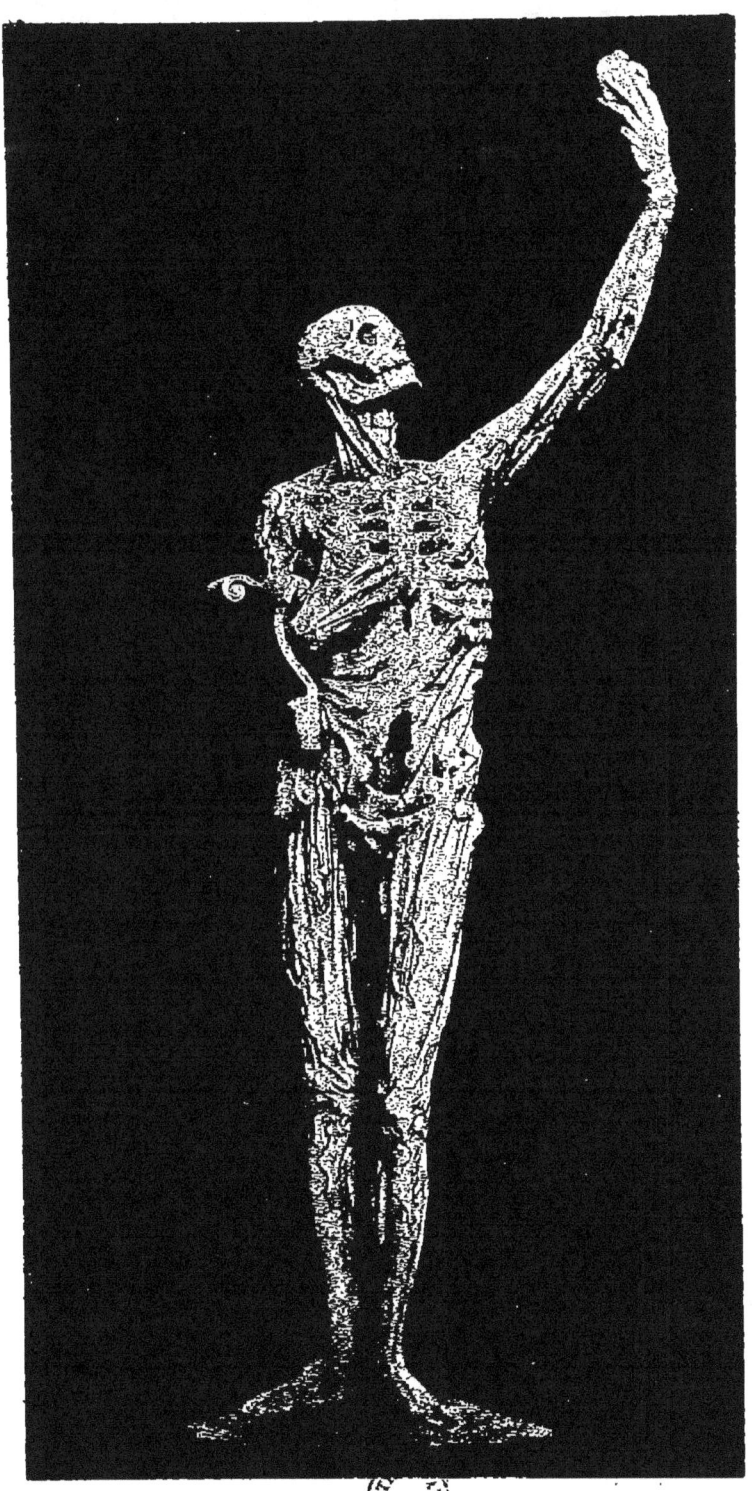

CHAPITRE XX.

LE SQUELETTE.

Année 1544. — Réné de Châlon. — Son mausolée. — Historique. — Chronique du Barrois. — Les statues des Apôtres. — Tête de mort du Musée de Verdun.

Ligier et ses frères avaient voué leurs travaux à la religion et à la patrie. Aussi, malgré leur évidente prédilection pour la ville qui les avait vus naître, ils allaient partout où les appelait une cause sainte, partout où la volonté de leurs souverains réclamait leur talent. Où que Dieu veult, était leur noble devise, gravée par eux au-dessus du foyer de la famille, mais surtout traduite en actes dans tout le cours de leur existence.

L'année 1544 en est une preuve évidente. La princesse Anne de Lorraine demande Ligier à Bar-le-Duc ; les architectes de Saint-Nicolas-du-Port désirent le concours de Claude pour décorer leur splendide basilique ; les bénédictins de Moëslains confient à Jean l'exécution d'une statue colossale de saint Aubin près de Saint-Dizier. Où que Dieu les veult, suivons les trois frères.

Nous voici en face d'une des œuvres magistrales de Ligier Richier, *la statue de la Mort,* comme la nomme D. Calmet, qui la vit de son temps dans une niche, sur un cul-de-lampe, du côté de l'Évangile, dans l'église Saint-Maxe, à Bar-le-Duc.

Lors de la fusion des deux collégiales de cette ville, cette statue funèbre fut transportée dans l'église Saint-Étienne, à l'endroit où on la voit aujourd'hui, sur un autel de marbre, qui recouvre les restes de plusieurs membres de la famille ducale, inhumés à Bar-le-Duc (1).

Onze ans plus tard, cette statue aurait disparu dans la tempête révolutionnaire, comme les autres merveilles de la chapelle des princes.

Pendant que les yeux étonnés interrogent tous les détails de cette œuvre qui n'a pas sa pareille, les archéologues barisiens vous apprennent qu'au siège de Saint-Dizier, en 1544, le jour où l'Église de France fêtait la Dispersion des Apôtres, le 15 juillet par conséquent, Charles-Quint fit ses préparatifs pour l'assaut général du lendemain.

En ce moment, le marquis de Marignan, commandant la division d'infanterie, était assis dans la tranchée. Voyant venir à lui Réné de Châlon, il se leva et lui céda la place, car ce dernier, héritier des fiefs d'Orange et de Châlon, gendre du duc Antoine de Lorraine, dont il avait épousé la fille Anne, était un jeune prince, que l'Empereur estimait beaucoup pour ses hauts faits d'armes.

Or, c'était au déclin du jour. Réné accepta le siège que lui cédait le marquis, et conversait avec lui sur les grands projets du lendemain, quand un coup de mousquet, parti de la ville, lui envoya dans l'épaule un fer meurtrier, qui l'enleva deux jours après à l'affection des siens.

Voilà la vérité historique. D. Calmet a donc eu tort d'écrire que c'était en souvenir d'un seigneur de Crouë que ce monument avait été érigé. Son erreur repose sur ce fait, que, veuve par cette fin tragique de Réné de Châlon, Anne de Lorraine épousa en secondes noces Philippe de Crouë Ier, duc d'Arschot.

Relevons une autre erreur. M. Dauban, voyant dans la sta-

---

(1) C'est-à-dire, de Marie de Bourgogne, petite-fille de saint Louis, et épouse de Édouard Ier; de Henri IV, décédé en 1344; de Yolande de Flandre, sa veuve, décédée en 1395; d'une partie des cendres du duc Antoine, qui trépassa à Bar-le-Duc en 1544, et de Réné de Châlon, dont il s'agit dans ce chapitre.

tue la peau ombilicale détachée de la poitrine, crut que le prince avait reçu dans les entrailles le fer meurtrier, tandis que les mémoires du temps disent expressément, que le coup de feu avait atteint Réné à l'épaule.

Il paraît que le jeune héros mourant demanda qu'on fît sa *portraiture fidèle*, *non comme il était en ce moment*, dit-il aux flatteurs qui l'entouraient, *mais comme il serait trois ans après son trépas*.

Cette volonté du mourant, Anne de Lorraine eut le courage de la transmettre à Ligier Richier, et celui-ci ne recula pas devant l'exécution d'un projet aussi original qu'en dehors de toutes les habitudes de la sculpture. Et, sur-le-champ, il se mit à l'œuvre.

De quel nom désignerons-nous cette représentation funèbre?

Au xviiie siècle, on l'appelait *la Mort;* or, cette expression signifie un fantôme, un être de l'autre monde, unissant une charpente humaine à une âme pleine de vie, qui communique le mouvement et la parole aux os décharnés.

Dans le monde des artistes, on l'appelle *le Squelette*. Cette dénomination est moins heureuse, car ce mot suppose une structure osseuse dans une complète inertie.

Ces deux désignations oublient que, dans l'œuvre de Richier, les os ne sont encore qu'imparfaitement dépouillés.

Le peuple l'appelle l'*Écorché*. Ce n'est pas plus exact, puisque la plupart des membres sont simplement des ossements.

En réalité, c'est tout cela.

Pour apprécier ce travail au point de vue anatomique et en rendre un compte exact, il faudrait être médecin ou chirurgien. L'homme spécial prononcerait avec autorité sur cette étrange statue.

Le corps humain a là toute l'horreur d'une décomposition très-avancée. Les os superposés semblent en vérité extraits d'un cercueil, où les vers et la putréfaction n'auraient pas encore complètement rongé les chairs. Quelques bribes seulement ont échappé à cette affreuse corrosion. De là, entre autres, cette peau de la tête avec des mèches de cheveux que la moiteur du tombeau a hideusement épaissis. De là encore, des muscles qui revêtent les bras et les jambes, et cette membrane qui, se détachant du ventre, a pour premier effet de voiler ce qui pourrait, même dans sa pourriture cadavérique, blesser la délicatesse des regards; et, pour autre conséquence, de révéler l'habileté avec laquelle l'artiste a fouillé à fond toutes les cavités de la poitrine.

Si loin que l'on remonte dans l'antiquité, on voit l'art s'appliquer à créer des mausolées en rapport avec la condition et la douleur des familles.

Au Moyen-âge, des sarcophages nous représentent nos rois, nos chevaliers et leurs nobles dames, nos religieux et nos pontifes, sommeillant, pour ainsi dire, sur leurs pierres tombales, ou bien agenouillés dans l'attitude de la prière.

Plus tard, la vigueur des convictions religieuses s'alliant à un réalisme trop souvent exagéré, autorisa les représentations les plus lugubres; on multiplia sur les tombes des têtes et des os de mort, on étendit sur les monuments de véritables squelettes, on souleva des morts ressuscitant à la voix de la trompette du dernier jour. Il est à regretter que la volonté du prince mourant ait obligé Ligier Richier à se conformer au goût de son époque. Quoi qu'il en soit, il n'imite et ne copie personne et son imagination lui fait rêver fièvreusement des choses extraordinaires, qui réaliseront les dernières volontés de Réné, sans l'exposer lui-même à descendre du piédestal d'honneur où ses autres œuvres l'avaient élevé.

Nous avons examiné ce travail au point de vue de l'anatomie; étudions-le maintenant sous le rapport du sentiment.

Celui que nos yeux contemplent, est mort, décomposé, putréfié; des vers se disputent les dernières bribes de ses chairs; c'est égal, debout avec une noble fierté, il agit, il voit, il parle. Ce n'est plus le corps qui fait tout cela, car les membres sont décharnés; les orbites apparaissent vides dans la tête, et derrière les mâchoires, il n'y a plus de langue pour articuler des sons.

Trois mouvements surtout sont pleins d'expression. Depuis les phalanges des pieds jusqu'au crâne dénudé, tout ce débris humain semble prendre son essor vers le ciel, quand c'en est fait de la vie sur la terre.

La main gauche, énergiquement tendue, offre à Dieu un cœur, qui a cessé de battre ici-bas, mais qui ne cesse pas de vivre, puisque l'âme est immortelle.

La main droite, pressant un écu désarmorié, comme s'effacent toutes les grandeurs terrestres, se replie sur la poitrine, où survivent heureusement d'autres espérances.

Seul, le ciseau chrétien peut traduire ainsi la foi à l'immortalité de l'âme, l'attente de la vie éternelle et la survivance de nos affections, car ces yeux disent : Je crois; cette main repliée dit : J'espère; et ce cœur élevé vers Dieu proteste qu'il veut l'aimer éternellement et continuer à aimer en lui ceux qui étaient chers en ce monde.

Ce squelette, taillé dans la pierre, puis peint à l'encaustique, pour mieux simuler le marbre blanc, se tient d'aplomb sur un socle sculpté.

Comme si le suaire qui l'enveloppait, s'était entr'ouvert pour laisser voir cette décomposition de la tombe, on a imaginé une draperie qui complète le fond du tableau. Je ne sais si cette peinture est une copie de ce que Richier avait fait primitivement, mais ce manteau princier, qui semble doublé d'hermine blanche tachée de noir, rendrait l'effet encore plus saisissant, s'il était autre chose qu'un misérable badigeon.

Les Vandales de 1793 laissèrent debout cette œuvre d'art, dépourvue à leurs yeux de tout caractère religieux et propre plutôt à inspirer le mépris pour les couronnes de ce monde. Mais ils ne purent se dispenser de toute profanation.

Le cœur, que Réné tenait en sa main, était de vermeil et renfermait le cœur véritable. Pour voler le métal, ils brisèrent la main. Depuis, on rétablit celle-ci; on lui mit entre les doigts une insignifiante clepsydre, qui fut bientôt remplacée par un cœur moulé aussi parfaitement que possible.

Douze panneaux, dont la teinte lugubre ressort dans la pierre blanche, encadrent, entre de belles colonnes corinthiennes, cet agencement funèbre. Dans chacun de ces panneaux, nous voyons, sur un petit socle, des bribes de chair, des os qui se croisent et une larme qui les arrose.

Au sommet de cet entablement, et comme pour couvrir le crâne de Réné, un cartouche, magnifique de sculpture, se compose d'une couronne de fleurs funéraires entourant un écu, et d'un casque, qui rappelle la carrière de l'infortuné guerrier.

On demande si cet ensemble de détails funèbres qui environne le squelette, était le fait du grand artiste. Certainement les panneaux, les colonnes, et surtout les cassolettes de flammes qui les surmontent avec la croix qui termine le monument, ne sont pas de la même date. En 1782, au moment de la translation du mausolée, on a dû lui faire subir des modifications considérables, puisque, adossé primitivement à un pilier, il fut alors disposé, sous la forme d'un rétable, au-dessus d'un tombeau de marbre noir, simulant un autel.

M. Lepage rapporte que, dans le principe, il était entouré de douze statuettes de marbre, représentant les douze apôtres. On peut encore en voir deux, faciles à reconnaître, dans la sacristie de l'église Saint-Étienne de Bar. Elles ont environ 30 centimètres de hauteur. Deux autres ont été recueillies au Musée barisien.

Aujourd'hui, en jetant un dernier coup d'œil sur le tombeau, on y voit avec tristesse une couronne de marbre blanc, surmontant deux ovales héraldiques, soutenus par des aigles. Hélas! ces insignes ciselés sur le marbre funèbre, nous rappellent une famille qui a rempli le monde de sa renommée, et qui n'est plus au milieu de nous. *Deux bars adossés dans un azur semé de croix*, c'est le blason du Duché de Bar; *trois alérions d'argent, chargeant une bande de gueules sur un champ d'or*, sont les armes de l'antique *Lotharingie*. Les deux aigles au naturel, couronnées d'or, colletées d'un chapelet de grosses perles portant la croix de Lorraine, du même métal, symbolisent l'intrépidité de nos ducs à voler sur tous les points où la religion était en péril.

En quittant, la tristesse au cœur, ce monument si épouvantablement funèbre, nous pouvons lire, dans le mémoire de M. le Dr Denys, quelques pages, qui semblent d'abord singulièrement intéressantes, à propos de l'érection de ce mausolée. Le biographe rapporte à ce sujet une correspondance que le peintre Errard de Bar aurait eue en cette circonstance avec Ligier Richier. Voici le début du peintre barisien :

« Au reçu de la présente, ami Ligier, tu es requis de quit-
» ter Saint-Mihiel et ton œuvre du Sépulcre, pour venir sans
» délai en cette ville de Bar-le-Duc, où tu auras aussi à tra-
» vailler dans le genre funèbre. C'est Mad. Anne de Lorraine,
» sœur de notre très-glorieux duc, qui me commande de
» t'appeler ici. Son époux, Réné de Châlon, prince d'Orange,
» ayant été occis le 17 du présent mois, au siége de Saint-
» Dizier, elle a fait transporter son corps à Bar-le-Duc pour y
» être inhumé ; de sorte que la digne princesse se trouve
» céans entre deux cadavres, celui de son père le bon duc
» Antoine, décédé il y a six semaines, et celui de son dit
» époux. »

Malheureusement, cette lettre et la réponse, que plusieurs journaux ont reproduites en 1857, sont des inventions de l'auteur des *Chroniques du Barrois*. M. Dauban, remontant aux sources de l'ouvrage, a constaté que les faits qui nous concernent actuellement, n'ont aucune authenticité.

Ne voulant pas ramener plus tard mes lecteurs sur ce que M. Lepage nous disait tout à l'heure, au sujet de l'ornementation primitive de la statue de la Mort, je soumets volontiers à l'examen des archéologues l'opinion que je vais émettre, relativement aux statuettes, que leurs décorations dorées n'harmonisent nullement avec le genre plus austère du mausolée, et qui ne présentent les caractères ni de Ligier ni de son école.

Les ducs et duchesses de la maison de Bar durent obtenir primitivement les honneurs d'une sépulture princière dans l'église Saint-Étienne. Une pierre sculptée, de forme quadrangulaire, qui porte entre autres reliefs, dans une couronne de feuilles d'olivier, un écu, et un losange enrubannés, ne provient-elle pas d'une chapelle funéraire, peut-être du baptistère actuel, peut-être de la chapelle de l'Attente, dans laquelle des cavités avaient été disposées pour les membres défunts de l'illustre famille ? Le large tombeau de marbre noir, décoré des armes de Bar et de celles de l'antique *Lotharingie*, n'a-t-il pas la même origine ? Les douze apôtres, de marbre blanc, décorés de liserés d'or, ne servaient-ils pas à orner cet autel, comme les parties dorées du bas-relief, que nous venons d'étudier, sembleraient le prouver? Je puis me tromper sur certains détails, mais je crois être dans le vrai pour le fond.

La tête de mort du Musée de Verdun.

L'admiration que nous avons éprouvée en face de cette image de la mort m'autorise à signaler à mes lecteurs une œuvre de Ligier du même genre et du même talent.

En effet, le remarquable Musée que la ville de Verdun doit au zèle infatigable et à la vaste érudition de M. Liénard, possède, parmi ses trésors les plus précieux, une tête de mort, taillée dans une pierre qui a des affinités incontestables avec celle du Sépulcre. C'est un petit chef-d'œuvre. Au point de vue anatomique, l'exactitude est si frappante que l'on se demande, de prime abord, pour quelle raison ce crâne n'est pas à son numéro d'ordre dans la collection des têtes exposées derrière les vitrines. La conformation de la boîte, les sinuosités osseuses, les sutures des diverses parties, les cavités avec leurs détails internes, les attaches musculaires, les os maxillaires et les quelques dents qui y adhèrent encore, les alvéoles usées et les autres traces de la corrosion du temps, tout est vrai et naturel, jusqu'à produire la plus complète illusion.

Cette tête porte avec elle deux inscriptions.

L'une, faite au ciseau à l'occiput, l'attribue à Michel-Ange, qui l'aurait sculptée à l'âge de vingt-huit ans :

MICHEL ANGELO BONAROTA SCULPT. ROMÆ ANNO 1497.

Les critiques s'accordent à reconnaître que cette inscription révèle dans celui qui l'a faite, l'ignorance, non-seulement du véritable nom de Michel-Ange, mais encore des chiffres et des caractères alphabétiques que l'on employait à la fin du XVe siècle.

L'autre, numéro d'ordre de ce crâne dans le Musée, auquel il fut légué par M. Barrois, curé de la cathédrale de Verdun, l'attribue à Ligier Richier.

CHAPITRE XX.

Qu'il soit de l'élève ou du maître, c'est un morceau hors ligne, digne de l'une et de l'autre de ces deux origines.

En admettant que cette tête soit due au ciseau de notre Ligier, on serait porté à la regarder comme une étude, qu'il aurait faite lui-même, à son retour de Rome. Il savait, par les maîtres qu'il avait eus sous les yeux, que c'est en s'essayant à des travaux de ce genre que l'on parvient à un modelé irréprochable au point de vue de la correction anatomique.

Combien d'hommes auraient mérité le nom d'artistes, mais ne s'élevèrent jamais au-dessus du rôle d'ouvriers, et même demeurèrent des apprentis détestables, pour avoir négligé ces exercices préparatoires, auxquels les grands talents eux-mêmes se livrent, avec d'autant plus de zèle et de patience, qu'ils en apprécient l'importance pour leurs compositions artistiques?

CHAPITRE XXI.

SAINT-NICOLAS-DU-PORT.

Historique de la basilique. — Description de la statue.

A la seconde gare qui les rapproche de la frontière, les touristes partant de Nancy, négligent d'examiner Varangéville, tant leurs yeux sont occupés d'un monument qu'ils découvrent à environ cinq cents mètres de la station.

C'est la basilique de Saint-Nicolas-du-Port, autrefois célèbre parmi les pèlerinages de l'Occident; construction gigantesque entreprise dès 1494, mais terminée seulement en 1544; sanctuaire dont la Lorraine est surtout redevable au génie de Simon Moyset.

A cette époque, l'école de nos Richier avait dû étendre au loin sa réputation, grâce aux œuvres vraiment inspirées, dont elle décorait les grands édifices religieux.

Si nous interrogeons les monographies de cette église, y trouverons-nous quelque mention du ciseau des Richier? Depuis quelques années seulement, les archéologues murmurent le nom de notre imagier, en montrant, sous le tympan du grand portail, une statue de pierre, qui, dès le premier aspect, révèle une main certainement très-habile, mais qu'un examen plus attentif ne permet pas d'attribuer à Ligier Richier.

Actuellement, cette statue placée sur la colonne qui sépare, selon le style de l'époque, les deux parties du grand portail, ferait juger par l'ornementation de la base qui la supporte, du dais qui la couronne et des déchiquetures qui l'entourent, qu'elle a été placée sur ce piédestal dès le xvie siècle.

Mais une tradition constante nous apprend qu'elle n'a pas toujours été là. En 1635, quand on dut réparer l'édifice, qui avait été mis à sac et à feu par les Suédois, on restaura nécessairement le grand autel, œuvre digne du pèlerinage, placée dans un rond point, au milieu de la vaste nef de la basilique. Or, les anciens affirmaient que l'image qui nous occupe décorait le rétable du nouvel autel. Dès lors, on se demande si les Suédois, ayant brisé et incendié les sculptures primitives, auraient compris cette statue dans leur dévastation, si elle préexistait à la restauration, ou si on la réclama alors de quelque artiste pour remplacer la première.

Je crois pouvoir répondre aujourd'hui que cette statue remarquable était, en 1544, sur son piédestal d'honneur, au centre de la basilique. J'affirme, en second lieu, qu'elle est due à Claude Richier; un des enfants placés à Saint-Nicolas dans la cuve traditionnelle, est exactement du même style que ceux de Génicourt. Évidemment c'est leur frère; les formes corporelles, l'expression du visage, l'agencement des chevelures, confirment mon jugement. Je ne parle pas des deux autres enfants, dus à une restauration postérieure. Mais ce qui me détermine surtout à affirmer sans réticence l'attribution que je fais du travail de Saint-Nicolas, à l'auteur des sculptures que nous avons étudiées précédemment, c'est la ressemblance entre les figures des statues qui ornent le rétable de Génicourt et le saint évêque de Saint-Nicolas-du-Port. Partout, le ciseau de Claude caractérise ses personnages par un mélange de mélancolie et de sourire, qui traduisent bien les larmes et l'espérance de l'âme exilée, mais jamais il n'atteint ni à l'expression surnaturelle ni à la vérité anatomique, que Ligier sait allier avec tant de perfection.

Claude travaillait en 1531 sur les bords de la Meuse, et en 1544, au port lorrain de Varangéville.

En réalité, la statue de Saint-Nicolas semble parfaite dans ses proportions et presque tous ses détails; la raideur de la tunique est compensée par la richesse, soit des reliefs qui descendent le long de ce vêtement; soit des franges qui en finissent les bords et les manches. La chape est remarquable sans doute par son ampleur et le naturel de sa draperie, mais surtout par l'exécution magistrale de l'agrafe où Jésus docteur est représenté, et de l'orfroi où les apôtres sont admirablement sculptés en relief. Les replis de l'amict autour du cou sont d'un art parfait. Dans la volute de la crosse, on distingue très-nettement la Vierge-Mère.

La pose des bras est bonne, la main droite s'apprête à bénir; la main gauche s'appuie naturellement sur le bâton pastoral; les doigts sont un peu longs. Claude a ce caractère distinctif, moins exagéré cependant que dans les statues de Gérard, son neveu. Le poignet droit est on ne saurait plus naturel.

La tête, coiffée d'une haute mitre diamantée, ne porte pas de barbe. Par un mouvement bien proportionné, elle s'incline à la fois en avant et vers les pauvres petits. Mais une juste critique reprochera aux yeux d'être trop fermés et de manquer de régularité dans leur arcature.

Des trois enfants, le premier, par une juste reconnaissance, se tourne vers le saint évêque, le second remercie le ciel qui leur a envoyé ce libérateur, le troisième semble s'élancer déjà vers le monde auquel il est rendu. Peut-être sont-ils trop petits par rapport à la statue du pontife, mais si nous nous rappelons les proportions de la religieuse que Ligier Richier a placée aux pieds de Philippe de Gueldres, nous ne nous étonnerons pas de voir les enfants de la cuve si petits, auprès du grand évêque.

En somme, cette statue qui orne le portail de la basilique de Saint-Nicolas, mériterait à tous égards d'en embellir l'intérieur.

CHAPITRE XXII.

TOMBEAU DE LA REINE PHILIPPE.

Philippe de Gueldres. — Ligier fait le mausolée de la Reine. — Étude du monument.

Après le mausolée si remarquable de Réné de Châlon, nous avons à enregistrer à la gloire de Ligier Richier deux autres monuments funèbres qui portent les dates, l'un de 1547, l'autre de 1548.

Dans la vieille cité de Pont-à-Mousson, à deux cents mètres environ de l'antique église Saint-Laurent, se trouvait un des couvents les plus illustres de l'ordre des Clarisses. Fondée par sainte Colette elle-même, achevée en 1444, cette maison devait être singulièrement mise en relief par la profession religieuse de la reine-mère, Philippe de Gueldres.

Fille d'Adolphe de Gueldres et de Catherine de Bourbon, descendant par sa mère de saint Louis, et au même titre cousine issue-germaine de François Ier, elle avait, en épousant Réné II, pris sur son noble front, avec la couronne honoraire de Sicile et de Jérusalem, le diadème plus difficile à porter des duchés de Lorraine et de Bar.

Veuve trop tôt et chargée d'une régence dont l'histoire relate toutes les péripéties, Philippe ne voulut pas prolonger à la cour de Nancy une vie de luttes pénibles, et, confiant le plus tôt possible, à son fils Antoine les rênes du gouvernement, elle descendit du trône pour demander aux pauvres filles de sainte Claire une humble cellule dans leur monastère de Pont-à-Mousson. Or, depuis la fête de la Conception 1520 qu'elle fit sa profession jusqu'au mois de février 1547, elle ne cessa de travailler à la sanctification de son âme et de donner l'exemple des vertus religieuses les plus sublimes.

« Elle estoit, dit sœur Marie de Guy, quasi iour et nuict en
» oraison et contemplation et ne prenoit come point de repos,
» rememorant la piteuse et dolorouse mort et passion de Nostre
» Seigneur.

» Iamais elle ne voulut accepter d'estre abbesse, disant
» qu'elle s'estoit mise en religion pour obeyr et non pour pré-
» sider. »

Mais en portant sous le voile des Clarisses la piété la plus édifiante, elle n'abdiqua point la munificence vraiment royale, qui l'avait toujours caractérisée, et son amour pour les beaux-arts. Écoutons plutôt, dans son récit tout naïf, ce que dit de la pieuse Philippe son historiographe.

« En tous les lieux du couvent, comme au cloistre, au cha-
» pitre, au réfectoire, au dortoir et en l'ouvroir là où les
» sœurs besongnent, elle a fait mettre des beaux crucifix et
» en tous les aultres endroits de belles images de la Passion.

» Elle a aussi fait édifier au iardin deux belles petites cha-
» pelles, l'une appelée le Mont du Calvaire, là où il y a un
» fort beau crucifix, si dévot à voir qu'il n'y a cœur si dur,
» qui le sceut regarder attentivement qu'il n'ait les larmes à
» l'œil.

» L'austre chapelle est appelée le Mont d'Olivet, dans la-
» quelle y a l'image de Nostre Seigneur qui porte sa croix,
» aussi grand et puissant qu'un *home*. Et sa benoite Mère, la
» glorieuse Vierge Marie, luy vient au devant et tombe toute
» pasmée, et saint Jean l'évangéliste est auprès d'elle qui la
» soustient entre ses bras. Toute la saincte cité de Hiérusalem
» et le saint sépulcre de Nostre Seigneur y est peinct tout à
» l'entour. »

Toute cette chose qui était bien dévote fut-elle étrangère à notre atelier Sanmihiellois? Malgré le silence de l'histoire, je serais plus porté à croire que, si les pinceaux des imagiers nancéiens concoururent à embellir ces sanctuaires, les Richier y contribuèrent aussi par leur ciseau dont toute la Lorraine connaissait le mérite, surtout que Pont-à-Mousson était à peu près aussi rapproché de Saint-Mihiel que de la capitale du duché.

Quand, le 28 février 1547, Philippe de Gueldres rendit à Dieu sa belle âme, déjà son fils Antoine l'avait précédée dans la tombe, et c'est à ses petits-fils que dut revenir l'honneur de lui ériger un mausolée digne d'une reine, d'une sainte, d'une protectrice des arts. A tous ces titres, Ligier Richier devait être choisi parmi les artistes Lorrains.

Toutefois ne cherchons plus ce monument à l'ombre des murs doublement consacrés du couvent de Pont-à-Mousson. D. Calmet l'y vit encore, placé sous une arcade, entre la nef et le cloître, et tellement disposé, que le pieux abbé de Senones crut qu'il y avait deux tombes distinctes.

Mais, à l'endroit où sainte Colette avait fondé cette maison, l'industrie moderne a construit une brasserie et établi un entrepôt de bois. Le couvent a disparu avec ses trésors. Dans la tourmente révolutionnaire, quelles mains, quels moyens ont pu arracher aux Vandales le mausolée de Philippe de Gueldres, je n'ai pu le savoir. Seulement, dans son ouvrage sur *les Cordeliers et la Chapelle Ducale*, M. l'abbé Guillaume rapporte que M. le Dr Lamoureux trouva, en 1822, ce chef-d'œuvre dans un grenier et en facilita la translation à Nancy.

Oui, c'est à Nancy qu'il faut nous transporter pour retrouver le monument, heureusement réuni dans la chapelle des Cordeliers aux autres mausolées de la même famille.

A l'entrée même de ce sanctuaire du XVe siècle, en regardant à gauche, vous vous arrêtez immédiatement, saisi d'une sainte frayeur d'abord, puis d'un sentiment d'admiration et de respect.

Vous vous demandez si cette figure plissée, si ces mains blanches et effilées, ne sont pas réellement le cadavre de Philippe de Gueldres, tant il vous semble sous les replis de cet ample vêtement de deuil, sous cette capuche religieuse qui s'abaisse sur le front, sous les grains enchaînés de ce rosaire et sous cette cordelière garnie de nœuds franciscains, que ce n'est pas une pierre que vos yeux voient, que vos doigts vont toucher, mais le corps lui-même, tel que la vieillesse l'a ridé, tel qu'il a été glacé, allongé, immobilisé par la mort. La tête légèrement inclinée vers vous, concourt beaucoup à l'illusion que produit cette portraiture scrupuleusement fidèle, qui, sous un ciseau ordinaire, aurait eu pour résultat une représentation impossible, mais devient sublime par le génie de Richier.

Des connaisseurs prétendent que l'artiste a rajeuni la figure de Philippe, morte à 85 ans, mais il y a des tempéraments vigoureux, qui ont moins à souffrir les ravages des années; il y a aussi dans la sainteté du cloître une austérité qui protège le corps tout en le macérant.

L'historiographe de la chapelle déplore les réparations que des sculpteurs modernes ont faites aux mains, au voile, à la robe et à la cordelière, mais il s'empresse d'ajouter que leur ciseau n'a rien fait perdre de son mérite à l'effigie de la princesse.

Personnage accessoire, de proportions bien moindres, une religieuse clarisse se tient agenouillée aux pieds de la reine, portant dans ses mains ce diadème ducal qu'elle a échangé d'abord contre la tonsure du cloître, puis contre la couronne céleste.

Dans cette statue tombale, l'artiste a suivi le goût de l'époque, en différenciant de ton les chairs et les vêtements, par un procédé qui exige un talent véritable. Un encaustique communique aux visages et aux mains la couleur, le poli du marbre blanc le plus mat, le plus convenable pour simuler une teinte cadavérique. La couronne semble également ciselée dans le marbre blanc. La robe imite, à illusionner le visiteur, le marbre noir le plus pur, tandis que le manteau est grisâtre.

Ortélius, dans son *Itinéraire*, attribue ces nuances à l'heureux choix des marbres, qu'il croit extraits de la région : *ipso marmore hos colores ministrante, quod et hinc non procul excisum affirmabant.*

Ortélius s'était laissé prendre par les apparences, comme une multitude de visiteurs. C'est ce qui prouve le fini du travail. Ce marbre aux teintes si heureusement variées, est tout simplement la pierre très-fine et très-lisse, que l'artiste savait tirer de la carrière de Saint-Mihiel.

Le sarcophage n'est orné d'aucun blason; quatre panneaux noirs, agencés sur une surface blanche forment la face extérieure. Mais ce soubassement est de notre époque.

Dans l'arcade, dont le tombeau occupe la base, on voit un ovale où les lettres blanches d'une inscription se dessinent également sur un fond de marbre noir. On a transcrit là l'épitaphe que Philippe avait fait graver, au bas d'un crucifix, pour sa tombe.

> CY GIST UNG VER TOUT EN POURRITURE
> RENDANT A LA MORT LE TRIBUT DE NATURE
> SŒUR PHILIPPE DE GUELDRES FUST ROYNE DU PASSÉ.
> TERRE SOULAT POUR TOUTE COUVERTURE
> SŒURS, DIT-LUY UNG REQUIESCAT IN PACE.

Au dessous de ces vers, on lit :

> RENATI II PIISSIMA CONJUX
> SIC IPSA DE SE SCRIPSERAT
> VITA DECESSIT ANNO
> M D XLVII

A propos d'autres œuvres, objet de nos études actuelles, nous avons le regret de constater des divergences d'opinion. Les historiens et les artistes ne s'accordent pas toujours sur leur date précise et leur auteur. Mais personne n'ose contester à Ligier Richier le mausolée de Philippe de Gueldres, ce chef-d'œuvre qui porte avec lui dans sa naïve grandeur, sa vérité, son naturel et l'agencement des draperies, le cachet du grand artiste Lorrain. Je n'extrairai de leurs témoignages que deux observations, qui méritent surtout d'être relatées ici.

« Il n'a rien dissimulé, dit M. Dauban (1), les rides sillon-

---

(1) *Ligier Richier*, p. 32.

» nent le front, s'étendent le long des joues, plissent les coins
» de la bouche. Il a pris la nature avec ses terribles crudités.
» Mais de quelle manière il les a rendues ! Au milieu de sa
» décrépitude, le visage garde les vestiges d'une rare beauté ;
» le nez, la bouche ont une finesse digne des têtes de Léo-
» nard ; l'œil est couvert de cette profonde arcade sourcilière
» que nous a fait admirer le moulage de la tête du Christ à
» Saint-Mihiel. »

Dans la page, qu'il consacre à ce mausolée, l'auteur de l'*Art en Lorraine* (1), constate que « le contraste des teintes
» n'y offre rien de choquant et que l'ennemi le plus acharné
» de la sculpture polychrôme serait désarmé devant cette
» grave statue. »

Les artistes parisiens ont dû remarquer au Musée de Versailles un moulage de ce mausolée.

Nota. D'après un renseignement que je reçois de Pont-à-Mousson, l'œuvre de Ligier avait été enfouie dans le monastère et préservée ainsi de la fureur des Vandales de 1793. En faisant des fouilles pour construire un bâtiment, M. Armand, acquéreur du terrain, mit à découvert cette statue de Philippe de Gueldres, dont il ignorait la valeur.

(1) P. 508.

CHAPITRE XXIII.

TOMBEAU DE RÉNÉ DE BEAUVAU.

Réné de Beauvau. — Claude de Baudoche.

L'ÉTUDE que nous venons de terminer à Nancy nous invite à visiter dans le Musée Lorrain de cette ville, à deux pas de la chapelle des Cordeliers, un autre monument funèbre.

Noble châtelain de Novéant-aux-Prés, maître-d'hôtel ou chambellan de la Cour de Nancy, capitaine de Darnay, sénéchal du Barrois et bailli de Saint-Mihiel, le chevalier Réné II de Beauvau avait rendu son âme à Dieu, en 1548.

Son tombeau, érigé dans l'antique église de Novéant, y demeura jusqu'en ces derniers temps; lors de la reconstruction du vieil édifice, l'obligeante intervention de M. le baron Louis d'Hamonville, donna occasion au Musée Lorrain de Nancy d'acheter, pour une somme de 1,500 francs, cette œuvre remarquable, qui compte parmi les trésors les plus précieux de cette riche collection. C'est là que nous pouvons l'admirer.

Le bon sénéchal est représenté couché sur la pierre funèbre. Une riche casaque, blasonnée des armoiries écartelées de Beauvau et de Craon, recouvre la cotte de mailles. Les ailes arrondies des cubitières et des genouillières, les cuissards, l'épée, tout rappelle le harnais de guerre du XVIe siècle. Le colletin et les chaussures sont en lames articulées; les traits du visage ont conservé, sous les glaces de la mort, une régularité et une placidité qui révèlent l'homme du devoir. Les mains sont jointes; la tête nue est garnie d'une chevelure ondoyante et d'une barbe épaisse qui descend sur la cotte d'armes.

A côté du pieux chevalier, repose son épouse Claude de Baudoche, douairière de Panges, vêtue comme les nobles dames de cette époque. Autant il y a d'énergie et de loyauté, peintes sur le visage de Réné, autant le reflet d'une haute distinction et d'une profonde piété caractérise les traits délicats de l'illustre châtelaine. La tête coiffée à la Marie Stuart, sans laisser paraître la chevelure ; la robe montante, qui se ferme sous le menton ; la pélerine, échancrée sur la poitrine, à deux larges ailes redressées ; les surmanches des avant-bras, les manchettes serrées au poignet, les replis simples et naturels qui descendent jusque sur les sandales, tout est sévère dans le vêtement. De même, tout est religieux dans cette noble dame, la sainteté du visage, la modestie du costume, la piété des mains, le long rosaire qui descend de la ceinture.

Des oreillers en pierre soutiennent ces belles têtes, dans lesquelles on reconnaît le ciseau de Ligier Richier, comme son art se révèle dans la taille des vêtements. Aussi, l'auteur de l'*Art en Lorraine*, en même temps qu'il offre à ses lecteurs une figure de ce monument funèbre, l'attribue au grand artiste Sanmihiellois.

Une levrette est couchée aux pieds de Claude de Baudoche, un lion accroupi soutient les jambes de Réné. Des réparations habiles ont restauré les membres mutilés de ces emblèmes héraldiques et d'autres parties du monument. Ce travail fait honneur à M. Viard, sculpteur nancéien.

Le mausolée a été taillé dans cette pierre blanche et polie, que Ligier Richier préférait pour ses travaux et enduisait d'encaustique, afin de lui faire imiter plus parfaitement le gypse ou le marbre.

Le tombeau sur lequel repose cette table funèbre, n'a pas les ornements dont l'ont revêtu les dessinateurs de M. Ménard (1). Au moment de l'acquisition du mausolée, toutes les inscriptions en avaient disparu.

Claude Baudoche, issue d'une des anciennes maisons de

---

(1) *L'Art en Lorraine*, figure, p. 287.

Metz, a pour blason *un losange chevronné d'argent et de gueules de dix pièces, au chef d'azur, chargé de trois tours;* ce losange est ingénieusement tenu par la levrette.

Représentant l'ancienne chevalerie de l'Anjou, le blason de Réné régulièrement écartelé, porte dans *deux parties d'argent, quatre lionceaux de gueules, armés, lampassés et couronnés d'or,* et dans les deux autres, des *losanges fuselés d'or et de gueules* qui rappellent la seigneurie de Craon; le lion qui est à ses pieds tient également ce blason.

Plusieurs circonstances, jointes à la réputation de Ligier Richier dans tout le pays, expliquent pourquoi son ciseau fut préféré par la famille de Beauvau.

Au mois de juin 1541, Réné de Beauvau était bailli de Saint-Mihiel; son frère, Adolphe, résidait non loin de là au château de Manonville, où se voit encore son épitaphe; Claude de Beauvau obtint, le 20 février 1548, la charge de sénéchal du Barrois.

Si la critique trouve, dans ces faits, des preuves intrinsèques qui justifient l'attribution de ce travail à Ligier Richier, il y a des caractères intrinsèques qui militent en faveur de la même opinion et que M. Louis Benoit, de Berthelming, n'a pas négligé de faire ressortir dans un excellent article qui fut publié par la Société d'Archéologie Lorraine. Selon ce docte critique, la correction du dessin, le fini des détails, l'agencement des plis, le modelé des figures, le sentiment qui s'y reflètent, rappellent Ligier Richier. À ces traits, il aurait pu ajouter la délicatesse achevée des mains et la ressemblance de style, que l'on constate dès la première vue, entre le mausolée de cette noble dame et celui de la reine Philippe.

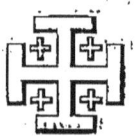

CHAPITRE XXIV.

BAS-RELIEFS DE NEUFCHATEAU.

Église Saint-Nicolas à Neufchâteau. —
Rétable du Baptistère.

I. Le saint Esclavage. — Scène du milieu. — Ornementation du rétable.
II. Le saint Rosaire. — Scène principale. — Mystères du Rosaire. — Étude architecturale.

Vers l'époque où Ligier sculptait à Novéant le monument de Réné de Beauvau, son frère Claude travaillait à Neufchâteau.

Ce n'est pas le Sépulcre que possède l'église Saint-Nicolas qui nous invite à visiter cette ville. Les personnages de ce groupe, qui semblent d'abord grotesques, attirent sans doute l'attention des statuaires qui en étudient l'expression des figures et l'agencement des draperies ; mais cette œuvre est d'un autre temps.

Les archéologues remarqueront également la disposition originale de ce vieil édifice et ses cryptes bien conservées. Ils féliciteront M. l'abbé Raison, archiprêtre de Neufchâteau, de l'intelligence avec laquelle il a assaini et restauré sa belle église.

Mais ce qui nous amène dans ce sanctuaire, c'est que sa chapelle baptismale possède deux bas-reliefs, ou plutôt deux rétables, qui portent en eux tous les caractères de notre XVIe siècle.

On n'en connaît point l'origine. Proviennent-ils de l'église des chanoinesses de l'Étanche ou de ce couvent bénédictin de Haréville, qui dépendait, pour le spirituel et le temporel, de l'abbaye de Saint-Mihiel? Je n'ai pu obtenir aucun éclaircissement à ce sujet. Peut-être ont-ils été transportés là, lors de la destruction des maisons religieuses de la ville, ou par suite de la démolition des autels qui encombraient jadis l'intérieur de l'église Saint-Nicolas. Je ne puis faire que des conjectures.

Quoi qu'il en soit, des archéologues voient dans ce double travail, l'œuvre de l'école Sanmihielloise. Ce qu'ils ne pouvaient que hasarder, quand un affreux badigeon recouvrait toutes les parties fouillées de ces reliefs et en masquait jusqu'aux visages, ils doivent l'affirmer maintenant, et sans hésitation. Génicourt a sa date, Kœur-la-Petite, pour ainsi dire, sa signature. Or, il n'y a nul doute possible, nous connaissons la main qui travaillait tour à tour, sous les ordres de la dame d'Apremont à Génicourt; dans la chapelle du château ducal, à Kœur-la-Petite; sous les yeux de maître Ligier, au rétable de Saint-Mihiel; au milieu des pèlerins, à Varangéville, pour la statue de Saint-Nicolas-du-Port; c'était Claude Richier. Évidemment, c'est encore lui qui a sculpté les deux scènes de Neufchâteau, et les a ornementées avec le bon goût d'une renaissance qui avait su rester chrétienne.

I. *Le saint Esclavage.*

Examinons d'abord à notre droite, ce groupe que l'on nomme justement dans la région *le tableau du saint Esclavage*, puisqu'il représente une ancienne confrérie, qui s'était propagée à la fin du Moyen-âge, sous ce vocable. En 1673, de nombreux abus s'étant glissés dans cette dévotion, déterminèrent Clément X à l'interdire. Mais dans le principe, les membres de cette association recevaient des chaînettes, qu'ils portaient aux bras et autour du cou en signe de leur engagement.

Tel est bien le sujet traité dans ce bas-relief.

Dans un carré, long de 1 mètre 50 de hauteur, sur 1 mètre de largeur, entre de simples moulures qui encadrent le travail et ne se brisent qu'aux deux angles supérieurs, l'artiste a sculpté une scène admirable de naïve piété.

Deux pierres de Saint-Mihiel, habilement jointes, aident par leur poli et leur finesse, à la beauté du travail.

La partie supérieure de la scène nous représente, au milieu de nuages peuplés d'anges, la très-sainte Mère de Dieu, offrant des chaînettes à ses esclaves volontaires. Assis sur le bras gauche de sa Mère, l'Enfant-Jésus devait également tenir quelque objet dans sa main aujourd'hui mutilée. L'Enfant est nu. La Vierge porte un vêtement bien drapé, serré à la ceinture et aux poignets. Les pieds sont complètement chaussés. Les cheveux relevés se cachent sous un voile, dont les extrémités flottent au vent. J'ai dit que des anges apparaissaient au milieu des nuages : deux d'entre eux, aux formes plus grandes, contemplent leur reine avec amour, tandis que deux autres soutiennent autour de sa tête une couronne d'étoiles. Outre cette couronne, le sculpteur fait jaillir du groupe céleste des rayons et des flammes, et enveloppe la tête du divin Enfant du triangle lumineux, qui rappelle sa divinité.

A genoux, aux pieds de Marie, neuf personnages parfaitement groupés, se consacrent au pieux Esclavage. A droite, au sommet apparaît une religieuse; au-dessous d'elle, deux hommes, dont l'un surtout exprime, dans son visage étiré, les peines d'une vie éprouvée; plus bas, une jeune fille accompagne sa mère âgée et souffrante. Enfin, pour terminer cet ensemble, des figures non moins expressives, des vêtements à la fois gracieux et simples, nous représentent au premier plan une famille sans doute contemporaine. Probablement ce sont les portraits de bienfaiteurs que l'artiste voulait immortaliser.

A gauche, il n'y a qu'un seul personnage; au surplus qui recouvre une ample soutane, à la pélerine sur laquelle se replie le col du XVIe siècle, au chapeau cardinalice garni de ses cordelières, déposé devant lui, je crois reconnaître Charles de Lorraine. Revêtu de la pourpre romaine dès 1547, ce prince fit l'admiration de son époque, par sa haute intelligence, la sage administration des nombreux diocèses dont il était chargé, et par l'activité qu'il sut déployer, soit contre les Protestants, soit dans le Concile de Trente. N'est-ce pas pour exprimer ces choses et ces faits, que l'artiste imprime un si beau reflet d'intelligence sur le front de ce personnage ; tant de piété dans sa posture suppliante ; tant de délicatesse dans l'agencement de son costume ? Le parchemin que l'on voit sous l'insigne du Cardinalat rappelle peut-être la sanction épiscopale donnée à l'institution de l'Esclavage de la Mère de Dieu.

Dans le fond du tableau, le sculpteur a esquissé une église de styte gothique, flanquée de deux tours aux baies cintrées ; à droite est un couvent, à gauche un édicule crénelé, circonstances qui pourraient révéler à quel sanctuaire Claude destinait son travail.

La base du tableau est formée d'un gradin à trois marches peu saillantes. De chaque côté du sujet s'élève une colonne qui se termine par un chapiteau ornementé de trois chérubins. Entre les colonnes et la scène, des têtes d'anges laissent descendre des chaînes qui, alternant élégamment avec d'autres sculptures, forment un ensemble parfaitement harmonisé.

Ce travail, qui mesure trois mètres dans sa hauteur totale, a encore d'autres détails, qui appellent l'attention.

Deux niches, ciselées moins richement et couronnées d'un braséro enflammé, renferment, celle de gauche, la statue de sainte Catherine de Gênes, la couronne d'épines sur le front et la croix à la main ; celle de droite, une sainte Agathe, avec les énormes tenailles, qui ont dû lui arracher les mamelles. Je dois avouer en face de cette dernière statuette, que si la figure me rappelle le faire de Claude Richier, le maniérisme des vêtements et l'incorrection des formes me feraient croire que Gérard a achevé là l'œuvre de son oncle.

Pour couronner cet ensemble, une niche, ornée de guirlandes et de fleurs, s'élève entre deux anges cariatides sous une arcade trilobée. Une Vierge, largement drapée, mais sans voile, dirige sa main droite vers le ciel, sa main gauche vers la terre. Par ce double geste, elle semble recommander ses serviteurs au Père Eternel, qui apparaît, au sommet de l'œuvre, entouré de nuages et d'anges, le globe du monde dans la main gauche, et bénissant, de la main droite, la famille de Marie. Cette statuette a beaucoup de rapports avec le buste de Notre Seigneur, que les Vandales de 1793 ont laissé à la cathédrale de Verdun. A Neufchâteau, la barbe est longue, une touffe de cheveux s'élève sur le front; mais les traits et le vêtement militent en faveur de ceux qui attribuent l'Assomption Verdunoise au frère de Ligier Richier. Seulement, les nuages que je puis facilement étudier à Neufchâteau, moins floconneux qu'à Verdun, et que dans le jugement de Suzanne, ont des contours plus larges, quoiqu'avec des saillies peu prononcées.

Afin de donner plus de relief à certains détails de son œuvre, Claude Richier avait su agencer quelques marbres noirs, et surtout des pierres teintées de la même couleur, entre les parties blanches. C'est encore là un des indices de l'époque.

II. *Le saint Rosaire.*

En face de ce groupe, s'offre à nous un autre rétable du même style, taillé dans la même pierre, plus riche de marbres noirs, et plus haut de 50 centimètres, consacré à la dévotion du saint Rosaire.

Examinons d'abord la scène principale et les quatorze médaillons qui composent le travail du statuaire. Nous étudierons ensuite les autres bas-reliefs et l'agencement architectural de ce monument.

La grande scène est en trois pierres habilement jointes. Elle mesure 1 mètre 80 de hauteur sur 1 mètre 30 de largeur, et rappelle l'institution du Rosaire. Portés sur des nuages, la sainte Vierge et le divin Enfant offrent le chapelet à saint Dominique et à sainte Catherine de Gênes.

Quoique de la même main que le groupe du saint Esclavage, celui du Rosaire me plaît moins au point de vue des poses; saint Dominique en particulier jette très-mal un de ses bras. Ce saint fondateur porte bien tous les caractères qui distinguent son ordre et lui-même en particulier; sa tête a la vaste tonsure dominicaine qu'encadrent quelques touffes de cheveux, le scapulaire descend sur la tunique, sous la capuche qui se rattache au grand manteau de l'ordre. Il tient d'une main le lys qui le symbolise. Près de lui, dans la gueule d'un lévrier, une torche, dont les flammes entourent le globe du monde, signifie la lumière de sa prédication, comme la rapidité de ses courses apostoliques au milieu des nations.

Il n'est pas besoin de noter qu'il est à genoux. Dans la même attitude, sainte Catherine porte le vêtement des dominicaines, la longue robe virginale, le bandeau du front, le voile et le scapulaire. La glorieuse épouse du Christ a la tête couronnée d'épines et, de la main droite, soutient une croix.

Les vêtements des deux personnages sont bien agencés et offrent des détails très-remarquables. Je ferai la même observation pour la Vierge. Si la nudité complète du divin Enfant fait ressortir les proportions un peu exagérées de sa tête, la robe de la Mère est bien drapée; un long voile descend élégamment avec les boucles de la chevelure. Elle porte une couronne, ses pieds sont nus.

Les nuages qui entourent le groupe céleste, sont également de la même main. Je reprocherai aux têtes des chérubins et aux grands anges qui y apparaissent, d'avoir les lèvres trop béantes.

Comme cette scène représente l'institution du Rosaire, la sainte Vierge et son Fils offrent le chapelet à saint Dominique et à sainte Catherine. Or, l'imagination naïve de l'artiste lui a fait placer également des couronnes de grains bénis entre les mains des anges, comme s'ils voulaient, en les déroulant, joindre leurs doxologies à celles de la terre, pour la gloire du Père, du Fils, de l'Esprit et de la Reine du monde.

Je dois signaler encore deux détails de ce remarquable bas-relief. Au milieu des rayons et des flammes qui jaillissent des deux têtes sacrées dans le groupe supérieur, je constate ici pour Notre Seigneur l'auréole crucigère, qui symbolise son humanité. En face, il portait le triangle qui signifie sa divinité. D'où je crois légitime de conclure que les deux rétables n'étaient pas éloignés l'un de l'autre, se faisaient pendant, se complétaient.

L'autre détail est l'heureux effet de perspective que produit une enceinte fortifiée, dominée par une église aux baies gothiques, aux deux tours que recouvrent des toitures à quatre pans, et à la flèche aiguë. Dans le lointain l'horizon est borné par les sommets arrondis de hautes montagnes.

Cette grande scène a pour encadrement quatorze médaillons presque carrés, de 30 centimètres de hauteur sur 35 de largeur, représentant les mystères du Rosaire.

A gauche, en montant, nous voyons la Visitation, la naissance de Notre Seigneur, sa Présentation, son Recouvrement dans le temple et son Agonie.

En haut, la Flagellation, le Couronnement d'épines et le Portement de la croix.

A droite, en descendant, le Calvaire, la Résurrection, l'Ascension, la Pentecôte et l'Assomption.

Par un rapprochement bien ingénieux, le Couronnement de Marie au ciel est présenté dans un quatorzième médaillon, justement au-dessus du Couronnement d'épines de son Fils, et sous un magnifique diadème, d'une délicatesse exquise de dessin et d'exécution, qui surmonte et finit le rétable.

Si je ne craignais d'être trop long, j'analyserais chaque détail de ces bas-reliefs, qui rappellent bien l'œuvre de Claude Richier à Génicourt. Sans doute, quelques-unes de ces scènes me semblent un peu négligées; les poses, les raccourcis, les expressions, les costumes y sont moins heureusement traités; on regrette dans plusieurs, des mutilations et l'action du temps qui ont causé des détoriations; mais dans la plus grande partie de ces scènes, on est tout étonné de la vérité des attitudes, de l'expression des visages, de la perfection des vêtements, de la finesse de l'exécution.

Quelques aperçus seulement.

Dans la Visitation, où les deux cousines se donnent la main, que de grâce dans les poses! que de simplicité et de naturel dans les vêtements!

A Bethléem, les figures de saint Joseph et d'un berger sont admirables. Comme l'artiste a su dessiner ces mamelles que le ciel a remplies de lait pour le divin Enfant !

Que d'expression il y a dans les traits du grand-prêtre, au moment où Marie et Joseph offrent Notre Seigneur! L'étonnement des lévites, l'empressement des enfants qui présentent les tourterelles et l'eau de la purification légale, tout est plein de drame et bien rendu.

Au jardin des Oliviers, on agonise avec Notre Sauveur ; on souffre avec lui de cette croix, de ce calice que l'ange lui apporte comme la volonté du Ciel; on murmure contre les deux apôtres de droite et celui de gauche qui dorment si profondément.

Au Prétoire, on reconnaît, au doigt qu'il place sur les lèvres, le sbire insolent qui, après avoir frappé la divine Victime, lui criait : *Prophetiza, quis est qui te percussit* (1). L'artiste a su différencier les bourreaux, les soldats et le chef de ces derniers.

Au Couronnement d'épines, c'est à coups de bâtons que les Juifs enfoncent les aiguillons dans la tête du Christ.

En face de Notre Seigneur sur la croix, je serais tenté de croire, que pour cette station ainsi que pour la précédente, Claude s'est fait aider par une autre main : ces médaillons sont moins soignés ; les membres n'y sont pas amaigris, comme Claude les représentait à Génicourt, et comme nous les revoyons au Musée de Bar-le-Duc.

Les groupes de la Résurrection, de l'Ascension et de la Pentecôte sont traités avec beaucoup plus d'art.

L'Assomption me rappelle celle de Kœur-la-Petite. La Vierge a les mains jointes et les cheveux flottants. Deux anges lui soutiennent les pieds ; deux autres, tout en déposant une couronne d'or sur son front, l'aident dans son essor vers les cieux.

Le Couronnement de la Vierge a plusieurs détails à remarquer. Elle est à genoux, les mains jointes. A droite, est le Père Éternel, la tiare sur la tête, le globe du monde dans la

---

(1) *Devine qui t'a frappé* (S. Mat., XXVI, 68).

main gauche. Une longue barbe descend sur l'ample manteau qui lui couvre tout le corps.

A gauche est le Verbe fait chair. Un simple vêtement attaché sous le cou, laisse nus sa poitrine et ses bras. Sa main droite soutient une croix. C'est avec plusieurs de ces caractères, que nous le retrouverons à Solesmes.

Le Père et le Fils placent la couronne sur le front de la Vierge. Au-dessus plane la colombe symbolique ; des nuages peuplés d'anges entourent ce drame céleste.

Mais de tous les médaillons, le plus remarquable est incontestablement celui de Jésus parmi les Docteurs. Entre les colonnes qui forment les parvis du temple, le divin Enfant occupe une chaire, garnie d'un tapis et d'un dôme ; huit docteurs, assis sur des bancs ou des tabourets, l'écoutent. Le petit Jésus est réellement délicieux ; sa figure inspirée, sa longue et simple tunique, le geste éloquent de ses mains, tout est d'un maître consommé. A leurs poses, à leurs traits, on reconnaît les sentiments qui animent les auditeurs ; les uns interrogent, d'autres admirent, il en est qui doutent. Cependant, Marie et Joseph apparaissent à droite ; leur joie est si grande, qu'il semble que la divine Mère est obligée de contenir, de sa main, les palpitations de son cœur.

Serait-ce une témérité de prétendre qu'un personnage que nous retrouvons à plusieurs reprises dans ces médaillons, d'un embonpoint remarquable, sans barbe au menton, et vêtu dans la scène du Temple en religieux, est un portrait contemporain, peut-être d'un moine apostat, car plus loin il semble présider au supplice de la flagellation, et ricane en voyant Jésus tomber sous la croix ?

Quelques notes architecturales sur l'œuvre de Claude Richier.

Deux consoles sculptées supportent le tableau. Entre ces consoles, un cartouche admirable de dessin, est orné d'une plume, d'une palme et de fruits. A mon sens, ces emblèmes signifient la constitution de saint Dominique, les travaux scientifiques de ses enfants, le martyre qui en honora plusieurs et les heureux résultats de leurs prédications dans l'Eglise. Je signale en particulier à l'admiration des visiteurs le bouquet de fruits, si parfaits d'imitation, agencés avec tant d'art, détachés avec tant de naturel! Ils rappellent bien le rétable de Saint-Mihiel et la chapelle baptismale de Bar-le-Duc.

Mais je crois qu'il devait y avoir dans le gradin, dont ce rétable était le couronnement, un autre travail, ronde-bosse ou bas-relief, qui représentait l'Annonciation, car c'est le seul des quinze mystères qui n'ait pas là sa légende.

Deux colonnes encadrent l'ensemble; leurs chapiteaux fantaisistes ont surtout des feuilles d'acanthes, très-bien fouillées, juxtaposées avec une extrême délicatesse.

Pour terminer son œuvre, l'artiste a su dessiner une corniche à cintre brisé, qui permet au médaillon du Couronnement de Marie de s'élever, appuyé entre deux riches consoles et finissant en cornes recourbées de volutes, sous la belle couronne qui forme le faîte du travail.

Je n'accepterais pas volontiers une date antérieure à 1547 pour ces rétables, au moins pour celui du saint Esclavage, puisque j'y vois le Cardinal de Lorraine agenouillé devant la sainte Vierge.

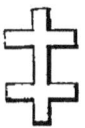

CHAPITRE XXV.

LES GROS SAINTS DE SOLESMES.

Introduction. — Description générale. — Thèse en faveur de nos Richier. — Preuves intrinsèques. — Réponse à M. Cartier. — Jugement d'hommes compétents. — Derniers arguments.

SOLESMES ! Je connaissais cette illustre maison des fils de saint Benoît. N'était-ce pas d'une humble cellule de ce couvent, que D. Pitra avait adressé au monde des ouvrages qui attestaient sa vaste science et sa profonde érudition ? D. Guéranger avait écrit là, d'une main magistrale, des thèses célèbres en faveur de l'unité liturgique. Et D. Pothier continuait la même polémique, dans son *Étude des mélodies grégoriennes*.

Mais je ne soupçonnais aucune relation entre les sculpteurs dont j'écris l'histoire et l'abbaye dont je viens de parler.

Cependant, en face du Sépulcre que possède ma paroisse, j'avais souvent entendu des touristes murmurer le nom de Solesmes. Solesmes, comme Saint-Mihiel, avait donc son monument, et là comme ici c'était admirable.

D'autres visiteurs plus explicites, n'hésitaient pas à ajouter : Il y a du Solesmes à Saint-Mihiel, il y a du Saint-Mihiel à Solesmes. Ils sentaient que des rapprochements intimes devaient rattacher entre elles ces grandes œuvres.

N'ayant jamais vu les groupes que ces voyageurs me désignaient sous le nom de *Gros Saints*, je souriais d'un noble orgueil, lorsque, après m'avoir parlé avec admiration de Solesmes, tous m'avouaient que le Sépulcre Sanmihiellois l'emportait en mérite.

C'est la première fois que la plume unit Solesmes et Saint-Mihiel. La thèse que j'entreprends est du plus haut intérêt au point de vue de l'histoire des beaux-arts en France. Cette chapelle bénédictine que M. Cartier appelle *une relique insigne de la vie monastique;* ce groupe lorrain qui est bien le plus précieux joyau de la Renaissance, je ne viens pas seulement les comparer, je veux établir leur fraternité. Aussi la bienveillance de mes lecteurs me donne le droit, et l'œuvre que j'ai entreprise me fait un devoir, d'exposer en toute simplicité, comment et jusqu'à quel point la lumière s'est faite dans mon esprit à ce sujet.

Je débutais dans ce chapitre en relatant mes premières impressions : elles étaient vagues, indécises. Aujourd'hui, elles ont fait place à des certitudes bien arrêtées ; je voudrais faire partager mes convictions à mes lecteurs et au monde des artistes.

Je dois adresser tout d'abord l'expression de ma vive reconnaissance à M. l'abbé Didiot, doyen de la Faculté de Théologie à Lille, et à M. l'abbé Lamoureux, professeur de la même science au Séminaire de Verdun. Le premier, avec l'autorité que lui donnent, d'une part, ses hautes connaissances artistiques, de l'autre, des visites répétées et à Solesmes et à Saint-Mihiel, n'avait pas hésité à formuler son jugement. Il affirmait que la pensée et l'exécution des groupes, dans les deux sanctuaires, révélaient une communauté d'origine.

M. Lamoureux, que ses relations avec cette abbaye et ma paroisse mettaient également à même de prononcer en connaissance de cause, partageait l'opinion de M. Didiot. Dans le désir de m'intéresser et de m'éclairer, il me remit l'excellent travail de D. Guépin, intitulé : *Description des Églises abbatiales de Solesmes.*

Cédant à leur impulsion, j'ai visité cette illustre maison,

et aujourd'hui, comme la sœur de *Mary O'nelia*, je puis m'écrier : « *Je suis émerveillé, ravi, transporté, j'ai vu Solesmes et ses bijoux de pierre* (1). »

A genoux, dans le transept du sanctuaire bénédictin, au-dessus de la crypte où repose le corps de D. Guéranger, j'ai contemplé autour de moi de véritables merveilles; à ma droite, la *Sépulture du Christ*, enchâssée dans une arcade du caractère le plus fleuri. C'est de la Renaissance, mais antérieur à l'époque que nous étudions. Seulement une *Madeleine*, assise auprès du tombeau, semble me demander si je ne connais point sa famille.

Dans le même bras du transept, sous une *Pieta* qui porte également le cachet d'une plus haute antiquité, je vois dans un bas-relief la scène mouvementée du *Massacre des Innocents*. C'est une belle composition, exiguë de dimensions, mais large de style et de caractère. J'ai senti tout d'abord que je devrais lui consacrer une attention particulière.

L'autre bras du transept, plus splendide encore, forme cette chapelle de *Notre-Dame la Belle*, que les pages de D. Guépin m'avaient surtout donné le désir de contempler.

Au-dessus de l'autel, un rétable à double étage offre à mes regards, en bas, la *Pamoison de Marie* qui reçoit le saint viatique des mains de son propre Fils; au-dessus, le *Triomphe de l'auguste Mère de Dieu sur Satan*. A la vue de ces merveilles, j'admire, mais je ne suis point dépaysé; l'allure de ces personnages, leurs traits, leurs vêtements, rien ne m'est étranger.

En face de la sépulture du Christ, voici celle de sa Mère, et au-dessus de la grotte où s'accomplit cette cérémonie funèbre, mes yeux suivent, jusque sous le faîte de l'édifice, l'*Assomption* et le *Couronnement de Marie* dans le ciel. C'est un ensemble qui tient du prodige : les deux groupes; l'architecture merveilleuse qui les encadre; le nombre des personnages qui prennent part à chacune des scènes; des bustes de docteurs, sculptés entre les deux drames dans un rinceau; tout est ravissant. C'est plus grandiose et plus riche qu'à

---

(1) *Lettres d'une Irlandaise.*

Saint-Mihiel; ce serait aussi beau, si j'y sentais au même degré le souffle de l'inspiration.

Mais j'éprouve, à la vue de cette partie du transept, la même impression qui saisissait mon âme devant le rétable; les touristes me l'avaient bien dit : Il y a du Saint-Mihiel à Solesmes.

En face de l'autel de la Pamoison, des artistes ont représenté *Jésus au milieu des docteurs*. Ce travail a du mérite sans doute, mais ce n'est ni la même âme, ni le même ciseau.

Si je n'engageais actuellement une polémique sur l'origine de ce poème en quatre chants, composé à la gloire de Marie, sur les artistes qui ont sculpté en bas-reliefs le Massacre des enfants de Bethléem et assis Madeleine aux pieds de Jésus, je me contenterais d'affirmer, dans une synthèse générale, que c'est le même art de grouper qu'à Saint-Mihiel, le même surnaturel d'idéal, la même manière de vêtir, presque la même expression de sentiment et parfois le même fini de travail.

Mais, c'est une étude d'analyse que ma thèse réclame. En conséquence, je limite d'abord mon examen aux quatre grandes scènes de la chapelle de gauche, et plus particulièrement encore, parmi elles, à celle de l'*Ensevelissement*, le chef-d'œuvre incomparable de l'église bénédictine.

J'invite les critiques à porter avec eux, à Solesmes, les photographies des œuvres des frères Richier; M. Charpin de Saint-Mihiel, M. Delzor de Verdun, M. Philbert de Toul, en ont tiré des épreuves aussi réussies que possible.

Ils pourront ainsi étudier, comparer, rapprocher.

La Vierge au tombeau de Solesmes n'est-elle pas exactement la *Pieta* des Richier, avec les mêmes traits, les mêmes vêtements? Sa pose sur le linceul rappelle si bien la Reine Philippe des Cordeliers, et la noble dame de Beauvau, du Musée Lorrain, à Nancy!

On admire dans le Sépulcre de mon église, l'attitude de Joseph d'Arimathie et de Nicodème, ainsi que leur dialogue; les mêmes poses, le même dialogue mettent en relation à Solesmes saint Pierre et un autre membre du collège apostolique. Je retrouve dans la grotte bénédictine nos saintes femmes Sanmihielloises. C'est le même style dans les voiles qui couvrent les têtes, l'arrangement des cheveux, la taille des vêtements, l'expression des figures, le naturel des membres.

Le visage de l'ange, si sympathique à Saint-Mihiel en face de sa Reine éplorée, je le vois attribué à saint Jean, qui contemple, à Solesmes, sa Mère adoptive ; car l'artiste a voulu ici, comme là, en nous esquissant son portrait, traduire et perpétuer l'hommage de son profond amour pour Marie.

L'intervention de deux Bénédictins dans la scène de la sépulture de la Vierge, n'a-t-elle pas son pendant à Hattonchâtel, où le prieur de la collégiale assiste à l'ensevelissement du Christ, à côté de l'évêque saint Maur?

Si je m'incline pour admirer les bas-reliefs sculptés sur la pierre même du tombeau, j'y retrouve avec bonheur, dans une Judith, la sœur de Suzanne que j'ai vue au Louvre.

C'est partout le même agencement des vêtements, toujours variés, toujours drapés avec art. « J'ai étudié attentivement » les plis des tuniques, me disait un statuaire, cet examen me » suffit pour affirmer la communauté d'origine. »

A Solesmes, comme à Saint-Mihiel, la science anatomique se révèle dans l'exactitude et la vérité des poses, l'imitation irréprochable de la nature ; le fini des têtes, des cous, des mains, des pieds. Chaque personnage, avec son allure propre et son caractère qui le différencie, a son rôle bien marqué dans l'action, qui est elle-même admirable d'unité. C'est un ensemble, tout vivant de drame et de mouvement, où l'harmonie est parfaite.

D. Guépin constate à Solesmes la conception allemande, la mise en scène flamande, le fini italien. Pour moi, j'y reconnais mon Ligier Richier, car il réunit tous ces caractères dans une originalité qui ne permet pas de le confondre avec les autres maîtres de la sculpture.

Si du groupe de l'Ensevelissement de Marie, notre examen se porte sur les scènes voisines, vous me direz peut-être, que la même perfection n'y règne pas. Je l'admets, mais à votre tour, vous reconnaîtrez dans toutes ces merveilles, une même direction magistrale.

Le maître a mis toutes ses complaisances dans l'Ensevelissement de Marie, aussi l'exécution en est-elle achevée. Il a pu travailler les autres groupes avec plus de rapidité, et voilà ce qui explique leur moindre mérite relatif. Il a dû également se faire aider de ses frères. C'est ainsi que les docteurs du rinceau me rappellent immédiatement la statue si énergique de saint Aubin à Moëslains. Jean Richier a travaillé avec Ligier. Je retrouve sa touche à Solesmes.

Dans nos premières lignes sur Notre-Dame la Belle, nous disions que la disposition architecturale en est admirable. Eh bien! par son agencement général, ses colonnades enguirlandées, ses chapiteaux fantaisistes, ses arabesques variées, les caissons et les pendentifs de ses voûtes, ses niches couronnées de coquilles, ses dômes étagés et proportionnés; par son ensemble et ses détails, la sculpture me rappelle les rétables que Claude a taillés à Saint-Mihiel, à Hattonchâtel et à Verdun.

Mes observations trouvèrent-elles écho ou contradiction? Pour mieux préciser ma réponse, je prie mes lecteurs de vouloir bien me suivre à Solesmes, à Paris, à Lille.

La Semaine des Familles, dans un article sur Solesmes, parle de *la sollicitude pleine d'aménité du R. P. hôtelier, D. Fonteneau*, à l'égard de tous les visiteurs de l'abbaye. Je lui offre ici l'expression de ma reconnaissance. Comprenant combien mes recherches intéressaient l'histoire de leur maison, il m'introduisit auprès du révérendissime père abbé, D. Couturier, dont je pus, à mon tour, éprouver la *paternelle bienveillance.*

Je fus heureux d'offrir à la communauté une grande photographie du sépulcre de mon église. Les bons pères, habitués aux groupes que possède leur chapelle, ignoraient notre richesse à nous. A leur tour, ils admiraient et constataient les rapprochements que j'ai énumérés plus haut.

M. Cartier était à Solesmes. Cet archéologue éminent, qui reçut comme héritage, de son illustre père, l'amour des arts et de l'antiquité, avait écrit, après D. Guéranger, mais avant D. Guépin, sur les *Sculptures de Solesmes.*

Dans ses pages, où l'érudition s'unit au bon goût et à une foi profonde, je m'empressai de chercher son jugement, non sur le mérite de la chapelle de Notre-Dame la Belle, mais sur l'origine qu'il attribuait à son ornementation.

Il établit d'abord que, le groupe du temple excepté, toute cette décoration est un travail collectif, exécuté par plusieurs artistes, sous une même direction magistrale. Je pense comme lui.

Il prouve, en second lieu, qu'un très-joli portique, qui orne actuellement l'autre bras du transept, complétait primitivement la chapelle qui nous occupe. Or, cette colonnade, certainement exécutée à la même époque et sous la même inspiration que les quatre grandes compositions, porte heureusement en chiffres, parfaitement visibles, la date de 1553. Cette inscription est une lumière pour M. Cartier et pour nous.

Nous en concluons, avec lui, que l'ornementation de la chapelle de Notre-Dame la Belle n'est, ni de Michel Colombe, qui avait cessé de vivre dès 1512; ni de Germain Pilon, originaire, il est vrai, de cette région, mais qui occupait alors sur un autre théâtre son ciseau, dont le faire est d'ailleurs tout différent. Le travail n'est pas de leurs écoles, car ils n'avaient laissé, dans le pays, aucun élève capable de porter si haut l'art de la statuaire.

J'adhère encore sans restriction à ces propositions de M. Cartier. Mais sur qui veut-il reporter l'honneur des œuvres qui nous occupent?

M. Cartier interroge l'histoire des beaux-arts à cette époque de la Renaissance. Il ne découvre sur le sol français ni une école, ni un artiste, dont il puisse mettre le nom au bas de cette composition. Dans le désir de résoudre le problème de cette origine, il va jusque dans la Flandre, et croit enfin découvrir à Anvers, dans *Corneille de Vriandt* et l'atelier des *Floris*, les ciseaux qui ont produit cette merveille.

Artiste sérieux, aussi habile statuaire que savant architecte, Corneille a pour lui l'élévation, la pureté, l'élégance.

C'est surtout dans le travail du sculpteur que M. Cartier constate les affinités qui existeraient entre Solesmes et les œuvres certaines des Floris. Les consoles, les perles et les oves de la corniche; les vases, les oiseaux, les animaux, les génies fantastiques des arabesques; les figurines d'anges, tous ces détails qui décorent la chapelle de Solesmes, il les a retrouvés dans le rétable de Notre-Dame de Hal, exécuté en 1533 par l'atelier flamand.

Le tabernacle de Léau, travaillé en 1552 par les mêmes artistes, offrirait une grande similitude dans les pendentifs qui ornent les voûtes, et les édicules qui surmontent toute la composition.

Quant aux groupes eux-mêmes, M. Cartier croit en voir l'inspiration dans les cartons que le peintre Franz Floris, frère de Corneille, avait rapportés d'Italie.

Passant à un autre ordre de preuves, le savant archéologue attribue le style chrétien de l'école d'Anvers aux conseils donnés par *Molanus*, de Louvain, sur l'Iconographie des églises. En particulier, il relate de cet écrivain deux textes empruntés à des théologiens flamands sur la mort de la sainte Vierge, persuadé que, nulle part ailleurs, on n'avait le même idéal.

Devant le silence des archives, il cherche une signature. Or, il croit découvrir, dans un ruban qui serait contourné en V, le nom de Vriandt; dans une guirlande de fleurs, la traduction du surnom de Floris, donné à l'école d'Anvers; et dans le cartouche d'un écusson, un homme couché entre des flots, qui serait l'emblème de la ville d'Anvers, bâtie sur l'Escaut, non loin de la mer, que rappelleraient les Tritons dessinés dans la frise.

Initié par ses longues études aux habitudes des artistes, M. Cartier s'efforce de découvrir au milieu de ce travail, une autre signature, celle des portraits. Or, il croit reconnaître dans les traits de certains personnages, les figures des quatre Floris, en particulier celle de Franz, conforme au type qu'en donne Charles Blanc, dans l'*Histoire des Peintres*.

Enfin, pour corroborer sa thèse, il rappelle que, sous un badigeon de chaux, derrière la *Pieta*, on a retrouvé des vestiges de peintures murales, qui pourraient bien être du pinceau de Franz; et encore, qu'une vieille verrière de Solesmes avait dû sortir des mêmes ateliers que celles de Sainte-Gudule à Bruxelles; et enfin, que les pierres, dans lesquelles sont taillés les Gros Saints de Solesmes, semblent extraites des carrières de Caen, que préféraient les ateliers de la Flandre.

Telle est l'argumentation de M. Cartier, et j'ai conscience d'en avoir exposé toutes les preuves sans les amoindrir. Je me propose d'y répondre avec la même simplicité, n'ayant d'autre but que d'éclairer la question ; prêt à attribuer, s'il le faut, à l'atelier d'Anvers l'exécution de ces groupes de Solesmes ; mais, je l'avoue, tout heureux si, comme je l'espère, je parviens à revendiquer l'honneur de ces belles compositions pour l'école de nos Richier, à leur en assurer une possession désormais incontestable.

M. Cartier m'a confessé qu'il ne connaissait ni le Sépulcre de Saint-Mihlel, ni Ligier Richier, ni ses deux frères. S'il avait été à même d'apprécier de telles œuvres et de tels hommes, j'en suis persuadé, il aurait jugé que les relations entre les Bénédictins que D. Loupvent dirigeait à Saint-Mihiel, et leurs frères qui travaillaient à Solesmes sous le supériorat de D. Bougler, expliquaient naturellement l'apparition de nos artistes Lorrains sur les bords de la Sarthe. Il aurait encore vu, dans les liens politiques qui unissaient la maison d'Anjou à celle de nos Ducs, un autre motif de leur voyage.

Il aurait trouvé dans Claude, Ligier et Jean, *les trois frères*, dont la tradition a conservé le souvenir à Solesmes. Sans doute, cette même légende les représentait comme des Italiens, fuyant la justice de leur pays ; mais cette dernière accusation semble être l'écho des huissiers que l'on croit voir dans notre Sépulcre, et le voyage des deux aînés à Rome pouvait autoriser leur surnom d'Italiens.

Nos compatriotes, *artistes non moins sérieux* que leurs contemporains de Flandre, possèdent également une *habileté* hors ligne dans la statuaire, une *science* achevée de l'architecture. Voyez plutôt le Sépulcre, la *Pieta* de notre abbaye, le Calvaire d'Hattonchâtel, le rétable de Verdun, celui de Saint-Mihiel, et toutes leurs œuvres.

Les consoles, perles, oves des corniches se retrouvent à Verdun ; les vases, oiseaux, animaux, génies, arabesques, figurines d'anges ornent à profusion nos rétables de Saint-Mihiel ; les caissons, pendentifs, édicules, vous les admirez chez nous.

Si Franz Floris avait rapporté des dessins italiens, croyez-vous que Claude et Ligier n'avaient pas enrichi leurs albums et leurs mémoires des mêmes sujets, qu'ils avaient pu également admirer à Rome?

J'ignore si les trois frères Lorrains ont connu Molanus; mais j'affirme qu'il est impossible de comprendre, mieux qu'eux, les principes de l'iconographie chrétienne. Dans leurs œuvres, le fond est toujours admirablement inspiré par le dogme catholique; et aussi bien qu'à Anvers, grâce au souffle de la Renaissance, ils traduisent leur idéal sous des formes splendides.

Quatre siècles avant le théologien Jean Eck, le B. Amédée de Lausanne avait écrit des choses merveilleuses sur la *Dormition de l'Auguste Mère de Dieu* : « *Morte gloriosâ migravit, si transitum ad vitam mortem licet nominare. Imo, ut verum fateor, vita est, ubi sola mors moritur, ubi corpus mortis exuitur. Egrediens vidit vitam, ne mortem videret; vidit filium, ne carnis abscessu doleret* (1). » Est-ce formel? En demandant à Ligier la scène de la Pamoison, le vénérable prieur de Solesmes, D. Bougler, pouvait lui mettre ce texte sous les yeux. Le docte abbé, dont la vénération pour saint Denys l'Aréopagite est traditionnelle, ignorait-il que l'illustre témoin de la mort de la sainte Vierge, avait vu son âme s'envoler *in dulcissimi Filii comitatu* (2), *dans la compagnie de son très-doux Fils?*

L'interprétation que M. Cartier donne au dessin d'une arabesque pour y lire le monogramme de Vriand, est ingénieuse; mais, ces contours du ruban ne donnent nullement la lettre V, telle qu'on la traçait à cette époque. Quant aux explications de la guirlande de fleurs, du cartouche qui la surmonte et des êtres marins qui peuplent une frise, notre savant archéo-

---

(1) Une mort toute glorieuse l'a fait s'envoler vers le ciel, s'il est permis d'appeler mort le passage à la vie. Il me semble être bien plus dans le vrai en disant que là, où la mort seule meurt, où l'âme se dépouille du corps de mort, c'est la vie. A son départ, elle voit la vie, qui l'empêche de voir la mort; elle voit son fils, qui ne lui permet pas de pleurer en brisant ses entraves charnelles.

(2) Vita S. Dion. Aréop.; Migne, IV, 477-478.

logue semble avouer lui-même qu'il n'attache pas grande importance à leur valeur dans sa thèse.

Il cherche des portraits. Aussi heureux que lui je retrouve, dans le saint Jean de l'Ensevelissement de la Vierge, l'Ange du Sépulcre de Saint-Mihiel. Or, une tradition constante nous montre dans cet Ange les traits que l'artiste nous a laissés de sa propre figure, et déjà nous avons noté cette circonstance, qu'à Solesmes comme à Saint-Mihiel, Ligier, se plaçant en face de Marie, lui exprime son culte et sa vénération.

De même, rien ne justifie l'attribution de quelques débris de peinture au pinceau d'un Floris, car ce genre d'ornementation se retrouve partout, sur les murailles dont on gratte le badigeon.

Les fenêtres de Solesmes avaient leurs sœurs à Saint-Nicolas-du-Port, où les peintres verriers de Metz avaient sans doute les mêmes principes que ceux de la Flandre, le style et le caractère d'une même époque.

Enfin, les carrières normandes pouvaient fournir des blocs aux sculpteurs de Solesmes, que ceux-ci vinssent de la Lorraine ou des bords de l'Escaut.

Avant de reprendre avec mes lecteurs la voie de Paris, je dois remercier nos Révérends Pères de Solesmes de l'accueil qu'ils firent à ma thèse. Avec son noble amour du vrai, M. Cartier lui-même avouait que je pouvais avoir raison.

En rentrant à Paris, je m'empresse de soumettre mon appréciation à des hommes capables de porter un jugement sur ces matières avec l'autorité d'une science compétente.

J'avais avec moi deux photographies bien réussies, représentant l'une, le Sépulcre de Saint-Mihiel; l'autre, l'ensevelissement de la Vierge de Solesmes. Avant d'effectuer le voyage que je viens de relater, j'avais déjà proposé cette comparaison à tous mes amis. Certes, leur assentiment m'avait d'autant plus édifié, que leur habitude de voir les chefs-d'œuvre des Richier les rend plus difficiles. Deux témoignages surtout m'avaient singulièrement affermi dans mes convictions, celui de M. Liénard, l'érudit conservateur du Musée Verdunois, et celui de M. Pierson, l'habile sculpteur de Vaucouleurs, l'admirateur de Ligier Richier, dont il m'a bienveillamment adressé un portrait, pétri par lui en argile.

Je désirais obtenir, à Paris même, au centre des sciences et des arts, une nouvelle confrontation, qui m'avertît de mon erreur ou me confirmât irrévocablement dans l'opinion que j'avais émise. Deux amis, auxquels je dois une grande reconnaissance, M. le Dr Passant, l'éminent secrétaire général de la société médicale du bureau de bienfaisance; M. Godard, l'intelligent directeur de l'École Monge, tous deux Sanmihiellois, mais non moins dévoués à la vérité qu'à la gloire de leur pays natal, me procurèrent une audience de M. Millet. Or, personne n'ignore que la statue de Vercingétorix et d'autres œuvres immortelles, ont élevé le nom du sculpteur parisien au premier rang parmi les plus grandes illustrations artistiques de notre époque.

Je place sous les regards de M. Millet les deux photographies; je suis avec anxiété les mouvements de ses yeux; j'attends en silence sa parole décisive. *Quelles œuvres!* s'écrie-t-il avec admiration; et il me demande quel était le *maître qui les avait exécutées*. Rassuré par cette expression qui était déjà pour moi un oracle, j'expose sans détour le but de mon voyage de Saint-Mihiel à Solesmes, puis à Paris. Et voici sa réponse, que je graverais volontiers, en lettres d'or, comme épigraphe de ma thèse : *Si le nom de Millet a quelque autorité dans le monde des arts, vous pouvez vous en servir à l'appui de votre cause. J'affirme la parenté incontestable des deux compositions.*

Solesmes, comme Saint-Mihiel, est votre œuvre, ô Richier ! C'est une gloire bien tardive qui vous est rendue. Mais que je suis heureux d'avoir le premier révélé ces autres fleurons de votre noble couronne d'artistes chrétiens !

Non, je n'étais point le premier; M. Didiot et M. Lamoureux avaient vu et jugé Solesmes avant moi. C'était sur leur instigation que j'avais accompli ce voyage. Aussi, avec quelle allégresse, je m'empressai de leur en rendre compte !

En me félicitant de ce que le vénérable Dr Bégin appelait une *précieuse découverte*, l'éminent Doyen de l'Université Lilloise m'adressait un nouvel argument en faveur de ma thèse. M. Dechaisne, le docte archiviste du Nord, l'historien de l'art chrétien dans les Flandres, consulté sur les œuvres de Solesmes, affirmait que jamais statuaire ou sculpteur flamand n'y avait travaillé. Cette réponse bien catégorique, me semble confirmée par un fait que M. Cartier relate lui-même. L'atelier d'Anvers élevait, en 1552, le tabernacle de Léau. Comment pouvait-t-il achever, en 1552, une œuvre aussi colossale, qui mesure plus de trente-trois mètres de hauteur, avec une largeur proportionnée; et poser, en 1553, à Solesmes, un portique qui devait terminer l'ensemble de la chapelle de Notre-Dame-la-Belle?

La même objection nous arrêterait dans notre hypothèse, si nous accordions quelque confiance à la *Chronique* du Barrois qui conduit Me Ligier et son ami Errard dans les murs de Metz, pour défendre la ville contre les bataillons de Charles-Quint; mais nous savons que ces fables ne méritent pas un instant de discussion. Aussi bien les archives n'attribuent aucune œuvre à nos Richier depuis 1548. Ce n'est qu'en 1554 que nous retrouvons Ligier à Bar-le-Duc, décorant une chapelle, dont Gilles de Trèves avait commencé la construction en 1551.

Sur toute la ligne, la victoire me paraît décisive, et je puis, sans hésitation, suivre, pendant cinq ans, Ligier, Claude et Jean sur ce nouveau théâtre, où leur génie a créé des merveilles.

Il me semble naturel de commencer cette nouvelle étude par l'examen successif de la *Pamoison*, de l'*Ensevelissement*, de l'*Assomption* et du *Règne de Marie*. Puis je recomposerai le cinquième groupe dont nous n'avons plus qu'un portique et des débris, j'analyserai le bas-relief des *Innocents*. Enfin je fouillerai la sépulture du Christ, où j'ai cru retrouver quelque vestige du passage de nos imagiers Lorrains.

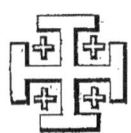

CHAPITRE XXVI.

RÉTABLE DE LA PAMOISON, A SOLESMES.

Groupe. — La Vierge mourante. — Le Christ. — Saint Pierre et saint Jean. — Autres personnages du groupe. — Les saintes Femmes. — Etude architecturale.

L'ORDRE chronologique des faits représentés dans le drame de Solesmes nous propose, ai-je dit, comme première étude, la *Pâmoison de la Sainte Vierge*.

Tel est le nom que D. Guéranger, dans ses *Etudes historiques sur l'abbaye de Solesmes*; D. Guépin, dans sa *Description des Eglises abbatiales* du même lieu; et M. Cartier, dans l'ouvrage dont nous nous sommes déjà occupé, attribuent à cette scène, qui, à juste titre, pourrait également être appelée la *Dernière communion de la Vierge*.

Le groupe se compose de quatorze personnages, de grandeur naturelle, sculptés dans des blocs d'une pierre lisse et polie, légèrement jaunie par le temps.

Au premier plan, voici Marie, agenouillée presqu'en face de nous. Elle semble s'affaisser, dans la dernière extase qui va terminer son exil. Cependant, un suprême effort réveille ce qui reste en elle de vie, car son divin Fils lui apparaît. Renouvelant en sa faveur le mystère du Cénacle, le Christ tient de la main gauche un ciboire et de l'autre l'Hostie qu'il va déposer sur les lèvres mourantes de son auguste Mère.

L'affaissement de Marie annonce une fin prochaine; ses

mains jointes, qu'elle semble détourner, expriment sa profonde humilité, même en face d'un Fils en qui elle voit Dieu; sa tête, au contraire, inclinée vers lui et ses yeux qui le désirent, traduisent une soif ardente de le recevoir encore une fois sur la terre, puis, de le rejoindre au ciel.

Notre Seigneur, qui vient lui-même chercher sa Mère dans l'étreinte Eucharistique, quelle idée mystique! quelle délicieuse poésie!

Elle est vêtue d'une ample tunique qui partage ses plis sur la poitrine, et les resserre à la ceinture. Un long voile tombe de la tête sur les genoux. Ce voile, cette robe, la guimpe qui enveloppe le cou, tout est imprégné du parfum de la plus suave modestie.

La figure, nous l'avons déjà constaté, rappelle immédiatement celle que nous avons admirée dans les églises de Saint-Mihiel. Plutôt allongée, au nez légèrement curviligne et effilé, elle révèle, par les caractères du front, des paupières, des lèvres et du menton, la Mère immaculée, qui a donné son Fils au monde, sans cesser d'être Vierge.

La règle la plus élémentaire de l'iconographie chrétienne exige que, dans toute scène où intervient Notre Seigneur, il occupe la place d'honneur. Ligier n'ignorait pas cette loi. Sans doute, il fait apparaître le Christ à notre droite, et le disciple qui soutient Marie défaillante, semble plus honoré que le divin Maître. Mais, inspiré par sa profonde science théologique, l'artiste s'est souvenu que la scène qu'on demandait à son ciseau, l'obligeait à présenter deux fois à nos yeux Notre Seigneur, d'abord, sous sa forme humaine; puis, sous le voile Eucharistique. Examinez bien, et vous verrez que l'Hostie sainte, à droite dans le premier plan, occupe la place d'honneur.

Notre Seigneur, avec sa longue chevelure nazaréenne, sa barbe bifurquée, sa figure majestueuse et imprégnée d'une suave beauté, arrive vers Marie; on le comprend à son attitude. La jambe gauche, ployée, s'appuie sur l'extrémité du pied, tandis que l'autre garde son aplomb. Pour mieux traduire ce mouvement, l'artiste incline également tout le corps du Fils vers la Mère.

Au point de vue anatomique, la figure est bien rendue. Un examinateur attentif constatera bientôt que, sans être entièrement conformes au type du Sépulcre, les traits sous lesquels l'artiste nous présente le Sauveur à Solesmes, se retrouvent dans beaucoup d'œuvres de notre école. Voyez plutôt d'autres têtes qui nous restent du ciseau de Ligier, à Saint-Mihiel, à Bar-le-Duc, à la Bibliothèque nationale. Voyez encore celles que Jean, son frère, a sculptées à Saint-Mihiel et à Nancy.

Le cou, la poitrine, les jambes, les pieds du Christ sont parfaitement compris; or, le fini en est d'autant plus remarquable, qu'un simple manteau, reliant ses extrémités en haut sous le cou, et ramenant ses plis autour des reins, voile peu le corps du Sauveur. C'est avec cette légèreté de vêtements que les imagiers chrétiens représentent volontiers le Christ après sa Résurrection.

Je ne parle ni des bras, ni des mains, puisque la tradition de l'abbaye déplore, qu'au XVIIIe siècle, un prieur de Solesmes, scandalisé de voir le Christ donnant le viatique à sa Mère, eut la barbarie de briser les bras de cette belle statue. Or, il faut l'avouer, c'est, par de pitoyables moulages en plâtre, qu'on a essayé de faire oublier cette mutilation.

Dans sa défaillance, Marie est soutenue par saint Pierre et saint Jean. Vous voyez saint Pierre à sa droite. Car Ligier ne méconnaît point ce que réclame la primauté du chef des Apôtres; mais, par ce fait, saint Jean à gauche est bien où son cœur le désire, entre un maître bien-aimé et une mère adoptive.

Les œuvres des Richier abondent en rapprochements de ce caractère, qui révèlent le grand cœur des artistes, leur tact, leur exquise délicatesse.

Nous retrouvons dans saint Pierre le type légendaire; les traits sont graves; la barbe, assez courte pourtant, fait ressortir les formes osseuses du visage; le crâne est presque dénudé; la tunique, au col rabattu, garnie sur la poitrine de boutons qui la rapprochent, est serrée à la ceinture par une courroie; un manteau, jeté sur l'épaule gauche, ramène ses plis sous l'autre bras; les pieds sont nus.

Ainsi, dans les traits de l'Apôtre, l'artiste a respectueusement observé les traditions de l'iconographie chrétienne. Les vêtements joignent à un ensemble de caractères qui sentent l'antique, des modifications inspirées par les modes et le goût de l'époque. Aussi, rigoureux dans ses principes classiques, M. Cartier n'aime pas les boutons. Pour moi, j'oublie volontiers ce détail, habitué que je suis à le voir dans presque toutes les œuvres des Richier. D'ailleurs les grands maîtres s'accordent facilement des licences de ce genre.

Le même critique reproche l'allure *vulgaire* du chef des Apôtres. J'avoue que les poses ont plus de noblesse dans l'ensevelissement de la Vierge. N'ai-je pas donné une raison de cette différence, en établissant dès le principe, que la scène de la Pâmoison, créée comme idéal par le génie de Ligier, avait dû être exécutée rapidement, et confiée, dans beaucoup de ses parties, à des mains moins magistrales?

J'admire néanmoins ce saint vieillard incliné respectueusement vers la Vierge mourante qu'il s'efforce de soutenir. La scène pourrait être rendue avec plus de majesté, je l'avoue, mais il me semble que vu l'instantanéité des faits qui se succèdent et compliquent le drame, le naturel est parfaitement observé. En effet, tout visiteur attentif l'observera comme moi ; en même temps qu'il rend à Marie de pieux offices, Pierre voudrait s'agenouiller devant l'Hostie sainte qu'il suit des yeux, dans le sentiment bien visible de l'adoration.

J'avoue également que saint Jean pourrait avoir une attitude moins *commune*; mais, j'aime à le voir prosterné près de la très-sainte Vierge, à l'approche du Dieu-Hostie. De grandes pensées occupent son âme et s'y pressent; on les devine dans l'anxiété de ses traits, à laquelle se joint un sentiment d'admiration. La Mère adoptive désire mourir, il veut l'en empêcher; elle s'évanouit, il la soutient. Le Christ présente à sa Mère le viatique de l'Eucharistie, saint Jean contemple et adore le Pain sacré.

Sa robe boutonnée au cou et aux crevés des manches, nous ramène au Sépulcre de Saint-Mihiel. Les plis en sont retroussés à la ceinture et le manteau est rejeté d'une épaule sur l'autre, de manière à ne pas entraver les mouvements. Le menton n'a point de barbe, les cheveux sont assez courts.

Le saint Jean de la Pâmoison ne ressemble pas à celui de

l'Ensevelissement, faut-il le regretter? n'est-il pas plus naturel de voir dans cette différence une preuve de la pluralité des artistes qui ont concouru à l'ornementation de la chapelle?

Pour moi, de même que je reconnaîtrai bientôt dans le saint Jean de la seconde scène le portrait de Ligier, je croirais volontiers, qu'auprès de Marie mourante, est celui de Jean, son frère.

Dix personnages se groupent naturellement autour de ce drame principal.

Considérez sans retard un homme vénérable, qui apparaît entre les colonnes de droite, sous la première arcade. Le corps qui se porte en avant par la flexion du genou gauche et l'inclination de la tête, les mains jointes, les yeux respectueusement attentifs, tout dans cette attitude révèle avec quel pieux intérêt le vieillard contemple des événements aussi mystérieux.

Ce noble pontife, aux cheveux courts et légèrement frisés, et aux pieds nus, a certainement dans ses traits des caractères qui dénotent un personnage du XVIe siècle, mais la chape dont l'artiste l'a vêtu rappelle l'antique Église d'Orient. C'est à n'en pas douter, saint Hiérothée, disciple des Apôtres, qui, au rapport de saint Denys l'Aréopagite dans son livre *des Noms divins*, était présent à la mort de la Vierge.

Sous l'arcade opposée, un autre personnage unit aux livrées bénédictines, une physionomie si nettement caractérisée, qu'on n'hésite pas non plus à y voir un portrait. Les historiographes de Solesmes pensent que c'est D. Bureau, le dernier abbé régulier de la Conture du Mans, dont dépendait le prieuré qui nous occupe. Il faut avouer que c'est une figure d'ascète, exquise d'expression. Depuis la tonsure monastique, jusqu'à la coupe et l'agencement des vêtements, le travail achevé révèle un art magistral.

Nous examinerions moins minutieusement les autres personnages, qui complètent le groupe de la Pâmoison, si nous ne remarquions au second plan, deux saintes femmes, qui expriment parfaitement une douleur mêlée d'admiration.

Par le voile qui resserre une longue et belle chevelure et vient se nouer sous le cou, par le corsage presque uni, sous lequel se dessinent à peine les formes de la taille; par les plis admirablement drapés, qui se prolongent jusque sur les pieds; par le manteau qui tombe du bras gauche pour entourer le corps et se rattacher à la ceinture; mais surtout par l'élégante régularité des traits, en vérité, l'une de ces femmes est remarquablement exécutée; mais au caractère d'antique qu'elle porte dans tout son ensemble, se joint au suprême degré le sentiment chrétien. Aussi, je ne crains pas de le dire, cette œuvre est une merveille. Elle a beaucoup de la Véronique et de la Salomé du Sépulcre Sanmihiellois.

Sa compagne, moins jeune, porte un vêtement plus conforme à celui de la sainte Vierge. Un voile retombe en plis pressés sur les épaules et sur la poitrine. Les bras croisés expriment au vif le double sentiment, de la doléance, puisque Marie quitte la terre; de l'admiration, en face de la suprême visite du Sauveur à sa Mère.

J'hésite à donner un nom à ces deux compagnes de Marie. Je reconnaîtrais volontiers en elles Cléophée et Salomé sa fille, l'une belle-sœur de la sainte Vierge, et l'autre sa nièce. J'aimerais leur intervention à l'heure où Marie va quitter la vallée des larmes. Mais vivaient-elles encore? D'ailleurs une tradition rapporte que l'auguste Mère de Dieu avait pris à son service deux saintes filles qu'elle rémunéra en leur laissant son vestiaire. N'est-ce pas cette pieuse légende qui dut inspirer le ciseau de l'artiste?

Sans doute, ce nombre de personnages déroge aux habitudes de la sculpture, et une critique, basée sur les principes de l'esthétique grecque, n'admet pas facilement des mises en scène, des groupes à plusieurs plans, qui semblent rentrer dans le domaine de la peinture. Néanmoins, dès lors que la perspective est bien observée, que l'agencement des personnages est naturel, qu'en un mot, l'œil et l'âme du spectateur sont satisfaits, pourquoi restreindrait-on l'art du statuaire dans des limites, que le génie, certes, a su franchir, à Solesmes comme à Saint-Mihiel, à l'admiration de tous?

Peut-être, vu l'élévation du groupe de la Pâmoison au-dessus de l'autel, et sa position reculée derrière le gradin, désirerait-on que les personnages du second plan fussent étagés un peu plus heureusement. Nous verrons que le grand artiste, dans la scène de l'Ensevelissement à Solesmes, et à Saint-Mihiel dans le Sépulcre, a mieux compris les exigences de la perspective.

Des six apôtres qui se partagent les interstices du groupe, je dirai peu de chose. L'attitude est respectueuse; il y a de l'expression dans les traits; les chevelures et les barbes sont bien traitées. Selon les habitudes que nous lui connaissons, le statuaire unit aux types légendaires des détails qui sont de lui et caractérisent son époque. Les tuniques sont attachées par des boutons sous le cou et aux poignets; des ceintures les resserrent aux reins; les cols se rabattent sur des épaulières; les plis de ces vêtements disparaissent en partie sous ceux des manteaux, noués ou jetés simplement d'une épaule sur le reste du corps. Les pieds sont nus.

Quand notre excursion à Paris nous conduira à la Bibliothèque nationale, nous retrouverons les mêmes détails, dans le splendide bas-relief de *Jésus bénissant les petits enfants*.

Cependant, un des témoins de la mort de Marie, mérite une attention particulière. Vous le voyez près de saint Pierre, à genoux, il tient un livre ouvert, que sa position, habilement ménagée, place sous nos yeux et nous permet de lire. Or, voici le texte que D. Bougler a fait graver :

Virginis obdormitioni Jesus occurrit, dansque illi sancta, dixit : Accipe hoc, chara mea, quod mox complebo tibi, unà cum Patre meo (1).

Le docte Mr Carlier, recourant aux sources, a découvert l'idée de cette inscription dans un ouvrage d'Hildouin, abbé de Saint-Denys. Ce disciple d'Alcuin, relatant les derniers moments de l'illustre aréopagite, rapporte que Notre Seigneur lui apparut quelques instants avant son martyre et lui présenta lui-même le Pain des forts, en lui adressant ces paroles : *Accipe hoc, chare meus*, etc.

---

(1) Jésus vient au devant de sa Mère mourante, et lui donnant le saint Viatique, lui dit : Recevez, Mère bien-aimée, ce dont mon Père et moi nous allons vous accorder la pleine jouissance.

A la vue de ces têtes d'une beauté idéale, la sœur de *Mary O'Nyela*, s'écriait : « *C'est plus qu'artistique, c'est quasi céleste.* » Certes, il n'est personne qui ne partage son admiration.

Mais si la scène de la Pâmoison de Marie est admirable, au point de vue de la statuaire, elle n'est pas moins remarquable sous le rapport architectural.

C'est la Renaissance dans toute sa floraison. Je dirai même que si *les assistants*, selon l'expression de M. Cartier, *encombrent un peu la scène*, la richesse de l'ornementation est également exagérée. Je n'en accuse pas nos Richier. Il est évident que D. Bougler espérait, par ce luxe italien, rivaliser avec la splendeur de l'œuvre que D. Cheminart, son prédécesseur, avait fait exécuter pour l'autre bras du transept.

Des colonnes partagent l'ouverture de la grotte en trois arcades, laissant à celle du milieu plus de la moitié de l'espace. Des pilastres encadrent l'ensemble; une frise élégante couronne ce portique, que domine une corniche bien proportionnée. Dans mes premières pages, j'ai déjà parlé de l'art avec lequel cette corniche avait été travaillée : au milieu des enroulements qui ornementent la frise, je distingue deux têtes de morts, qui rappellent peut-être Adam et Ève en face du Christ et de sa Mère, la malédiction primitive effacée par la rédemption.

Les chapiteaux fantaisistes sont du meilleur goût; les arabesques couvrent les colonnes et les pilastres; toujours irréprochable sous le rapport de l'exécution, le ciseau nous a paru trop prodigue de décors.

La construction intérieure atteste un talent de premier ordre. Voyez plutôt, dans une ingénieuse combinaison de lignes, cette succession bien ordonnée de pilastres et de cintres ouvragés, qui partagent le fond polygonal de la grotte. Les niches, que couronnent de vastes conques marines, sont motivées par les personnages qui en occupent les enfoncements.

La disposition du plafond est des plus remarquables, non-seulement par les guirlandes qui courent entre les nervures, mais encore par la symétrie des arceaux et l'art achevé des clefs de la voûte. Tous les visiteurs admirent le pendentif central, trône de gloire prêt à recevoir la Vierge triomphante. Quelle hardiesse dans cet Ange suspendu lui-même à cette arche de la nouvelle alliance! Il semble qu'il dit à sa Reine : *Veni de Libano, coronaberis,* car on devine que l'artiste devait graver ce texte sur la banderolle, que l'envoyé céleste déploie au-dessus de Marie.

J'ai, sans hésitation, reconnu dans l'art statuaire du groupe, le double ciseau de Ligier et de Jean. De même, j'ai la conviction que le *maître masson* de l'atelier, Claude, travaillant d'ailleurs selon le plan combiné avec ses frères, doit être regardé comme l'habile sculpteur qui a préparé cette grotte.

A Hattonchâtel, à Génicourt, à Verdun, à Saint-Mihiel, nous avons fait connaissance avec son génie architectural. Ces niches, couronnées de vastes coquilles et séparées par des chérubins, nous rappellent le dessin du jubé de l'église abbatiale de D. Loupvent. Nous retrouvons dans le rétable de l'autre église Sanmihielloise ce genre de niches, les arabesques des colonnes et des pilastres, les chapiteaux fantaisistes et beaucoup d'autres détails.

Les trois imagiers de la légende Sabuloise ont concouru à l'œuvre de Solesmes. Ce sont nos trois frères Lorrains; allemands quant à l'inspiration ; flamands pour l'art de grouper ; italiens par la délicatesse du ciseau et la richesse de la décoration ; à la fois fils de l'Église catholique et du XVIe siècle, ils créent des merveilles, telles qu'on ne peut les classer eux-mêmes dans aucun autre groupe d'artistes. Leur école, ils l'ont fondée par leur propre génie, je ne crains pas de la nommer l'*École de Saint-Mihiel*, l'*École des Richier*.

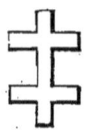

CHAPITRE XXVII.

ENSEVELISSEMENT DE MARIE, A SOLESMES.

Étude générale. — La Vierge. — Personnages qui tiennent les coins du linceul. — D. Jean Bougler. — Saint Pierre. — Les saintes Femmes. — Les Apôtres. — D. François Bougler. — Architecture. — Bas-reliefs du Sépulcre.

Malgré les restrictions qu'une critique impartiale imposait à notre admiration en face de la Pâmoison de la Vierge, nous avons constaté que ce groupe est une œuvre certainement magistrale, une des plus grandes et des plus belles compositions que le génie de la statuaire ait léguées à l'Église.

Mais, dès que nous détournons nos regards de cette scène toute mystique, pour les porter sur la Sépulture de Marie qui orne la grotte voisine, le charme fait place dans notre âme à un véritable enthousiasme. Le premier groupe était beau, celui-ci est splendide. Il y a dans ce nouveau drame plus d'air, plus de lumière, plus d'ampleur, plus de majesté. Quatorze personnages entourent le corps inanimé de Marie. L'action n'y est donc pas moins multiple; les rôles y sont parfaitement distincts, tous variés, tous concourant à l'intérêt général. Il est impossible d'accuser de vulgarité ou de négligence une attitude, une expression, un vêtement. Je l'ai dit, c'est après le Sépulcre de Saint-Mihiel, l'art de la statuaire élevé à son apogée.

Je sais que la lumière, qui fait défaut à la scène de la Pâmoison, verse ses flots avec abondance sur ce nouveau drame. Exposé bien plus en évidence, il réclamait plus de soin. Faisant pendant à la Sépulture du Christ, qui orne, en face, l'autre bras du transept, il stimulait dans l'artiste une noble rivalité. Mais, pour moi, la principale cause de supériorité, c'est que Ligier ne s'est pas contenté d'esquisser cette grande scène, ou de s'y réserver seulement les figures plus caractéristiques. Le plan, l'ordonnance, l'exécution, tout est de lui seul; et il y a mis ses complaisances d'artiste, sans tenir compte du temps et des autres difficultés.

Le centre de la composition est naturellement le corps inanimé de la Très Sainte Vierge, que quatre personnages soutiennent sur un linceul au-dessus de la pierre sépulcrale, préparée pour la recevoir.

Cette tombe, ce suaire, ces personnages et tous ceux qui les entourent, sont taillés dans des blocs de la pierre, dont nous avons admiré déjà la teinte et le poli, et qui se prête merveilleusement à la statuaire.

Dans la scène de la Pâmoison, le double effort de Marie, pour vivre par l'âme seule dans l'extase et briser les liens du corps par la mort, avait nécessairement modifié l'expression de ses traits. Ici, on voit resplendir le calme, la sérénité, la noblesse d'une vie consacrée par les plus sublimes vertus et sanctifiée par la virginité la plus intègre.

Les mains superposées, les pieds également croisés, le long voile, la robe aux replis modestes, l'ample manteau qui entoure de ses draperies les pieds et les jambes jusqu'à la ceinture, tout est naturellement disposé pour augmenter encore en vous l'impression qui vous saisit. C'est un idéal surhumain, et comme une apparition. « Son âme, en s'éloignant pour quelques heures, de son corps virginal, l'a laissé beau, flexible, angélique. Il est encore le trésor de la terre, en attendant qu'il devienne la merveille des cieux. » Ainsi parle D. Guéranger.

Considérez cette Vierge au tombeau, si doucement endormie, si gracieusement posée, si chastement drapée. « Il y a quelque chose de divin sur ce visage, que l'amour a transfiguré jusque dans la mort. » A ce style, on reconnaît la pieuse Irlandaise, dont nous avons déjà relaté les impressions.

« C'est, ajoute M. Carlier, le même type que nous venons d'admirer dans la Pâmoison. Marie s'est doucement endormie dans la mort; elle repose dans ses chastes draperies, comme dans sa pureté sans tache. »

Il était naturel que les apôtres, les saintes femmes et les autres personnages, qui avaient assisté au trépas de la Vierge, fussent encore ici, autour de son tombeau. Aussi, notre artiste a eu le tact de nous aider à les reconnaître, par la similitude des traits et des vêtements. Quelques exceptions seront faciles à remarquer et à justifier, de même que la différence des scènes expliquera celle des attitudes ou des expressions.

De la Vierge si belle jusque dans les ombres de la mort, de cette Vierge, reproduction parfaite de l'idéal qui inspira les *Pieta* de Saint-Mihiel, d'Étain, de Clermont, de Bonzée, passons à l'examen des quatre personnages qui tiennent les coins du suaire. Constatons d'abord que ce corps virginal, comme s'il était déjà spiritualisé, semble peser bien peu entre leurs mains; puis, quelle variété l'artiste a su donner, non-seulement à leurs attitudes, mais encore à la manière dont ils soulèvent ce fardeau sacré!

Tout près de nous, à la tête, est un apôtre, qui, par son expression, me rappelle le Joseph d'Arimathie Sanmihiellois.

Au point de vue anatomique, la tête est splendide. Des iconoclastes ont scié sur la tempe droite quelques boucles de cheveux et leur vandalisme n'a pas plus ménagé la barbe, que sa perfection artistique aurait dû suffire à faire respecter.

Malgré de si regrettables détériorations, cette tête de pierre, admirable de régularité, l'est encore plus de vie et de sentiment.

Nous connaissons l'art avec lequel Ligier drape les vêtements de ses personnages, et sa manière de les agencer. Je me contenterai donc de noter les particularités qui mériteraient quelque attention. Ainsi, les extrémités du manteau de ce premier apôtre sont habilement nouées sur le devant du corps, de manière à laisser toute liberté aux mouvements.

Autre détail, la tunique ouverte sur les côtés dans la partie inférieure, permet de voir les jambes et les pieds, traités certainement de main de maître.

Mais quel est ce premier personnage? Je ne le trouve désigné par aucun de nos historiographes. La place d'honneur qu'il occupe, révèle incontestablement un des coryphées du collège apostolique. Avec sa science des traditions chrétiennes, Ligier n'a pu oublier saint Paul, qui assistait aux funérailles de Marie, ni le reléguer dans un rang inférieur. J'inscrirais donc volontiers au pied de cette statue le nom de l'apôtre qui convertit l'Aréopagite et devait, à ce titre, être plus cher à D. Bougler, le docte prieur de Solesmes. Mais il est très-possible qu'en même temps le ciseau de l'artiste ait voulu perpétuer dans cette figure, noble et expressive, sa reconnaissance pour quelque bienfaiteur. La position de cet apôtre en face de D. Bougler justifie assez ma double interprétation.

A gauche de saint Paul, un autre apôtre soutient le pieux fardeau. Il contemple avec affection et douleur le visage de l'auguste Vierge. Il a bien les traits que l'iconographie chrétienne attribue à saint Jacques le Mineur, parent de la sainte Vierge et par conséquent de Jésus lui-même, avec lequel la tradition veut qu'il ait eu une ressemblance frappante. Personne n'hésite donc à nommer le fils de Cléophée.

Tenant un autre coin du linceul, saint Jean rend à la terre celle que Jésus mourant lui donna pour mère adoptive. Placé au pied du sarcophage, dans l'intérieur de la grotte, il nous apparaît assez pour nous révéler « *le long et douloureux regard qu'il jette sur le beau visage de la Vierge.* » Ainsi parle D. Guéranger.

La chevelure du disciple bien-aimé, assez courte pourtant, se partage en trois parties, qui descendent sur le front et sur les tempes. Il n'a point de barbe. Je l'ai déjà remarqué, ce n'est ni le saint Jean de Saint-Mihiel, ni celui de la Pâmoison. Dans ce visage, où se peignent la profondeur des pensées et la mélancolie de l'âme, je constate une grande ressemblance avec l'Ange du Sépulcre Sanmihiellois. L'attitude est identique, avec la même expression d'un culte d'amour et de vénération pour la sainte Vierge. A tous ces détails, je reconnais la portraiture que le grand imagier a voulu laisser de lui-même sur les bords de la Sarthe.

Voici une hardiesse, que nous avons déjà remarquée à Hattonchâtel, que nous avons retrouvée dans la scène de la Pâmoison, et qui caractérise surtout cette époque, quoique les grands maîtres de tous les siècles n'aient pas craint d'y recourir. L'artiste place le dernier coin du linceul entre les mains d'un bénédictin. Je ferais mieux de dire le second coin, car il est le plus en évidence avec celui de saint Paul. Oui, ce personnage est bien un religieux, car, sauf un médaillon qui relie les pans du vêtement, le costume est exactement celui que portaient les enfants de saint Benoît, avant la réforme de l'Ordre. Or, personne ne doute que ce soit D. Jean Bongler, prieur de Solesmes, qui, par un pieux anachorisme, ait voulu se faire représenter dans cette grande scène.

M. Cartier lui consacre un chapitre de son ouvrage. Il nous apprend que Jean Bougler, né au Mans en 1483, très apprécié par D. Barreau, abbé de la Couture de cette ville, fut nommé, en 1505, prieur de la maison de Solesmes, dont il administra pendant plus de cinquante ans le temporel et le spirituel. Il laissa dans sa maison et dans l'Ordre des souvenirs impérissables. Théologien profond, prédicateur célèbre, courageux défenseur de la liberté religieuse, il surpassa ses prédécesseurs les plus illustres, Philibert de la Croix et Guillaume Cheminart, par l'importance des travaux qu'il fit exécuter dans le couvent, et surtout par la création de la chapelle qui est actuellement l'objet de nos études.

Il faut reconnaître que le statuaire a supérieurement réussi, dans cette figure grave, osseuse, allongée, qui exprime la sainteté de l'ascète, la profondeur du savant, la finesse de l'artiste. Le corps légèrement incliné, le regard attentif, D. Bougler semble se reculer dans le sentiment de son humilité. Tant mieux, il nous permet de distinguer plus nettement les personnages qui l'avoisinent; car, nous le constatons à chaque pas : dans cette scène, tous les acteurs sont admirablement groupés, aucun ne nuit à l'autre, et l'ensemble est d'un grandiose qui émeut.

Si la position distinguée d'un des quatre porteurs m'autorisait à reconnaître en lui l'illustre Docteur des nations, on doit s'attendre à voir le chef du collège apostolique occuper lui-même, au milieu des personnages qui honorent les funérailles de Marie, la place que lui méritait son éminente primauté dans l'Église.

En effet, saint Pierre est au centre même de la scène. « Inclinant sa tête chenue, et joignant ses mains vénérables, » dit D. Guéranger, il veut étudier encore une fois, avant de » les confier à la tombe, les traits divins de la Mère du Sau- » veur. Son regard, plein de foi, cherche à découvrir, à travers » les ombres de la mort, quelques rayons de la gloire, dont » resplendit déjà la Reine des cieux. Il y a dans de regard un » adieu d'espérance et de résignation, mêlé à je ne sais quoi » de paternel, qu'on trouve sur les antiques portraits de saint » Pierre, que nous ont légués les premiers siècles du Chris- » tianisme. »

J'ajouterai volontiers qu'il semble, par son regard pénétrant, acquérir pour lui-même et pour ses successeurs le droit de rendre témoignage, quand il sera question de formuler la foi catholique sur la Mort et l'Assomption de la Très Sainte Vierge.

Sa position, au-dessus de l'auguste visage de Marie, d'une part, et de l'autre, son regard tourné vers saint Paul me rappellent une mise en scène identique que j'admire au Sépulcre de Saint-Mihiel. Là, Nicodème contemple les traits du Sauveur et semble prononcer le *Consummatum est*, pendant que Joseph d'Arimathie suit anxieusement le regard et les paroles de son ami. Ici, je retrouve, entre saint Pierre et saint Paul, le même dialogue sur la Mort de la sainte Vierge. Les attitudes ont bien des points de ressemblance; surtout c'est le même sentiment, traduit par le même ciseau.

Les deux saintes femmes que nous avons admirées dans la scène de la Pâmoison, se retrouvent ici, de chaque côté de saint Pierre.

La plus âgée, les bras légèrement croisés sur la poitrine, le regard anxieux, considère en pleurant l'auguste défunte. L'autre soulève nerveusement les bras; des yeux et des lèvres elle interroge sa compagne. Cette figure plus jeune, et par conséquent plus expressive, traduit si bien l'abattement de la douleur ! Poses, sentiments, vêtements, tout est admirable dans ces statues, où la science de l'antique s'unit au génie chrétien. Je noterai le détail d'un vêtement, parce que j'y retrouve le faire de nos Richier. Voyez, dans celle de droite, un ruban qui descend de la ceinture, disposé, tourné, noué avec l'élégance que nous avons tant de fois constatée à Saint-Mihiel.

Six apôtres unissent leurs pieux hommages à ceux de leurs compagnons; mais le talent de l'artiste sait varier les attitudes, les visages, les impressions, les vêtements. Ils s'entretiennent avec tristesse; cherchent, pour suprême consolation, à contempler une dernière fois, les traits de leur Souveraine, se redisent les circonstances merveilleuses de son trépas et leurs espérances, ou écoutent le suprême adieu que Pierre semble adresser à l'auguste Mère du Sauveur. L'un d'entre eux montre dans un livre, sans doute dans la Bible, un texte qui devait avoir rapport à la Mort de Marie.

Un dernier personnage intéresse vivement les visiteurs. Je ne dirai pas qu'il complète le groupe, puisqu'il paraît plutôt placé à part, en dehors de l'ordonnance générale, et ne se rattache à l'action que par surérogation. Je veux parler du religieux bénédictin, que l'on voit assis entre la colonne de droite et le sépulcre. Le livre qu'il tient des deux mains ouvert sur ses genoux, l'attention avec laquelle il considère cette scène émouvante, aurait valu, dans un siècle de superstition, la balafre qu'un fanatique lui aurait faite à la figure. Au dire de la légende, le peuple était persuadé que ce bénédictin cherchait dans la vie de la défunte, s'il n'y trouverait point matière à la justice divine.

Cette mutilation a-t-elle été le fait de la malveillance? Je l'ignore, je constate seulement que c'est tout naturel de voir, dans ce livre, l'érudition bénédictine composant des ouvrages à la gloire de Marie, ou bien une allusion aux textes prophétiques qui annonçaient en particulier le prix de sa mort aux yeux du Seigneur, et son Assomption prochaine à la droite du Christ.

Cet enfant de saint Benoît, dont la pose est naturelle, le visage jeune et expressif, le vêtement simplement conforme à la règle bénédictine, serait, d'après l'opinion de M. Cartier, D. François Bougler, le neveu du grand prieur. Avouons-le, dans tous les temps on a espéré plaire aux oncles en flattant les neveux et, par les services rendus à ceux-ci, payer les dettes de reconnaissance envers ceux-là. Cette fois, le népotisme nous a valu une statue splendide, un magnifique pendant à la Madeleine, que l'on voit dans l'autre chapelle du transept.

M. Cartier estime que cette Madeleine a inspiré l'addition de notre jeune bénédictin. Je croirais volontiers le contraire, et j'essaierai plus loin d'expliquer mon assertion.

D. Guéranger nous raconte comment « on a scié la tête de Jean Bougler et celle du personnage que l'on voit tenir un des coins du linceul, en face du prieur. Ces actes d'un horrible vandalisme seraient destinés à rappeler, aussi longtemps que le monument existera, l'incroyable barbarie des commissaires, qui, sous les premières années de l'Empire, auraient été chargés par l'administration départementale, de « scier » les *Gros Saints de Solesmes*, afin de s'assurer s'il était prudent » de les exposer aux inconvénients du transport. »

Je retrouve la même légende à Saint-Mihiel, à propos d'une suture mal refaite, entre les deux blocs, dans lesquels est taillé le corps du Christ.

S'il n'existe point de documents officiels ou de traditions authentiques pour justifier des allégations de ce genre, il est plus simple d'attribuer les détériorations à des accidents, qu'ont pu amener les travaux exécutés dans l'église en particulier et dans la chapelle depuis le milieu du xvie siècle. J'en dirai autant de la balafre de François Bougler.

La structure extérieure de la grotte révèle le même talent et le même ciseau, que nous avons admirés autour de la scène de la Pâmoison. Il n'y a point de différence pour l'ordonnance générale. Seulement, le lierre et le pampre qui courent ici autour des colonnes, communiquent aux fûts plus de délicatesse et de simplicité. Les pilastres, ornés dans le même goût, plaisent également davantage par la netteté de leurs arabesques.

L'intérieur diffère peu quant à la disposition polygonale et à la forme de la voûte.

Au fond de la grotte, je vois au-dessus de la colonnade trois têtes de morts, qui me semblent se parler. Celle du milieu, tournée vers nous, rappelle la loi générale, à laquelle le Christ et sa Mère eux-mêmes ont été assujettis; mais les deux autres, en la regardant, me semblent lui jeter, au nom des victimes réparatrices, le défi du texte sacré : *O mort, où est ta victoire !*

Malgré le travail exquis des guirlandes et des nervures, la voûte qui couvre le sépulcre de la Vierge, n'a pas la richesse de sa voisine. Il devait en être ainsi. Par le fait que le sol de la grotte, où s'opère l'Ensevelissement, est à peu près au niveau des dalles de l'église, son plafond est difficile à apercevoir; tandis que le rétable superposé à l'autel voisin, offre aux regards tous les détails de la voûte qui en recouvre la scène.

Avant de nous éloigner du plus charmant épisode de la chapelle de Notre-Dame la Belle, ne négligeons pas de considérer l'ornementation du tombeau. Admirables de choix, délicieux d'exécution, cinq bas-reliefs appliquent à l'auguste Vierge des faits de l'histoire sacrée, qui la symbolisent d'une manière très remarquable.

C'est Judith, qui montre à un garde de Béthulie la tête d'Holoferne. Tandis qu'Abra, la servante dévouée, surveille avec anxiété le camp ennemi, le soldat Israélite s'empresse de porter la bonne nouvelle dans la ville assiégée.

C'est Esther, qui obtient grâce devant Assuérus. Une suivante soulève la traîne de son manteau royal. Non loin de là, Aman, livré aux bourreaux, expie sur la potence son ambition sanguinaire.

Un enfant, qui essaie de se relever dans le bas-relief de Judith et que la reine Esther prend sous sa protection, ne représente-t-il pas l'humanité, donnée pour famille à Marie sur le Calvaire? *Succure cadenti surgere qui curat populo*, chante la sainte Église, en s'adressant à la Mère du Rédempteur (1).

Au chevet du tombeau, voici Bethsabée devant le trône de Salomon. Le noble fils invite sa mère à partager avec lui l'honneur de la royauté.

Au pied de la pierre sépulcrale, l'épisode de Béthanie met en présence le divin Maître et les deux sœurs. Jésus dit à Marthe quelle part Marie s'est réservée. Or, l'Église elle-même a choisi ce passage de l'évangile pour la fête de l'Assomption.

Je n'ai fait qu'énoncer les bas-reliefs intéressants du tombeau de la Vierge; mais je signale de nouveau à l'attention des visiteurs, la ressemblance frappante qui existe entre les types des femmes israélites à Solesmes et ceux que nous voyons dans les bas-reliefs du Louvre ou de la Bibliothèque nationale sous la légende *Ligier Richier*. Des rapprochements aussi manifestes confirment la thèse qui nous permet de parler des *Gros Saints* de Solesmes, dans un ouvrage sur nos artistes lorrains.

(1) Secourez votre peuple que sa faiblesse entraîne et qui voudrait se relever.

CHAPITRE XXVIII.

ASSOMPTION DE LA VIERGE, A SOLESMES.

Examen général des deux dernières scènes. — Étude architecturale de la composition de l'Assomption. — Les docteurs du rinceau. — La Vierge et le Christ qui la couronne. — L'Arche d'alliance. — Apôtres qui contemplent cette scène. — David. — D. Cheminart. — Saint Timothée et saint Denys. — L'épigraphie.

L'ame enthousiaste de D. Bougler ne pouvait finir son poème sur la tombe de la Très Sainte Vierge. Avec la foi catholique, il devait la saluer dans son Assomption triomphale et son règne sur le monde. De là, les deux compositions que nous allons examiner, sans sortir de la splendide chapelle de Solesmes. Ce double travail me laisse en présence de Ligier et de Jean, qui sculptent des statues; de Claude qui construit et décore les portiques pour recevoir les groupes terminés par ses frères. Mais au milieu de ces blocs de pierre sculptés, l'épigraphie a tellement multiplié les inscriptions, que nous devrons en faire une étude à part, à l'école de D. Bougler lui-même.

De là les trois articles qui partageront chacun des deux chapitres suivants : 1° Observations sur la disposition architecturale ; 2° Examen des personnages qui peuplent les niches et les portiques ; 3° Étude des inscriptions qui les accompagnent.

La scène de l'Assomption devait naturellement s'élever au-dessus de la grotte de l'Ensevelissement ; la vie sort de la tombe, dont l'humiliation fait vite place à la gloire céleste.

I.

Nous devons considérer tout d'abord le travail architectural. Pour le mieux apprécier, écartons-nous à quelque distance, de manière à jouir de l'ensemble du monument. C'est D. Guéranger qui nous y invite.

« L'architecte, dit-il, a figuré un magnifique portail d'église
» avec ses trois portes, ses niches de saints, ces trois fenêtres
» et ces tourelles d'ornement, étagés comme les clochetons
» aériens, que l'artiste du Moyen-âge découpait sur les porti-
» ques de ses vieilles cathédrales. Cette réminiscence des ha-
» bitudes de l'art gothique, traitée avec le fleuri de la Renais-
» sance, époque si courte et si brillante dans l'histoire de l'art,
» présente un grand charme, sinon par la majesté, du moins
» par la grâce la plus exquise. Tout l'espace, jusqu'à la voûte
» de la chapelle, est rempli par ces délicieuses fantaisies d'un
» génie vraiment créateur. »

Revenons sur quelques détails de ce magnifique ensemble. La corniche est très ouvragée ; une riche moulure d'oves, les médaillons alternant avec les rosaces, et la frise admirablement variée de plantes, de chimères, d'oiseaux fantaisistes, en font un travail achevé. Elle satisfait l'œil par la régularité de ses lignes au-dessus des deux compositions qu'elle couronne à égale hauteur. Or, comme chacune des deux grottes mesure environ 3 mètres 50 sous voûte, et que le tombeau de l'autel élève la scène de la Pâmoison à presque deux mètres au-dessus des dalles de la chapelle, tandis que le groupe de l'Ensevelissement est à peu près au même plan que le pavé, il fallait remplir le vide qui devait résulter de la différence des niveaux.

Le génie de nos Richier, comprenant ce que l'œil exigeait pour l'harmonie de l'ensemble, a créé au-dessus de la grotte inférieure un entablement original, de très-bon goût, qui attire singulièrement l'attention.

Dans ce vaste rinceau, aussi large que le transept, s'ouvrent quatre niches, du genre de celles qui ornent l'intérieur des grottes, terminées en conques marines, et séparées par de belles colonnes de la Renaissance.

Dans le second portique, les trois baies destinées à recevoir le groupe de l'Assomption, ne mesurent pas ensemble plus de largeur que l'arcade ouverte entre les deux colonnes de la grotte. Ainsi l'exigeait la perspective.

En même temps que l'architecte resserrait graduellement les proportions de son œuvre, il devait ménager les transitions. De là, des arcades moins élevées et moins spacieuses, qui prolongent les côtés du portique, mais avec d'autres caractères. Au lieu de baies, elles ont, comme le rinceau, des niches qui s'ouvrent entre des colonnes ouvragées.

Enfin un dernier portique, bien plus exigu d'élévation et de largeur, mais également travaillé avec art, supporte le dôme qui termine la composition, en l'élevant jusqu'au faîte de l'église.

Cette fois encore, l'habile sculpteur atténue le rétrécissement progressif du monument. Sur le plus haut entablement, de chaque côté du dernier édicule, il a, dans ce but, représenté le lion et le bœuf ailés des prophètes.

Tout cet ensemble architectural est plein de détails qui rappellent les rétables de Saint-Mihiel et de Génicourt. Qu'il me suffise de citer les dômes, les édicules, les conques des niches, le style des colonnes, les contreforts, les galeries, et surtout les grands cintres avec leurs belles rosaces et leurs riches pendentifs.

II.

Pendant que le ciseau de Claude sculptait, déchiquetait, enguirlandait ces blocs de pierre, Ligier et Jean préparaient les personnages qui devaient habiter les portiques.

Comme autant de fenêtres, quatre niches s'ouvrent dans le vaste rinceau. De chacune d'elles semble sortir, à mi-corps, un docteur de l'Église.

Le premier, à gauche, est saint Bernard. Vêtu comme les religieux de la primitive observance de son ordre, il porte la crosse abbatiale. Son attitude, sa tête, son regard, tout, en sa personne, est empreint d'une souveraine dignité.

Placé dans la seconde niche, saint Anselme semble converser avec l'illustre abbé de Cîteaux. La mitre épiscopale ceint le front du dévot panégyriste de la Sainte Vierge. Sa figure est remarquable de finesse et d'énergie.

Un autre pontife, également mitré, occupe le troisième compartiment. La doctrine et la sainteté illuminent son front. D. Guépin pense que ce docteur est saint Hildephonse, qui a écrit tant de pages à la gloire de Marie. M. Cartier, en s'appuyant sur le jugement de l'abbé Cazalès, met le nom de saint Pierre Damien sous ce buste. Mais comment l'artiste aurait-il oublié l'insigne cardinalice, s'il avait voulu représenter le saint évêque d'Ostie? Je laisse cette question de patristique à élucider à quiconque interrogeant patiemment les écrits des Pères, y découvrira le texte relaté au-dessous du saint évêque.

Un quatrième personnage, à droite dans le rinceau, termine ce glorieux cortège des panégyristes de Marie. Celui-ci est saint Bonaventure; le chapeau de cardinal qu'il porte sur l'épaule et l'austérité de ses traits justifient cette attribution. Tourné vers son voisin, il semble redire avec lui les louanges que mérite l'auguste Mère de Dieu.

Somme toute, ce rinceau est une œuvre splendide. L'ascétisme et l'énergie qui en caractérisent les personnages, me rappellent bien le saint évêque d'Angers à Moëslains. Sous la direction et la surveillance de leur frère Ligier, Jean taillait des statues, Claude sculptait les niches pour les placer.

Mais ce rinceau n'est en réalité que le soubassement du groupe de l'*Assomption*, ou plutôt du *Couronnement de Marie*, qui occupe le portique supérieur.

Sous la grande voussure que nous avons admirée, et que des chérubins soutiennent comme pour rappeler les douze étoiles de la couronne de Marie, celle-ci, laissant loin d'elle la terre, arrive au ciel. Elle porte à peu près le même vêtement que dans les deux scènes inférieures. Notre Seigneur dépose sur le front de sa Mère la couronne de gloire. Il est à demi nu, comme dans la scène de la Pâmoison.

M. Cartier, déplorant l'infériorité flagrante de ces deux grands sujets « *désagréables à voir et en dehors de toute loi de perspective,* » nous fait connaître la cause d'une telle différence. Cette aile de l'édifice a cédé, entraînant dans sa ruine le Christ et la Vierge qui y étaient attachés. L'éboulement a même compromis la solidité des voûtes de l'arc-de-triomphe, qui sont lézardées.

Un mur beaucoup plus épais, mais de maçonnerie grossière, ayant remplacé la construction primitive, on a essayé de reconstituer les deux statues brisées; hélas! les ouvriers ont pu consolider le transept, mais l'artiste qui avait sculpté la Vierge si belle de la Pâmoison, et celle, plus remarquable encore, de l'Ensevelissement, n'était plus à Solesmes. Or, le regret est d'autant plus vif, que toutes les statues ds ces compositions étant de grandeur naturelle, il est plus facile d'y constater les moindres imperfections.

Je pense que les chérubins qui entourent la voussure de la baie intérieure, et deux têtes ailées sculptées de chaque côté du cintre, aux angles du portique, sont encore l'œuvre du maître, car l'exécution en est bonne. Il en est de même de deux anges, d'une finesse de travail très-remarquable, que l'on admire au-dessous du groupe divin. Une tablette de pierre, qu'ils soutiennent, a donné lieu à des interprétations bien différentes. Les uns veulent y voir le couvercle d'un sarcophage, et disent qu'une pierre, taillée en creux, que l'on distingue au-dessous, est le tombeau de Marie, vu de front.

D'autres critiques répondent que le sépulcre de la scène inférieure suffisait à l'imagination des visiteurs et qu'un second sarcophage ne s'explique pas. M. Cartier partage cette opinion et la motive. Le prophète royal avait invité le Christ à monter au lieu de son repos, lui et l'arche de sa sanctification : *Surge tu et arca sanctificationis tuæ.* L'artiste rappelle cet oracle; il représente donc sous les pieds de Marie l'arche de la nouvelle alliance. A la place des deux chérubins du propitiatoire antique, voici deux anges, aux ailes déployées, qui soulèvent le nouveau propitiatoire. Jésus ne sera plus seul au ciel pour plaider notre cause, Marie devient également par son Assomption, notre puissante avocate devant le trône de Dieu.

Ces anges ont les proportions de jeunes enfants.

Dans les deux autres baies du portique, huit Apôtres, partagés en deux groupes, contemplent l'Assomption de leur Reine. L'idée est pleine de poésie. Comme nous connaissons déjà les traits et les vêtements de ces personnages, contentons-nous de noter l'habileté avec laquelle on les a disposés. Les uns sont à genoux, les autres debout; aussi tous nous apparaissent distinctement, de même qu'ils peuvent tous suivre des yeux l'élévation triomphale de Marie.

Par un de ces rapprochements que le génie chrétien accepte volontiers, l'artiste évoque à gauche un personnage de l'Ancien Testament, David, qui, la couronne de Jérusalem sur la tête, et la harpe entre les mains, chante l'*Astitit Regina* de ses Psaumes. En regard, par un autre anachronisme, il fait intervenir sur la scène D. Guillaume Cheminart, l'ancien prieur de Solesmes, ami et conseiller de D. Bougler.

En général, ces statues, d'ailleurs irréprochables au point de vue anatomique, ne révèlent pas la finesse d'exécution que nous avons admirée jusque-là dans la chapelle de Notre-Dame la Belle. L'artiste a peut-être trop compté sur l'élévation de la scène, et, par ce motif, négligé de parfaire son travail; mais il est incontestable qu'il a su mettre dans cette partie de son œuvre, comme dans les précédentes, beaucoup de dramatique, et joindre à la variété des détails l'unité d'action.

Deux autres personnages complètent la tâche du statuaire dans ce magnifique rétable. On les voit de chaque côté du second portique, occupant les niches creusées dans la façade antérieure.

Or, dans celle de droite, saint Denys l'Aréopagyte, disciple de saint Paul, porte son attention, non point sur la scène de l'Assomption qu'il ne pourrait voir, mais bien sur celle qui fait pendant, à notre droite. L'artiste a su le vêtir à l'antique, d'une chasuble, d'une dalmatique et d'un léger manipule; son bras gauche porte une mitre dans le goût du Moyen-âge. Sa tête a de l'expression, sa pose est naturelle.

La niche de gauche nous montre, sous un riche baldaquin, saint Timothée, cet autre disciple de saint Paul. Penché en avant, il semble partager son attention entre le mystère du règne de Marie, qu'il contemple comme saint Denys, au-dessus du rétable de la Pâmoison, et l'explication que lui en donne le saint Aréopagite. La figure de l'évêque d'Ephèse est austère, il est vêtu d'un rochet et d'une chape dont les draperies sont fort remarquables.

On sent dans ces statues de la vie, du mouvement; l'intelligence et la sainteté y ont imprimé leur cachet. Je préfère ce jugement de D. Guéranger à la critique de M. Cartier; car, selon cet archéologue, le style de ce travail serait sec, sans largeur et sans noblesse.

Les dais fort élégants qui couronnent ces niches ont pour ornement de petites arcades, d'où sortent des personnages de dimension bien moindre, discutant entre eux, dans les poses les plus originales et les plus variées. N'est-ce pas ce que déjà nous avons constaté dans le rétable élevé par Claude à Génicourt en 1531?

III.

Tous ces détails d'architecture et de statuaire révèlent un travail collectif, dirigé par une intelligence d'élite, mais exécuté par plusieurs mains habiles. A Solesmes, comme à Saint-Mihiel, Ligier est l'âme inspiratrice, en même temps que l'artiste qui, à son heure, crée des merveilles. S'il laisse, par instant, sommeiller son génie, jamais il ne descend dans le vulgaire, jamais il ne tombe dans le grotesque; il observe toujours scrupuleusement les principes de l'anatomie, et les rapports qui unissent l'âme au corps.

Ce qui, dans ses compositions, relève de l'architecture et de la sculpture d'ornementation, il le confie au ciseau exercé de Claude, l'aîné de la famille, le *maître masson* de l'atelier.

Jean, initié par ses aînés à l'art d'animer la pierre, offre à Ligier son généreux concours. C'est à lui que j'attribue en particulier et exclusivement, les six docteurs qui occupent les niches du rétable.

Mais à la tâche d'artiste est venue se joindre dans le travail l'érudition du théologien. Beaucoup de ces personnages étalent devant eux, quelquefois dans des cartouches de grande dimension, des légendes, qui, somme toute, fatiguent le visiteur par leur nombre et leur étendue. Cet apparat de science sacrée, je l'attribue à D. Bougler, et lui reproche un abus, qui nuit plutôt à la beauté de la composition.

Je me contenterai de relater ces inscriptions, en donnant, en regard du texte latin, la traduction française.

Au-dessous de saint Bernard est un passage extrait d'un sermon de ce grand Docteur, pour le dimanche dans l'octave de l'Assomption. C'est une explication de la couronne étoilée de Marie.

Prima duodecim stellarum in hâc Virgineæ puritatis coronâ est regalis Mariæ generatio. Secunda, angelica salutatio. Tertia, Spiritus Sancti superventio. Quarta, Filii Dei conceptio. Quinta, Virginitatis oblatio prima. Sexta, sine corruptione fecunditas. Septima, uterus sine labore. Octava, sine dolore partus. Nona, mansuetudo verecundiæ. Decima, humilitatis devotio. Undecima, magnanima fides. Duodecima, cordis martyrium.

Dans cette couronne de pureté virginale de Marie, la première des douze étoiles est sa génération royale; la seconde est la salutation angélique; la troisième est l'intervention du Saint-Esprit; la quatrième est la conception du Fils de Dieu; la cinquième est la première présentation de sa virginité; la sixième, la fécondité sans souillure; la septième, une grossesse sans travail; la huitième, un enfantement sans douleur; la neuvième, la paix de la modestie; la dixième, le dévouement de l'humilité; la onzième, la magnanimité de la foi; la douzième, le martyre du cœur.

Au-dessous de saint Anselme, on lit un texte tiré de son traité *De la conception virginale*, ch. XVIII :

Decens erat ut eâ puritate quâ major sub Deo nequit intelligi, Virgo niteret, cui Deus Pater unicum Filium ita daret ut unus naturaliter esset, ideoque communis Dei Patris et Virginis filius. Hæc est puritas duodecim stellarum corona.

Il convenait que la pureté la plus exquise après celle de Dieu, resplendît dans la Vierge à laquelle Dieu le Père donnait son Fils unique, de telle sorte qu'il naissait fils unique et commun de Dieu le Père et de la Vierge. La couronne de douze étoiles symbolise cette pureté.

Par le choix de ces paroles, on voit que l'érudit Bénédictin s'occupe surtout du mystère du règne de Marie.

La troisième citation est plus étendue encore. Malheureusement on n'a pu, jusqu'à ce jour, en reconnaître la source.

Alia duodecim stellarum ratio.	Autre interprétation des douze étoiles. La première est la communication de Dieu ; la seconde est la dignité maternelle ; la troisième est la pureté angélique ; la quatrième est la foi des patriarches ; la cinquième est l'illumination des Prophètes ; la sixième est le magistère des Apôtres ; la septième est la véracité des Évangélistes ; la huitième est la constance des martyrs ; la neuvième est la tempérance des confesseurs ; la dixième est la candeur des vierges ; la onzième est la chasteté nuptiale.
Prima, participatio Dei.	
Secunda, materna dignitas.	
Tertia, angelica puritas.	
Quarta, patriarcharum fides.	
Quinta, prophetarum illustratio.	
Sexta, Apostolorum magisterium.	
Septima, Evangelistarum veritas.	
Octava, martyrum constantia.	
Nona, confessorum abstinentia.	
Decima, Virginum candor.	
Undecima, nuptiarum castitas.	

La douzième n'est pas relatée : ce devait être l'honneur de la viduité.

La légende placée sous saint Bonaventure, surpasse toutes les autres par la sublimité de la doctrine, et semble résumer tout ce qui précède.

Ut mysticam duodecim, id est omnium stellarum coronam Virginis per omnes generationes beatæ viâ compendii considerare valeas, ex omnibus creaturis, extra humanitatem Christi, collige, (si liceat) quidquid perfectionis est quod esse vel habere præstantius est quàm non habere, virginali coronæ tribue.	Afin de considérer dans une seule pensée qui résume tous les mystères des douze étoiles, ou la couronne de la Vierge que toutes les générations proclament bienheureuse, recueillez, si vous le pouvez, tout ce que toutes les créatures réunies en dehors de l'humanité du Christ, ont de perfection, tout ce qu'il vaut mieux être ou avoir que ne pas avoir, et formez-en cette couronne virginale.

Deux autres inscriptions se lisent au-dessus des disciples de saint Paul. Les personnages, dont nous avons parlé, qui occupent la galerie supérieure des deux dômes, soutiennent les cartouches où l'on a gravé ces textes.

A gauche, D. Bougler a fait écrire :

Signum magnum apparuit in cœlo : mulier, amicta sole, luna sub pedibus ejus, et in capite ejus corona stellarum duodecim, in utero habens, clamans et parturiens. Hæc mystica mulier Ecclesia est, quæ per Virginem filium peperit, quem Abrahæ et patribus promissum fide conceperat.	Un grand prodige apparut dans le ciel. Une femme, ayant le soleil pour vêtement, la lune pour marchepied, douze étoiles pour couronne de son front, portait dans son sein, criait, enfantait. Cette femme mystérieuse est la sainte Église, qui donna au monde par la Vierge Marie, le fils qui avait été promis à Abraham et aux patriarches, et qu'elle avait conçu par la foi.

C'est une glose d'un verset du chapitre XII de l'*Apocalypse*.

A droite, nous lisons :

Et quam vides porrigentem aureum suarum fornicationum poculum, sedentemque super bestiam septem capitum, ac draconem stellas cauda trahentem, ea est meretrix, ambitiosa cupiditas.	Celle que vous voyez présentant la coupe d'or de ses prévarications, assise sur la bête aux sept têtes, et le dragon dont la queue entraîne les étoiles, c'est la prostituée, l'ambitieuse cupidité.
Hi, uno consilio, cum subjectis multis aquis stantes ante matrem Ecclesiam, ut cum peperisset Jesum, eum cum matre devorarent.	Ils ont comploté ensemble d'opposer la multitude des eaux inférieures à l'Église-mère, afin de dévorer cette mère et Jésus son fils, quand elle l'aurait enfanté.

M. Cartier me permettra de rapprocher après lui, de ce texte, quelques lignes de saint François de Sales, qui l'expliquent admirablement : « Le torrent de l'iniquité originelle, dit-il, vient rouler ses ondes infortunées, sur la conception de cette sacrée Dame, estant arrivé là, il ne passa pas outre, ains s'arrêta court, comme fit anciennement le Jourdain. »

Non contents de ces épigraphes, placées au-dessus de leurs têtes, saint Timothée et saint Denys, sortant à mi-corps de leurs niches, apportent eux-mêmes leur contingent de doctrine.

Si les artistes ont fait comprendre à D. Bougler l'effet désastreux que produirait cet abus de cartouches et de citations dans les beaux groupes des deux grottes inférieures, ils ont dû se résigner pour les autres parties de leurs compositions. Aussi chaque personnage des deux scènes supérieures a peine à se dispenser d'apporter son appoint d'érudition, d'exégèse et de patristique.

Nous lisons donc sur les bases des dômes, à gauche, au-dessous de saint Timothée :

Inter virginales sacrosanctæ Virginis Matris Dei exequias, eximie pater Dionysi, ab apostolis unus ex omnibus illic nobiscum congregatis fratribus, extitit divus Hierotheus amica tibi consuetudine junctus, qui de divinitate Jesu, per mentis excessum, celsiùs jubilaret, quod sit omnium causa, cuncta replens, forma omnia formans, non formata, quem Virgo concepit et hominem eadem forma speciosum nobis formatum protulit. Hæc divi Hierothei compendiose scripta, tu pater, clarifica.	O Denys, notre noble père, quand vint l'heure des funérailles virginales de la très-sainte et très-pure Mère de Dieu, parmi les frères que les apôtres avaient convoqués de toutes parts, et réunis à nous, se trouva le divin Hiérothée à qui l'amitié la plus étroite vous unit. Dans une sorte de ravissement, il célébra en termes sublimes la divinité de Jésus, qu'il proclama la cause de tout, qui remplit tout de sa présence, la forme formatrice de tout sans avoir été formé lui-même. Il ajouta comment la Vierge l'a conçu et nous l'a donné beau de sa propre beauté, et incarné pour nous. Ce que le divin Hierothée a écrit en termes si concis, veuillez, ô Père, nous le faire comprendre.

C'est un extrait d'une lettre que saint Timothée aurait adressée à saint Denys l'Aréopagite.

Sur un écusson tenu par saint Denys, est gravée la réponse, que le docte Aréopagite adresse à son ami. C'est un passage du livre des *Noms divins*, mais le texte original en a été condensé. Certes, nous ne reprocherons pas cette abréviation à son auteur, hélas ! trop prodigue de textes et de commentaires.

Divi Dionysii Galliarum episcopi, in tertio capite de Divinis Nominibus, super Virginis transitu ad Thimotheum, Ephesinum episcopum, verba.

Namque et apud ipsos divino Spiritu plenos pontifices nostros, cùm et nos, ut nôsti, et plerique ex fratribus nostris ad contuendum corpus illud quod Authorem vitæ Deumque ceperat convenissemus. Aderat autem frater Domini Jacobus, et Petrus, supremum decus; ubi, post contuitum placuit ut utramque Jesu naturam et ex matre, pontifices laudarent omnes, ex quibus unus post Apostolos præstantior erat Hierotheus, cujus laudationum partes inter divina nomina explicandos abs te suscepi.

Paroles du divin Denys, évêque des Gaules, extraites de son troisième chapitre sur les Noms divins, où il traite de la mort de la Vierge, et s'adresse à Timothée, évêque d'Éphèse.

Hiérothée était au milieu de nos pontifes inspirés par l'Esprit de Dieu, lorsque nous-même, comme vous le savez, et la plupart de nos frères, nous nous sommes réunis pour contempler ce corps qui avait conçu l'Auteur de la vie et porté Dieu! Là se trouvaient le frère du Seigneur, et Pierre, le souverain coryphée. Alors il sembla bon que tous ces pontifes louassent ensemble la double nature de Jésus, celle qu'il avait tirée de son Père, et celle qu'il avait reçue de sa mère. Or, après les Apôtres, un des plus éloquents fut Hiérothée. J'ai donc entrepris, sur votre demande, dans un livre sur les Noms divins, l'explication des louanges que Hiérothée adresse à la très-sainte Vierge.

Enfin, c'est fait. La nomenclature de ces interminables citations doit nous convaincre que le docte Bénédictin a jugé la statuaire incapable d'exposer, au gré de ses désirs, la trilogie qu'il rêvait pour la gloire de Marie. La théologie, armée de ses in-folio, veut, à tout prix, donner son concours à la sculpture, qui ne peut plus loger ses personnages qu'à mi-corps, au-dessus de cartouches couverts de phrases gothiques.

J'admettrais volontiers que Ligier et ses frères se contentèrent d'ailleurs de préparer les pages, et que D. Bougler les fît remplir par ses religieux. Ligier eût préféré à ces caractères du Moyen-âge, l'épigraphie romaine, qu'il avait admirée dans la Ville éternelle, et employée avec ses frères, dans leurs premiers essais, à Hattonchâtel et à Verdun.

CHAPITRE XXIX.

LE TRIOMPHE DE MARIE SUR SATAN, A SOLESMES.

Étude architecturale. — La Vierge. — La bête de l'Apocalypse. — Les vertus. — Étude épigraphique.

Les quatre grands actes qui nous restent du drame de D. Bougler n'ont pas un caractère égal d'originalité. Pour l'épisode de l'Ensevelissement de la Vierge, et celui de l'Assomption, les artistes devaient simplement observer cette règle du bon goût : *non nova, sed nové*. Il y avait, dans les édifices catholiques, beaucoup de bas-reliefs ou de peintures qui représentaient les mêmes scènes. Nos Richier se contentent de les rajeunir par les heureuses additions, que leur inspire un talent consommé. Mais la dernière Communion de la Vierge est, je crois, un sujet plus neuf, où le génie avait à créer à peu près le fond et la forme. Cette originalité caractérise encore davantage le groupe du Triomphe de Marie sur Satan, car je connais peu d'œuvres qui s'y rattachent, même par l'idée. Il mérite donc une étude toute particulière.

I.

Au point de vue architectural, nous voyons au-dessus de l'entablement qui couronne le portique de la Pâmoison, un second arc-de-triomphe, nécessairement de dimensions moindres, partagé en trois baies, par deux colonnes de la Renaissance. L'arcade du milieu, bien plus élevée que les collatérales, est très-remarquable par les nervures qui en dessinent les caissons et les rosaces qui les remplissent.

Les chapiteaux, les trois frises couronnées de leurs corniches, portent bien le cachet du ciseau magistral que nous sommes habitués à voir à l'œuvre. Dans l'ensemble, c'est la même pureté de dessin, mais avec moins de profusion d'ornements.

Afin de remplir l'angle qui résulte de la différence d'élévation entre les parties latérales du portique et l'arcade du milieu, Claude enroule une salamandre fantaisiste, ayant une tête à chacune de ses extrémités, et, autant que j'ai pu distinguer, luttant avec un monstre ailé. Ces contreforts ingénieux que nous avons déjà remarqués à Génicourt, et qui semblent soutenir la grande voûte, dissimulent parfaitement des vides que l'on critiquerait, et des brisements de lignes, qui seraient trop accentués.

Afin de prolonger le monument jusqu'au faîte de la chapelle, un troisième portique, mais à deux baies seulement et de petite dimension, s'élève, soutenu par deux arcs-boutants, au-dessus de la corniche qui couronne la grande scène du Règne de Marie. Un dôme termine tout le travail. Nous savons comment Claude traitait ce genre d'ornementation.

II.

Deux personnages principaux et qui se partagent l'attention des visiteurs, occupent l'arcade du milieu.

Une femme majestueuse nous apparaît, assise sur des nuées que peuplent de petits chérubins ; des ailes d'aigle l'aident dans son vol aérien, nous apprenant que son corps spiritualisé se meut dans les régions célestes. Le soleil l'enveloppe de gloire. Une longue chevelure tombe sur sa poitrine, où elle est retenue par une large bandelette. Deux anges, d'une beauté exquise, soutiennent au-dessus de son front, une couronne de douze étoiles; au-dessous d'elle se voit un enfant qu'elle protège.

Cette Reine, saint Timothée, saint Denys et les grands docteurs du rinceau la contemplent; c'est la femme mystérieuse de l'Apocalypse, c'est la Très-Glorieuse Vierge Marie, continuant son œuvre dans le monde par l'Église ou la Cité de Dieu. L'enfant qu'elle protège est le Christ, né de son sein, que la rage de Satan poursuivit depuis Bethléem jusqu'au Calvaire, et poursuit encore de siècle en siècle dans l'humanité régénérée.

L'idéal, je l'avoue, est plus splendide que l'exécution, et de tous les personnages que nous avons à considérer, quelques-uns seulement méritent toute notre admiration. De ce nombre, sont les anges qui soutiennent la couronne d'étoiles. Les autres statues, sans incorrections positives, n'ont point la valeur du groupe de l'Ensevelissement. On y sent le ciseau collectif de l'atelier, et une rapidité de travail, que semblait justifier la position très-élevée de la scène. Moins accessible aux regards, elle pouvait exiger moins de perfection.

L'autre personnage sur lequel se porte l'attention serait inexplicable, si l'exilé de Pathmos, au chapitre XVII de son Apocalypse, ne nous donnait la clef du mystère.

Il vit, dit-il, *une femme vêtue de pourpre, couverte d'or et de pierreries, tenant en sa main une coupe remplie des abominations de Babylone. Cette femme, ivre du sang des martyrs, était assise sur le Dragon aux sept têtes.*

En effet, cette femme repose, à Solesmes, sur la bête aux sept caractères monstrueux. Un dragon, un veau, une lionne, un ours, un léopard, un homme couronné, un bœuf, étalent sous nos yeux leurs crânes dénudés, avec des mâchoires qui réclament leur proie et des regards haineux qui semblent jaillir d'orbites que la mort a creusés.

La queue du monstre, se contournant derrière cette femme lui sert d'appui. Il semble qu'en se repliant ainsi vers la bête, il cache la défaite que lui ont infligée les légions célestes. Car Lucifer enveloppait déjà la septième partie des anges dans les replis de cette queue, quand l'archange saint Michel et ses fidèles hiérarchies s'armèrent au nom du Dieu trois fois

saint, qui devait, par l'incarnation de son Fils, sauver la terre.
Oui, l'Auguste Vierge sanctifiera le monde. Lucifer ou le dragon appelait six monstres à son aide. Marie appelle autour de son trône, sous le symbole de femmes qui forment son cortège, à sa droite, l'Humilité; à sa gauche, la Foi; et dans les deux baies latérales, d'un côté, la Justice et la Tempérance; de l'autre, la Force et la Prudence. Nous lisons leurs noms sur des cartouches qui ne laissent point de doute : *Justitia*, *Temperantia*, *Humilitas operans per Charitatem*, *Fides*, *Fortitudo*, *Prudentia*. Cette charité qui meut l'humilité et les autres vertus, n'est-ce pas le cœur de Marie? N'est-ce pas l'Eucharistie? En effet, la statue qui symbolise l'humilité, tient d'une main le calice, où elle boit le sang de l'*humble* par excellence, le sang qui fait germer toutes les vertus. Cette interprétation est de M. Cartier.

Ce calice, remarque-t-il encore, est certainement opposé, dans l'idée de D. Bougler, à la coupe empoisonnée, que tient la prostituée de Babylone, placée au-dessous. Mais il correspond parfaitement au ciboire de la scène inférieure. Marie dans l'Incarnation, l'âme fidèle à la table Eucharistique, voilà bien la vie de l'Église, *l'Humilité opérant par la Charité*.

Les statues emblématiques ont beaucoup souffert des travaux que le temps a nécessités depuis trois siècles dans l'édifice bénédictin. Les poses sont naturelles, les attitudes parfaitement harmonisées; les vêtements assez curieux mêlent des détails antiques à d'autres qui sentent évidemment le XVIe siècle.

La Force tient d'une main un bouquet de myrrhe qu'elle presse sur sa poitrine, et de l'autre un cœur percé de trois glaives, pour signifier sans doute qu'elle ne craint ni les tribulations, ni la mort.

III.

L'étude épigraphique par laquelle nous terminons nos recherches sur cette dernière grande page du poème de D. Bougler, achèvera de nous en donner l'intelligence.

Il est vrai qu'au milieu d'une composition si étincelante de poésie, nous regrettons encore les trop nombreuses et trop longues inscriptions, que le docte Bénédictin jugea nécessaires pour expliquer le nom, le rôle et les dialogues des personnages.

Sur un cartouche appliqué au nuage qui sert de trône à la femme céleste, on lit cette apostrophe qu'elle adresse à ses nobles compagnes :

O virtutes, quæ ex utero matris meæ crevistis mecum, draconis capita conterentes, coronis gloriæ invicem gratulemur.	O vertus, qui dès le sein de ma mère, avez grandi avec moi, en brisant la tête du dragon, félicitons-nous mutuellement de nos couronnes de gloire.

Ainsi parle Marie. C'est aussi le langage de la sainte Église appelant à la félicité éternelle les âmes justes et prudentes, courageuses et mortifiées, qui montent au ciel sur les ailes de l'humilité et de la foi, avec l'énergie que leur communique la divine charité.

Par contraste, au-dessus de la tête de la prostituée, D. Bougler a transcrit quelques lignes extraites de l'Apôtre-prophète, qui la caractérisent.

Ego, Joannes, mirabar purpuratam meretricem, id est ambitiosam cupiditatem, ebriam de sanguine Sanctorum et Martyrum Jesu.	Moi, Jean, je voyais avec effroi la prostituée vêtue de pourpre, c'est-à-dire, l'ambitieuse cupidité, ivre du sang des Saints et des Martyrs du Christ.

Poursuivant de sa haine Marie, l'Église et l'âme fidèle, la femme maudite charge son interprète de choix, le dragon infernal, de vomir son cri de rage.

Quando morietur et peribit nomen ejus ?	Quand mourra-t-elle? quand périra son nom ?

On lit cette imprécation au milieu des flots de bave qui tombent de sa gueule béante.

Une inscription, placée à droite, nous explique le rôle de ces têtes, de ces monstres, dans la grande épopée de la lutte des deux principes.

Si ad Ezechielem XXIX, Danielem III et VII, et libros Regum effingere licet septem bestiæ capita ; prima horum, draconis, est facies Ægyptiorum. Secunda, vituli, regum Israel et Jezabelis. Tertia, leænæ, Babylonis. Quarta, ursi, Persarum. Quinta, pardi, Græcorum. Sexta, terribilis, Romanorum. Septima, cornuti, Mahumetis et Antichristi regna conferentes.

Essayons d'après les chapitres XXIX d'Ézéchiel, III et VII de Daniel, et les livres des Rois, de nous faire une idée des sept têtes de la bête ; la première, celle du dragon, rappelle l'Égypte ; la seconde, celle du veau, le royaume d'Israël et Jezabel ; la troisième, celle de la lionne, Babylone ; la quatrième, celle de l'ours, les Perses ; la cinquième, celle du léopard, l'Empire grec ; la sixième, tête terrible, est la puissance romaine ; la septième, avec ses cornes, l'Antechrist et Mahomet.

De ce commentaire, sombre comme les visions d'Ézéchiel, passons à une autre légende plus consolante. Faisant pendant à ce triste résumé de l'histoire du monde, un cartouche placé à gauche, sous la baie qui abrite la Justice et la Tempérance, énumère les titres des âmes et de Marie, leur modèle, à la gloire céleste.

O ter quaterque per omnes generationes beata virginalis humilitas ! magnanimitatis facies, virtutum chrystallus, ornamentum et corona ! in unaquaque virtute magna operans, concupiscentiarum mundi contemptrix, cœlestium bonorum desiderio ; inter divinos per Gabrielem exhibitos honores tremens, in tuam parvitatem resiliens, te extenuans, et Deum magnificans.
O tu mystica a Joanne visa mulier amicta sole, habens sub

O trois et quatre fois heureuse devant toutes les générations, la virginale humilité ! sceau des âmes magnanimes, miroir des vertus, leur parure et leur couronne ! en chacune d'elles tu opères de grandes choses, par le mépris des convoitises de la terre et le désir des biens célestes. Au milieu des honneurs divins dont Gabriel t'environne, tu trembles, tu te réfugies dans la petitesse, tu t'anéantis et tu glorifies Dieu.
Je te salue, femme mystérieuse, que Jean a entrevue ; vêtue du so-

pedibus lunam, id est, affectionibus per vanitatum contemptum dominari ; et in capite tuo coronam stellarum duodecim, id est, duodecim moralium, seu omnium virtutum perfectionem ; habensque in utero tùm mentis, tùm corporis, quasi speculo et roridâ nube, sapientiam Dei se in eis affirmantem.

leil, ayant la lune sous tes pieds, car tu es supérieure aux affections terrestres et aux vanités que tu méprises. Il a vu sur ton front un diadème de douze étoiles, et ce nombre mystique signifie la perfection de toutes les vertus morales. Dans ton sein virginal et dans ton cœur, ainsi que dans un miroir et dans l'arc-en-ciel, se reflète la sagesse de Dieu, qui par toi se manifeste au monde.

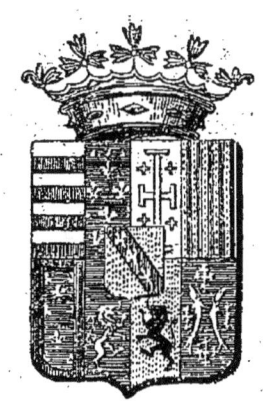

CHAPITRE XXX.

DÉBRIS D'UN GROUPE, A SOLESMES.

Le groupe des Docteurs. — Arcade du bras droit du transept. — Statues du cloître. — Épigraphie. — Groupe primitif.

Tout visiteur de Solesmes, doué du sentiment de l'art, comprendra que le côté de cette chapelle qui fait face à la Pâmoison de la Vierge, n'avait pu rester sans ornementation. Il est vrai qu'un soubassement de pierres sculptées, y élève à une certaine hauteur un bas-relief, presque ronde-bosse, où des statuaires ont représenté l'épisode de Jésus au milieu des Docteurs. Serait-ce un travail splendide, cette scène choquerait là comme un hors-d'œuvre, brisant l'unité du plan et de l'ensemble.

Il est incontestable que ce n'est ni la pensée, ni le style, ni le ciseau des artistes, dont nous venons de contempler les merveilleuses créations. Notre Claude n'aurait pas méconnu, pour cette partie de son œuvre, les lois de l'unité qu'il respecte avec tant de délicatesse dans les deux autres côtés. Or, ni le soubassement, ni la scène, ni la corniche, ne sont en harmonie avec l'architecture des autres compositions.

Ligier et Jean peuvent, dans la rapidité du travail, donner moins de caractère et de perfection à quelques personnages relativement négligés; mais on ne leur reprochera jamais le manque de correction, ou de naturel, et surtout de sentiment. Or, dans la scène du Temple, les statues, d'un style très-médiocre et d'une exécution réellement faible, ont des expressions communes, et des poses tourmentées. Les sujets les moins réussis sont justement ceux que Ligier et Jean se seraient appliqués à mieux traiter, le Divin Enfant, et ses parents qui le retrouvent. Ces figures froides ne sentent pas l'atelier Sanmihiellois.

On sait que M. Cartier est l'admirateur passionné des beaux groupes de Solesmes. Or, certain comme moi de la différence d'origine entre ces compositions, il s'est livré à des recherches et fait des confrontations qui répandent sur la question une très-vive lumière.

Oui, les artistes qui avaient créé avec tant de génie, dans la chapelle de Notre-Dame, le rétable de l'autel et le portique voisin, avaient complété leur œuvre et décoré dans le même style le mur qui fait face à la Pâmoison.

L'arcade que nous voyons actuellement dans l'autre bras du transept, à l'autel de la *Pieta*, est un débris de ce travail.

Le mètre à la main, notre docte archéologue a vérifié les dimensions que ce mur de la chapelle devait avoir primitivement. Or, l'espace est exactement celui que la colonnade pouvait remplir. La corniche, identique à celle que nous avons admirée au-dessus des deux grottes, continuait à régner dans le retour du transept, jusqu'au pilastre correspondant à celui qui limite, à droite, le groupe de la Pâmoison.

Quelle circonstance a pu nécessiter les modifications qui existent? M. Cartier les attribue à des accidents survenus aux murs eux-mêmes, que des vices de construction ou l'action du temps avait renversés. Cette belle chapelle manquait donc de solidité dans la bâtisse. En perdant leur aplomb, les murs ont condamné à une chute, à une ruine regrettable, plusieurs des groupes qui avaient en eux leur point d'appui. Les voûtes portent encore des traces de ce désastre ; nous en avons constaté les tristes résultats dans la scène de l'Assomption. Ici, c'est une composition entière qui s'est effondrée, ne nous laissant que quelques vestiges de sa splendeur primitive.

M. Cartier estime, d'après l'examen des sculptures qui supportent et entourent le groupe du Temple, que la reconstruction des murs de la chapelle eut lieu sous le règne de

Henri IV. Or, dit-il, *la réparation suivit probablement de près le désastre. Il fallait veiller à la solidité de l'église et à la conservation des précieux monuments qu'elle abritait* (1).

Essayons, avec les débris qui nous restent, de reconstituer en esprit le travail qui complétait l'ornementation de la splendide chapelle de la Vierge.

Ces débris sont de trois sortes.

D'abord, la colonnade dont nous venons de parler. Elle mesure 4 mètres 55 de développement. Dans sa forme actuelle, elle est partagée par quatre colonnes en trois arcades; mais primitivement elle offrait quatre compartiments égaux. La cinquième colonne, celle du milieu, a été enlevée; on le voit à l'arc surbaissé qui en résulte et double en largeur la baie centrale. Ces colonnes enguirlandées, leurs chapiteaux du goût de la Renaissance, la frise richement décorée et la corniche, sont évidemment du ciseau de Claude. C'est une de ces colonnes, qui porte la date 1553. C'est dans les détails de la frise que M. Cartier avait cru découvrir la signature de ses artistes flamands.

En second lieu nous retrouvons au cloître de l'abbaye quatre statues, exécutées à mi-corps, destinées à être appliquées contre un mur et à présenter devant elles des cartouches et des inscriptions, dans le goût de D. Bougler. Elles sont de grandeur naturelle. Vu leur attitude, leur mise en scène, leur dimension, elles étaient évidemment destinées à la colonnade du transept.

L'un des personnages se reconnaît à sa couronne et à sa harpe, c'est le roi David.

Un autre est Salomon. Il n'est pas possible d'en douter, quand on voit suspendus à sa ceinture les emblèmes de l'architecte qui a construit le temple de Jérusalem.

Les deux derniers n'ont point de signes distinctifs. Mais des débris de cartouches, chargés d'extraits des prophéties d'Isaïe et de Jérémie, nous aident à les nommer.

Enfin, nous avons à examiner les inscriptions elles-mêmes, qu'il est impossible de ne pas attribuer à la passion de D.

---

(1) Page 115.

Bougler pour l'épigraphie, et par conséquent à l'ornementation de sa chapelle.

Voici, par exemple, des textes puisés dans le Cantique des cantiques, et accompagnés de leur glose.

1° Quid caput insignitum M oculi tui ut columba circonspectio labia tua est —

distillans locutio, manus tuæ tornatiles sicut opera.

2° Caput tuum
aurum optimum est amo[ris seu cha]ritatis intentio, nam sicut caput corporis, ita [amor] est operis principium. Come tue sicut elate
palmarum et nigre, sunt cogitationes humiles.
Præteritorum memoria, præsentium et futurorum providentia, quasi trium stellarum.

3° Eis videntium pu.....
pigmentis ornata.....
.....tis patientia ..... sperat. Locutiones ..... adulatoribus ..... is operation..... compte delectabiles.

1° Que signifie la tête brillante de Marie..... ses yeux comme la colombe.....: la circonspection est sur ses lèvres.

Sa parole est une rosée..... ses mains sont comme un ouvrage fait au tour.

2° Votre tête est..... la droiture de votre amour sont comme un or très-pur, car de même que la tête est le moteur du corps, l'amour est le principe des œuvres.

Votre chevelure noire est semblable aux rameaux du palmier; c'est l'humilité de vos pensées.

La mémoire du passé, la science du présent, la prévoyance de l'avenir, sont comme trois étoiles sur votre front.

(Il est impossible de suppléer les syllabes et les mots qui pourraient donner un sens à ce qui reste de cette inscription. On sent qu'il y est encore fait allusion au Cantique des cantiques.)

Sur un fragment retrouvé dans une cave, on découvre quelques mots et parties de mots, que le lecteur complète facilement, tant le texte primitif est connu. C'est le célèbre passage du prophète Isaïe (VII) :

Dabit... concipiet et pariet... ..... abitur D.

Dieu donnera un signe. Une vierge concevra et enfantera et son fils sera appelé Fils de Dieu.

Un autre cartouche relate l'explication donnée par Goërric,

disciple de saint Bernard, sur le *femina circumdabit virum* de Jérémie (XXXI) :

Quid altum mulierem concipere filium si non sit virgo; aut quid mirum Dominus creavit, si femina masculum de masculo circumdabit?	Est-il étonnant qu'une femme conçoive un fils, si elle n'est vierge? Et le Seigneur a-t-il créé du nouveau, si une femme porte dans son sein un homme, conçu d'un homme?

Avec de si faibles données, essayerons-nous de reconstituer le travail des Richier?

La colonnade qui a survécu au désastre, pouvant, par son développement, occuper en longueur toute la chapelle, et sa corniche demandant à se rajuster avec celle qui couronne le rinceau des Docteurs, je crois pouvoir affirmer que ces quatre niches continuaient en retour le rinceau. Les quatre Prophètes avaient sans doute leur place dans ses baies. Mais un travail inférieur devait correspondre à la grotte de l'Ensevelissement et un autre s'élevant au-dessus de la corniche, montait nécessairement jusqu'à la voûte, comme la scène de l'Assomption.

Le lecteur me permettra de hasarder ici quelques conjectures.

Les épisodes supérieurs des deux compositions voisines ont pour scène le Ciel. C'est dans le Ciel que Marie est glorifiée, c'est dans le Ciel que saint Jean la voit couronnée d'étoiles.

Le troisième arc-de-triomphe devait esquisser également quelque révélation céleste. D. Bougler n'ignorait pas que l'Église applique à Marie ce que l'Écriture dit de la Sagesse : *ab æterno ordinata sum, lumen indeficiens in cœlis...* N'a-t-il pas demandé à l'inspiration de nos artistes une exécution de cet idéal, où les milices célestes exprimeraient à l'envi leur admiration envers celle qui naîtra dans le temps et sera leur Reine pour l'éternité? N'a-t-il pas éclairé le génie de nos statuaires, en proposant à leur riche imagination les charmantes allégories du Cantique des cantiques? N'est-ce pas à cette pensée que se rattachent les textes extraits de ce dernier livre? Le travail pouvait s'élever jusqu'au faîte du transept, tout en ménageant la fenêtre qui devait répandre le jour sur ces merveilles.

Quant au portique inférieur lui-même, le local n'offrant plus les ressources d'une grotte ou d'un enfoncement suffisant à recevoir un groupe disposé sur plusieurs plans, l'artiste pouvait très-bien représenter dans une baie l'Annonciation, qu'il devait si heureusement traiter plus tard dans la chapelle ducale à Bar-le-Duc? Ainsi les textes d'Isaïe et de Jérémie auraient eu leur raison d'être : *Ecce Virgo concipiet*.

Dans l'espace plus large du milieu, il pouvait placer sous nos yeux la même prophétie recevant à Bethléem son accomplissement miraculeux : *Ecce pariet*. Sa crèche de Solesmes l'aurait ainsi préparé à celle qu'on admira depuis à Bar-le-Duc, et dont l'adorable nouveau-né occupe une place d'honneur dans le Musée du Louvre.

Une troisième baie restait à remplir. Bien d'autres faits de la vie merveilleuse de Marie s'offraient au génie de nos artistes. Mais je ne pense pas que D. Bougler aurait accepté de représenter la Compassion de Marie, puisque la chapelle du Crucifix avait déjà, dans la *Pieta* et le Sépulcre du Christ, deux scènes de la vie douloureuse de la Vierge.

Puisque l'étroitesse de l'arcade et son peu de profondeur devaient exiger une scène simple et sans beaucoup de personnages, Ligier pouvait choisir la Visitation, qu'il traita si admirablement à Saint-Mihiel, et qui place sur les lèvres des deux parentes, des phrases admirables à la gloire de la maternité divine.

D'autres visiteurs feront d'autres conjectures. Ils préféreront peut-être admettre une scène unique, divisée en trois compartiments, et, par là, se rapprochant davantage des autres groupes. Bethléem, les bergers qui accourent, les Mages que guide une étoile, pouvaient ouvrir un vaste champ au génie inspiré de Ligier.

Quoi qu'il en soit, ce chapitre de l'histoire de Solesmes explique comment, dans des réparations récentes, on a pu découvrir, enfouis sous le sol, des débris de statues taillées dans la même pierre et portant le même cachet que celles des groupes existants. On a voulu chercher la raison de ces blocs brisés et de leur grand nombre, dans une légende populaire qui représente les trois artistes travaillant à l'envi les mêmes sujets, puis les religieux choisissant les mieux réussis et brisant les autres. Des essais infructueux ont pu, je l'avoue, déterminer le rejet de quelques statues ébauchées ; mais les accidents survenus aux murs de la chapelle, et, par suite, la destruction d'une partie du travail, nous donnent, selon moi, une solution bien plus acceptable.

CHAPITRE XXXI.

CHAPELLE DU SÉPULCRE DU CHRIST, A SOLESMES.

Examen général de ce Sépulcre. — L'œuvre de Michel Colombe. — Les Larrons. — La Madeleine. — Deux autres femmes du Sépulcre de Solesmes. — Massacre des Saints Innocents. — Un mot sur l'histoire du groupe de Solesmes.

En passant près du sépulcre du Christ, un doute a traversé mon âme. Parmi les nombreux personnages de cette chapelle, ne retrouverais-je pas quelque trace d'un ciseau Sanmihiellois?

Je vois, dans une grotte, le Christ étendu sur un linceul, que soutiennent Nicodème et Joseph d'Arimathie. En face, est la Vierge défaillante appuyée sur saint Jean; deux saintes femmes, placées à sa gauche, compatissent avec elle; à sa droite, un disciple porte un vase de parfums. Devant le tombeau de la Vierge, nous avons vu François Bougler; devant celui du Christ, une Madeleine dans une attitude semblable, excite également notre admiration.

De chaque côté de la grotte, un garde armé rappelle ceux dont parle l'Évangile.

Je n'étudierai pas le style des décorations de cette grotte. Au point de vue architectural, elle est un des joyaux que nous a légués la fin du xv⁰ siècle, cette époque, de transition pourtant, où l'art italien s'épanouissait sur notre sol de France, mêlant la sève, toute jeune encore, de la Renaissance aux dernières flammes du style gothique.

Au-dessus de la grotte s'élèvent trois croix; celle du milieu ne porte plus le Christ, puisqu'il est dans le tombeau; mais les larrons sont attachés aux deux autres.

Au pied de ce Calvaire, Isaïe et David prophétisent la résurrection prochaine du Sauveur et la gloire de son tombeau.

Des anges complètent cette vaste composition. Un d'entre eux descend d'un beau pendentif au milieu de la voûte, avec la légende : *Factus in pace locus ejus*. Les autres présentent à notre vénération les instruments de la passion du Christ.

L'inscription 1496 et des blasons fixent la date du travail architectural.

Mais il me semble évident que plusieurs ciseaux ont concouru à la statuaire, et à des époques différentes.

D'un travail plus primitif, nous avons la Vierge, saint Jean qui la soutient et le disciple qui l'accompagne. C'est ma manière de voir que je soumets à l'appréciation des visiteurs.

Le Christ, Joseph et Nicodème qui l'ensevelissent, les deux gardes qui protègent l'entrée du Sépulcre, personnages de stature colossale, les prophètes qui annoncent la Résurrection, les anges que nous voyons dans la grotte et auprès des croix, sont de Michel Colombe, ainsi que la splendide architecture du monument. M. Cartier le prouve par des arguments irréfragables.

Michel Colombe, *habitant de Tours* et *tailleur d'ymaiges*, était *accoustumé en tel cas d'ordonner*, autour du *Saint Sauveur*, *les pourtraicts de Notre-Dame, saint Jehan, Marie Magdaleine, Marie Marte, Joseph d'Arimathie, Nicodemus* (1). Deux saintes femmes devaient accompagner la Vierge, saint Jean soutenir sa mère adoptive, et les deux autres disciples occuper les extrémités du tombeau. Or, à Solesmes, sans parler des gardes, il y a trois disciples avec saint Jean, et trois saintes femmes avec la Vierge. Je crois donc être dans le vrai en estimant que ce groupe a passé par plusieurs remaniements. Respectant quelques débris d'une œuvre plus ancienne, Michel Colombe a sculpté à neuf le tombeau *avecque le gisant*; les deux membres du Sanhédrin, dans lesquels il a voulu laisser à la posté-

---

(1) Page 31.

rité les *ymaiges* de seigneurs contemporains, et les deux gardes qui sont également des portraits.

Quant aux deux saintes femmes qui pleurent auprès de Marie, à sainte Madeleine et aux deux Larrons, j'admettrais volontiers pour eux une époque un peu plus récente.

Les larrons sont exactement du même style que ceux que l'on voit à la ville haute de Bar-le-Duc, dans l'église et dans le Musée; la perruque qui couvre le mauvais larron ne m'étonne pas; je sais que la statuaire a son genre d'épigrammes, et notre école employait volontiers cette arme.

Plus encore que les Larrons, Madeleine attire mon attention, Madeleine que je vois près du Sépulcre, en face du divin Maître. Pour se livrer plus aisément à ses douloureuses méditations, elle a posé, devant elle, le vase de parfums qu'elle destine à l'adorable Victime.

Elle s'est assise sur le sol rocailleux de la grotte; les genoux rapprochés de la poitrine servent d'appui aux avant-bras, de même que les mains jointes soutiennent la tête. Elle est habillée simplement, mais tous les détails de ses vêtements, le long voile qui tombe sur le front et sur les épaules; la robe modeste qui recouvre, en les dessinant parfaitement, toutes les formes du corps; le manteau étendu négligemment sur les genoux, tout cet agencement, dis-je, révèle une main magistrale.

Sans doute, la Madeleine de Solesmes, rapprochée de celle du Sépulcre Sanmihiellois, ne pourrait soutenir cette comparaison. Toutefois, les visiteurs se sentent vivement impressionnés à la vue de cette femme, de grandeur naturelle, comme ses compagnes de la même chapelle, mais plus suave d'expression, plus vraie d'attitude. De ses yeux fermés on croirait qu'il tombe des larmes, de même que des sanglots semblent soulever sa poitrine.

Or, s'il est des artistes qui aient pu confronter cette Madeleine avec les œuvres de Claude Richier, je leur demande s'il n'y a pas des rapports frappants de similitude. La Madeleine assise à Solesmes n'est-elle pas en particulier la sœur du saint évêque qui veille au seuil de la basilique du Port Lorrain?

Pourquoi le frère de nos statuaires, pendant les heures de

répit, que ceux-ci accordaient à son ciseau d'architecte, n'aurait-il pas demandé quelques blocs aux carrières du pays, d'où Colombe avait extrait les siens, et placé le souvenir de son talent de statuaire auprès du Sépulcre du Christ, faisant pendant au jeune bénédictin que Ligier avait également assis au pied du Sépulcre de la Vierge?

Ce jugement que j'émets avec conviction, je le propose en toute simplicité à l'appréciation d'hommes plus compétents. Dans le désir de révéler au monde les œuvres de mes compatriotes, je prie ces critiques d'examiner encore si le même ciseau n'a pas remplacé la Madeleine et la Marie Marthe d'une composition primitive par les saintes femmes que nous voyons actuellement debout dans la grotte; car, comment expliquer le contraste de leur attitude vivante et mouvementée avec la raideur des autres personnages, même de Joseph, de Nicodème et des gardes? Toutefois, ce n'est là qu'un doute que j'émets.

Massacre des Saints Innocents.

Ce bas-relief est placé sous l'arc surbaissé qui résulte de la suppression d'un fût dans la colonnade que nous avons étudiée.

Cette composition a été exécutée par les artistes que D. Bougler employait à la chapelle de Notre-Dame la Belle. Tous les historiographes de Solesmes le reconnaissent.

Elle faisait partie d'un rétable, qui encadrait l'antique *Pieta* du monastère. Débris précieux d'un travail de la Renaissance, elle reste, avec quelques sculptures très-délicates qui ornent des pilastres en pierre, pour attester que l'autel de la *Pieta* était également un chef-d'œuvre.

Tout le monde connaît le *Massacre des Innocents*: Raphaël l'a représenté dans une peinture digne de son génie; Marc-Antoine, le célèbre graveur italien, l'a buriné d'une manière non moins remarquable, en suivant le dessin de Sanzio.

Jean Richier s'inspire du même modèle et peut-être de la copie, pour sculpter, dans une pierre très-blanche, cette scène horrible, où il retrace avec énergie les lamentations des femmes de Juda, l'effroi des petites créatures en face des bourreaux, et la barbarie de ceux-ci qui frappent, percent, pourfendent sans pitié. Un détail est horrible. Un des sicaires d'Hérode tient au haut de sa pique, comme pour insulter à la consternation des mères, le pauvre enfant que le fer a traversé et qui agite douloureusement ses petits membres.

Les femmes ont environ 35 centimètres de hauteur; les soldats, quarante; parmi les enfants, quelques-uns n'ont encore que les premières proportions du berceau; les autres sont plus développés.

Ce travail n'étant pas une création de nos artistes, mais la copie d'un Raphaël; je ne m'étonne pas d'y retrouver comme un besoin d'y faire ressortir les formes du corps humain. En réalité, il y a du sentiment; mais Ligier inspirant à son frère la même scène, aurait peut-être spiritualisé davantage le sujet. Il aurait su lui communiquer autant de science anatomique, mais sans mettre celle-ci en évidence, au point qu'elle prime, dans certains détails, le fond et le sentiment.

Toutefois ces bas-reliefs sont remarquables par la saillie et la netteté des têtes et des membres bien fouillés, qui semblent se détacher dans le premier plan. Si je suppose plusieurs plans, c'est que le ciseau de l'artiste représente dans un coin de la scène, mais avec la perspective du lointain, la sainte famille qui fuit en Égypte.

L'ensemble de la composition n'a guère plus d'un mètre en longueur, la hauteur est proportionnée. Ce groupe avait été revêtu de teintes polychrômes. Était-ce le pinceau de son auteur qui l'avait habilement enduit d'encaustique, était-ce quelque peintre moderne qui l'avait badigeonné? Je n'ai pu le constater, mais il est certain que la restauration plus récente, si sage qu'elle ait été, et si habilement qu'on ait pu l'exécuter, a causé bien des détoriations, par exemple, dans l'expression des visages et les replis des vêtements.

Puisque je parle des vêtements, je me contenterai de dire que Jean, à l'instar de Raphaël, y donne aux femmes le costume traditionnel des Juives; qu'un certain désordre dans les robes et les chevelures est la conséquence naturelle des faits qui sont représentés, et que les bourreaux ressemblent beaucoup aux archers du XVIe siècle.

D. Bougler n'avait pu négliger cette occasion de produire quelque thèse nouvelle d'exégèse, et de faire gloser la pierre. Deux inscriptions entraient dans le rétable. Elles viennent d'être relatées sur un marbre, entre l'autel et le Sépulcre du Christ.

Conferentes prophetiam cum Evangelio, quid ad te O virginitatis fortitudo; vox in excelso audita ploratus Rachaelis plorantis filios.	Si nous confrontons la prophétie avec l'Évangile, quel rapport verrai-je entre vous, ô force de la virginité, et la clameur entendue dans les airs, quand Rachel se lamentant pleurait ses enfants?

A cette question extraite, pour la pensée, du texte de saint Mathieu, la glose répond :

Mathæus per allegoriam te virginem Matrem Jesu, veram Rachaelem expressam voluit et Jesum verum Joseph filium tuum simulque occisorum infantum matres, item martyres matrem Ecclesiam pie plorantem natos ad mortem loco Christi datos quasi jam non sint pro quibus et divinitus dictum.	C'est par allégorie que saint Mathieu vit en vous, noble Vierge, Mère de Jésus, la véritable Rachel, et dans votre fils le véritable Joseph. De même, dans ces mères qui pleurent le massacre de leurs nouveaux-nés, nous devons voir la sainte Église qui déplore le martyre de ces enfants qui lui ont été donnés à la place du Christ, comme si elle ne les possédait plus. C'est ainsi qu'il faut interpréter la parole divine.

Par ces textes, D. Bougler établit fort ingénieusement les rapports qui existent entre la Vierge tenant sur ses genoux le corps de son divin Fils, et les mères Juives qui pleurent leurs enfants massacrés par Hérode; entre Rachel et Marie, qui pleure la mort spirituelle de ses enfants adoptifs; enfin, entre l'épouse de Jacob et l'Église désolée du martyre de ses enfants.

A Solesmes comme à Saint-Mihiel, les visiteurs qui connaissent l'histoire de la grande Révolution, les violences des Jacobins contre tous les ordres monastiques et les sacrilèges de leur vandalisme, se demandent comment des groupes aussi religieux ont pu échapper au marteau des démolisseurs. Le travail de M. Cartier nous fournit à ce sujet des détails historiques, qui intéresseront mes lecteurs.

Le 4 avril 1791, le monastère et ses dépendances devinrent la propriété de M. Lenoir de Chanteloux, qui fit fermer l'église.

Après la tourmente révolutionnaire, le préfet de la Sarthe ordonna que « les statues existantes dans l'ancienne église des ci-devant religieux bénédictins de Solesmes, en seraient retirées et transportées dans la cathédrale du diocèse. » Un prêtre sécularisé, M. Renouard, bibliothécaire du Mans, fit à ce propos des enquêtes et des rapports qui concluaient toujours à l'enlèvement de ces groupes. Le propriétaire du couvent de Solesmes, en ayant appelé au conseil de préfecture, se vit malheureusement débouté de ses prétentions; et l'arrêté du 30 août 1811 aurait à jamais enlevé à Solesmes ses trésors, si le 17 juillet 1812, de Wilna même, où il préparait la funeste expédition de Russie, l'empereur Napoléon n'avait annulé les décrets antérieurs, et, sur l'avis de son Conseil d'État, confirmé M. Lenoir de Chanteloup dans son droit de propriétaire du couvent, de la chapelle et de tout ce qu'ils renfermaient.

Or, vingt et un ans après le décret de Wilna, l'antique couvent de Solesmes, racheté par les enfants de saint Benoît, vit D. Guéranger y renouveler les jours glorieux des Philibert de la Croix, des Cheminart et des Bougler.

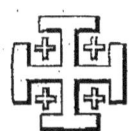

CHAPITRE XXXII.

CHAPELLE DES PRINCES, A BAR-LE-DUC.

Notice sur cette chapelle. — Plinthe de Saint-Maxe. — Tête du Christ. — Têtes de saint Jérôme et de saint Grégoire. — Tête de saint Jean-Baptiste. — L'Enfant Jésus.

L'ÉGLISE Saint-Étienne, où nous avons déjà admiré le Christ et les Larrons, n'était pas, avant la Révolution, le seul édifice religieux sur la montagne de Bar.

Contiguë au palais des Ducs, l'église Saint-Maxe, qui avait aussi sa collégiale, était d'une magnificence vraiment royale, surtout dans cette partie que l'on appelait *Chapelle des Princes*, et dont nos historiens nous ont laissé quelques descriptions.

Dans un excellent article publié en 1848 par le *Magasin Pittoresque*, nous lisons que Montaigne, lors de son premier voyage en 1554, vit notre Richier occupé à la décoration intérieure de la Collégiale de Saint-Maxe, sous les ordres du doyen Gilles de Trèves.

Il est vrai que l'auteur des *Essais* accompagna Henri II à la Cour de Bar-le-Duc; mais les recherches, faites jusqu'ici, n'ont pu découvrir d'autre relation entre le voyage de ce philosophe et le travail de notre artiste, que la simultanéité.

« On montre là plusieurs figures de la façon de Richier, entre autres, *la Crèche de Notre-Seigneur*, qui a servi de modèle à celle qui se voit au Val-de-Grâce à Paris. »

Ainsi s'expriment D. Calmet et son fidèle copiste D. de

l'Isle. Ils relatent également l'érection du beau mausolée de la *Mort* dans l'intérieur de l'église.

Remémorant *Ce que la France a de plus curieux*, Brouilly fait une courte description de la Chapelle des Princes.

« Il y a, dit-il, dans le collatéral droit, une chapelle bâtie
» par Gilles de Trèves, doyen de cette église et fondateur du
» collége. Il est difficile de trouver plus d'ornements de sculp-
» ture et d'architecture. L'artiste a mis son nom au bas d'une
» colonne de l'autel. Il s'appelait Ligier Richier. »

« Son *Annonciation*, sa *Naissance*, et les *quatre Évangé-*
» *listes* sont d'un travail exquis, et de la même main, et, ce
» semble, la statue du tombeau du dit Doyen. Cette chapelle
» est digne d'être mise en parallèle avec les plus belles d'I-
» talie. »

Maillet, écrivant en 1773 son *Pouillé du Barrois*, fait également mention de ce sanctuaire « bâti par Gilles de Trèves en
» 1551, de pierres très-rares et très-belles, orné de figures de
» *Prophètes, du Christ, de la Vierge et de saint Jean, des huit*
» *Pères de l'Église Grecque et Latine.* »

« La *naissance de Jésus-Christ* se voit sur la croisée près de
» l'autel, dont le rétable représente, entre autres choses, une
» *Annonciation* en relief, qui est admirable et de la main du
» même artiste, qui a fait le *Squelette*, qu'on voit au bas du
» chœur. »

« Sur l'autre croisée, la figure de *Gilles de Trèves* est à ge-
» noux devant un prie-Dieu. Sur la corniche, autour et dans
» le plafond, les *douze Apôtres*, avec différentes attitudes.
» Dans deux autres mausolées, les figures sont à genoux.
» Au fond de la chapelle, on lit l'épitaphe de *Gilles de*
» *Trèves.* »

Moins explicite et moins exact, le continuateur de l'évêque de Ptolémaïs dit que « Gaget de Bar a fait le rétable
» de la chapelle des Princes dans la collégiale de Saint-Maxe
» à Bar-le-Duc. D'autres, dit-il, l'attribuent à Richier, sculp-
» teur de Saint-Mihiel. »

Sans exclure le sculpteur Barisien, l'ami et probablement l'élève de Richier, de toute participation à ce travail, nous l'attribuons tout d'abord au maître de l'école. *Brouilly*, que nous avons cité plus haut, et après lui *Durival*, affirment avoir lu sur la plinthe d'une colonne une inscription qui enlève tout doute relativement à l'auteur et à la date de cette œuvre magnifique.

Rien n'est plus formel que cette signature : Ligier Richier fecit anno 1554.

Les antiquaires de Bar-le-Duc connaissent de tradition les merveilles de cette chapelle ; le bas-relief de l'Annonciation, où la Vierge et l'Ange étaient de grandeur presque naturelle ; le plafond, composé de poutres et de poutrelles, formant des caissons carrés, remplis par des pendentifs dans le genre de la Renaissance, avec de riches décorations d'or et de couleurs.

De tout ce monument, que nous reste-t-il encore ? Quelques fragments, quelques joyaux, qui ont bien chacun leur grande valeur, et que nous allons étudier successivement.

Plinthe de Saint-Maxe.

Le premier n'est qu'un débris, une pierre dont les arêtes sont tronquées, une *plinthe* dont nous n'avons plus qu'un morceau de 35 centimètres. C'est égal, on y lit : LIGIER RICHIER F. C'est une preuve authentique que le ciseau de notre artiste avait sculpté le rétable. Nous regrettons de ne plus lire FECIT ANNO 1554. Mais ce qui nous reste atteste la véridicité de Brouilly et de Durival.

Les archivistes Barisiens rapportent que, lors de la démolition de la collégiale Saint-Maxe, en 1793, les blocs de pierre furent vendus et que les œuvres d'art succombèrent sous la pique des destructeurs, jetés pêle-mêle parmi les matériaux sans valeur.

Des archéologues, et en particulier M. Paulin Gillon, ayant reconnu depuis, dans une bâtisse toute vulgaire, la plinthe dont nous nous occupons, eurent la bonne pensée de l'en faire extraire et de la placer dans le Musée de la ville.

Certes, bien des parchemins recueillis par nos paléologues,

n'ont pas le prix de ces quelques lettres, que le ciseau de Ligier a gravées dans la pierre.

Je dis le ciseau de Richier, car je ne vois aucune donnée plausible, qui justifie l'hésitation de quelques archéologues sur l'authenticité de cette inscription. Alors même que le doute serait possible, cette signature prouverait encore le jugement porté par nos ancêtres.

Tête du Christ.

L'image du Christ, avons-nous vu, décorait cette Chapelle des Princes; la tête en a été sauvée. En 1793, pendant que les débris du sanctuaire ducal étaient achetés à vil prix et qu'on se faisait une joie sacrilège d'en profaner les saintes images, des mains pieuses recueillirent cette tête dont M. le chanoine Trancart fit depuis l'acquisition, et qui fut achetée à sa mort par M. Humbert, contrôleur en retraite à Bar-le-Duc.

Les relations, citées plus haut, nous montrant à côté du Christ, les statues de la sainte Vierge et de saint Jean, il semble naturel de penser que cette tête vient d'un Calvaire. Au jugement de tous les visiteurs, le Christ y est représenté avec une expression de douleur qui traduit, comme jamais ciseau ne l'a fait, la prophétie d'Isaïe sur les souffrances du Sauveur et le récit des Évangiles.

Le corps entier pouvait avoir 0,90 centimètres.

On admire la tête du Christ, que la flamme a épargnée lors des orgies révolutionnaires de Saint-Mihiel; mais, en vérité, celle-ci lui est bien supérieure. Une épine, que les coups des bourreaux ont enfoncée entre les deux sourcils, y détermine une dépression et des plis de chair, qui concourent avec la bouche entr'ouverte, à produire un effet inimaginable. L'arcature des yeux, les paupières éteintes, la contraction du visage, les dents imitées au naturel, les mèches des cheveux et de la barbe, chaque détail est au-dessus de tout éloge. On regrette que l'extrémité droite de la barbe ait été brisée, et qu'on ait, en plusieurs endroits, mutilé les tresses de la couronne. Malgré ces détériorations, ce débris reste un des véritables chefs-d'œuvre de Ligier Richier. Ajoutons qu'il a apporté un soin exquis à donner à la pierre par le fini de la peinture, le poli et le brillant d'un marbre blanc qui ressort mieux sous la teinte verdâtre de la couronne.

Têtes de saint Jérôme et de saint Grégoire.

Le ciseau de Richier avait placé, à la gauche du Christ, les Prophètes; à sa droite, les huit principaux docteurs de l'Église.

De cette belle composition, il nous reste certainement un débris, le *chef* magnifique de *saint Jérôme*. Taillée dans la pierre, ainsi que celle du Christ, comme cette tête impressionne et saisit l'âme !

Ce front, large et élevé, d'autant plus facile à admirer que le crâne, presque entièrement dénudé, n'a conservé de cheveux que sur les tempes, révèle une puissance peu commune d'intelligence, en même temps que les rides attestent à la fois le travail et la lutte, autant que la vieillesse.

Les yeux arqués, les joues plutôt caves et osseuses, le nez caractérisé qui rappelle le Nicodème du Sépulcre, la barbe large et soyeuse qui court des lèvres jusqu'aux oreilles, tout est noble et beau dans cette remarquable figure.

C'est l'expression d'une méditation à la fois douloureuse et profonde, où la tristesse du cœur s'unit à une énergie de volonté, que les luttes ont dû éprouver, mais n'ont pu vaincre.

Cette tête, ce chef-d'œuvre avait eu le même sort que celle du Christ. M. Trancart la possédait également dans sa bibliothèque. A sa mort, elle fut achetée par son neveu qui la transporta à Nancy.

Elle est de pierre, ai-je dit, et autorise à supposer que la statue entière mesurait moins d'un mètre.

En face de ces deux têtes, j'ai la certitude de contempler des débris de la chapelle ducale. Sans avoir pu découvrir en faveur d'*une tête de saint Grégoire le Grand*, une tradition qui m'en garantisse au même point l'authenticité, je suis convaincu que ce chef en pierre polychromée a la même origine.

Les collecteurs intelligents du Musée Lorrain l'ont eux-mêmes placé dans le groupe de l'école des Richier.

C'est un visage noble et expressif, où se peint une énergie tempérée par la sainteté.

Les trois couronnes pontificales s'élèvent sur le front du grand Docteur.

L'examen de cette tête vénérable m'amène à étudier, sous le même n° 379, une autre tête, terre cuite, peinte en noir, peut-être calcinée par le feu, de 20 centimètres de hauteur, dont l'artiste, n'a pas même ébauché l'occiput. Les yeux sont fermés, le front large et haut a des lobes bien prononcés; les joues sont saillantes de chaque côté du nez qui est lui-même très-caractérisé; la chevelure et la barbe flottent en désordre. Une main qui saisit cette tête par le haut des cheveux, ferait inscrire sur le débris le nom de Jean-Baptiste, en même temps que la finesse et l'énergie du travail permettraient de l'attribuer à Ligier Richier.

Enfin un *chef de Christ* et d'autres têtes mutilées sont exposés dans le même groupe du Musée.

L'enfant Jésus.

M. Barbet de Jouy, qui a rédigé avec tant d'érudition le *Catalogue des Sculpteurs français depuis le* XIIIe *siècle*, parle d'un *Enfant Jésus*, représenté nu, couché, et tel qu'on peut se le figurer dans une crèche.

C'est au Musée du Louvre, dans la salle Goujon, au numéro 91, que les visiteurs peuvent contempler le divin Bambino, petit de dimension, puisqu'il ne mesure que 26 centimètres, mais exquis de travail.

On lit au-dessous l'inscription suivante : « ce fragment est tout ce qui nous reste d'une grande composition qui dut être un chef-d'œuvre. *Il fut acquis par l'État en* 1852. »

En réalité « cet Enfant est adorable de vérité et d'abandon; » la chair frémit; le petit corps respire; on a envie de toucher » les bras et le ventre pour s'en assurer. Il est couché sur le

» dos, les genoux et la tête un peu relevés, dans une pose
» d'un naturel parfait. »

Ainsi parle M. Victor Fournel, en appelant l'attention des visiteurs du Musée sur les petites pièces que le Louvre possède sous le nom de Ligier Richier, et qui ne donnent encore qu'une très-légère idée de la valeur de l'artiste dans ses grandes compositions.

Il aurait pu leur signaler d'autres caractères non moins remarquables de ce petit morceau qui, tout examiné, est bien ce que la salle Goujon renferme de plus achevé au point de vue de la structure anatomique et de la science psychologique.

Notre Richier, profondément imbu des Prophètes et de l'Évangile, savait donner à l'Enfant-Dieu une haute noblesse d'expression, des yeux pleins d'intelligence, de délicatesse et de bonté, « des lèvres qui semblent n'attendre pour parler « que l'occasion de le faire avec fruit, » selon la remarque ingénieuse de M. le Dr Bégin.

M. Dauban, après l'avoir étudié, croit avec nous que c'est une œuvre de Ligier Richier. Le mérite de l'exécution, la délicatesse des détails, le modelé des chairs, la science anatomique qu'on y constate, les soins apportés à la configuration un peu protubérante du front; quelque chose qui est d'un enfant par la simplesse, qui est d'un Dieu par la majesté; tout, jusqu'à la pierre de Meuse dans laquelle il a été sculpté, justifie l'attribution de cet Enfant au ciseau de Ligier Richier.

L'inscription qu'on lit au Musée donnerait pour origine à cet Enfant le château de Ligny. Sauvé par des mains pieuses, il a pu y être transporté. C'est là sans doute ce qui a inspiré ces lignes dont rien ne prouve la véridicité. Après avoir recueilli l'enseignement des pages précédentes sur la Chapelle des Princes à Bar-le-Duc, on estime plutôt ce travail, comme un fragment de la composition qui ornait l'embrasure d'une des fenêtres de ce sanctuaire. Si le Val-de-Grâce avait encore aujourd'hui sa crèche, nous pourrions confronter les deux Bambinos. Malheureusement la copie dont parle D. Calmet n'existe plus. Il ne nous reste donc qu'une argumentation, mais qui me semble concluante. Il est certain que Ligier Richier a fait pour Bar-le-Duc une crèche que l'on y admirait encore au siècle dernier ; et la tradition ne lui attribue que celle-là. Or, le Musée du Louvre se glorifie de posséder un Bambino, qui est incontestablement de ce grand artiste. Il y a donc tout lieu de conclure que l'Enfant du Louvre est bien celui de la chapelle ducale (1).

En tout cas, il est singulièrement regrettable que des mutilations aient fait disparaître le pied droit et dégradé par des inscriptions les parties, où la pointe du couteau pouvait exercer plus à l'aise ses ravages.

(1) M. Maxe-Verly, après des recherches scrupuleuses, vient d'établir par des preuves sans réplique, que j'étais dans le vrai au sujet de l'origine de ce Bambino.

CHAPITRE XXXIII.

LE JUGEMENT DE SUZANNE.

Sujet du travail. — Jugement des critiques. —
Les deux chérubins.

L'ÉTUDE du divin Bambino nous ayant conduits à la capitale, nous invite à chercher dans les riches collections du Louvre et à la Bibliothèque nationale, les autres œuvres qui pourraient porter le cachet de nos Richier.

Le Catalogue publié en 1855 par M. Henry Barbet de Jouy, que sa vaste érudition fit nommer conservateur adjoint des antiques et de la sculpture moderne, puis inspecteur du Musée, attribue à Ligier Richier un bas-relief qui est aujourd'hui encore exposé au Louvre (N° 90), bien qu'une note de l'historien de la Sculpture française, laisse à penser qu'on ne peut plus parler de ce travail que pour souvenir.

Longue de 0,41 sur une hauteur de 0,38, cette petite composition en pierre de Meuse, représente *le Jugement de Suzanne*.

Au milieu d'un groupe, ou plutôt entre deux groupes de personnages, le jeune Daniel apparaît sur un trône élevé de trois marches.

A gauche, est Suzanne, retenue par deux soldats; mais l'œil de la jeune Juive exprime la conviction de l'innocence et l'espoir du triomphe; sa mère, les mains jointes auprès d'elle, semble remercier la Providence. Quatre femmes, moins âgées que la mère de Suzanne, ses autres filles peut-être; deux enfants évidemment de la même famille, et sept autres personnages complètent le groupe de gauche, où l'on sent que tous, jusqu'aux gardiens, jouissent de voir les imposteurs démasqués et l'innocence reconnue.

Daniel tourné vers la droite du spectateur, qui est bien en réalité sa gauche, interpelle, on le voit à son geste expressif, l'un des vieillards, qui, confus et interdit, est maintenu au premier rang par le soldat qui le garde. L'autre coupable, non moins accablé que son complice, apparaît au second rang; un soldat le retient aussi par la ceinture. Dix personnages, agencés derrière eux, composent un groupe très-remarquable, dans lequel on distingue parfaitement un fou, agitant en l'air sa marotte pour railler les passions caduques des infâmes vieillards.

Dans le haut du relief, des nuages forment au-dessus des têtes une zône interrompue en son milieu par un grand cartouche, qui semble avoir pour double destination, de continuer ou de couronner le trône de Daniel, et de recevoir une inscription.

Au milieu des nuages apparaissent deux anges, dont l'un tient au-dessus de Suzanne, la couronne de l'innocence, tandis que l'autre brandit sur les têtes des coupables, le glaive de la Justice.

On sent que ces deux anges résument toute la pensée du travail. Le second surtout rappelle cette parole du jeune prophète : « Le messager du Seigneur est prêt, ayant l'épée en main pour vous exterminer (1). »

La composition a un autre détail qui ne manque pas de grâce. En avant du trône de Daniel, deux jeunes enfants nus, s'occupent, non du jugement qui est porté, mais de petits chiens. Celui que vous voyez renversé sur le pavé, pleure dans l'effroi que lui causent les aboiements d'un de ces animaux, qui, monté sur la première marche du trône, voudrait de là se jeter sur lui. L'autre enfant, se tenant debout, sourit au contraire en prenant des deux mains le second chien, posé sur une marche plus élevée.

(1) Dan., XIII, 59.

Cet épisode, qui, au premier aspect, semble un hors-d'œuvre insignifiant, est au contraire l'expression allégorique de la moralité qui résulte ici de l'ensemble des faits.

Car voici, selon moi, la pensée de l'artiste. Le chien aboie contre l'enfant renversé, il joue avec celui qui est debout. Tout à l'heure, Suzanne condamnée, était honnie par les vociférations du peuple, qui exaltait ses juges. Daniel parle, les rôles changent; la multitude retourne ses malédictions contre les vieillards et porte aux nues la chaste Suzanne.

L'auteur de l'*Art en Lorraine* (1) n'a pas une confiance absolue dans l'attribution faite à Ligier Richier de cette composition.

M. Dumont, divisant les œuvres attribuées à notre artiste, en trois classes, à proportion de la certitude qu'il a de leur authenticité, ne place ce groupe que dans la dernière catégorie (2).

M. Dauban, s'appuyant sur l'appréciation MM. Henry Delaborde et Longpérier, soutient l'opinion émise par l'éminent M. Barbet de Jouy (3).

L'agencement de la scène, la disposition des groupes, l'expression des sentiments, l'exécution des draperies, le genre des têtes et des coiffures, tout milite en faveur de leur jugement. Citons, par exemple la tunique et l'agrafe de la mère de Suzanne, détails qui nous rappellent exactement la Véronique d'Hattonchâtel. Le nœud bouffant qui rattache le manteau du jeune prophète, nous le retrouvons dans le saint Jean de Saint-Mihiel et d'Hattonchâtel, comme dans le Nicodème du Sépulcre. Les femmes de ce groupe ont inspiré les bas-reliefs du Sépulcre de la Vierge, à Solesmes.

L'attitude un peu forcée de Daniel, les draperies mal comprises dans les robes de Suzanne et de sa mère, et en général le maniérisme un peu exagéré de l'ensemble, au lieu d'autoriser le moindre doute, semblent à M. Dauban un motif de plus à l'appui de son opinion. Il y sent, dit-il, l'élève

---

(1) *L'Art en Lorraine*, 196.
(2) *Histoire de Saint-Mihiel*, IV, 407.
(3) *Ligier Richier*, p. 3.

de Michel-Ange ; seulement il en infère qu'il faut reporter le travail aux premières années de Ligier Richier, et finit sa dissertation en montrant l'absurdité de l'hypothèse qu'un sculpteur éminent, mais inconnu, serait l'auteur de ce petit chef-d'œuvre, où il imiterait, à illusionner, la touche de Ligier Richier.

A. Lenoir, auteur de la *Description historique et chronologique des monuments de sculpture française*, après avoir admiré la variété et le faire de ce bas-relief, dit qu'on l'attribue au sculpteur Sanmihiellois qui a fait pour son pays un Sépulcre qui attire les regards des curieux et des amateurs.

Il semble donc se ranger du côté de M. Barbet de Jouy, sauf pour deux circonstances, où il est tombé dans l'erreur. Il nomme l'auteur du Sépulcre Jean Ogier, puis il croit qu'il extrayait la pierre de Tonnerre. Évidemment il y a d'abord un lapsus de copiste ou de mémoire ; puis les carrières de Saint-Mihiel donnaient une pierre, sans doute incomparablement plus tendre que celle de Tonnerre, mais qui se rapproche beaucoup de celle-ci par sa teinte et son poli.

M. Victor Fournel, ayant énuméré les diverses petites compositions collectionnées dans le Musée sous le nom de notre artiste, ajoute qu'aucune de ces pièces n'a le cachet original et puissant de ses grandes œuvres. Cependant le Jugement de Suzanne est, selon lui, celle qui représente le mieux sa manière, mais en raccourci, et comme une esquisse donne l'idée d'une grande toile (1).

Je ne finirai pas ce chapitre sans attirer l'attention du lecteur sur le genre des arabesques qui ornementent les cartouches des deux portes latérales et concourent à l'effet de la perspective. Ces dessins, ceux du soubassement du siège de Daniel et toutes les décorations qui le surmontent, sentent bien le ciseau des Richier, qui savaient, comme tous leurs émules de cette époque, allier au talent de tailleurs d'images, une manière exquise de traiter les décors et la partie architecturale de leurs compositions.

Quoi qu'il en soit, rien absolument ne peut aider à une

(1) *L'Artiste*, Novembre 1856.

affirmation sur l'origine de ce petit chef-d'œuvre, que Richier a évidemment dessiné d'après les bas-reliefs qu'il avait dû admirer en passant à Florence. Seulement il est permis de conjecturer que la Chapelle ducale de Bar-le-Duc avait de ces décorations sculptées par cet artiste, et dès lors on peut également présumer que le Jugement de Suzanne en faisait partie. Placé, je suppose, en face du Jugement de Salomon, n'était-il pas une noble leçon, donnée par le sculpteur, à ceux qui avaient reçu de Dieu, le droit et le devoir de rendre la justice aux hommes? D'autres pensent qu'il comptait parmi ces médaillons en pierre, que Ligier Richier avait sculptés pour l'église abbatiale de Saint-Mihiel, et dont parle D. Calmet.

Je ne sais par quelle succession de possesseurs, ce merveilleux travail passa, de sa destination originaire, entre des mains qui durent enfin le céder aux justes désirs de l'administration. Celle-ci fut heureuse de le placer dans la galerie de la Renaissance, où un verre le préserve de l'indiscrétion des visiteurs et de tout autre accident.

Les deux Chérubins.

De chaque côté du bas-relief de Suzanne, MM. les conservateurs du Musée du Louvre ont exposé *deux chérubins*, taillés en ronde bosse, suspendus dans des panneaux de bois et destinés évidemment dès le principe à se faire pendant l'un à l'autre. Malheureusement l'incurie ou la malveillance leur a brisé les bras et les jambes.

Il y a en eux de la sévérité et de la simplicité. L'expression de leurs visages ne semble un peu froide et calme, que parce que, déplacés de l'ensemble où ils avaient autrefois leur rôle à remplir, ils sont là dans un isolement qui en déprécie le caractère. Cependant M. Dauban (1) remarque que « cette » placidité des figures contraste avec le mouvement de la » chevelure, et qu'à la largeur de l'exécution, on reconnaît la » touche magistrale que Ligier Richier a apportée dans sa » sculpture. »

(1) *Ligier Richier*, 7.

La pureté des contours, l'élégance et la facilité des poses, ont également flatté M. Victor Fournel (1).

Ici encore, M. Dumont (2) oppose ses doutes ; l'authenticité de ces statues lui paraît contestable.

M. Lepage (3), dans sa revue trop restreinte des travaux de Richier, se contente de dire : « J'ai cité les œuvres capitales » de Richier ; je passerai rapidement sur celles qu'on lui attri- » bue..... A Paris, il y a au Louvre un bas-relief représentant » le Jugement de Suzanne et une statue d'Enfant-Jésus cou- » ché, et à la Bibliothèque un autre bas-relief en marbre ; c'est » le Christ appelant à lui les petits enfants. »

Son silence sur les chérubins est facile à comprendre. Ces sculptures ne font pour ainsi dire qu'un même lot avec le Jugement de Suzanne.

Ayant consacré des années à la contemplation des œuvres authentiques de Richier et étudié consciencieusement celles qui réclament l'honneur de sa signature, j'ose demander à mes lecteurs le droit de formuler ici mon jugement.

Les physionomies pleines d'intelligence et de douceur de ces deux chérubins ; les tuniques à longues manches, dont ils sont vêtus et dont les replis ondoient autour de leur corps, pour ne laisser à nu que le cou, les mains et les pieds ; les chevelures singulièrement soignées, le naturel des poses et des mouvements ; le dessin de l'ensemble, le fini de l'exécution, tout révèle à mes yeux la touche du maître Sanmihiellois.

M. Dumont, à propos de la chapelle érigée par D. Loupvent, à son retour des Lieux saints, dit que les bas-reliefs représentant les divers vocables de l'oratoire, pouvaient être de terre cuite ou de pierre. La vue de ces chérubins résout pour moi le problème ; ils étaient de pierre et ces deux statuettes en proviennent, elles accompagnaient le Christ ressuscitant. L'ange, à la tête échevelée, saluait le triomphe de son Maître ; l'autre disait à la tombe : *O mort, où est ta victoire ?*

---

(1) *L'Artiste,* Novembre 1856, p. 289.
(2) *Histoire de Saint-Mihiel,* IV, 406.
(3) *Ligier Richier,* 24.

CHAPITRE XXXIV.

JÉSUS BÉNISSANT LES ENFANTS.

Ce titre nous mène à la Bibliothèque nationale, en face d'un bas-relief que l'on croirait extrait de Carrare, mais qui, en réalité, taillé dans la pierre, a été revêtu de cet encaustique, par lequel l'habileté de Richier savait transformer les blocs de sa carrière et leur donner l'apparence du marbre.

Ce morceau a été classé parmi les médailles; c'est avec raison, puisqu'il ne mesure que 0,29 en largeur comme en hauteur.

Deux hommes compétents m'offrent ici leurs lumières dans l'examen que j'entreprends.

C'est d'abord M. Dauban dont l'autorité semble d'un grand poids, justement parce que cette petite composition a été pour lui l'origine, le point de départ de ses recherches sur Ligier Richier (1).

Mon second maître est le vénérable M. le docteur Bégin, dont mes visites à la Bibliothèque nationale m'ont mis à même de constater la vaste érudition, le goût artistique et le dévouement.

Cette scène que j'étudie renferme vingt-huit personnages. L'artiste y représente *le Christ bénissant les petits enfants*. Parmi les Apôtres qui l'entourent, les uns semblent repousser la foule; les autres, émus par la parole divine et se rappro-

---

(1) *Ligier Richier*, 3.

chant de Jésus, témoignent dans leur attitude, l'admiration dont ils se sentent saisis à la vue de son inépuisable condescendance.

Les chers petits prennent vraiment possession du Sauveur; l'un d'eux étreint sa jambe gauche, un autre s'est emparé de sa jambe droite. Ils se pressent autour de lui avec leurs visages joufflus, leur joie aimante, les allures gracieuses du premier âge.

Cependant les mères accourent, jalouses de procurer à leurs puînés, le bienfait de la bénédiction divine. Celle-ci, à genoux devant le Christ, lui présente un poupon emmailloté, qu'un bambin vient par derrière presser tendrement dans ses bras. Celle-là élève le sien à l'Homme-Dieu, comme on offre l'encens dans les Saints-Mystères.

L'enfant, que porte une femme placée à droite sur le premier plan, est également trop petit pour aider au mouvement de sa mère, qui s'avance vers le Christ; son bras s'enroule autour du cou maternel; son œil s'attache, plein d'une curiosité anxieuse, sur le visage du Sauveur.

Une zone de nuages occupe le haut du bas-relief; elle s'étend entre deux portiques marqués de chaque côté par des arcades qui en dessinent la perspective.

Au milieu des nuages, le Saint-Esprit plane sous la forme d'une belle colombe; des rayons lumineux signifient la grâce qui descend du ciel à chaque parole, à chaque pas du Christ. On aperçoit à droite et à gauche des têtes de chérubins tournés vers la colombe, dans l'expression d'une adoration toute mystérieuse. Ces petits anges ne sont-ils pas là pour rappeler la réponse de Notre Seigneur : « Les anges de ces petits enfants voient la face de mon Père dans les cieux (1) ? »

Cette composition est bien entendue, malgré les proportions restreintes d'un cadre, qui nécessairement écrase un peu un groupe aussi nombreux de personnages.

La figure noble et la stature majestueuse du Christ sont bien de ce genre sublime par lequel Richier sait toujours distinguer l'Homme-Dieu; sa tunique sévère, avec ses plis rares

---

(1) Saint Mathieu, xviii, 10.

mais habilement ménagés, rappelle les costumes du vieil Orient.

Les têtes des Apôtres ont du caractère ; on sent que s'ils avaient d'abord repoussé les enfants, ils comprennent enfin la pensée et le cœur du Maître, car celui-ci leur disait : « Laissez-les venir à moi et ne les repoussez pas (1). »

Mais qu'il y a d'élégance et de sentiment dans les têtes des femmes, et surtout que les enfants sont beaux ! Incontestablement, c'est la meilleure partie du bas-relief. L'artiste y rentre dans sa sphère de prédilection. Tout est parfait dans leurs formes physiques, comme dans l'expression des sentiments, car il a su varier les poses selon le degré d'éveil dans les intelligences et selon la proportion des âges. L'enfant, enveloppé de ses premiers langes, reste naturellement insensible à cette scène, où sa mère seule agit : un autre, un peu plus âgé, ne connaît encore que sa mère ; les plus grands ont compris la suave parole qui les appelle. En se groupant autour de Jésus, ils témoignent par leur attitude et leur joie, qu'ils veulent correspondre à cette tendresse.

Les Apôtres, que les iconographes nommeraient facilement, dit M. Bégin, tant leurs caractères respectifs sont bien retracés, ont pour vêtements de longues tuniques, dont les manches sont boutonnées au-dessus du poignet ; celui qui est derrière le Christ a tout un côté du corps découvert. Les enfants, aux formes arrondies, parfaitement découplées et harmonisées, sont nus, comme la température de la Palestine le permettait.

D'ailleurs les habitudes de la statuaire à cette époque, justifient ce fait.

Si les disciples ont reçu du ciseau de l'artiste leur vêtement traditionnel, tel que nous l'avons déjà constaté à Solesmes, il s'est affranchi de la routine dans les costumes des Juives ; on reconnaît à leurs robes, à leurs chevelures, les Lorraines du seizième siècle ; seulement la résille richement ornée, le turban, la mitre du haut de laquelle descendent les replis du voile, indiquent par leur luxe asiatique, qu'en réalité la scène se passe en Orient.

(1) Saint Mathieu ; XIX, 14.

Dans cette femme, qui présente au Sauveur son enfant emmailloté, la richesse et l'ampleur des étoffes, l'agencement des vêtements, tout me révèle une noble Dame Lorraine, à qui Richier a voulu payer là son tribut de reconnaissance.

Avec quelle adresse le statuaire a disposé le corsage d'une jeune mère qui doit avoir son vêtement en rapport avec les délicates précautions que réclament sa santé et les soins à donner à l'enfant qu'elle allaite!

Je recommande aussi à l'attention des visiteurs, l'attitude d'une femme plus âgée, dont ils admireront, à gauche, les rides et l'expression. C'est une aïeule, on le sent, heureuse des bénédictions accordées à ses petits-fils.

M. Dauban constate l'extrême habileté, avec laquelle le ciseau patient de l'artiste a exécuté un modèle aussi restreint. S'il regrette un peu d'exagération, des draperies quelquefois mal jetées, des doigts un peu trop grêles, il proclame qu'on sent une main de maître partout, mais surtout dans le fini des chevelures, les barbes, les collerettes, les manches plissées des femmes.

Il a négligé de signaler aux visiteurs un bras qui s'avance du groupe des hommes, sans pouvoir être expliqué. M. Bégin avoue que ce détail est défectueux, à moins que l'artiste n'ait voulu, dans cette main qui semble protester, constater la présence de Judas, dont il n'avait pas jugé la figure digne de paraître dans une scène, toute de tendresse et de condescendance.

En somme, s'il y a du maniérisme dans le dessin des nuages, un peu de raideur dans les vêtements et quelques légères imperfections, ce morceau se distingue par des beautés de premier ordre.

Aussi, nous ne nous étonnons pas du jugement porté par MM. Delaborde, Longpérier et Barbet de Jouy, qui rapprochent ce travail exquis du bas-relief de Suzanne et attribuent l'un et l'autre à Ligier Richier.

En réalité, il ne faut pas un long examen des deux œuvres pour y voir dans l'ensemble et les détails des rapports incontestables. Dans l'ordonnance générale, ces deux portiques qui aident à la perspective ; ces nuages qui couronnent chaque groupe, sont évidemment du même ciseau. Dans le bas-relief de Suzanne, les enfants qui jouent avec les petits chiens forment un triangle, que nous retrouverons dans l'autre médaillon, par la pose des deux enfants du premier plan, qui pressent les genoux du Sauveur.

Il y a des figures et des agencements de costumes qui, par leur identité, dénotent la même main.

M. Dumont (1) a donc tort de ne placer ce charmant petit groupe que dans la troisième catégorie des œuvres attribuées à Ligier Richier, c'est-à dire, parmi celles dont il garantit le moins l'authenticité.

L'encadrement en bois de ce bas-relief, ayant conservé son cachet original de travail et de décoration, semble prouver que, dès le principe, cette composition était destinée à orner un appartement particulier, au plus, l'oratoire d'un castel, à moins qu'il ne fût un de ces *médaillons en pierre*, dont parle D. Calmet, que l'on attribuait à Ligier Richier et qui ornaient l'église de l'abbaye de Saint-Mihiel.

(1) *Histoire de Saint-Mihiel*, IV, 407.

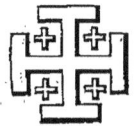

CHAPITRE XXXV.

LE SÉPULCRE DE SAINT-MIHIEL. APERÇU GÉNÉRAL.

L'église Saint-Étienne. — Ensemble du groupe. — Erreurs de plusieurs critiques. — Appréciation d'un réaliste.

Nommer le Sépulcre, c'est rappeler le monument incomparable qui a consacré surtout et perpétué à travers les siècles, la gloire de Ligier Richier. C'est désigner à l'attention des artistes un des chefs-d'œuvre hors ligne, qui s'offre à leurs études et à leurs méditations; je n'ose dire à leur imitation, car on admire le génie, mais sans pouvoir lui ravir son idéal, sans jamais atteindre à son art surhumain.

Nos pages sur Ligier Richier ont fait connaître les œuvres de son ciseau, en suivant l'ordre des dates où elles avaient été produites; mais nous croyons que le Sépulcre méritait une exception, parce que ce groupe, ayant exigé un travail de bien des années, a dû être interrompu par les diverses demandes dont on pressait l'exécution, et n'obtenir son achèvement qu'au soir de la vie de l'artiste. Effort le plus sublime de son génie chrétien, le Sépulcre ne devait donc être révélé à l'admiration des lecteurs qu'après toutes les autres œuvres qu'il dépasse, par la grandeur de la conception, les proportions de l'ensemble et la richesse des détails.

Eméri David attribue ce trésor à l'église abbatiale de Saint-Mihiel (1). Il se trompe : Ligier a légué son œuvre capitale à l'église Saint-Étienne, que bien des personnes désignent pour

(1) P. 176.

cette raison du nom d'église du Sépulcre. Au xvɪᵉ siècle, la ville de Saint-Mihiel ne formait qu'une paroisse, ayant pour centre religieux l'édifice, consacré dans une époque reculée, au Pape martyr Saint-Étienne. C'était dans ce sanctuaire que notre artiste avait dû recevoir les insignes bienfaits de la vie chrétienne; c'était agenouillé sur ses dalles, qu'il avait souvent cherché l'inspiration dans la prière.

Dirigeons donc nos pas vers cet édifice. Pour y pénétrer, nous ne passons plus sous le vieux clocher roman et les voussures gothiques de l'ancien portail. Tout cela, nos pères l'ont détruit. A sa place, ils ont, plus malheureusement encore, élevé je ne sais quelle masse informe, qui n'est ni une tour, ni une flèche, et qui ne peut être rangée dans aucun ordre d'architecture.

Heureusement, notre âme qui s'était comme resserrée au seuil de l'église, se dilate quand l'intérieur de l'édifice nous révèle les arceaux symétriques de sa voûte élancée, et les baies flamboyantes de ses hautes et larges fenêtres. Que ce monument, si bien fait pour la prière, devait être beau, quand, dans le dessein de l'embellir encore, Richier rêvait la merveille du Sépulcre! Car il venait d'être terminé et de recevoir dans toute sa fraîcheur la consécration liturgique!

Une large grille de fer ouvragée, frappe le visiteur à son entrée dans le lieu saint; il devine qu'elle a pour but de protéger l'œuvre de Richier; et, sans hésiter, il dirige ses pas vers cette nef latérale, où il s'arrête bientôt, silencieux, ému jusque dans les profondeurs de son âme, car ce qu'il voit le saisit, l'étonne, le captive, le ravit.

Pour moi qui voudrais initier le monde entier à tout ce qui concerne le Sépulcre, après en avoir fait une rapide description, j'étudierai successivement chacun des personnages, qui en composent le groupe; leur harmonie dans l'ensemble; leurs caractères anatomiques; les détails de leurs vêtements; sans négliger ce que la critique se croit le droit de blâmer en eux. Je compléterai ce travail, en recherchant dans les annales de Saint-Mihiel l'origine et l'histoire de ce monument.

Ce groupe inimitable se compose de treize personnages de grandeur un peu au-dessus du naturel.

Au premier plan vous apparaît le corps du Christ, dans ce moment solennel, où Joseph d'Arimathie, aidé de quelques amis et de plusieurs saintes femmes, s'apprête à l'ensevelir dans le tombeau qu'il avait fait creuser pour sa propre famille, non loin du sommet du Calvaire.

Ce disciple dévoué, vous le voyez à votre gauche, tenant sur l'un de ses genoux les jambes du Sauveur, pendant que Nicodème en supporte la tête et la poitrine.

Au second plan, et un peu plus haut, afin de mieux observer la perspective, Marie, mère de Jésus, s'évanouit sous le poids de sa douleur. A la vue de son fils inanimé, elle s'affaisserait sur elle-même, si elle n'était respectueusement soutenue par saint Jean et Marie Cléophée, aïeule du disciple bien-aimé.

Sept autres personnages complètent le groupe.

Aux pieds du Christ, Madeleine agenouillée, effleure délicatement de ses doigts et de ses lèvres les pieds de son divin Maître.

Véronique lui fait pendant; droite, derrière Nicodème, elle contemple la couronne d'épines, qu'elle tient pieusement entre ses mains tremblantes.

A votre gauche, dans l'enfoncement de la grotte, vous distinguez le Sépulcre et Salomé qui étend le linceul destiné à envelopper la sainte dépouille du Christ.

A l'angle opposé, le centenier dont parle l'Écriture, réfléchit sur les événements mystérieux dont il a suivi l'accomplissement depuis le prétoire jusqu'à ce moment du grand drame de notre Rédemption.

Placés comme intermédiaires entre les deux lignes principales du groupe, à droite, deux soldats accroupis devant un tambour, tirent au sort le prix de la robe du Christ; à gauche, un ange tenant en main une croix, s'incline pieusement vers la Mère de douleurs, lui apportant, avec des paroles de condoléance, la promesse de la Résurrection.

Avant d'étudier en détail chacune de ces statues et de voir le rôle qu'elle remplit dans ce drame lugubre, constatons l'inexactitude de plusieurs rapports sur le nombre des personnages qui composent le Sépulcre.

Chévrier n'y en compte que huit : Eméri David (1) n'en a vu que onze. Tous deux sont évidemment dans l'erreur. Mais ce dernier n'avait qu'une idée singulièrement imparfaite du Sépulcre de Saint-Mihiel, puisqu'il en groupe les personnages autour de la Croix ; qu'il appuie le corps du Sauveur sur la poitrine de saint Jean et Marie défaillante sur le bras d'un ange, et voit plusieurs messagers célestes prenant part à cette scène douloureuse.

D'un autre côté, M. le docteur Denys, croyant découvrir la sœur de Marthe dans la sainte femme qui soutient la Vierge, oublie que la tradition n'attribue à la famille de Béthanie que deux filles, Marthe et Madeleine ; or, il est évident que c'est Madeleine qui arrose de ses larmes les pieds du Sauveur.

M. Dauban, désigne cette femme du nom de Marie, sœur de Zébédée. C'est une autre inexactitude.

Parfaitement versé dans la connaissance des saints Livres, Ligier sait distinguer la Très-sainte Vierge, Marie Madeleine et Marthe sa sœur, sainte Véronique, enfin deux autres Marie connues sous les noms de Marie Cléophée et de Marie Salomé (2).

(1) P. 176.

(2) Je crois utile d'emprunter à Cornelius a Lapide l'arbre généalogique de la sainte famille du Sauveur, afin de mieux saisir les relations de parenté qui existaient entre les personnages dont nous devons nous occuper.

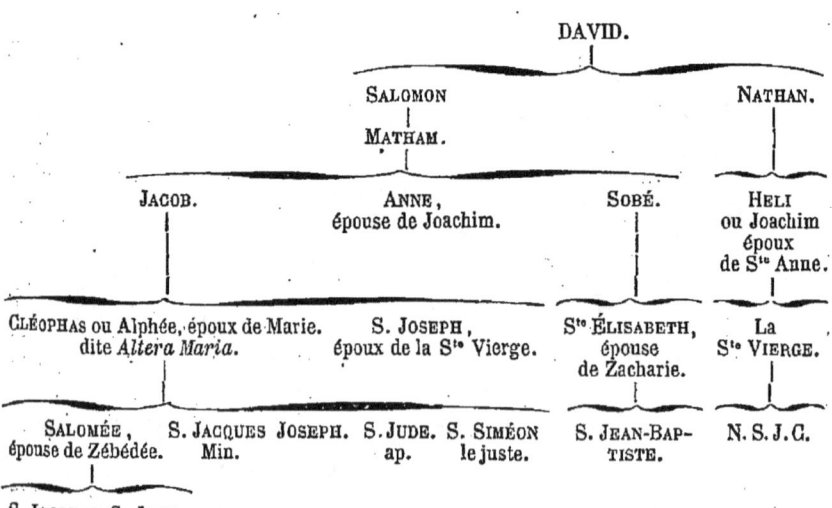

La tradition mentionnant l'absence de Marthe à l'heure de la mort et de la sépulture du divin Sauveur, nous avons à reconnaître : 1° dans la pieuse compagne de la Sainte Vierge, Marie Cléophée, belle-fille de Jacob et belle-sœur de saint Joseph ; 2° dans la femme dévouée qui prépare le Sépulcre, Marie Salomé, fille de la précédente, celle qui eut de Zébédée Jacques le majeur et Jean, les deux apôtres qu'elle conduisit un jour à Jésus, leur parent.

Une feuille antireligieuse du Barrois, reproduisait, en octobre 1881, un article sur Ligier Richier et le Sépulcre.

Bien des erreurs sont à relever dans ces lignes, et à tous les points de vue.

L'auteur fait naître notre grand imagier à Dagonville. C'est faux ; le diplôme du duc Antoine, ne parle pas de Dagonville, mais de Saint-Mihiel.

Il classe Ligier parmi les sculpteurs du XV° siècle. C'est faux : le premier travail connu de son atelier est de 1523.

Le Louvre ne possède, dit-il, qu'une tête d'enfant, de notre statuaire. C'est d'abord incomplet, puisqu'il aurait dû ajouter que le corps du bambino est avec la tête.

Mais encore c'est faux ; s'il avait promené ses regards autour de cet adorable Enfant-Dieu, il aurait vu, sous la légende de Richier, le Jugement de Suzanne qui est une composition splendide, et deux chérubins également remarquables.

Selon lui, les autres œuvres de notre artiste sont restées en Lorraine. C'est faux. Sans parler des Gros-Saints de Solesmes, auxquels je comprends qu'il n'ait pu songer, la section des médaillons de notre Bibliothèque nationale conserve un travail très-curieux de Ligier, à savoir, le bas-relief de Jésus bénissant les enfants.

Le rapporteur a traversé Saint-Mihiel, comme le font trop de touristes, avec hâte de reprendre le premier train : aussi, presque tous les détails de la description qu'il a fait de cette ville, manquent de vérité. J'en fais grâce à mes lecteurs.

Suivons-le en face du Sépulcre.

Il consacre un alinéa à son admiration pour les personnages de ce groupe. Certainement il exprime bien dans ces lignes ce que pensent tous les visiteurs à la vue de ce drame incomparable.

Mais les appréciations qu'il émet à la fin de son article, sont tellement en contradiction avec la réalité et le jugement même des hommes irréligieux, qu'il suffirait de les relater, sans prendre la peine de les réfuter.

« Cette composition, dit-il, n'a rien de mystique ni de trop » idéal. » Je me demandais ce qu'il appelait *mysticisme* et » *idéalisme*. Or, il l'explique lui-même : « Elle est avant tout » très-humaine, c'est en quoi elle nous remue peut-être plus » profondément, que si elle était imprégnée d'un sentiment » plus complètement chrétien. » Nous comprenons maintenant. Nous avions cru contempler l'image d'un Homme-Dieu, d'une mère digne d'un tel Fils ; nous avions vu dans les disciples et les saintes femmes l'expression d'une foi sublime et d'une dilection toute surnaturelle. Nous nous trompions, car « l'admirable figure du Christ est d'une noblesse tout hu- » maine. » Sans doute, le Christ était un libre-penseur de son époque, un philosophe réformateur, mais qui avait eu ses faiblesses ; car « Madeleine soupire dans un dernier baiser, » mon pauvre ami, c'est donc fini, et nous ne nous verrons » plus. »

Est-ce que les yeux de mes lecteurs ne se refusent pas, comme les miens, à lire de tels blasphêmes ? Certes, ma plume n'accepterait point de les transcrire, si je ne regardais comme un devoir de prémunir contre de telles aberrations.

Je termine ma tâche avec répugnance. « Dans aucun de ces » personnages abîmés de douleur, ajoute l'article, on ne sent » percer cette intime persuasion de la divinité et de l'immor- » talité du Christ. » Le rapporteur, qui ne sait même pas exprimer exactement sa pensée, veut dire sans doute « de la » Résurrection du Christ, » car c'est un dogme de notre foi qu'il est mort. Mais ce que l'Église catholique, dans tous les temps et sous tous les cieux, croit et croira malgré les ineptes objections d'une fausse philosophie, c'est qu'il est ressuscité, c'est qu'il est Dieu. Que signifie donc l'ange au Sépulcre ? Vous dites que cette scène est admirable « de réalité. » Ce messager surnaturel, qui ne peut venir que du ciel et n'apporter que des paroles d'espérance, doit singulièrement gêner votre réalisme, mesquin comme la philosophie et la morale sans Dieu.

Eh bien! pour nous, le Christ est mort; la douleur résignée de sa Mère; la chaste dilection des saintes femmes qui l'accompagnent, et en particulier de l'illustre pénitente; les sentiments de foi avec lesquels les disciples rendent à leur Maître les honneurs de la sépulture; l'Ange qui annonce la Résurrection; c'est du réalisme, oui, mais un réalisme incomparablement supérieur au vôtre, parce que votre naturalisme vicié rampe terre à terre, tandis que le mysticisme et le surnaturel élèvent nos âmes et nos cœurs dans des régions plus sublimes, où règnent la vérité et la sainteté.

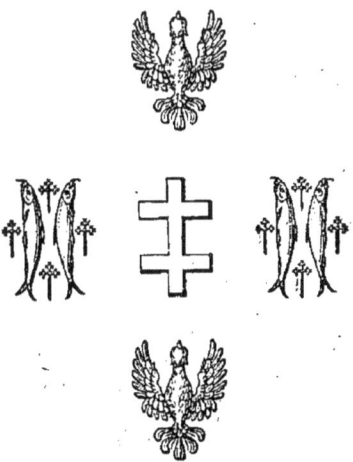

CHAPITRE XXXVI.

PERSONNAGES DU PREMIER PLAN DU SÉPULCRE.

Le Christ. — Joseph d'Arimathie. — Nicodème.

Le Christ.

« Il est, dit M. Denys, des monuments qui étonnent da-
» vantage par leurs dimensions gigantesques, mais aucun
» n'impressionne plus vivement et ne révèle plus de génie.
» On ne se fait pas d'abord une juste idée des magnifiques
» proportions des personnages qui le composent. La gran-
» deur et la simplicité de l'ensemble absorbent le regard, et
» il semble qu'on ait tout vu, tout compris, tout admiré d'un
» seul coup d'œil. Mais peu à peu, les yeux attirés par les
» détails, s'égarent avec une nouvelle sorte de surprise dans
» la contemplation de leur richesse et de leur variété infinie.
» Puis on se demande comment on a pu dompter à ce point,
» faire penser, parler et pleurer la pierre rebelle, et tout à
» coup, dans un transport d'enthousiasme, on se sent tout
» prêt à entonner un hymne de louange à cet être moitié
» divin, moitié humain, qui se nomme l'artiste (1). »

Le premier de nos regards tombe sur le corps du Christ, et
tout d'abord sur sa noble figure empreinte de majesté et de
mansuétude, où, malgré le froid de la mort, on reconnaît à
la fois les traits de cette miséricorde qui charmait les peuples,

---

(1) *Mémoire sur le Sépulcre,* 1re partie.

le calme du *fiat* d'une sublime résignation, et, par-dessus tout, le reflet de la nature divine.

Au point de vue anatomique, ce corps est un chef-d'œuvre. S'affaisant sous le poids de sa propre pesanteur, sans que les membres inertes opposent désormais de résistance, il n'a pas encore la rigidité du cadavre. Aussi la vie qui vient de s'y éteindre, laisse à la poitrine son large développement, aux muscles leurs contours bien dessinés, aux articulations leurs plis naturels, aux veines leurs sinuosités sous une peau flexible, aux paupières closes l'apparence d'un profond sommeil, à la bouche à demi fermée la trace des dernières paroles et du dernier souffle. Qu'il est beau, ce noble front, où sa mère ayant pieusement effacé les traces de sang, a remis en ordre les longues boucles de cheveux, humides encore de la sueur de Gethsémani et des flots qui ont jailli sous les pointes aiguës de la couronne. Ah! voilà bien les blessures qu'ont faites ces épines; voilà son côté droit ouvert par la lance et les stigmates de son crucifiement qui déchirent ses mains et ses pieds!

Adorons, même après la mort, cette figure divine, que l'artiste a su disposer de telle sorte que les rayons lumineux de l'Orient la baignent de tout leur éclat, tandis que les autres personnages qui l'entourent ne reçoivent qu'une moindre lueur. Contemplons-la : car, tournée vers nous, elle veut encore nous parler, nous pardonner, nous convertir, nous sauver.

Une draperie, si habilement taillée dans la pierre, qu'elle imite à illusionner les replis du lin le plus fin, enveloppe les reins de la victime, sous ses mains que l'on a rapprochées, et où l'on sent l'inertie de la mort.

C'est vers le Christ, nous le verrons successivement dans chaque détail, que convergent tous les personnages du groupe.

O artistes du XIXe siècle, esclaves serviles de la nature que vous vous glorifiez de reproduire dans toute sa vérité, voici bien un réaliste aussi, mais combien son ciseau a de noblesse et d'élévation, tandis que le vôtre, souvent dépourvu de toute inspiration, a brisé ses ailes!

Joseph d'Arimathie.

« Si notre statuaire est admirable pour l'art avec lequel il a su rendre la vie fuyant du corps humain, il ne l'est pas moins pour l'avoir fait sentir, s'agitant en quelque sorte, dans les statues que son ciseau veut animer (1). »

Le genou droit en terre, et de l'autre soutenant les membres inférieurs du Christ, Joseph d'Arimathie ne paraît surchargé, sous le divin fardeau qu'il supporte, que du poids de son immense respect pour son Maître, pour son Dieu. Dans son regard se peignent en même temps une certaine timidité qui rappelle sa pusillanimité d'autrefois, et la bonté de son cœur, tout attaché à Jésus, tout attristé de sa douloureuse passion. Il interroge Nicodème, comme s'il avait encore quelque doute sur la mort du Christ.

Joseph d'Arimathie nous offre le beau type Israélite de l'homme riche et craignant Dieu (2) dont nous parlent les évangélistes. Ses sentiments religieux nous apparaissent dans son dévouement pour le Christ; sa richesse se voit aux dessins qui décorent sa tunique damassée, aux pierreries qui ornent son turban oriental, au manteau qui recouvre son épaule gauche, aux sandales qui protègent ses pieds.

Sous le rapport anatomique, c'est un travail parfait. La pose est irréprochable; la tête est splendide; l'arcature des yeux, les plis du visage, la barbe rabbinique sont traités de main de maître. Quelle vie fait battre cette poitrine! Quelle éloquence anime ces yeux! Mais il est un détail qu'un artiste ne manquera pas d'admirer encore et qui prouve surtout combien la religion de l'art avait d'empire sur Richier, c'est la main droite, que tout autre aurait négligée, puisqu'elle est à peine visible; eh bien! dites-moi s'il était possible de mieux rendre les articulations, les sinuosités, les rides, les veines de cette main de vieillard, le jeu de ces doigts?

(1) M. Denys, p. 17.
(2) Saint Mathieu, xxvii, 57.

Nous n'avons pas besoin d'expliquer la part que Joseph prend au drame de la grotte, puisqu'il en est un des premiers acteurs. Il vient pour rendre à son divin Maître les devoirs sacrés de la sépulture ; chez lui, il commanderait ; auprès de Jésus, il sert ; c'est lui-même qui apporte les parfums précieux destinés à embaumer le corps du Christ ; on les voit suspendus, dans une jolie aumônière, à la courroie qui ceint les reins du vieillard et que vous croiriez bouclée tout fraîchement.

Nicodème.

Que ceux qui jettent à la face des hommes sans caractère le nom de ce docteur d'Israël, examinent au Sépulcre la haute idée qu'en avait conçue Ligier Richier ! En réalité, elle est magnifique, vue de profil ou en face, cette tête, au nez éminemment israélite ; aux yeux régulièrement creusés sous leur longue arcature sourcilière ; aux saillies maxillaires parfaitement comprises ; aux rides qui plissent naturellement le front ; à la barbe longue et soyeuse qui enveloppe toute la partie inférieure de cette figure pleine de noblesse et de dignité.

Il supporte par les aisselles le torse du Christ ; mais, pour en soutenir tout le poids, il lui faut avancer sa jambe gauche qui servira d'appui, incliner les épaules sur le faix précieux et s'arcbouter lui-même sur son pied droit rejeté en arrière. Comme notre artiste a parfaitement compris ce mouvement ! Quelle profondeur de science anatomique nous révèle en lui chaque nouveau détail que nous contemplons !

Un turban gracieusement contourné ceint le front de Nicodème. Le vêtement, qui recouvre ses jambes, n'en dissimule pas les formes et descend jusqu'à la chaussure, qui est plutôt du XVIe siècle.

Les manches retroussées de la tunique lui laissent plus de liberté dans les mouvements, tant mieux ! elles nous permettent aussi d'admirer ses bras nerveux qui semblent de chair, grâce, sans doute, à la teinte naturellement rosée de la pierre, mais surtout à l'habileté du ciseau qui sait à ce point imiter la nature.

Pour compléter ce costume, une sorte de laticlave est soutenue à droite, sur l'épaule et sur la cuisse, par des boucles artistement ciselées.

Par là, Richier voulut sans doute distinguer un dignitaire de la nation juive, un sénateur, appelé, par ses fonctions dans le Sanhédrin, à entrer souvent en rapport avec les représentants de l'autorité romaine.

Ne demandez pas quelle place occupe Nicodème dans ce groupe admirable. Constatez plutôt le beau rapprochement de la tête du Maître qui a bien voulu mourir pour les siens, et celle du disciple qui, interrogeant encore du regard les lèvres de la Victime, répond à Joseph d'Arimathie : « *Tout est consommé!* »

Avant de passer à l'étude des autres personnages, notons deux détails dont le premier intéresse la piété.

Les clous, qui ont servi au crucifiement, gisent à terre aux pieds de Nicodème. Ce sont des tiges longues de 0,30 centimètres, dont la tête devait arrêter les membres du Christ, mais dont la pointe grossière n'avait dû pénétrer dans ses mains et ses pieds qu'en causant des douleurs atroces.

L'autre détail est l'herbe qui a crû dans les interstices du rocher. Les visiteurs se demandent si cet humble plantain, ployé et froissé par le vêtement de Nicodème, pourra se redresser.

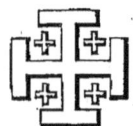

CHAPITRE XXXVII.

PERSONNAGES DU SECOND PLAN DU SÉPULCRE.

Mater dolorosa. — Saint Jean et Cléophée.

Mater dolorosa.

Monsieur Bonnaire a vraiment une plume inspirée (1) lorsqu'il essaie de retracer la Vierge du Sépulcre.

« Résignée, dit-il, à boire jusqu'à la lie son calice d'a-
» mertume, la noble et touchante *Mater dolorosa*, que l'artiste
» chrétien, dans son exquise sagesse et son tact parfait, se
» garda bien de travestir en héroïne de mélodrame, attendait
» là, debout comme au pied de la croix, son Fils aimé et
» adoré. A son approche, dans l'effusion de la tendresse ma-
» ternelle aux abois, elle s'est précipitée au devant de lui,
» pour l'étreindre une fois encore, contre son cœur ; mais
» la vue du blême cadavre, aux plaies rougies et saignantes,
» a soudain glacé ses sens et voilé ses yeux d'un nuage.
» Moins fort que son âme, son corps, trahi par l'infirmité de
» la nature, a fléchi sous l'accablement et ses forces phy-
» siques l'ont abandonnée, au point qu'elle glisserait agoni-
» sante jusqu'à terre, sans l'affectueux et prompt secours

---

(1) Respect au Sépulcre, p. 17.

» que lui prodiguent, avec une courageuse sollicitude, la
» femme de Cléophas et Jean le disciple chéri. »

Deux sentiments sublimes ennoblissent les traits de cette Vierge incomparable, que je ne puis regarder sans l'admirer toujours davantage, mais que ma parole et ma plume se sentent chaque fois plus impuissantes à décrire. J'y reconnais la Reine des Martyrs, qui a le droit de demander s'il est une douleur semblable à sa douleur; mais j'y retrouve aussi l'humble servante de Dieu, dont le premier *fiat* a mérité au monde l'Incarnation, et qui complète notre Rédemption par la résignation d'un autre *fiat* plus héroïque que le premier, dans le plus généreux des sacrifices.

Raphaël avait excellé dans ce genre de composition; son tableau de la *déposition du Christ au tombeau* avait déjà révélé son beau talent, qui atteignit son apogée dans le *Spasimo*, où la défaillance de Marie sur la voie du Calvaire.

Richier avait pu s'inspirer de ces chefs-d'œuvre, mais en réalité il n'est pas au-dessous du peintre romain.

O vous, qui aimez l'antique, voyez donc, et dites-moi si le ciseau grec a, quelque part, mieux imité la nature. Analysez détails par détails la structure de ce corps virginal, l'inclinaison de la tête, les plis de la figure, la délicatesse du nez et des lèvres, l'abandon des bras et des mains dont la vie semble absente, les contours délicatement dessinés de la taille; l'affaissement des membres inférieurs dans la défaillance de l'évanouissement.

Examinez encore que d'intelligence il y a dans l'agencement des draperies, que de naturel dans ce voile rabaissé, cette robe pourtant bien simple et ce manteau que vous voyez tomber.

Non, l'antiquité n'a rien qui surpasse la Vierge du Sépulcre.

Mais ce qui en rehausse immensément le mérite, c'est que, fils du XVe siècle, dans sa poésie que l'Évangile illumine de ses rayons surnaturels, et qui puise sa flamme au foyer divin lui-même, Ligier Richier joint à toute la perfection de l'antiquité, toute la foi du Moyen-âge. Aussi ma plume se refuse à exprimer combien la plus virginale chasteté, le surnaturel élevé jusqu'à l'extase la plus sublime, transpirent dans les traits, l'attitude et les vêtements de cette incomparable Mère de douleur.

Le rang qu'elle occupe dans le groupe, nul ne le lui disputera. Son Fils inanimé nous a apparu au centre du premier plan ; exactement en face, voici sa Mère, occupant le centre du second. C'est justice encore, car à elle revient la place d'honneur parmi toutes les âmes qui compatissent à la mort de Jésus.

Saint Jean et Cléophée.

Jaloux d'établir, entre les divers groupes de sa composition, ce parallélisme qui constitue une harmonie d'autant plus heureuse qu'une riche variété de combinaisons empêche la monotonie sans nuire à l'unité, Richier donnera à la Mère comme au Fils, deux amis compatissants, dont son cœur chrétien a bien vite fait le choix.

A droite de la Mère de douleur, vous apparaît Marie Cléophée, ainsi nommée du nom de son époux. Belle-sœur de saint Joseph et par conséquent de l'auguste Vierge, elle exprime dans les traits de son visage, si profondément endolori, la muette anxiété qu'elle éprouve. Elle voudrait partager les larmes de sa noble parente, et voilà qu'il faut empêcher celle-ci de mourir. Aussi comme elle s'empresse à la recevoir, à la soutenir entre ses mains, que l'émotion rend plus nerveuses.

Pénétré de l'histoire de notre sainte religion, Richier appelle à l'aide de Cléophée, le disciple que Jésus aimait entre tous ; vierge, il avait plus de droit auprès de l'immaculée Marie ; apôtre de la charité, il devait le premier en accomplir les œuvres de dévouement ; donné sur le Calvaire par adoption à celle qui se mourait, il prouvait par son affection filiale qu'il acceptait la parole de son divin Ami.

Aussi quelle angoisse dans ses traits! et cependant sa douleur virile a moins de trouble et d'agitation que celle de Cléophée, son aïeule. On sent encore qu'à la sainte liberté que lui donne son adoption, se joint toujours une délicatesse toute pudique. Mais quel naturel dans la main de Jean qui soutient Marie sous l'épaule gauche, et dans celle de Marie qui semble, même dans l'évanouissement, s'appuyer, toute confiante, sur le bras de celui qu'elle appelle désormais *son fils!*

Le vêtement de saint Jean est celui de l'apôtre, tel que l'iconographie nous l'a conservé; celui de Cléophée est la robe traditionnelle; son manteau soutenu sur l'épaule droite par une boucle, se rattache, pour les plis inférieurs, à la ceinture dont on admire la chaînette et l'agrafe. Dans la marche du cortège, Cléophée tenait sans doute en main un vase de parfums, qu'elle s'apprêtait à répandre sur le corps inanimé du Sauveur. L'effroi que lui cause la défaillance de sa sœur bien-aimée, lui a fait abandonner ce vase précieux que retiennent les replis de son long vêtement. Mais les tresses de ses cheveux, qui s'enroulent par-dessus une coiffure originale, m'amènent à une considération que je ne puis négliger.

Quand il est question pour Richier d'exprimer, dans la pierre, la représentation du Christ ou de sa divine Mère, le choix n'est pas abandonné à son imagination. Le type de ces deux personnages est sacré. Pour le rendre, l'artiste doit s'inspirer, mais ne peut inventer. Joseph d'Arimathie et Nicodème nous ont immédiatement frappés par leur cachet de véritables Israélites, avec ce qu'il y avait de plus beau dans cette race sémitique. Mais le statuaire n'a-t-il pas vu à Rome ses maîtres les plus parfaits ne pas s'astreindre à un exclusivisme, qui aurait entravé d'ailleurs leur inspiration? Ne les avait-il pas vus écouter plutôt la voix de leurs affections personnelles et choisir dans leur propre patrie, que dis-je? à leur foyer même, des traits que leur ciseau rendait d'autant plus volontiers, que c'étaient les figures chéries d'un enfant, d'une épouse, d'une sœur, d'une mère?

Une saine critique ne saurait donc reprocher à Richier d'avoir voulu représenter dans ce groupe sous les traits de saint Jean, son propre fils peut-être, qui aurait alors dépassé sa vingtième année; et dans la figure de Cléophée, sa mère, sa sœur ou son épouse. En particulier, la coiffure que Richier donne à Cléophée, sent la Lorraine et le xvie siècle.

CHAPITRE XXXVIII.

AUTRES PERSONNAGES DU SÉPULCRE.

La Madeleine. — Sainte Véronique. — L'Ange. — Salomé. — Le Centurion. — Les deux joueurs.

La Madeleine.

Nommer la Madeleine du Sépulcre, c'est rappeler à la mémoire de tous ceux qui ont visité Saint-Mihiel, le détail le plus achevé de ce groupe, où cependant tout est parfait.

Au premier aspect, Madeleine offre une suavité de contours et une richesse de formes qui sembleraient mal assorties à sa vie réparatrice. Mais, après réflexion, on ne regrette plus, sous cette figure, belle surtout de l'éclat de la grâce surnaturelle, de découvrir un peu le souvenir attiédi du passé. Puisqu'il se pouvait que la Madeleine pécheresse se vît au travers de la Madeleine convertie, et que l'héroïne de la pénitence se révélât à nous sans cesser d'être une délicieuse statue de femme, on accepte, on admire l'idéal du statuaire.

Voyez en effet comme elle est agenouillée naturellement et sans apprêt. L'artiste ayant voulu concentrer en grande partie l'attention sur ce personnage, l'a très-habilement placé, en face même et, j'aurais dit, sous le regard de Jésus, si la mort n'avait clos ses yeux divins.

Aussi tout est arrangé en elle avec grâce, avec goût. L'expression de la tête est ravissante ; ces yeux si doux et si caressants où se peignent les larmes, la prière et l'extase ; la bouche entr'ouverte qui laisse apercevoir les dents et exhaler de profonds soupirs ; les cheveux qui ruissellent sur ses épaules et dans lesquels on passerait le peigne ; les épaules nues, ornées d'une chaîne dont un orfèvre admirerait les ciselures ; les gracieux contours de ce torse, de cette taille, de ce corps ployé sur lui-même ; ces doigts longs et effilés qui osent à peine effleurer les pieds de Jésus ; les crevés de sa robe toute soyeuse ; les tresses de sa ceinture qu'agrafent des coquilles que vous croiriez naturelles ; ce long manteau, drapé avec tant d'art, même au moment où la sainte pénitente ne se soucie plus de ces apprêts ; depuis le diadème qui retient ses cheveux jusqu'aux riches sandales de ses pieds délicats, tout est ravissant dans la pécheresse convertie.

Comment comprendre que la pierre ait obéi à une telle expression d'adoration et de douleur, et qu'on ait pu réaliser une mélancolie aussi suave, des traits humains aussi surnaturels ? Cette statue a dû coûter à l'artiste plus de méditation que toutes les autres, et si ce n'est pas la plus belle, c'est à coup sûr la plus intéressante, et c'était la plus difficile à exécuter (1). Aussi, malgré mon estime pour celle de Solesmes, je place celle-ci incomparablement au-dessus.

« L'admiration que cause la Madeleine est universelle, on aurait peine à trouver en littérature une inspiration aussi poétique. » Ainsi parle M. le Dr Denys (2), que nous avons suivi presque pas à pas dans cette page. « Par la pensée et l'inspiration, dit M. Victor Fournel (3), combien elle est supérieure à la fameuse Madeleine du Corrège. »

M. Bonnaire (4) devait singulièrement admirer cette Madeleine « aux pieds de son Maître aimé, dont elle approche

---

(1) En représentant Madeleine agenouillée aux pieds de Jésus, notre artiste pénétré des pages de l'Évangile, s'inspire de ce qu'il a lu à la gloire de la sainte pénitente dans le récit de sa conversion chez Simon, et lorsque Jésus ressuscité lui apparut.

(2) P. 18.
(3) P. 217.
(4) P. 23.

» toute en larmes et suffoquée par les sanglots, avec une
» captivante et affectueuse expression de respect, de tendresse
» et de repentir. »

Je sais que des censeurs, ne connaissant Richier que par des livres, ont essayé de murmurer contre le type moderne que l'artiste a donné aux vêtements de Madeleine. Mais ces critiques sont bientôt désarmés quand ils peuvent, de leurs yeux, contempler l'œuvre elle-même. Ils se convainquent que dans une statue où tout est merveilleux au point de vue de l'art, du sentiment, de l'anatomie, du rôle qu'elle remplit dans l'ensemble, ils ne doivent point s'arrêter à un détail secondaire. Et bientôt ils approuvent même ce qui leur semblait d'abord un anachronisme, parce qu'ils devinent que cette figure ravissante devait être l'hommage de la reconnaissance de Richier pour une insigne bienfaitrice. En effet, une ancienne tradition rapporte que, pour encourager l'artiste à parfaire son travail, une dame pieuse lui accordait par jour dix livres de rémunération.

Sainte Véronique.

Si Madeleine, au Sépulcre, comme dans sa vie réelle, a choisi la meilleure part, que personne ne peut songer à lui enlever, elle nous permettra pourtant d'admirer cette sainte femme, dont l'histoire de la Passion raconte le dévouement et que la tradition désigne sous le nom de Véronique (1). Je la vois à ma droite, debout, entre Nicodème et le Centurion. Elle profite de la halte que fait le pieux cortège, pour contempler avec respect et douleur ces épines tressées, dont les bourreaux ont fait une couronne dérisoire à leurs yeux,

---

(1) Cette sainte femme que sa générosité fit sortir de sa maison, au moment où le Sauveur chargé de sa croix passait dans la rue, s'appelait Séraphia ; elle était nièce de Zacharie, et par conséquent cousine du saint précurseur. On célèbre sa fête le 15 février. La sainte Couronne, rapportée par saint Louis, est dans le trésor de la métropole de Paris, mais les épines en ont été partagées entre les diverses Églises de France. Le suaire de Véronique est en grande vénération à Rome.

cruelle et sanglante pour le front de Jésus, plus auguste pour ses disciples que les couronnes des plus puissants monarques. Véronique la soutient de ses deux mains, appuyée à gauche sur un linge dont elle s'était peut-être servi pour essuyer les cicatrices du front du Sauveur.

Cette contemplation d'une des reliques insignes de la Passion ne suffit pas, disent quelques critiques, pour justifier la place honorable que Véronique occupe dans le groupe du Sépulcre. Ils se demandent ce qu'elle fait là. Mais ils oublient donc que, dans les funérailles royales, un dignitaire du trône, soutient sur un carreau de velours, la couronne qui ceignait le front du défunt; et que, dans les cortèges funèbres les plus vulgaires, le premier ami qui suit le cercueil, porte une couronne de lierre ou d'immortelles!

Cette première objection résolue, ils admettent que cette statue a tous les caractères de l'antique par la beauté des formes, la netteté des contours, la perfection au point de vue anatomique, l'agencement parfait des vêtements (1). Oui, cette figure a toute la pureté grecque, mais rehaussée du sentiment chrétien; les lignes du visage ont quelque chose de fin et de limpide. En même temps qu'on devine les pensées désolantes qui courbent cette tête et traversent ce front, on sent battre le cœur sous le corsage lacé avec élégance.

Ceux qui réclament par-dessus tout le réalisme, pourront s'extasier devant cette belle chevelure qui retombe sans lien sur le cou de Véronique; ces avant-bras que les manches retroussées du vêtement permettent de voir; la délicatesse des mains qui soutiennent la couronne et surtout cette couronne avec ses contours et ses aiguillons. Les cassures des branches y sont rendues avec tant de vérité et les interstices si parfaitement fouillés, que l'on croirait que c'est une couronne d'épines véritables posée entre les mains de pierre de la statue.

(1) Un détail seulement qui révèle tout l'art de Richier : dans ce tissu qui couvre le haut de la poitrine de Véronique, voyez donc comme les sinuosités de la pierre révèlent les attaches invisibles, qui rapprochent les deux côtés de ce vêtement.

L'Ange.

Que signifie cet Ange dont ne parle nulle part le texte sacré?

Écoutons la réponse que donne M. Bonnaire (1) dans son langage tout imprégné de poésie.

« Par une de ces fictions sublimes, qui n'éclosent que dans
» une âme croyante, sensible, fortement trempée, et qui
» n'hésite pas à dire tout haut, beaucoup plus par ses actes
» qu'en paroles : ma foi, c'est mon génie! Ligier s'est res-
» souvenu du tendre consolateur de Jésus au jardin des
» Olives..... Le doux paraclet de Gethsémani lui apparaît dans
» une vision lumineuse, et cette vision, le ciseau du croyant
» l'a traduite éloquemment dans la saisissante réalité que
» voici, et qui captive nos regards attendris. Ses ailes soyeu-
» ses et non repliées encore, l'air agité qui enfle les plis de
» sa robe, ses pieds nus et dégagés, dont l'un touche à peine
» le sol; la pénible contraction de son visage attristé, ses
» yeux arqués et larges ouverts, ses lèvres frémissantes d'où
» s'échappent des soupirs entrecoupés, enfin l'ardente spon-
» tanéité de son mouvement vers le Fils immolé et vers la
» Mère évanouie; tout cela n'indique-t-il pas manifestement
» qu'à l'ordre d'en haut, l'Ange est tout à coup descendu des
» cieux, au moment même où le cortège en larmes venait de
» pénétrer dans la froide obscurité de la grotte? Malgré son
» attitude inclinée et la projection de ses bras, il ne prie point,
» cet envoyé mystérieux..... il adore et compatit. A Jésus,
» ses mains jointes, en signe de souverain hommage et de
» vénération; à Marie, son regard si sympathiquement ex-
» pressif, son salut respectueux et ses douces paroles. »

Que fait cet Ange compatissant au milieu de cette scène de douleur? En même temps qu'il fortifie la Mère défaillante, comme l'avant-veille il avait soutenu le Fils agonisant, il vient affirmer que le ciel a compté les soupirs du Rédempteur sur

---

(1) P. 18.

cette croix qu'il presse lui-même contre son cœur; les coups de la flagellation dont il tient entre les mains les fouets cruels; les gouttes de sang qui ont jailli des blessures faites par les clous, que rappellent, jetés là sur la terre, le marteau qui les a fait pénétrer dans la chair, les tenailles qui les en ont extraits.

Si je regrette, comme un rêve, l'idée singulière de M. Dauban (1), qui verrait volontiers dans cet être mystérieux « la représentation de l'humanité exilée, aspirant du fond de » l'abîme, à sa première patrie, » j'aime mieux, avec M. le docteur Denys, voir dans cet Ange la portraiture fidèle, que le pieux imagier nous a laissée de lui-même.

« Je n'ai pas de preuve (2), dit-il, à alléguer à l'appui de » l'opinion accréditée, que cette physionomie si mélancolique » et si belle représente les traits de Richier, et je regrette de » ne pas posséder de renseignements assez positifs, pour con- » firmer la tradition sur ce point important. Mais l'on arrive » à une vraisemblance probante et bien voisine de la convic- » tion, lorsqu'on se rappelle l'usage des grands compositeurs » de se placer au milieu de leurs personnages, et ce vieux » dicton : *il y a toujours un coin du tableau pour l'artiste;* » lorsque surtout cette figure n'est pas conforme à celles » qu'on a l'habitude d'assigner aux anges. Il y a loin de ce » visage ferme et réfléchi, de ce caractère mûri par l'âge et » les habitudes sérieuses; il y a loin de ce front anguleux et » carré, à cette physionomie ordinairement plus tendre que » grave, à ce rayonnement de bonheur et de jeunesse, à ce » front arrondi, sous lesquels les anges sont communément » représentés. »

Mon désir était donc qu'un artiste, s'inspirant de cette belle tête et de cette noble attitude, laissât à la chevelure ses boucles arrondies, supprimât la robe flottante de l'Ange, les manches aux crevés que rattachent des boutons, ainsi que la casaque repliée sous la ceinture, et remplaçât ces vêtements par le costume traditionnel de l'artiste au XVIe siècle. Nous

---

(1) P. 26.
(2) P. 24.

aurions ainsi de notre Ligier Richier, une nouvelle et vraie portraiture, digne d'orner une des places publiques de sa ville natale, les sanctuaires que son ciseau a concouru à décorer et les maisons où l'on aime les arts.

Je voulais qu'on lui gardât dans son front mélancolique, l'expression des profondes douleurs qui avaient dû souvent déchirer son âme délicate et l'avaient conduit lui-même au pied de la croix, où il espérait puiser quelque consolation pour le passé, quelque force pour l'avenir.

Je voulais qu'on s'inspirât de l'Ange du Sépulcre pour mieux traduire tout ce qu'il y avait d'exquise tendresse, de noble sentiment dans cette âme hors ligne.

Je voulais qu'on sût bien rendre ce regard qui révèle les grandes pensées et les sublimes inspirations.

Je voulais enfin que, grâce à cette ressemblance, Ligier Richier apparût aux générations ce qu'il a été de son temps, l'artiste, mais l'artiste profondément convaincu au point de vue religieux, l'artiste éminemment catholique.

Or, mes lecteurs seront heureux d'apprendre que M. Pierson, notre excellent sculpteur meusien, a essayé de réaliser mon désir. Certainement, la maquette que j'ai vue dans son atelier, répond parfaitement à mon attente. Puisse-t-elle être bientôt reproduite en bronze, avec les proportions que réclame un monument public ?

Salomé.

A l'extrémité opposée, Salomé prépare le Sépulcre. Son vêtement moins élégant que celui de Véronique, se rapproche davantage par sa forme et sa simplicité de celui de la Très-Sainte Vierge. Les replis d'un long voile se mêlent sur ses épaules aux boucles d'une belle chevelure. Son manteau, qui descend de l'épaule droite, est retenu par la ceinture, de manière à la vêtir sans entraver ses mouvements. Une robe croisée sur sa poitrine avec un naturel achevé, enserre les contours gracieux de sa taille parfaitement proportionnée. On sent la vie, le cœur, le dévouement, l'angoisse sous les plis ingénieusement pressés d'un plastron que vous jureriez de la plus délicate batiste. De ses mains, elle étend dans le creux du Sépulcre, le linceul destiné à ensevelir le corps sacré du Christ. Ce suaire semble bien de lin tissé plutôt que de pierre, tant les sinuosités en sont habilement exécutées! Avec quelle dextérité elle accomplit sa tâche!

Comme tous les personnages du groupe, malgré sa douleur poignante, elle se soutient par le sentiment d'un noble devoir à remplir.

Elle préférerait être à côté de sa propre mère et de saint Jean, son fils, pour retenir dans sa chute Marie qui s'est évanouie. Elle se jetterait volontiers, comme Madeleine, aux pieds de son Sauveur pour les réchauffer de ses soupirs ardents; mais elle sent que Nicodème et Joseph d'Arimathie, ployant sous le fardeau dont ils se sont chargés, attendent que les préparatifs de la sépulture soient terminés.

Ici encore le visiteur intelligent distinguera un type lorrain. C'est probablement le portrait d'une parente, peut-être de son épouse, que Richier a demandé à son ciseau.

Comme l'Ange, Salomé est plutôt au second plan. Ces deux nobles figures ont de l'autre côté pour pendants, ou plutôt pour repoussoirs, les deux joueurs. Des critiques auraient peut-être préféré que cette sainte femme occupât le premier rang, un peu reculée seulement, comme le Centurion. Richier n'en a pas jugé ainsi. Il a estimé que le sépulcre devait avoir une place d'honneur, suffisamment visible. Ayant à compter avec l'étroitesse du local, il a préféré montrer une partie de cette tombe, laissant d'ailleurs à l'imagination du visiteur de supposer que cette pierre se poursuit en retraite derrière Salomé et s'enfonce en avant, dans la paroi du mur de l'église qui simule celui de la grotte. Aussi l'artiste incline habilement Salomé sur la pierre, de manière à en dissimuler l'exiguité réelle.

On voudrait encore, pour la tombe, un bloc nu et sans ornement. Richier, au contraire, l'a orné d'arabesques admirables, il faut l'avouer, de dessin et d'exécution. Peut-être les mêmes critiques voudraient-ils également pour les murs de nos églises, et jusque pour les tabernacles de nos autels, une nudité toute glaciale. Je ne partage point leur opinion. Le luxe d'un monument funèbre s'accordait très-bien avec la richesse du seigneur d'Arimathie, qui l'avait fait creuser pour lui-même, et probablement sculpter.

En réalité, quand on se souvient que le ciseau de Richier a fait son apprentissage en face de la richesse d'ornementation qui caractérise les sculptures de Michel-Ange, on permet à l'élève cette réminiscence du maître.

D'ailleurs, quand on a vu à Solesmes les élégants bas-reliefs qui chargent le tombeau de la Vierge, on se garde bien de reprocher à Ligier Richier les arabesques dont il a décoré ici la pierre sépulcrale.

Le Centurion.

Un type parfait de l'âme que subjugue la foi surnaturelle, c'est le Centurion. Richier l'a placé à l'extrémité de la première ligne, mais un peu en arrière, car il sait admirablement combiner les rôles, les poses et les mouvements de ses personnages. Changez-en un seul de place : quand vous lui cherchez une situation plus en rapport avec son caractère, ou une action plus vivement indiquée dans l'ensemble général, vous êtes obligé de le remettre exactement comme l'avait placé le génie de l'artiste.

Aux pieds du Christ, Madeleine et Salomé nous représentent la religion du cœur et du dévouement; à sa tête, Véronique et le Centurion nous retracent celle de l'intelligence par la méditation.

« Voyant tout sans troubler personne (1), penché sous le
» poids de ses hautes réflexions, il repasse en son âme tout
» ce qui s'est fait sous ses yeux depuis le Prétoire, où Jésus
» se taisait devant ses calomniateurs jusqu'au Calvaire où, du
» sommet de la Croix, il promettait le Paradis au larron
» repentant, en demandant grâce à son Père pour ses bour-
» reaux. »

---

(1) M. Bonnaire, p. 24.

Quand Cassius s'écria sur la montagne : *En vérité, celui-ci était vraiment le Fils de Dieu!* Ce cri de foi, arraché à cette noble poitrine de soldat, exprimait la conviction profonde, que partageaient sur ce point toutes les âmes droites, à la vue des grandes choses qui se succédaient sur le Calvaire. Aussi, comme cette impression se peint dans l'énergie de la figure, l'attitude inclinée et silencieuse de l'officier que nous avons sous les yeux! Pour inviter leurs disciples à réfléchir, les philosophes leur demandaient de s'asseoir. Richier assied ce personnage sur un bouclier. Sa main gauche soutient négligemment une arme qu'il n'est plus question pour lui de lever, puisque la grâce l'a vaincu. Appuyant sa main droite sur les reins, il rêve plutôt aux catastrophes dont il a été le témoin ; gardien au nom de la loi, de celui que le peuple Juif aurait voulu ensevelir à jamais dans la honte du supplice, il pressent que la Providence l'appelle plutôt à être le premier martyr de la vérité, c'est-à-dire, le témoin de la mort divine du Christ, de la Résurrection qu'il attend et de la conversion de la Gentilité. En effet, à cette heure solennelle, le représentant de la grande nationalité Romaine s'offre à nos regards, comme le type de tous les peuples assis jusque-là dans les ombres du paganisme, et que l'Évangile va illuminer de ses rayons divins.

Au point de vue matériel, le vêtement révèle un grade supérieur dans la milice. Or, ayant à choisir entre les deux officiers qui remplirent un grand rôle dans la Passion et dont nous avons déjà étudié les caractères, il est facile d'établir que notre statuaire place ici, sous nos regards, Cassius, connu généralement sous le nom de Longin. La preuve péremptoire que j'en donnerai est le strabisme, que la tradition attribue à ce noble soldat, et qui communique une certaine originalité à toute sa figure. Des tresses serrées forment sa coiffure ; la cotte d'armes, qui descend des épaules sur la poitrine, est richement ornée d'arabesques, qui indiquent assez une haute position hiérarchique dans la garde urbaine; des lanières flexibles s'en détachent avec élégance sur les bras et les cuisses ; des chaussures non moins gracieuses protègent les pieds. Est-ce la garde de son glaive qu'il tient de la main gauche, est-ce la poignée de la hampe d'une pique? Les critiques ne s'accordent pas sur ce point. Une tête d'aigle ou un autre symbole devait terminer cette arme, si, comme l'affirme M. Bonnaire, c'est un glaive. Mais, malgré les ligues amères de cet impitoyable censeur contre M. Dauban, je serais plus porté à voir avec ce dernier, dans cette sorte de gaîne, le manche d'une lance, de la lance traditionnelle du Calvaire. Certes, avant qu'une restauration mal comprise eût avancé Véronique jusqu'à la sortir de la ligue de Madeleine et de Nicodème, cette lance pouvait très-bien se prolonger vers l'endroit où gisent les clous du crucifiement. Un trou, que l'on voit encore dans la pierre, indique assez que là devait s'arrêter le fer de Longin.

Sous le rapport artistique, on peut dire que Richier a parfaitement compris le type romain, à la figure fière et martiale, aux cheveux et à la barbe crépus, aux tempes saillantes, aux membres nerveux; au caractère sérieux et énergique. Joignez à ces observations l'éloge que mérite la science anatomique, avec laquelle Richier ondulant les plis des vêtements, leur fait copier à la perfection les contours du corps.

Si vous cherchez le rôle que Cassius remplit dans ce drame, je l'admire, se tenant discrètement à l'écart pour ne pas entraver les épanchements d'une juste douleur. Mais alors même que l'Évangile garde le silence sur sa participation aux funérailles du Christ, j'accepte volontiers que l'imagination de l'artiste l'ait introduit dans cette cérémonie funèbre, comme le délégué du gouverneur romain, chargé par lui de maintenir jusqu'au bout l'ordre public. J'admire encore davantage la pensée de Richier, quand je pressens que dans l'attitude de cet homme de guerre, il donne une leçon aux indifférents de tous les siècles qui sont impies, parce qu'ils ne veulent point réfléchir. J'aime Madeleine se jetant aux pieds de Jésus avec la même confiance qui l'avait introduite un jour dans la maison de Simon; mais j'estime aussi le publicain, qui se tient humblement à l'écart et se frappe la poitrine. Beaucoup de péchés sont remis à l'une, à cause de l'ardeur de sa charité; à l'autre, parce que Jésus-Christ ne trouve pas souvent autant de foi dans Israël.

Les deux joueurs.

La présence du Centenier à ces funérailles, justifie celle des deux joueurs. Chargé par le pusillanime Pilate de le mettre à l'abri de toute récrimination de la part des Juifs, et aussi, comme l'indique le texte sacré, de prémunir le Sanhédrin contre tous les complots des disciples du Christ, le capitaine Cassius devait avoir, sous ses ordres, la centurie qu'il commandait. Pendant que leur chef considérait attentivement au Calvaire les faits qui s'y succédaient, deux de ses soldats avaient tiré au sort la robe sans couture de l'adorable Victime. Est-ce le prix de ce vêtement sacré, est-ce l'argent qu'ils avaient reçu du Sanhédrin pour payer leur vigilance, toujours est-il que ces malheureux tirent cette fois au sort la possession d'une bourse, que tous deux convoitent avec passion.

Traçons d'abord une esquisse de ces ignobles personnages. Accroupis tous deux, contre un tambour qui leur sert de table, ils sont vêtus militairement et portent le glaive suspendu à leur ceinture. Leurs costumes, sans se ressembler, rappellent les archers du XVIe siècle. Celui que vous voyez à votre gauche, a la tête nue; un plastron lui enveloppe la poitrine; une garniture édentelée termine sous la gorge cet habit qu'un bouton rattache sur l'épaule; des crevés symétriques lui garnissent les bras et le haut des chausses. La main gauche est gantée; la main droite est nue, dans le but sans doute de manier plus habilement les dés de leur jeu. C'est aussi pour obtenir la même liberté, qu'il a rejeté presque entièrement derrière lui le manteau qui complète son accoutrement.

Son compagnon est vêtu d'une cotte de mailles, d'une cuirasse et de brassards. Une coiffure couvre sa tête. Un cartouche sur lequel il s'appuie, le casque qu'il porte sur le dos ont, par leur forme, fait naître bien des conjectures, dont nous parlerons tout à l'heure.

Si la figure humaine est le reflet de l'âme, certes nous avons sous les yeux deux caractères de l'infamie personnifiée. Le misérable que les deux premiers dés auraient dû priver de tout espoir, regarde, d'un œil dépité, le chiffre insignifiant que le dernier jet va joindre aux deux autres pour consommer sa perte. Le désappointement qui se lit dans sa figure plate et méchante, des cheveux qui semblent se hérisser sur son front hébété, des lèvres qui se contractent avec colère, la main gauche crispée qui ne voudrait point lâcher la bourse que le sort lui ravit, tout nous donne le portrait achevé de l'âme basse et vicieuse.

L'autre qui témoigne du regard et de la main que le sort l'a favorisé et s'apprête à râfler l'argent de l'enjeu, n'est pas moins repoussant. Sa figure d'hyène, grimaçant encore du sourire ignoble que provoque en lui le succès; ses yeux d'où jaillissent des éclairs sataniques; ses lèvres épaisses qui prolongent leurs rictus jusqu'au milieu d'un visage décrépit; tout est bien la personnification du vice dans tout ce qu'il y a de plus hideux.

Mais que font ces deux êtres ignobles, auprès des caractères les plus sublimes que la terre ait pu admirer?

Ils produisent l'effet que l'on peut attendre d'un contraste habilement calculé.

Rappelez-vous, au bas des groupes bienheureux qui ressuscitent à la gloire, la barque fatale où le pinceau de Michel-Ange a entassé les damnés. Relisez le rôle de l'ignoble Mathan aux prises avec le vertueux Joad sous la plume inspirée de Racine, et vous comprendrez combien dans tous les beaux-arts, le choc des contrastes établit avec une énergie plus saisissante, d'un côté, l'excellence de la vertu; de l'autre la laideur du vice. Il peut bien en être ainsi dans les choses morales, quand le monde physique lui-même tire son plus grand lustre du rapprochement des contraires. Que serait un paysage partout également éclairé, sans ombres qui fassent ressortir les parties plus intéressantes?

Or, dites-moi, si Richier n'a pas compris en ce point tout le secret de son art? A côté de Jésus qui donne jusqu'à sa vie, il oppose la basse et lâche cupidité; à côté des cœurs les plus compatissants, il peint l'apathie jusqu'à l'abrutissement d'êtres dénaturés, qui jouent là sans respecter les tristes apprêts des funérailles ; à côté de nobles figures où se reflètent les plus généreux sentiments et les plus sublimes pensées, il place des têtes effrontées, à jamais stigmatisées par l'ignominie de vils instincts et du plus exécrable cynisme.

Mais le tambour n'est-il pas un anachronisme? J'avoue que cet instrument bruyant, s'il était connu des Romains et des Juifs, n'avait pas la forme moderne que lui donne Richier. Mais pardonnons à l'artiste une licence, qui a pour résultat de révéler plus vite aux spectateurs la profession des deux joueurs de la grotte. « Je conçois, dit M. Denys (1), » que l'auteur ait voulu faire comprendre sans effort cette » scène historique des deux joueurs qui apparaissent sous un » arc reculé. Il fallait qu'à l'instant, et sans le secours de la » réflexion, le spectateur pût dire : Voilà les soldats dont » parle l'Ecriture, qui jouent aux dés la tunique de Jésus. » Rien n'était plus propre à l'intelligence de la scène que ce tambour, si commode d'ailleurs pour mettre en relief et les compartenaires et leur jeu impie.

J'ai promis de revenir sur le casque et le cartouche du soldat *qui perd cette partie sacrilège*. Je ne puis voir avec le vulgaire, ni une miche de pain, ni la corbeille d'un mitron, dans cet objet que j'aperçois sur son dos. La coiffure qui lui couvre la tête semblant appartenir à une tenue négligée, c'est son casque qui est suspendu par derrière à sa cuirasse.

A plus forte raison, je réprouve l'interprétation maligne du cartouche, sur lequel s'appuie le joueur ; la légende voudrait encore y découvrir *un quartier de lard*, comme si Richier avait été en brouille avec tous ses fournisseurs. La position sociale dont il jouissait au milieu de ses concitoyens, semble contredire de telles interprétations.

Cependant, comme les figures ignobles de ces êtres de bas étage rappellent plutôt des types vulgaires de Lorrains débauchés, il peut y avoir du vrai dans le fond de la légende. Des démêlés ont pu tourmenter le sculpteur, qui se serait vengé à la manière des grands maîtres. Horace tuait Ennius par quel-

(1) P. 36.

ques vers d'épigramme au milieu d'une grande composition poétique ; le sculpteur se vengeait au portail de Reims en enchaînant dans les liens du diable des évêques et des princes dont il avait à se plaindre. Accordons à notre Richier la même liberté qui aurait ainsi perpétué jusqu'à nous sa vengeance d'artiste.

CHAPITRE XXXIX.

RÉSUMÉ GÉNÉRAL DU SÉPULCRE.

Types. — Vêtements. — Anatomie. — Groupement. —
Estime des critiques.

Si vous essayez l'analyse de cette magnifique composition, vous surprenez de prime-abord dans votre âme le saisissement que l'artiste a voulu y provoquer par cette tombe, cet Homme-Dieu qu'on va ensevelir et les personnages compatissants qui s'occupent de ces funérailles. Mais, presque aussitôt, passant de l'examen de l'œuvre à l'enthousiasme pour l'artiste, vous admirez l'élévation de la pensée, l'originalité de la conception, la délicatesse du sentiment, la pureté du dessin, la netteté des contours, la richesse des ornements, l'habileté du ciseau, le génie en un mot.

Le choix des personnages atteste une profonde science du texte sacré. Si l'imagination de l'artiste mêle la légende à la réalité, certes, la critique la plus sévère ne peut que s'incliner en face de telles inspirations.

Les types en sont variés, nous avons pu nous en convaincre, les formes bien dessinées, les poses justes, les mouvements naturels et nettement indiqués.

Nous nous sommes plu à constater une grande intelligence dans l'agencement des draperies, où chaque pli étudié avec une précision magistrale, a cependant la souplesse d'un naturel à illusionner. Il plisse la pierre comme il la fait respirer, parler, agir, souffrir, mourir.

Le blâmera-t-on d'avoir sacrifié la sévérité de l'histoire à l'effet général dans le choix des costumes? S'il a préféré ce que j'appellerais le cachet de son époque, c'est qu'il y trouvait des ressources plus propres à faire ressortir les belles formes de ses personnages; car on ne saurait nier que les vêtements, amples dans leurs contours, décents dans leur agencement, sculptés à larges coups de ciseau, ne prêtent aux figures de la noblesse et de la majesté. Cette réflexion est de M. Denys qui ajoute : « du moins il a répandu partout un bon parfum de maître (1). » Dès lors, l'anachronisme n'a plus rien de révoltant, ce n'est plus que la licence d'un artiste, qui en tire merveilleusement profit pour son œuvre, en même temps qu'il en date l'exécution, comme d'ailleurs on le retrouve dans les grandes compositions des meilleurs maîtres.

Oui, ces mélanges hétérogènes ont, au fond, tant d'élégance et de richesse; ils prouvent tant d'imagination et de ressources, que personne n'en désirerait la suppression. Peut-on reprocher par exemple, les anachronismes des ajustements de la Madeleine, quand ils sont rachetés si glorieusement par la pureté, la correction et le bon goût?

Tout révèle des études profondes, une vie d'observation et de réflexion. Ligier connaissait la nature; pour vous en convaincre, voyez la roche taillée par lui dans la pierre, la plante que va briser le vêtement de Nicodème, la couronne d'épines que porte Véronique.

« Il n'avait rien à désirer, dit M. le Dr Denys (2) quant au
» talent d'exprimer le sentiment intérieur par la configuration
» des traits; » mais il fallait, pour obtenir des œuvres aussi achevées, qu'il joignît à la connaissance physiologique de l'homme, la science anatomique de la forme et de la disposition de chaque os; de l'ossature entière ou de la charpente humaine; du jeu des muscles auxquels les os servent de soutien; des nerfs, des artères et des veines qui font circuler la

(1) P. 37.
(2) P. 29.

vie et l'énergie dans les membres; et des apparences diverses qui en résultent sur la peau, enveloppe délicate de cet ensemble merveilleux.

Voyez si, dans les bras, les jambes, les pieds et les mains que différencient l'âge et le sexe; dans les dents que les lèvres entr'ouvertes permettent toujours d'admirer, tout n'est pas plein de vérité et de finesse. Quelle grâce dans le cou arrondi de Madeleine! quelle fermeté dans celui de Cassius, aux muscles énergiquement dessinés! sur ces fronts que la douleur incline, les cheveux ont ce que j'appellerais un *beau désordre, effet de l'art*, selon l'expression de Boileau; mais dans leur négligence apparente, tout est naturel, tout plaît à l'œil.

Si de l'examen des personnages isolés, nous passons à l'étude de leur groupement, nous constatons les progressions judicieuses avec lesquelles ils ont été distribués, rapprochés, opposés; à la place d'honneur, le corps inanimé de l'Homme-Dieu, porté avec le plus saint respect par deux disciples, dont l'Évangile lui-même a dicté le choix et le rôle. Au second rang, Notre-Dame de Compassion, que son cœur maternel, rapproche de son Fils, ici comme dans l'histoire de la Passion; les liens du sang et de la grâce appellent à son aide Cléophée et saint Jean, qui partagent sa douleur et sa résignation. On place volontiers dans le premier groupe, la pécheresse convertie de Magdala; agenouillée aux pieds de Jésus, elle semble résumer là toute sa vie, depuis sa conversion chez Simon le lépreux, jusqu'à ses méditations dans la grotte de Marseille.

De même, l'Ange se rattache au second plan, comme le paraclet de Gethsémani, sous le ciseau ou le pinceau des artistes qui ont essayé de retracer la défaillance du Sauveur dans sa cruelle agonie.

Les groupes accessoires sont disposés de manière à ajouter à l'importance et à l'intérêt du drame. A Chaumont, la sépulture du Christ étant un fait accompli, les Apôtres entourent le tombeau sans qu'il y ait de leur part aucune autre mise en scène qu'une contemplation immobile. Ici tout est dramatique. Le pieux cortège se dirige vers le monument; parvenu dans la grotte, il ne s'arrête qu'un instant, en attendant que Salomé ait terminé les derniers préparatifs de la couche funèbre, où va reposer le Sauveur. De là, cette direction plus générale des groupes vers le monument. De là, par conséquent, toute cette animation, que vous remarquez à votre gauche, tandis qu'à votre droite, Véronique qui termine le cortège, apporte moins d'appoint à l'action générale. Pour le même motif, le centenier et les soldats devaient occuper une place indépendante comme la fonction qui les amène.

Quelle disposition d'ensemble, où rien ne s'embarrasse, où tout concourt au merveilleux d'une parfaite unité! Les misérables joueurs eux-mêmes, auxquels s'intéresse trop vivement le goût faussé de quelques visiteurs, relégués à dessein par l'artiste, ne peuvent être nulle part mieux à leur place que dans cette sorte de pénombre, derrière Véronique et le Centurion, qui méditent si anxieusement sur les souffrances et la sépulture de l'Homme-Dieu. Laissons-les accroupis, dans leur ignoble soif d'argent et de plaisir, tandis que leur faisant contraste, l'Ange nous parle des cieux et Salomé de la mort.

Ainsi, chaque scène partielle a sa raison d'être, soit qu'on la considère isolément, soit qu'on étudie sa part d'action dans l'ensemble. Joseph et Madeleine agenouillés à votre gauche, ont pour pendants à votre droite Nicodème et Véronique qui se tiennent debout; par une combinaison pleine d'habileté, Richier n'a pas manqué d'accroupir les deux joueurs derrière Véronique; d'élever l'Ange au-dessus de Madeleine et d'équilibrer ainsi parfaitement les groupes.

Le génie étant un de ces rares présents que la Providence n'accorde qu'à de longs intervalles à quelques êtres privilégiés seulement, c'est pour nous un devoir d'en interroger les caractères, dès lors que par ses œuvres, un homme se révèle à nous, marqué de ce sceau presque surhumain.

Une intelligence élevée, une sensibilité exquise, un goût délicat, une aptitude spéciale et la perspicacité dans l'observation approfondie de tout ce qui constitue l'ordre physique et l'ordre moral; voilà ce qui caractérise la supériorité de notre Richier.

Enfant du xve siècle par la foi, il participe à toute la sainte naïveté du Moyen-âge; admirateur de Raphaël et de Michel-Ange, il revêt ses œuvres chrétiennes de tous les charmes que la Renaissance sut communiquer aux beaux-arts.

Trop heureusement doué lui-même pour s'assujétir à une imitation servile, il reste *lui*, toujours *lui*, poursuivant un idéal à *lui*, ayant sa touche à *lui* dans la réalisation de ce que son imagination a pu concevoir; parfait jusque dans des détails d'une délicatesse inouïe, qu'un sculpteur ordinaire négligerait comme imperceptibles, et dont sa main scrupuleuse sait faire des chefs-d'œuvre.

Toujours chrétien, toujours chaste, il puise dans les mystères de la foi toutes ses inspirations, heureux d'obéir à une voix intérieure qui lui trace sa mission au milieu de la grande famille catholique. Il veut laisser, sur la terre, un hommage de ses convictions en même temps qu'un témoignage de son dévouement envers sa ville natale. Éprouvé sans doute dans le creuset des tribulations, il cherche à révéler à ceux qui pleureraient après lui, la source où lui-même a puisé le courage. Quant à la rémunération, il l'attend au Ciel.

Estime des critiques.

Cependant le siècle dernier et le nôtre ont élevé la voix pour proclamer en face du Sépulcre le mérite indiscutable de Richier.

En 1709, D. Ruinart, écrivant son *Iter litterarium in Lotharingiam*, signale à l'observation des touristes : « *Sepulturæ » Christi Domini historiam in Ecclesia parochiali marmore » exculptam, ubi icones eorum, qui huic piæ actioni manum » præbuerunt, confectæ sunt tam diligenti manu, ut naturam » ferè dixeris ab arte superatam fuisse* (1). »

En 1754, M. de la Condamine, si connu dans la République des lettres, vint à Saint-Mihiel « attiré par la curiosité

---

(1) L'histoire de la sépulture de Notre Seigneur Jésus-Christ, sculptée en marbre dans l'église paroissiale, où les portraits de ceux qui prirent part à cette pieuse action ont été exécutés par une main si habile que vous diriez presque que son art a surpassé la nature.

» de voir le Sépulcre, dit D. de l'Isle, ouvrage travaillé avec
» tant d'art et de délicatesse, qu'il est regardé avec fonde-
» ment par les plus habiles connaisseurs comme une mer-
» veille du monde. »

La même année, Chévrier rapporte que les connaisseurs de toutes les nations éclairées, venaient admirer le Sépulcre. « Le prestige, dit-il, en est tel, que les yeux surpris croient y
» voir des êtres animés. »

J'aurais des pages entières à remplir, si j'entreprenais de mettre sous les yeux de mes lecteurs ce qui a été écrit dans notre siècle à la gloire du Sépulcre. Il est inutile que j'évoque davantage le témoignage de M. Bonnaire et de M. le docteur Denys. Dans le cours de cette étude, j'ai maintes fois cité leur appréciation au sujet de ce monument, que M. Lepage appelle « l'œuvre la plus brillante qu'un artiste religieux puisse
» rêver. »

Toutefois, je ne puis résister au désir de transcrire quelques lignes écrites, dans *l'Artiste*, par la plume autorisée de M. Victor Fournel touchant le Sépulcre.

« La composition de cette grande page est d'une propor-
» tion, d'une hardiesse, d'un art étonnants. La sculpture en
» est vigoureuse, large et minutieusement finie en même
» temps. Tous ces vêtements, ces ornements compliqués, ces
» barbes, ces chevelures, avec quel soin patient de vérité scru-
» puleuse, la main de l'Imagier les a fouillés! Richier se com-
» plaît dans ces petits détails où il réussit si bien. C'est du réa-
» lisme, mais du réalisme noble et élevé..... Il s'étudie avant
» tout à rendre l'expression, la vie ; et dans cette œuvre, on
» trouve ces qualités à un degré que la sculpture a rarement
» atteint et qu'on eût pu même lui croire interdit......... C'est
» autrement beau que l'art grec, mais ce n'est pas moins beau. »

Hâtons-nous de terminer par la critique brième, mais caractéristique, que Larousse a tracée dans son grand *Dictionnaire Universel*, édité en 1875.

« Les figures du groupe du Sépulcre sont aussi belles que
» les nymphes de Goujon, mais belles de la beauté chrétienne,
» réunissant la naïveté à l'habileté du praticien consommé, la
» vigueur et la largeur aux délicatesses du fini. »

CHAPITRE XL.

HISTORIQUE DU SÉPULCRE.

Où Ligier a-t-il sculpté le Sépulcre? — A quelle époque? — Grotte où fut placé le Sépulcre. — Inscription. — Dégradations. — Louis XIII. — Époque de la Terreur. — Décret en faveur du Sépulcre. — Restauration de MM. Comon et Mangeot. — M. Brun. — Assainissement de la grotte. — La question du Sépulcre en 1863. — Travaux de 1879. — Maquette du Sépulcre.

Nos études sur le Sépulcre sont loin d'être complètes. Nous connaissons ce chef-d'œuvre de Ligier Richier, mais parce que tout monument a son histoire, nous devons relater et les circonstances qui l'ont fait ériger et ses péripéties dans les siècles qu'il a traversés.

L'opinion populaire voudrait persuader aux visiteurs du Sépulcre que cette scène grandiose est d'un seul bloc, et qu'elle a été taillée sur place dans un rocher adhérent là au sol de l'église.

Il est inutile d'argutier sur les impossibilités physiques qu'aurait rencontrées un travail de cette nature, quand le moindre examen des bases des statues suffit pour démentir une telle supposition.

Non, c'est dans son atelier même et à loisir que Richier a sculpté son œuvre; suivant un plan primordial parfaitement conçu, puis exécuté, détail par détail, avec la plus scrupuleuse exactitude.

Au fur et à mesure que les statues ont été terminées, l'artiste les a jointes et scellées les unes aux autres en dessous du sol, laissant à son ciseau, pour tâche suprême, de tailler leurs bases cimentées ensemble, et d'imiter, à illusionner l'œil, le pavé rocailleux d'une grotte.

A quelle époque Ligier Richier commença-t-il et finit-il ce travail?

Je lis dans l'*Histoire de la Sculpture française* (1) que le Sépulcre était terminé en 1531. M. Émeric David s'appuie sur les passages de Chatouru que nos lecteurs connaissent. Mais, outre qu'il est impossible d'en inférer cette assertion, je répondrai, avec le docte historiographe de la cathédrale de Metz, M. Bégin, que l'examen de tous les travaux dont nous avons la date, prouve le contraire. La *Mater Dolorosa* de la grande église de Saint-Mihiel précède évidemment le Sépulcre. On ne s'élance point de prime-abord vers la réalisation artistique d'une aussi grande scène, et pour créer une poésie aussi sublime, il faut avoir longtemps médité l'ensemble, étudié et harmonisé les détails.

En 1543, maître Ligier Richier était un des principaux administrateurs de la ville, un des trois maires qui se partageaient la gestion des intérêts de la cité. Il est probable qu'il conçut le projet d'offrir, dans ce joyau, son généreux tribut à l'édifice paroissial que l'on s'occupait alors de reconstruire et dont la partie terminée fut consacrée en 1545, si l'on en croit la Chronique de Philippe de Vigneulles (2).

Mais je ne craindrais pas d'avancer que le chef-d'œuvre du maître lui coûta de longs efforts et que, si l'on admet avec la légende populaire, qu'il consacra à ce travail dix années entières, le Sépulcre commencé peut-être vers 1555, fut placé dans sa chapelle quelques années avant la mort de l'artiste.

A cette époque, nos pères ne désespéraient pas de compléter leur restauration et de transformer la nef comme ils

---

(1) P. 176, 177.

(2) Le même sentiment de générosité envers l'église de sa paroisse natale inspira en 1551, à Richard de Wassebourg, archidiacre de Verdun, la pensée de donner au sacraire de Saint-Étienne de Saint-Mihiel la magnifique Croix-Reliquaire qu'on y admire encore.

avaient relevé l'abside. Le sanctuaire se prolongeait alors jusqu'à la travée qui avoisine celle du Sépulcre, en sorte que le monument semblait se trouver dans une sorte de transept, entre le sanctuaire flamboyant et le vaisseau aux cinq nefs du XIIe siècle, réservé aux fidèles.

Malgré la thèse contraire soutenue par M. Dumont et par M. Dauban, on peut affirmer que l'emplacement de la grotte entre deux contreforts du nouvel édifice n'autorise pas à juger qu'il y avait là une construction d'une date antérieure ; le mélange du cintre et de l'ogive dans les voûtes, la fenêtre rosace du milieu, les clefs des arceaux, la mutilation qu'on a faite à la fenêtre de la nef dans cette travée, attestent que la chapelle est d'une date postérieure à l'église, quoique du même XVIe siècle.

La représentation dans les clefs de voûte, du soleil, de la lune et d'un triple flambeau qui rappelle le triangle du Samedi saint, symbolisent l'heure de la sépulture, ainsi que l'espace d'un jour et de deux nuits qui séparent du moment glorieux de la Résurrection.

Tous ces détails semblent avoir été inspirés par Richier lui-même, qui a fait placer au-dessus de la Madeleine un cœur, emblème d'un amour persévérant. Seulement, les extrémités des arceaux, mutilées sans beaucoup de goût, indiquent que primitivement l'ouverture de la chapelle était comme partagée par deux pendentifs ; et que, plus tard, les trois baies qui résultaient de cette disposition auraient été supprimées, afin de permettre aux visiteurs de jouir plus facilement de la vue d'un groupe aussi merveilleux.

Trois petites fenêtres gothiques éclairent l'intérieur de la grotte, du côté de la rue. Ces rosaces ont été tour à tour remplies de verres blancs, fermées, puis rendues à la lumière et ornées de vitraux historiés, sans que jamais l'œil eût été satisfait. Tout en reconnaissant que ces rosaces ont été ouvertes du temps de Ligier Richier, je croirais volontiers qu'elles laissent tomber sur le groupe une lumière regrettable et qu'elles contribuent à faire paraître plus grosses, et même trop grosses, les têtes des personnages, qui, sous ce rapport, perdent déjà à n'être plus vues, comme primitivement, de bas en haut.

Richier voulut-il par ce monument, honorer la tombe de quelque grand personnage? Sur ce point, la tradition est complètement muette. Un sondage, opéré en 1860, entre les deux groupes, n'autorisa pas à penser qu'ils recouvrent une crypte ou une tombe. Des excavations, faites dans la rue voisine en 1871, et dans la nef de l'église en 1879, ramenèrent au jour une multitude d'ossements, mais jetés pêle-mêle, comme dans des tombes communes, sans rien qui dénotât des sarcophages plus distingués.

Une clôture en fer forgé, dont la grille actuelle a conservé tous les panneaux et respecté le dessin dans les parties surajoutées, a été placée, probablement bientôt après l'achèvement du travail, devant l'ouverture de la grotte, de manière à protéger les statues contre des dégradations, qu'auraient bientôt causées la malveillance ou l'indiscrétion des visiteurs. Cette grille primitive portait avec elle le cachet d'une antiquité incontestable.

La *Notice* de D. Calmet, citant déjà le distique latin inscrit au-dessus du monument, montre que cette épigraphe, d'ailleurs irréprochable comme pensée et comme prosodie, est de très-vieille date (1) :

> Illud, quisquis ades, Christi mirare Sepulcrum;
> Sanctius, at nullum pulchrius orbis habet.

Reboucher fils, dit le même historien, en a donné la traduction, aussi juste qu'élégante :

> Passant, de Jésus-Christ, admire ce tombeau,
> Il en fut un plus saint, mais jamais un plus beau.

Il n'en fut jamais un plus beau, répètent avec fierté tous les enfants de Saint-Mihiel, et ils ont ce droit, car ce n'est ni le Sépulcre de Saint-Roch, à Paris, ni celui de Chaumont, ni la

---

(1) M. Marchal de Champal possédait, en 1820, un dessin du sépulcre sur parchemin vélin. On y lisait ainsi le vers hexamètre : *Siste, viator, et hoc Christi mirare Sepulcrum,* ce qui ferait supposer que la forme actuelle n'est qu'une correction d'un distique primitif. (M. Bonnaire, p. 54.)

mise au tombeau de Daniel de Volterre, ni aucun autre essai de ce thème qui pourrait soutenir un instant de confrontation avec l'incomparable page Sanmihielloise.

En face de l'œuvre magistrale de Saint-Mihiel, les touristes évoquant tous leurs souvenirs, n'osent apporter d'autre terme de comparaison que le groupe analogue sculpté par le ciseau si justement estimé de Michel Colombe, dans l'église Saint-Pierre de Solesmes. En réalité, ils peuvent nous opposer ce qu'il y a de majesté et de beauté sublime dans le Sépulcre que possède la célèbre abbaye. Mais si D. Cheminart avait eu de son temps Ligier Richier pour lui confier le dessin et l'exécution de sa magnifique chapelle, nous osons affirmer que l'œuvre de Solosmes eût été de beaucoup supérieure à ce qu'elle est en réalité. Les scènes de l'autre bras du transept, dues aux ciseaux de nos Richier, le prouvent jusqu'à l'évidence. Ce qui revient à placer le statuaire Sanmihiellois au-dessus de son devancier de Tours (1).

Malgré toutes les précautions prises pour préserver le chef-d'œuvre de Richier de toute détérioration, Brouilly, qui écrivait au xviiie siècle le Mémoire de ce que la France a de plus curieux, regrette déjà *comme un meurtre, qu'un si beau monument se gâte tous les jours.* Dès ce temps, *il y avait des parties rajoutées. Parmi les nez mutilés*, remarque-t-il, *figurent ceux des joueurs. Or, comme l'un d'eux et peut-être tous les deux, étaient des portraits, la mutilation avait sans doute été opérée par les parties compromises.*

J'aime mieux accuser de ces dégradations les guerres désastreuses que la Lorraine eut tant de fois à subir, et en particulier le siège de Saint-Mihiel, en 1635. Si l'artillerie de Louis XIII laissa intacts l'église Saint-Étienne et le Sépulcre, il est probable qu'après la capitulation qui ouvrait la ville à des soldats effrénés et furieux, et en particulier aux fougueux Luthériens, auxiliaires des Français, il y eut dans les édifices des détériorations regrettables.

Cependant la tradition nous fait également supposer que des ordres supérieurs furent bientôt donnés, pour préserver

---

(1) *Description des églises abbatiales de Solesmes,* par D. Guépin.

le Sépulcre d'une destruction qui eût été de tous points lamentable.

En effet, le cardinal de Richelieu, frappé, dit-on, de la majestueuse beauté de l'œuvre de Richier, au lieu de l'abandonner à des hordes indisciplinées, aurait manifesté la volonté de la faire transporter dans un des palais de son roi. Et Saint-Mihiel ne posséderait plus aujourd'hui ce monument qui fait sa gloire, sans la persuasion où étaient ses habitants, que le groupe était d'un seul bloc, taillé sur place, en sorte que, sur leurs représentations, le vainqueur crut à l'impossibilité d'une telle entreprise.

Brouilly, dans son Mémoire, confirme cette tradition que j'admets volontiers, tandis que D. de l'Isle, attribuant le fait à Louis XIV, ne me paraît pas dans le vrai, puisque l'histoire ne mentionne aucun passage de ce prince à Saint-Mihiel.

On a, depuis, prétendu dans le peuple qu'une tentative avait eu lieu par la volonté de Napoléon Ier. On veut en voir une preuve dans la section que l'on remarque aux jambes du Christ, et que l'on attribue à un commencement de sciage. Mais un examen plus attentif montre bien vite que c'est tout simplement la suture, le point de jonction des deux blocs juxtaposés pour former le premier groupe.

Une autre tradition qui honore les concitoyens de Ligier Richier, rapporte que des sommes fabuleuses auraient été offertes à la cité Sanmihielloise en échange de ce monument, qu'aucune proposition ne put lui arracher. Pourrait-il jamais en être autrement? Les productions de l'art ne se vendent pas, quand elles forment le trésor d'une cité.

Digne dépositaire du joyau que Ligier Richier lui a légué, la petite ville qui a vu naître l'artiste et sculpter ces pierres, ouvrira les portes de son église et de sa grotte aux visiteurs, qui lui demanderont de contempler l'œuvre magistrale de Richier.

Quelques-uns s'extasiant devant ce chef-d'œuvre, s'indigneront peut-être de ce que l'auteur, trop modeste, se soit résigné à passer sa vie dans le fond d'une province, alors qu'il pouvait solliciter de François Ier la royale hospitalité qu'il octroyait si libéralement au génie.

Tant mieux, si les musées des capitales envient à mon église ce trésor; nous ne le conserverons qu'avec un plus légitime orgueil.

Sauvé de la fureur des iconoclastes suédois, le Sépulcre échappa encore aux vandales de 1793.

A cette époque, où bien des merveilles furent détruites par les fureurs de démagogues sacrilèges, sous prétexte de faire disparaître tout vestige du fanatisme et de la superstition, un club jacobin se réunit à Saint-Mihiel, mais un homme énergique, y prenant la défense de l'art et du patriotisme, invita plutôt ses concitoyens à faire respecter un monument qu'un enfant de la cité lui avait légué. Une tradition rapporte qu'au milieu des applaudissements de la foule, on entendit quelqu'un se charger de garder le Sépulcre, en menaçant le premier qui manquerait à son devoir. C'était, paraît-il, le pâtre qui parlait ainsi.

Malgré des protestations aussi énergiques, des misérables vinrent avec des bâtons ferrés assaillir le monument. Le bras droit de la Madeleine porte encore les traces de ce vandalisme.

MM. Marchand et Martin, administrateurs du district, comprenant que le chef-d'œuvre de Richier était placé sous leur responsabilité au jugement des âges à venir, le firent clôturer en toute hâte avec des madriers, et protéger par un amas de paille et de foin, puisque les révolutionnaires, qui trouvaient la grande église assez vaste pour leurs fêtes de la déesse Raison, avaient transformé celle du Sépulcre en une étable et un abattoir publics!

Cependant, deux arrêts de protection furent obtenus en faveur de la pauvre grotte.

Le 22 février 1794, le conseil général de la commune, statuant sur l'usage que l'on ferait du vaste vaisseau de l'église Saint-Etienne, excepta des travaux de démolition le Sépulcre qui est un monument d'art.

Pour donner plus de poids à ce décret de l'autorité locale, le président de la commission temporaire des Arts adressait, le 17 août 1794, aux administrateurs du district, la lettre suivante :

Paris, ce 30 thermidor, an II de la République une et indivisible.

CITOYENS,

La commission temporaire des Arts met le plus grand intérêt à la conservation du célèbre Sépulcre, qui se trouve à Saint-Mihiel, et que divers écrivains attribuent à un nommé Richier.

On trouve en outre, dit-on, dans votre commune quelques reliefs sur des cheminées par le même sculpteur, qui leur a laissé l'empreinte de son génie. La commission ne doute pas du zèle que vous mettrez à la conservation de tous les monuments d'arts et de sciences. Elle vous invite à lui envoyer au plus tôt des renseignements à cet égard et spécialement sur ceux qui sont l'objet de cette lettre.

Salut et Fraternité.

MATHIEU.

L'œuvre de Richier demeura ainsi emprisonnée, privée d'air et condamnée à l'action délétère de l'humidité jusqu'en 1797, époque où l'église reprit son antique destination.

C'était une désolation. Les administrateurs de la ville se hâtèrent, en 1797, d'adresser au Ministère de l'Intérieur, un dessin du monument. Ils réclamaient, mais n'obtinrent point, les fonds nécessaires pour une première restauration. C'est l'*Annuaire statistique du département de la Meuse*, en 1804, qui nous donne ce détail.

Dans un temps où le canon ne savait se taire, pouvait-on songer à réparer un groupe de statues au fond d'une province, sans cesse sillonnée par les armées ! Aussi ce fut inutilement qu'un célèbre dessinateur du pays, M. Saunois, envoya au ministère des Beaux-Arts un splendide *fac-simile*, dont M. de Lahaut, à Verdun, possède une partie.

Cette restauration va être la grande préoccupation des habitants de la ville et des amis des beaux-arts.

En 1815, M. Comon, notaire à Sorcy, s'improvisant tailleur d'images, voulut entreprendre ce travail, mais heureusement, il sentit bientôt qu'au lieu d'une réparation, c'était un sacrilège qu'il allait faire.

Déjà, plusieurs années auparavant, Claude Mangeot, enfant de Saint-Mihiel, et qui ne manquait pas d'habileté, si l'on en juge par le tombeau qu'il disposa dans la première des falaises de cette ville, avait voulu essayer son talent au Sépulcre de Richier, dans l'espoir de lui rendre son intégrité primitive. Il ne refit que la main droite de Marie Cléophas. Car, chaque fois que ces artistes entreprenaient cette tâche, des scrupules bien légitimes arrêtaient leur ciseau, dès les premiers essais sur des membres ou des draperies, dont l'art les désespérait.

Cependant, en 1839, le Gouvernement, à la demande de M. Étienne, député de la Meuse, confia le travail, à la fois si délicat et si difficile, à un statuaire distingué, M. Brun.

Richier avait placé transversalement, sous le corps du Christ, une barre de fer qui devait en supporter le poids. En cédant à l'action du temps, de l'humidité et de la rouille, le métal avait laissé le bloc de Nicodème s'incliner vers celui de Joseph d'Arimathie. Il en était résulté une fracture. M. Brun essaya d'ajuster en biseau un morceau qui rétablît la suture des deux blocs.

Il adapta également sous le corps du Christ, en forme de draperie continuée, un étai destiné à empêcher un nouvel accident.

En se séparant de sa fondation, le bloc du milieu avait produit un soulèvement pareil, mais dans l'autre sens, à la base de Véronique. M. Brun enleva les tenons en fer que l'on avait placés pour consolider cette statue, et lui ajouta une base entièrement neuve.

Une main de plomb, apparemment modelée sur les débris de l'ancienne, était adaptée au bras droit de Madeleine; M. Brun lui en substitua une autre en pierre.

Il restitua au Centurion et aux deux soldats, les nez que le temps ou la malveillance leur avait mutilés. Il refit la main droite d'un des joueurs.

D'autres détails sont également dus au même artiste; l'index de la main droite du Christ, l'index de la main gauche de Joseph d'Arimathie; deux doigts au pied de la Madeleine; le socle de son vase d'aromates; la portion supérieure de la croix qu'il remplaça par du bois revêtu d'une teinte lithoïde; enfin plusieurs aiguillons de la sainte Couronne.

Les travaux de M. Brun ont été jugés bien différemment par les uns et par les autres.

M. Dumont les traite de « *monstruosités greffées sur l'œuvre du Maître* (1).

D'autres, plus indulgents, félicitèrent l'artiste d'avoir consciencieusement accompli sa tâche, en triomphant des difficultés dont elle était hérissée.

Mais on s'accorde à regretter plusieurs des restaurations qui eurent lieu alors.

La pièce adaptée à la jambe gauche du Christ produit l'effet le plus déplorable. L'étai, qui d'ailleurs a le tort de masquer les pieds si délicats de la Vierge, ne ressemble en rien à la draperie de Richier et la pierre en a été si mal choisie!

La base de Véronique manque de goût et pour sa hauteur démesurée et pour l'affectation de ses replis, sans parler de la fausse direction donnée aux sandales grossières, par lesquelles il a remplacé les pieds nus, plus difficiles à reconstituer. Dans le désir de mettre plus en évidence les deux joueurs, il a abaissé et avancé la statue de Véronique. On regrette toutes ces modifications.

On regrette également de ne plus voir la main de plomb de la Madeleine, celle qui la remplace n'étant ni assez ouverte ni aussi naturelle. La main du joueur est trop petite.

Les mutilations de la Couronne n'étaient peut-être qu'apparentes, et l'on eût préféré voir les branches, dépourvues des épines que le travail de l'enlacement avait dû briser.

La rehausse ajoutée au vase d'aromates en fait *un verre à pied*, dit M. Dumont.

M. Brun a essayé de simuler dans la pierre un des clous du crucifiement. Il eût mieux fait d'en replacer un neuf en travers sur l'ancien, qui porte encore l'empreinte de celui qui a disparu.

Mais pourquoi le Sépulcre, chaque année approprié avec soin et débarrassé d'une triste couche mousseuse, reprenait-il au plus vite cette apparence d'humidité verdâtre, qui désolait les visiteurs?

(1) *Histoire de Saint-Mihiel*, t. III, p. 329.

Sans doute, ce monument devait souffrir, comme toutes les constructions Sanmihielloises, de la situation de la ville entre deux montagnes, qui font descendre sans cesse dans le vallon des sources inévitables. Les eaux ont leur lit à peu de profondeur au-dessous du sol de l'église. Mais une étude sérieuse des travaux qui ont été accomplis tant à l'intérieur qu'à l'extérieur de l'édifice, a révélé une autre cause de cette humidité que l'on déplorait.

En 1822, l'édilité de la ville, appelée à restaurer la partie ancienne de l'église, aima mieux démolir ces murs, ces colonnes, ces voûtes, ce beffroi d'un autre âge. C'était une grande faute; mais ce qui fut plus déplorable, c'est qu'on ne voulut pas s'imposer de nouveaux frais pour l'enlèvement des décombres, qui, en exhaussant le terrain autour de l'édifice, encavèrent d'autant la Chapelle du Sépulcre.

Le sol de la rue ainsi exhaussé, il fallut pour ne pas descendre dans l'église, en relever le pavé. C'est ce que l'on fit, toujours au détriment de la grotte, car la perspective naturelle du groupe exigeant qu'on le contemple de bas en haut, j'avoue, qu'après ces travaux regrettables à l'extérieur et à l'intérieur de l'église, les visiteurs sont obligés de s'incliner pour mieux voir. Ceux qui ne craignent pas de s'agenouiller, se retrouvant au niveau qui régnait du temps de Richier, découvrent des détails ravissants, que les autres ne sauraient même soupçonner. Les personnages leur apparaissent avec toute leur expression : les joueurs eux-mêmes se révèlent avec des caractères, dont on ne s'était pas auparavant fait une juste idée.

Joignez à ces causes d'humidité, des bancs monstrueux, qui, respectant à peine l'accès du Sépulcre, empêchaient tout contact de sa base avec l'air dont la circulation n'était déjà que trop interceptée par les mailles serrées d'une grille, quoique M. Brun eût avancé celle-ci de trente centimètres dans l'église.

Maintes fois, on s'efforça de remédier à ces inconvénients. En 1863, on voulut par des conduits en pierre, écarter les eaux pluviales et les concentrer dans des puisards, que des hommes expérimentés jugèrent plus nuisibles qu'utiles.

En 1871, la Fabrique de la paroisse obtint de la Municipalité, l'autorisation d'abaisser le niveau de la rue, ce qui permit de rechausser les bases du mur extérieur, que la gelée avait complétement effoliées.

Mais le monument exigeait un travail plus sérieux, plus complet.

Cette question m'amène malgré moi à rappeler la polémique ardente qu'elle suscita, dans la ville et tout le pays, de 1863 à 1865.

M. le Dr Denys affirme que les places assignées aux divers personnages, ne sauraient être mieux choisies (1).

M. Dauban prétend le contraire. Persuadé que Ligier Richier n'est pour rien dans le local et l'agencement du groupe, il voulait exhausser tout l'ensemble et l'espacer davantage sous la forme d'un triangle, dont la base aurait été formée par le Christ, Joseph, Nicodème, Madeleine, Salomé et le Centurion. Au sommet, il plaçait l'Ange étreignant la croix, comme en troisième plan, derrière le groupe de la Vierge (2). Les soldats séparés l'un de l'autre remplissaient les coins. Il ne dit pas ce qu'il ferait du tambour.

M. Dumont, imaginant une autre combinaison, place en première ligne l'extrémité du Sépulcre, Madeleine, le groupe principal et les joueurs. Sur une seconde ligne, dont le milieu est occupé par le groupe de la Vierge, Salomé et l'Ange seraient à gauche; à droite seraient Véronique et le Centurion occupé à regarder ses soldats (3).

Dans cette lutte, M. Dumont, soutenu par M. Dauban, admirateur sincère des détails du Sépulcre, mais censeur impitoyable de l'ensemble et du local qui le renferme, rompit bien des lances avec MM. Bonnaire, Lallemant et Collignon (4), pour tomber sous les coups de ces derniers, vaincu par leur dialectique toute-puissante et abandonné sur le champ

(1) Page 27.
(2) Page 30.
(3) Tome III, page 323.
(4) On sait que M. Justin Bonnaire, que nous avons cité dans cet ouvrage, était avocat à la Cour de Nancy. MM. Lallemant et Collignon avaient la même charge, le premier dans la ville de Nancy, le second à Saint-Mihiel.

de bataille par l'opinion publique, mais après avoir préparé, pour la cause du Sépulcre, des ressources précieuses, dont la ville lui sait gré aujourd'hui.

L'Écho de l'Est (1), *la Meuse* (2), *l'Espérance* (3), le *Journal de la Meurthe et des Vosges* (4), l'imprimerie de Mme Casner à Saint-Mihiel, publiaient jour par jour de nouvelles attaques suivies d'autres réponses, des articles et des brochures écrits à ce sujet. Une des pièces les plus curieuses, dans ce volumineux dossier, avait pour titre : *Respect au Sépulcre*. Publié d'abord dans *l'Espérance*, puis édité en un volume, ce plaidoyer en forme, où M. Bonnaire déploie toute son intelligence, son cœur et sa verve, acheva la victoire de son parti, en attendant qu'en 1865, deux hommes, dont les noms font autorité dans le monde des arts, MM. Boeswillevald et Geoffroy Dechaume, proclamèrent que s'il y avait nécessité d'assainir le Sépulcre, il y aurait danger à toucher à l'ensemble et à la disposition de ses groupes.

Un point surtout avait été méconnu par M. Dumont dans sa polémique, c'était la compétence de l'administration de la Fabrique en tout ce qui concerne les intérêts de l'église et des trésors qu'elle renferme. Il avait oublié qu'en 1837, les réclamations de la Municipalité au sujet de la clef de la grotte, avaient déjà abouti à un jugement du Conseil d'État, qui maintient, selon la loi, la Fabrique dans ses droits inviolables.

C'était donc à ce conseil à s'occuper sérieusement des intérêts du Sépulcre. Éclairé par les études de plusieurs architectes ; heureux de recevoir de M. Dumont mourant, la somme de 5,200 francs, qui résultait de la souscription ouverte par lui en 1863 ; encouragé par les dons spontanés d'un grand nombre de personnes généreuses, il a exécuté, en 1879, des travaux dont on espère les plus heureux résultats.

Les bancs qui resserraient l'entrée du monument ont été enlevés.

---

(1) Journal de Bar-le-Duc.
(2) *Id.* de Saint-Mihiel.
(3) *Id.* de Nancy.
(4) *Id., ibid.*

La grille qui empêchait les visiteurs pauvres de voir et l'air de circuler, a été avancée et complétée.

On a séché l'air ambiant de l'église par l'établissement d'un calorifère, dont la prise d'air, ouverte à la base même du Sépulcre, et les bouches de chaleur opéreront une ventilation et une dessiccation de la plus haute utilité.

Le caveau creusé en avant du monument en écartera l'humidité.

La toiture blindée de rosette, les murs et la voûte reconsolidés assurent l'avenir du Sépulcre.

Les eaux pluviales recueillies avec plus de soin, ont été reportées jusque sur la place de l'Église.

La Fabrique s'est donc imposé des sacrifices considérables, mais peut-on compter, quand il est question d'un des plus admirables monuments du monde, d'un chef-d'œuvre qu'on ne saurait payer avec des millions?

C'est en face d'un état de choses si singulièrement amélioré, que je me réjouis de terminer cette notice du Sépulcre par la relation d'un épisode qui semble la résumer.

C'était en 1829. Madame la Dauphine, fille de l'infortuné Louis XVI, traversait la ville de Saint-Mihiel, guidée dans ce voyage par son désir de visiter le Sépulcre. M. l'abbé Didiot, alors curé de la paroisse et depuis mort sur le siège épiscopal de Bayeux, voulut lui faire les honneurs de son église.

Au moment où la grille s'ouvrit devant elle, on la vit pâlir tout à coup et s'affaisser en quelque sorte sous le poids de la plus vive émotion. Maîtrisant ensuite son impression, elle s'écria : « Mon Dieu, mon Dieu! que c'est beau! Ici on ne peut que pleurer et prier! »

M. le docteur Denys croit que les tailleurs d'images du XVIe siècle, n'avaient pas l'habitude d'esquisser en terre leurs modèles. Je ne discute pas cette question comme thèse générale, mais je puis affirmer que le contraire était plutôt la règle de l'atelier Sanmihiellois.

CHAPITRE XL.

Nous avons retrouvé, à Clermont-en-Argonne, la maquette de la *Pieta* d'Étain.

La maquette entière du Sépulcre a pendant longtemps attiré l'attention des visiteurs dans l'église Saint-Étienne.

A deux mètres de la grotte qui renferme le chef-d'œuvre réalisé, une main intelligente avait placé l'essai en argile, heureusement disposé dans une petite cavité, que l'on voit encore.

Cette miniature du Sépulcre n'existe plus dans son entier. M. le comte de Lignéris a le bonheur de posséder la maquette du second groupe; la sainte Vierge et saint Jean y sont bien conservés; il manque le bras droit à Marie Cléophas. Cet ami des beaux-arts a acheté ce trésor à M. Tourtat, qui avait, en 1863, la pensée de l'offrir au Musée de Nancy, tandis que la ville de Saint-Mihiel aurait été certainement disposée à acquérir cette esquisse pour sa bibliothèque ou l'église qui possède l'œuvre dans ses grandes proportions.

Au moment où je termine ce chapitre, j'apprends que M. Haussaire, statuaire à Reims, a, dans plusieurs églises déjà, donné en ronde bosse des copies du Sépulcre, disposées avec goût entre des colonnes, pour devants d'autel. C'est une très-heureuse idée.

On peut voir son travail à Bucy-lès-Pierrepont dans le département de l'Aisne; à Sourdun, près de Provins; à Leure, près de Vervins; à Damvillers, et à Vigneulles, bourgs du diocèse de Verdun.

CHAPITRE XLI.

FIN DES FRÈRES RICHIER.

Œuvres disparues. — Papiers publics. — Priva-t-on Ligier de la vue? — Mort de nos sculpteurs. — Monument commémoratif.

Nous avons examiné, partout où la tradition et une saine critique nous les ont révélées, les œuvres dues au génie des Richier. Mais il est certain que les ravages du temps et plus encore ceux des révolutions, ont détruit beaucoup de monuments que nous serions heureux d'ajouter aujourd'hui à notre étude, déjà si riche pourtant, et si fière de tels ciseaux.

En effet, sans nous arrêter à de nouveaux regrets sur la dévastation de la Chapelle des Princes, sur la mutilation des Calvaires de Saint-Mihiel et de Bar-le-Duc, ou sur les autres ruines que nous avons déjà constatées à Verdun et ailleurs, nous nous contenterons de citer les œuvres que l'histoire attribue à nos grands artistes, et sur lesquelles il ne nous reste plus aucune autre donnée qu'un souvenir.

Dom Calmet, dans sa *Bibliothèque lorraine*, dit qu'il y avait en l'église de l'abbaye, plusieurs morceaux *de la façon* de Ligier Richier, entre autres une *Sainte Vierge tenant le petit Jésus*, en terre cuite, un *Saint Michel* de la même composition et plusieurs médaillons en pierre (1), peut-être ceux que l'on admire au Louvre et à la Bibltothèque nationale.

---

(1) *L'Artiste*, Nov. 1858, p. 288.

Dom de l'Isle, historien de l'abbaye de Saint-Mihiel, rapporte qu'on regardait avec fondement Ligier Richier comme l'auteur d'un *Crucifix* en terre cuite, d'une grandeur au-dessus de l'ordinaire. On le voyait alors dans une chapelle de l'église abbatiale. La tête conservée dans son intégrité, était d'une grande beauté, mais les jambes avaient été brisées.

Avant la Révolution, on attribuait à Ligier Richier la *Belle Croix*, monument gracieux, élevé par D. Loupvent, du côté des casernes de Saint-Mihiel, et dont il ne reste plus rien. C'était un dôme surmonté d'une croix triangulaire en l'honneur des trois personnes de la sainte Trinité, qui y étaient représentées. Ce dôme était flanqué de trois belles arcades et surchargé d'ornements très-délicats. L'ensemble du monument présentait un développement de dix mètres au moins, et avait coûté 300 francs barrois (1).

A l'endroit même, où la famille Raymond Houjelot vient d'élever dans le cimetière de Saint-Mihiel une chapelle funèbre, Richard de Wassebourg en avait fait construire une en l'honneur de Notre-Dame de Pitié, dans le but de *donner aux habitants l'occasion de prier pour les âmes des Ducs, des ancêtres et amis du fondateur et de lui.*

Cette chapelle, dotée avant 1550, ne fut-elle pas confiée au ciseau de nos Richier?

La tradition rapporte qu'il y avait entre deux des hautes colonnes de l'église Saint-Étienne à Saint-Mihiel, un Christ très-remarquable, qui dominait le maître-autel, et que des forcenés de la première Révolution arrachèrent sacrilègement de sa place d'honneur (2). J'en ai un débris sous les yeux, le pied droit et une partie du pied gauche. Ils sont en chêne polychrômé, admirables de coupe et de détails anatomiques. Ils supposent une stature héroïque. Ce Christ devait être l'œuvre d'un Richier. Mais en rapprochant ces pieds d'une tête de Christ qui est la propriété de M. Thonin, de Bislée,

---

(1) *Histoire de Saint-Mihiel*, t. IV, p. 208.

(2) Il est facile de reconnaître encore aujourd'hui les trous qui avaient été creusés dans ces colonnes, pour enfoncer les extrémités du support de ce Christ. C'est à l'une de ces colonnes qu'est suspendu le grand crucifix de la nef.

près Saint-Mihiel, je mettrais volontiers sous ces deux débris la signature de Claude Richier. Vu leurs dimensions, leur matière, le polychrôme qui couvre encore les pieds et qu'on a enlevé de la tête, l'origine de ces deux reliques que possédait une famille de Saint-Mihiel, vu tous ces détails, dis-je, on peut affirmer qu'ils proviennent du même corps. La tête, quoique belle, n'a point la majesté, la régularité et l'expression de douleur que Ligier savait lui communiquer. Il existait un Christ semblable entre les deux colonnes qui fermaient l'entrée de l'arrière-chœur dans l'église Saint-Michel. Peut-être était-il aussi d'un Richier.

Avaient-ils travaillé pour l'église de Ligny? C'est probable; mais nous ne trouvons aucun vestige de leurs ciseaux dans le sanctuaire de Notre-Dame des Vertus. M. Baillot attribue à la plume de Richier des doléances sur le vandalisme des soldats de Charles-Quint, qui auraient lacéré des bas-reliefs sculptés par lui avec amour, et qu'il croyait sous la sauvegarde d'un asile inviolable. Mais nous savons que le chroniqueur barisien ne mérite aucune confiance dans tout ce qu'il a imaginé au sujet de Ligier Richier.

M. le Dr Bégin a souvenir qu'à l'exposition faite par les Alsaciens-Lorrains en 1874, au Palais-Bourbon, figurait un rond de bosse en terre cuite d'environ 0^m,30 de hauteur, et qu'on disait être de Ligier Richier. Il ne sait ce qu'est devenue cette petite composition vraiment admirable, indiquée au crayon seulement sur quelques catalogues.

Combien d'autres merveilles sont également perdues, sans compter les dessins à la plume dont parle Émeric David après D. Calmet, ces dessins *qui ornent peut-être*, dit-il, *plus d'un portefeuille, parés du nom de Michel-Ange* (1)?

A défaut des sculptures et de leurs esquisses qui devraient encore parler, j'ai interrogé les archives publiques, avec l'espoir de retrouver dans les registres des diverses administra-

1) P. 176.

tions de l'époque, soit des résidences ducales, soit des bailliages, soit des abbayes, des documents en grand nombre sur Ligier Richier, ses frères et leurs œuvres.

Mais bien loin de là, les papiers publics gardent à peu près un silence absolu. J'ai relaté la lettre d'affranchissement délivrée par le duc Antoine, la note du cellérier touchant la caisse des portraictures ducales, ce qui concerne l'achat et le cens de la maison que Ligier habitait à Saint-Mihiel. J'ai fait mention d'une note concernant le travail de Claude à la Chapelle ducale de Kœur.

Je cite encore 1° une note du trésorier, 1540-41, où il est fait mention d'une somme de soixante francs, payée à *M*ᵉ *Ligier, demeurant à Saint-Mihiel, en considération de quelque œuvre qu'il a fait présent à Monseigneur.*

2° L'élection qui lui conférait, en 1543, les fonctions de Syndic ou Maire de la ville, qu'il partageait avec deux ou trois autres administrateurs.

3° Une note de la prévôté de Kœur, en 1533, portant : *Payé à Maître Ligier, demeurant à Saint-Mihiel, imagier, de l'ordonnance de notre souveraine dame, comme il appert,* 18 *écus, valant 3 francs pièce. Rendue la dite ordonnance et quittance de Maître Ligier, comme il appert ici.* Hélas ! il n'appert plus rien de ces deux pièces annexées.

4° Une liste des bourgeois de Saint-Mihiel, qui, en 1550, s'étaient exemptés de la garde des portes, moyennant 18 gros par an. Le nom de l'illustre imagier figure dans cette nomenclature, sans qu'on ait, pour ce fait, le droit de l'accuser de manquer de patriotisme, car il faut reconnaître que les veilles sous les armes ne sont guère de nature à entretenir l'inspiraion artistique.

5° La charge qui lui fut confiée en 1559, ainsi qu'à Gérard, son fils, de diriger les travaux de décoration de la ville pour la réception du duc Charles III de Lorraine et de Claude de France, la jeune duchesse. Le jour de l'entrée, Mᵉ Ligier *maranda* avec les gouverneurs (1).

---

(1) *Histoire de Saint-Mihiel*, t. I, p. 249. Le marander est le petit repas lorrain, connu partout ailleurs sous le nom de *goûter*.

6° Les comptes de Jacques de Silly, seigneur de Commercy, mentionnant, en 1564, le paiement de 2,400 francs à Ligier Richier, sculpteur à Saint-Mihiel. Était-ce pour des travaux exécutés à Commercy, ou au nom du trésor ducal?

7° Le recensement des maisons de Saint-Mihiel, d'où il appert, qu'en 1573, *la maison de feu Ligier Richier était tenue à présent par Gérard Richier, son fils.*

Néanmoins, comme le lecteur a dû l'observer, malgré le mutisme de l'histoire, l'absence de documents officiels et la perte d'une partie des œuvres, nous avons pu suivre les Richier dans la succession de leurs travaux.

L'austérité la plus sévère des mœurs devait s'allier en eux à une tendresse exquise de cœur. Une haute intelligence leur faisait rêver, dans un idéal de plus en plus sublime, des dessins merveilleux que leur ciseau infatigable exécutait ensuite, pour traduire aux yeux des hommes des *portraitures* vraiment divines. Il me semble entendre en particulier la parole de Ligier, ordinairement empreinte d'un fond de mélancolie, mais s'animant, s'enflammant même, en face des grandes scènes de sa chère religion, au souvenir des désastres et des gloires de sa bien-aimée patrie.

Nous apprenons par M. Dauban (1) une légende qu'il dit populaire à Saint-Mihiel, mais dont, malgré douze années de résidence dans cette ville, je n'ai guère entendu évoquer le souvenir.

Donc, Richier aurait déplu au duc de Lorraine, qui lui aurait fait crever les yeux. L'artiste éminent, dit cette tradition, brillait encore au premier rang parmi les mécaniciens, et son dernier ouvrage aurait été l'horloge de Strasbourg. Il aurait donc demandé comme grâce suprême, d'être conduit près des rouages de cette horloge et il se serait vengé en brisant le ressort qui était l'âme mystérieuse de la machine.

(1) *Ligier Richier,* p. 27.

Je ne sais si jamais cette légende a eu crédit dans le pays, mais de nos jours pas une âme ne peut l'accepter.

D'autres imaginations représentent la peste envahissant Saint-Mihiel, deux ans plus tôt que l'histoire ne le prétend, et causant à l'artiste une telle panique, qu'il aurait cherché dans une campagne voisine un abri contre le fléau qui l'y aurait suivi.

Puisque nous en sommes à enregistrer les *on dit,* n'oublions pas que l'auteur des *Chroniques du Barrois* fait intervenir fort ingénieusement à l'heure suprême de Ligier, la main amie du peintre Errard ; seulement mes lecteurs savent quel cas ils doivent faire du génie inventif de cet écrivain.

Les annales et les archives n'ont, jusque maintenant, fait aucune révélation sur les dernières années de Claude et de Jean Richier.

Il semble certain qu'après leur retour de Solesmes, ils coopérèrent à la décoration de la chapelle des Princes, à Bar-le-Duc, et que Claude, en particulier, en sculpta le plafond monumental. Au bas d'un monument, érigé à Verdun par Richard de Wassebourg, nous insérerons volontiers le nom de Richier. Mais, après 1555, nous ne découvrons plus aucun vestige de leur passage. Heureusement, ils avaient légué aux beaux-arts le labeur de trente-deux années, certes bien glorieuses. Si trois siècles les ont laissés dans l'oubli, nous avons la conscience d'accomplir un devoir, en réclamant pour eux l'admiration de leur patrie et des artistes (1).

D. Calmet fait vivre Ligier Richier jusqu'en 1564 : Chévrier écrit qu'il mourut en 1572. Des documents, dont la découverte est due à M. Jules Bonnet et qui ont été publiés

---

(1) Dans le dénombrement fait à Saint-Mihiel, en 1600, nous lisons le nom de la veuve Jean Richier.

dans une *Revue historique du Protestantisme français* (avril 1883), nous révèlent, sur la vie et la mort de Ligier Richier, quelques détails qui intéresseront le lecteur. Je remercie M. Dannreuther, pasteur de l'Église Réformée de Bar-le-Duc, de m'avoir fait parvenir ce bulletin.

Nous ignorions le nom de l'épouse de notre imagier. M. le Pasteur Bonnet a retrouvé, dans le huitième volume des *Minutes du notaire Ragueau à Genève*, les *Partages et accords faits entre honorable Marguerite Royer, vefve de feu maistre Ligier Richier d'une part et honorables Gérard et Bernardine Richier, ses enfants*.

Marguerite Royer était ce nom que nous cherchions. Auprès du sépulcre de Saint-Mihiel, nous conjecturions, avec la tradition du pays, que Salomé pouvait être la fille de l'artiste. Il semble que ce document nous permet de dire : l'Ange est le portrait du maître ; Cléophée perpétue les traits de sa compagne ; Jean et Salomé représentent Gérard et Bernardine.

Bernardine épousa *Pierre Godari*, homme *ingénieux pour les forteresses*, lisons-nous dans le diplôme du droit de bourgeoisie, que ses talents lui obtinrent gratuitement, en 1559, dans la ville de Genève.

Ce détail prouverait, à lui seul, que Pierre Godari et son épouse avaient renié la foi de leur père, si leur apostasie n'était encore confirmée par un document explicite. Le 20 septembre de l'année précédente, Godari confiait au notaire Ragueau un testament en faveur de Bernardine, *qui avoit abandonné ses parents, pays, biens et moyens pour le suivre, fuyr les idolâtries..., et venir en pays, esquels le sainct Evangile est purement annoncé*.

Ce départ d'une fille bien-aimée dut jeter une profonde amertume dans l'âme du grand artiste. Aussi, nous ne sommes pas étonnés de voir son nom figurer, avec celui de son fils, dans une liste, où *des habitants du lieu de Saint-Mihiel advouent et subsignent une requête en faveur de ceux qui désirent vivre selon la parole de Jésus-Christ*.

C'est que, depuis l'édit du duc Antoine, en 1323, la sévérité des lois bannissait sans pitié du sol lorrain quiconque s'attachait aux nouvelles doctrines.

La requête de 1560 n'obtint aucun adoucissement en faveur des réformés. La douleur en fut d'autant plus grande, au foyer de l'artiste, que la malheureuse Bernardine était veuve depuis un an.

Toutes ces circonstances expliquent, sans les justifier, les efforts d'une mère affolée, qui voulait courir auprès de Bernardine sans appui et presser dans ses bras sa petite fille Marguerite, orpheline de sept ou huit ans.

Il n'en fallait pas tant pour ébranler l'âme du vieillard, que les travaux et les peines avaient dû miner, plus encore que le poids des années.

A son tour, il oublie sa patrie catholique; les sanctuaires que sa main pieuse a décorés avec autant de génie que de foi; son vieil atelier, où Gérard s'essaie à perpétuer la gloire de son père et de ses oncles.

Il part pour Genève. *Un oblige* en parchemin, en date du mois d'octobre 1564, atteste qu'il habitait alors le boulevard de Calvin, et sans doute en suivait la doctrine.

Il est incontestable que, le 11 avril 1567, l'artiste avait terminé sa carrière; car, à cette époque, Gérard vient de Lorraine pour comparaître devant Me Ragueau, notaire, avec Bernardine, sa sœur, et leur mère, dans le but de régler la succession du défunt.

Serait-on en droit de conclure, de cette apostasie, que les travaux de Ligier Richier doivent compter parmi les œuvres dont la Réforme peut s'enorgueillir? Pas plus que le polythéisme ne pouvait, en montrant le Temple de Jérusalem, dire que c'était l'œuvre d'un idolâtre. Salomon, après des années de gloire et de piété, eut des heures où il trahit son passé.

Alors même que le Sépulcre, la *Mater dolorosa*, les scènes de Solesmes, le Calvaire d'Hattonchâtel, la tombe de la reine Philippe, et tant d'autres œuvres, auraient été exécutées par un ciseau protestant, nous les vénérerions encore, puisque notre foi et notre piété y trouvent leur édification. Mais il est impossible à une critique impartiale de contester que Ligier Richier avait consacré son talent à nos sanctuaires catholiques, qu'il avait puisé là ses inspirations, de même qu'il avait vécu de notre foi et de nos espérances.

CHAPITRE XLII.

ÉCOLE DE LIGIER RICHIER.

Importance de cette nouvelle étude. — Gérard Richier. — David Richier. — Jehan Richier le calviniste. — Jehan Richier le catholique. — Daniel Richier. — Jacob Richier. — Les arts en Lorraine.

Ligier Richier mourut en 1572. « Mais, dit M. Ménard, » un grand artiste ne vient jamais isolément et se rattache » toujours à un groupe (1). »

Ce groupe, il l'a façonné de son vivant par son travail et ses leçons. L'œil fixé sur le ciseau du maître, l'oreille attentive à ses moindres conseils, l'âme nourrie de ses inspirations, les élèves concourent à son œuvre et forment autour de lui ce qu'on appelle une *école*.

Ligier Richier eut nécessairement la sienne : Claude et Jean partagèrent ses travaux, ses pérégrinations.

Quand le maître ne fut plus, sa tradition se perpétua encore pendant un certain nombre d'années au milieu des artistes formés par lui-même ou par ses frères ; mais, en s'affaiblissant, comme en s'éloignant du foyer, le rayonnement de la lumière et de la chaleur perd de son intensité.

C'est ce qui explique pourquoi, dans l'ancien Barrois, dès qu'une statue ou une sculpture présente quelque valeur artistique, on ne manque pas de prononcer le nom du grand imagier.

---

(1) *L'Art en Alsace-Lorraine*, p. 308.

Très-souvent on est dans le vrai, c'est bien du Richier, mais presque jamais ce n'est du Ligier Richier.

C'est, je puis me rendre ce témoignage, avec impartialité, dans le désir d'être éclairé moi-même avant d'éclairer les autres, que j'ai interrogé toutes les œuvres que nous avons jusqu'ici passées en revue.

Nous n'avons attribué à Ligier Richier et à ses deux frères que des compositions dont on pouvait garantir la provenance, soit par les relations des historiens, soit par l'appréciation des juges dont le nom fait autorité dans ces questions, soit enfin par la critique la plus consciencieuse des œuvres elles-mêmes.

Mais, puisqu'il existe beaucoup d'autres monuments, des groupes, des statues, que l'on retrouve à Saint-Mihiel surtout, et qui sont marquées du grand nom des Richier, même dans beaucoup de revues artistiques, n'est-il pas juste d'en faire une étude attentive? Un examen sérieux des caractères et des dates pourra nous amener à une classification raisonnée de toutes ces œuvres, d'un mérite secondaire sans doute, mais quelquefois incontestable.

Les lecteurs qui auront accordé un accueil bienveillant à mes premières recherches, me suivront, je l'espère, avec non moins de complaisance dans ces dernières pages, que j'entreprends, l'œil toujours attentif et inquiet, fixé sur les jugements que des plumes autorisées ont émis avant moi.

Nous savons que Lichier Richier, marié en 1530, eut certainement un fils, qui reçut aux fonts de baptême le nom de *Gérard*. Gérard fut statuaire et sculpteur comme son illustre père. J'en apporterai deux preuves : la première est l'acte authentique, conservé dans les archives de Metz, du mariage de *Jehan, fils de Gérard Richier, sculpteur, en son vivant demeurant à Saint-Mihiel*.

La seconde est le testament de Pierre Lescuyer, édicté en 1581, chargeant Gérard Richier d'élever un monument sur la tombe de Blaise Lescuyer, décédé lieutenant général du bailliage de Saint-Mihiel.

Gérard eut pour épouse une *Marguerite*, dont le nom de famille était ou *Marat* ou *Bertrand*. Voici sur quoi repose mon opinion. Dans le recensement des bourgeois de Saint-Mihiel, fait en 1600, le nom de Richier paraît cinq fois, mais je ne vois que dans l'une de ces deux familles la désignation possible du fils du grand artiste.

Ligier eut-il d'autres enfants?

Dans la séance du 12 février 1863, M. Abel, docte membre de l'Académie lorraine, lut un rapport sur la descendance de Ligier Richier. Or, il désigne comme son fils *David Richier*, qui apostasia et prêchait à Metz en 1607 les erreurs de Calvin. Ce David pouvait être de la famille de nos Richier. En tout cas, il ne fut pas sculpteur, et nous n'avons aucune recherche à faire à son sujet.

Seulement, cette première apostasie que d'autres, hélas! suivirent, accrédita probablement l'accusation d'hérésie, dont les anciens entachaient le nom de Richier.

Quoique M. Dumont (1) ait d'abord écrit le contraire, Gérard eut de son mariage plusieurs fils.

Celui qui doit nous préoccuper tout d'abord s'appelait *Jehan*. Jehan fut sculpteur. Il est désigné sous ce titre dans l'acte de 1607, qui lui concéda le droit de bourgeois messin. Par malheur, il avait apostasié comme David, son parent. En 1615, il épousa dans sa nouvelle patrie *Judith de la Cloche*, et, comme son beau-père, prêcha l'hérésie en France et en Allemagne.

M. Abel avoue qu'il ne sait quel travail on pourrait lui attribuer. En effet, tout me porte à croire qu'au lieu de consacrer à la sculpture une grande partie de son temps, il s'étudia plutôt à répandre la prétendue Réforme.

Jehan Richier, gendre du ministre *la Cloche*, eut un frère qui reçut le 21 octobre 1581, sur les fonts de baptême, le nom de *Joseph*. Nos archives Sanmihielloises en font foi. Nous connaissons un dessin signé de lui et des œuvres qui doivent lui être attribuées. Comme les registres ne mentionnent plus dans la suite d'autres fils de Gérard, Joseph était nécessairement le plus jeune de la famille.

Mais il y eut un autre *Jean* ou *Jehan*, de la parenté et de la profession de nos artistes.

---

(1) *Histoire de Saint-Mihiel*, IV, p. 407.

M. Dauban (1) parle expressément de Jean Richier qui mourut en 1624, après avoir rivalisé dans les beaux-arts avec les Drouyn, les Alexandre Vallée, les Demange, les Crocq, les Callot, ses contemporains.

Les archives de notre municipalité, en relatant en 1581, 1592 et 1605, la naissance de trois Jean Richier, ne permettent d'assigner que la première date, 17 juin 1581, à la naissance du statuaire dont nous recherchons les œuvres.

Il était fils d'un Jean Richier, et nous pouvons moralement certifier qu'il faisait partie de la famille de nos illustres sculpteurs, un des petit-fils de Claude ou de son plus jeune frère.

Jehan, le ministre calviniste, ayant amené sous ma plume le nom de son homonyme Jehan, son cousin, statuaire fidèle à la religion et à la patrie, a détourné un instant mon attention de la descendance directe de Ligier par Gérard son fils.

En 1620, pour *certaines bonnes considérations*, on voit une somme de 200 francs, allouée par le Duc à Daniel Richier. Ce devait être un petit-fils, ou même un arrière-petit-fils de Ligier, car Marguerite Richier, fille de ce Daniel, aurait apporté en dot, en se mariant à un apothicaire, nommé Bidault, la maison dont nous avons admiré le plafond et la cheminée. Mais Daniel n'est pas connu dans les traditions de notre école.

Jacob Richier, que l'Abécédaire de Mariette, publié à Paris, en 1858, donne comme membre de la famille de nos grands statuaires, ne laissa que des traces incertaines de son séjour dans notre région. Cependant nous lui consacrerons un chapitre.

Dans le *Catalogue raisonné de sa Collection Lorraine* (N° 4815), M. Noël parle de deux anges adultes, dessinés à la plume et signés Joseph Richier. Or, à cette signature se joignent là un chiffre de 1604, et le nom de la ville de Paris. Cette date, cette résidence attestent que Joseph chercha le travail et la gloire hors du pays natal.

Jacob ne serait-il pas de sa famille?

Des peintres célèbres, établis à Vic, illustrèrent également la Lorraine et le nom de Richier. Mais je n'ai pu découvrir

---

(1) *Ligier Richier,* p. 17.

aucun document qui justifie leur parenté avec les sculpteurs de Saint-Mihiel.

Si l'on en croit le poète Varin, dit M. Dumont (1), les San-
» sonnet et les Chaligny, célèbres fondeurs, seraient, pro-
» bablement par les femmes, les descendants de Richier. »

Essayons, dans les chapitres suivants, de rechercher et de reconnaître les œuvres sorties de l'école Sanmihielloise. Un examen sérieux nous permettra bientôt d'écrire, au bas de chaque morceau, le nom authentique de son véritable auteur.

M. Ménard a rendu un service signalé à notre chère Lorraine, en publiant la liste et les œuvres des hommes qui l'illustrèrent à cette époque par leur noble émulation dans les arts. Nous avons déjà cité bien des noms; d'autres pourraient y être ajoutés. Par exemple, celui du Nancéien, Claude Huet, né en 1588, qui fatiguait sa pointe et son pinceau dans une lutte inégale, mais glorieuse, contre l'incomparable Callot, né en 1592. Les Henriet, les Collignon, les Hardi, les Cuny, les Vœriot, les Briot furent certainement d'éminents ciseleurs.

La capitale de la Lorraine continuait à attirer dans son sein des artistes qui rivalisaient avec ses propres enfants. Dans la sculpture, Nicolas Cordier, Lallemant et Chassel, travaillaient à côté de Drouyn; Bellange, Mélin, Legrand, Jean Nocret, Israël Sylvestre, s'illustraient dans la peinture, pendant que Nancy était fière de son paysagiste Claude Gelée ou le *Lorrain*.

En 1624, Bar-le-Duc donnait le jour à Georges Hautjean, qui décora de ses sculptures le parc et les salons de Versailles.

Vers la même époque naissait à Neufchâteau le grand Jacquin, qui initia aux bonnes traditions de la sculpture, le célèbre Bagard, son contemporain. L'amour des beaux-arts a toujours été une des gloires de notre Lorraine. A l'heure où je trace ces lignes, le département de la Meuse n'a-t-il pas encore des artistes illustres, les Leroux, les Lepage, les Bastien, et leurs nobles émules, qui, à chaque Exposition, s'inscrivent pour les prix d'honneur? Les Maréchal et les Lorin peuplent les églises de verrières splendides. Les ateliers de Vaucouleurs continuent la tradition de nos Richier.

(1) *Histoire de Saint-Mihiel*, IV, 407.

CHAPITRE XLIII.

ŒUVRES DE GÉRARD RICHIER.

I. Cheminée de la salle des Grands-Jours.
II. Cheminée de l'Abbatiale.
III. Cheminée de la maison des Montauban.
IV. Cheminée de l'école de Saint-Mihiel.

S'INSPIRANT de l'histoire de D. Calmet, MM. Victor Fournel et Émeric David pensent qu'à son retour de Rome, Ligier Richier fut d'abord occupé par des particuliers à des ouvrages de décoration intérieure. On lui attribue, disent-ils, quelques cheminées.

Cependant un examen attentif montre bientôt qu'à part celle du presbytère de Han-sur-Meuse qui est incontestablement due à son ciseau, et qu'il avait sculptée pour décorer sa propre maison, beaucoup d'œuvres de ce genre sont bien de son école, mais ne portent ni son cachet, ni celui de ses frères.

J'avoue que dans une époque où les cheminées monumentales étaient de bon goût, on a pu faire à nos sculpteurs des commandes, même très-importantes. Mais il serait difficile de comprendre comment, occupés à tant de Calvaires, à de vastes mausolées, à de grandes compositions, ils auraient trouvé du loisir pour de simples décorations d'appartements. Le ciseau de Ligier a pu, en jouant, draper et damasser le manteau qui ornementait le foyer de sa famille; Claude a pu en sculpter le trumeau; mais ce devait être pour eux une récréation et non une tâche. Par conséquent on ne saurait leur attribuer tous les travaux de ce genre, que l'admiration fait provenir de leur atelier. On doit donc les regarder comme des œuvres de leurs élèves.

I. *Cheminée de la salle des Grands-Jours.*

Nos études sur ce sujet nous introduisent tout d'abord dans l'hôtel, ou plutôt le musée de M. le baron d'Yvon (1). Cet ami passionné de l'antique fit l'acquisition, il y a vingt-cinq ans, d'une de ces cheminées, de l'école et de la carrière Sanmihielloises.

Comme les planches, qui en encaissaient les blocs, portaient l'inscription *Michel Ligier Richier 1531*, l'heureux propriétaire crut posséder en réalité une œuvre du grand artiste, et fit placer dans un cartouche, que soutiennent deux génies, ces mêmes noms et cette date, gravés dans le marbre.

Montée dans une salle vaste et haute de ce superbe hôtel, cette cheminée, qui mesure 3 mètres en élévation et $2^m,15$ en largeur, est vraiment d'une composition heureuse, et par bonheur, d'une conservation parfaite.

Mais, ni pour le sujet, ni pour le dessin, ni pour l'exécution, elle ne peut être attribuée au ciseau de Ligier ou de ses frères.

Elle comprend quatorze pièces. Le principal des bas-reliefs représente *les Muses*, au-dessus desquelles s'élève un riche fronton, orné d'attributs, de trophées et d'enfants qui les supportent.

Les consoles, qui étaient ce magnifique entablement, représentent, sous la forme de caryatides, *Pallas* et *Mercure*, au-dessus desquels deux bas-reliefs figurent le *Triomphe d'Amphitrite* et *Orphée charmant les animaux*.

Mais le lecteur s'attend à plus de détails.

Pallas et Mercure, ornés de leurs attributs, ont une hauteur de $1^m,30$. C'est, je crois, la partie la plus faible du travail.

---

(1) Boulevard de Courcelles, 66, à Paris.

Amphitrite, sur sa conque marine, entourée des divinités de l'Océan, et le chantre de la Thrace, attirant à lui les animaux par le charme de sa lyre, sont des reliefs bien plus remarquables. Ils mesurent 35 centimètres sur 48.

Les deux génies du fronton sont parfaitement exécutés, ainsi que tous les détails qui les entourent et les carreaux qui les supportent.

La partie la plus achevée de l'œuvre est bien la scène d'Apollon. Cette belle composition de $1^m,70$ sur $0,65$, représente le dieu des beaux-arts, promenant d'une main délicate son archet sur les cordes d'un violon. A sa droite, on voit le cheval ailé des poètes, et quatre muses. Les cinq autres sont à gauche. L'artiste a placé entre leurs mains le triangle, le violon, le cistre, la guitare, la trompette, les cymbales et la cornemuse ou antique *sympunia* des Orientaux. Une d'elles accompagne de la voix le chant, dont elle tient en main l'exemplaire rhythmé ; un violoncelle, appuyé contre un clavier, offre à la dernière muse la faculté de pincer ou de frapper tour à tour les cordes d'où s'exhalent des sons harmonieux.

L'ampleur de la composition et une véritable pureté de dessin avaient sans doute amené l'attribution de cette cheminée à Ligier Richier ; mais, examinée de plus près, et comparée aux œuvres que nous connaissons de son ciseau, nous constatons bien vite que ce n'est nullement sa touche. D'ailleurs il nous répugne de penser que la main si chrétienne du grand maître aurait consenti à profaner son art, en traitant des sujets mythologiques. Ligier, Claude et Jean ont, dans leurs œuvres, un cachet trop religieux, pour qu'on leur attribue des fables païennes, tandis que nous verrons leurs élèves moins scrupuleux à cet égard.

Lorsqu'en 1828, M. Noël fit gratter et restaurer à Nancy ces bas-reliefs, dont il était alors propriétaire, il eut la pensée d'inscrire dans le cartouche l'inscription suivante : « *Saint-Mihiel, Ligier Richier, 1531.* » Ces détails que nous lisons dans le *Catalogue raisonné* de son véritable musée, ont sans doute inspiré la légende, qu'un brocanteur y substitua. En tout cas, ce dernier, qui n'avait payé son acquisition que

700 francs, dut bénéficier beaucoup en la revendant à M. le baron d'Yvon, qui n'accepterait de s'en défaire à aucun prix. Il est vrai que, déchargée de son badigeon, cette cheminée est actuellement d'une grande valeur.

Ce nom et cette date sont impossibles à justifier, car, pour les connaisseurs, il y a tout un abîme entre le Calvaire d'Hattonchâtel et les habitants du Parnasse. Il est évident que nous parlons au point de vue artistique.

D'ailleurs, des documents assez positifs et des critiques sérieuses appuient notre négation. Il est incontestable que cette cheminée ornait, dans la maison de *la Prévôté*, la *salle des Grands-Jours*. M. Noël le dit positivement dans son Catalogue, M. Dumont le confirme dans son Histoire. Or, il est à peu près certain, que cet édifice ne reçut son organisation qu'en 1571. Or, comme à cette époque, les constructions, même les plus modestes, ne s'achevaient pas avec la célérité qui caractérise notre siècle, on est obligé d'admettre que, quand il fut question de la cheminée de la salle des Grands-Jours, Ligier Richier ne devait plus travailler; ses frères avaient également disparu de Saint-Mihiel; son fils Gérard, héritait, non sans doute du génie, mais de la demeure et de l'atelier de son père. C'est Gérard qui, en 1578, est chargé par la ville de faire des plans de construction pour la rectification des rues et des places; c'est lui qui, en 1581, est désigné par Perin Lescuyer pour sculpter le tombeau de sa famille. C'est lui qui dut être chargé d'aménager la salle des Grands-Jours, à une époque où les petits-fils et petits-neveux du grand maître ne s'étaient pas encore révélés.

Le sujet, choisi par Gérard, avait sa raison d'être, que tout visiteur comprend bien vite. Les assises du Barrois devaient avoir surtout pour but de procurer au peuple les bienfaits de la paix, la prospérité du commerce et le développement des arts.

Nous avons parlé de critiques sérieuses à l'appui de nos assertions. En effet, malgré les affirmations, sans preuve péremptoire, que M. Noël enregistre dans son Catalogue, M. Bonnaire et M. Dumont continuèrent à déclarer que le travail n'était pas de Ligier Richier.

Cependant, le propriétaire de ce beau morceau peut en être fier, ne fût-il que du ciseau de Gérard Richier, car le sculpteur du tombeau de Blaise Lescuyer et de beaucoup d'autres compositions remarquables que nous devons étudier, tient une place honorable dans l'école Sanmihielloise.

Une excursion à Saint-Mihiel va nous mettre à même d'avoir une idée plus complète de la cheminée qui nous occupe, et de la reconstituer intégralement, telle qu'elle devait frapper les regards dans la vaste salle de la Prévôté.

Dans la visite à cette magnifique résidence des Annonciades, où M. Dumont s'était plu à collectionner tous les fragments de sculpture qu'il avait pu découvrir, j'ai retrouvé d'abord une maquette du Sépulcre, où tous les personnages, disposés selon le caprice de l'historiographe, réalisent le plan dont nous avons parlé plus haut et qu'une esthétique sérieuse n'approuvera jamais.

A côté de cette épave, apparaissent deux bas-reliefs, qu'il a fait incruster dans le mur de la maison, et qui provenaient de l'habitation de Mme Carrel, mais seulement depuis la Révolution.

Dans ces deux morceaux, dont chacun mesure environ un mètre de hauteur, M. Dumont (1) croit voir des Romains martyrs. Leurs mains garrottées, tandis que des armes se déploient en trophées autour d'eux, lui révèlent donc des soldats qui auraient préféré les chaînes à l'apostasie.

Mais, comme il n'y a dans l'ensemble aucun emblème religieux, je suis obligé de chercher une autre interprétation de ces soldats accroupis et enchaînés.

L'historiographe de Saint-Mihiel va me communiquer une lumière qu'il n'avait pas lui-même. Il pense que ces décorations remplissaient le trumeau de la grande cheminée, dans la maison du prieur bénédictin, et les attribue à Gérard Richier.

Il a en partie raison.

Depuis que j'ai pu voir l'ornement de la salle des Grands-Jours de Saint-Mihiel dans l'hôtel de M. le baron d'Yvon, à

---

(1) *Histoire de Saint-Mihiel*, t. I, p. 220.

Paris, je crois comprendre parfaitement l'origine de ces deux compositions, dans lesquelles la longueur disproportionnée des mains et le style général, me révèlent d'ailleurs une œuvre de Gérard Richier.

Des sujets mythologiques remplissent le trumeau de l'antique cheminée, en forment la base et le couronnement. Sous ces emblèmes payens, je pressens que le sculpteur a voulu célébrer le triomphe des beaux-arts. Si les muses règnent dans une nation, les armes y sont condamnées au repos. Dès lors, je m'explique l'attitude des guerriers accroupis, les mains enchaînées, au milieu des lances, des glaives, des fannons et de tout un arsenal de guerre, devenu inutile, quand Pallas, Mercure et Apollon font fleurir la paix, le commerce et les arts. Tous ces détails, dans la salle des Grands-Jours, traduisent éloquemment l'antique devise : *Cedant arma togis*.

Aussi, remarquez, dans l'angle gauche du bas-relief des muses, deux têtes couronnées de feuilles d'olivier. Ne sont-elles pas l'explication historique du monument? Alors Charles III, duc de Lorraine, et Henry de Guise laissaient respirer le pays, las des luttes suscitées trop souvent à cette époque, par l'ambition, sous le prétexte de la religion à défendre.

« Charles III, dit M. d'Haussouville (1) régnait sur un
» peuple tranquille, réglant sans bruit ces mille affaires quo-
» tidiennes qui ne sont point sans importance pour le bonheur
» des nations. »

De là, le repos forcé des armes; de là, l'abondance, figurée ingénieusement dans cette déesse, que nous voyons aux pieds d'Apollon, versant de ses mamelles des torrents qui inondent la grotte où elle est mollement étendue.

Oui, ces deux guerriers devaient faire partie de la cheminée que possède M. le baron d'Yvon. Mais ce n'est pas encore tout.

Dans la maison de M. Dumont, à côté de ces bas-reliefs, j'en vois un autre, également ciselé dans la pierre de Saint-Mihiel avec les mêmes caractères.

Deux génies nus, ayant chacun un écusson en banderolle,

(1) *Histoire de la réunion de la Lorraine à la France*, t. I, p. 25.

tiennent d'une main, une branche de chêne garnie de glands et de feuilles. De l'autre main, ils supportent la draperie qui forme cartouche autour de l'ensemble. Au centre est un écusson ovale, où il est impossible de distinguer aucun vestige d'un blason primitif.

Cette pierre qui peut mesurer un mètre sur chaque face, était, selon moi, destinée à compléter l'ornementation de notre cheminée.

Cet écu, où il me semble reconnaître l'action du feu et une teinte de suie, n'aurait-il pas constitué le fond du foyer? Les deux guerriers, sculptés dans des pierres plus hautes que larges, auraient formé les retours intérieurs. L'ingratitude de la place qu'ils devaient occuper, ne justifie-t-elle pas ce qu'ils ont de moins achevé comme dessin et comme travail?

II. *La cheminée de l'Abbatiale.*

Invité par la prévôté de Saint-Mihiel à décorer d'une cheminée monumentale la salle des Grands-Jours, Gérard Richier choisit et exécuta le sujet profane que nous avons admiré dans l'hôtel de M. le baron d'Yvon.

Peu d'années après, si ce n'est en même temps, D. Merlin réclama une œuvre aussi belle pour l'abbatiale. Cette fois il convenait que l'artiste puisât son inspiration dans les Livres saints.

Dom Calmet et D. de l'Isle parlent avec de grands éloges de ce travail, tout en relatant l'un et l'autre qu'il fut commandé par D. Merlin. Mais, par une inconséquence qui trouve une excuse dans la compilation de l'abbé de Senones, sans pouvoir être pardonnée à l'historien de l'abbaye; après avoir mentionné ces premiers détails, ils attribuent l'œuvre au ciseau de Me Ligier, qu'ils ont fait mourir en 1564, six ans avant l'élection de D. Merlin. Cet abbé, qui administra le couvent de 1570 à 1586, n'a pu certainement s'occuper que vers 1573, d'aménager l'intérieur de la maison abbatiale, qu'il avait fait reconstruire tout à neuf.

Or, Ligier Richier mourut en 1572. C'est donc à Gérard

son fils, qu'une critique, basée sur la chronologie, peut attribuer cette cheminée. Mais, à l'autorité des dates, nous joindrons bientôt les preuves fournies par un examen sérieux de l'œuvre elle-même. Car Gérard Richier a ses caractères, qui, à la première vue, le distinguent de son illustre père.

On sait que plusieurs maisons de Saint-Mihiel conservent des débris curieux de cheminées. Mme Allizé, possède un *Jésus bénissant les enfants*, bas-relief ciselé évidemment par Gérard Richier. Mme Moreau montre avec un légitime orgueil un trumeau, mais d'une époque antérieure; Mme Hémelot a un manteau et des consoles très-bien exécutés, mais dont l'exiguïté et le style ne conviennent pas à l'abbatiale. D'ailleurs, ils ne sont pas du ciseau de Gérard Richier

Enfin, une autre maison, située dans le jardin de M. Pelletier, près des casernes, nous présente dans les restes d'une cheminée, des dimensions, un sujet, un genre, qui portent à croire qu'ils proviennent de l'abbatiale de D. Merlin.

Introduits avec bienveillance par M. Pelletier dans cette propriété, que l'on désignait il y a cinquante ans sous le nom de Jardin Pothier, et qui appartint depuis à M. Bonnaire, nous trouvons comme décoration de sa maisonnette de campagne, un trumeau et deux consoles, dont l'agencement, malgré le manteau tout moderne qui les relie, constitue une jolie cheminée.

Les deux consoles ont 1^m,25 de hauteur; le trumeau est de 1^m,98 en élévation, 1^m,75 en largeur. Évidemment, l'œuvre primitive n'est plus dans son intégrité. C'est égal, les restes que nous contemplons méritent l'étude du visiteur.

Sous une corniche de belle renaissance, garnie d'une frise ciselée, de modillons et de rosaces, nous apparaît un bas-relief, encadré au sommet et sur les côtés. La moulure qui devait entourer tout le travail, n'existe plus à la base. Elle a disparu avec les sculptures qui reposaient sur le manteau primitif, et nous avons déjà observé que celui-ci n'existe plus. D'autres mutilations sont encore à regretter.

Voici à notre gauche un rocher, dont les pierres amoncelées s'élèvent au-dessus du sol, à une hauteur qui semble dépasser seulement la stature humaine. Moïse, debout, le frappe de la verge que sa main droite tient tendue ; déjà des flots jaillissent de la source miraculeuse. Le bras gauche du saint législateur, légèrement courbé, serre sans efforts les replis de son long manteau.

Le sculpteur, se ressouvenant que Moïse a toujours été considéré comme une des figures les plus parfaitement exactes du Sauveur, multiplie les traits de ressemblance. C'est le type du Christ, sa face douce et majestueuse, sa chevelure à la Nazaréenne, la bifurcation traditionnelle de sa barbe. Le manteau est simplement drapé ; la tunique tombe du cou jusque sur les pieds avec des manches qui couvrent les bras. Seulement l'artiste a terminé cette tunique par une broderie à jours.

Un adolescent, assis sur une saillie du rocher, et vêtu d'une étoffe qui tombe de l'épaule sans couvrir les bras et les jambes, tient entre ses mains un vase, d'où l'eau déborde à grands flots. A son attitude, on sent qu'il appelle les enfants de Jacob à la fontaine que Moïse a obtenue du ciel. Mais son vase étrusque est un anachronisme qui peint bien l'époque du sculpteur.

Tout près du rocher miraculeux, deux femmes attirent notre attention par leur empressement. L'une des deux s'approche avec une vaste amphore, qu'elle se dispose à remplir ; son regard expressif témoigne à Moïse une vive reconnaissance. L'autre, couchée sur le sable, boit à longs traits l'eau qui la rafraîchit ; aussi la joie rayonne sur son visage.

Ces personnages composent tout près du rocher l'unique groupe qui occupe le côté gauche du bas-relief, tandis que l'autre côté semble partagé en deux plans.

Dominant les autres personnages, trois hommes debout, sont évidemment, pour la figure et le vêtement, une copie de types bien connus des Apôtres. Aaron se reconnaît à sa barbe légendaire : *barbam, barbam Aaron*. Du regard et de la main droite, dirigés vers le rocher, il dit à ses compagnons : *Venez* et *voyez*; et ceux-ci lui témoignent leur admiration, par leur attitude et leurs gestes.

Les têtes de ces hommes, avec des caractères semblables qui prouvent la communauté de nation, ont des différences marquées. Aaron a la barbe très-longue et les cheveux à la

Nazaréenne ; son voisin porte une barbe et une chevelure crépues ; le troisième a le menton nu et la tête couverte de cheveux assez courts.

Au-dessous et en avant des trois Juifs, que nous venons d'esquisser, un homme, deux mères avec leurs nouveau-nés, composent un troisième groupe.

Des deux femmes, l'une sourit de joie et semble convier ses compagnes ; l'autre, accroupie sur le berceau de son enfant, offre à celui-ci un lait que la soif épuise. L'inquiétude se lit sur son front, mais l'Israélite, assis entre elle et Moïse, et tenant une large amphore, annonce à cette femme, probablement son épouse, que c'en est fait de leur épreuve.

Le visiteur qui a remarqué, dans des musées, des berceaux de la Renaissance, admirera une ressemblance que des critiques plus sévères traiteraient d'anachronisme.

Nous signalons encore, comme appartenant à ce groupe, un adolescent, qui contemple avec stupéfaction l'événement merveilleux ; une de ses mains, ramenée sur sa poitrine, traduit d'une manière bien sensible sa profonde émotion. Ce jeune homme a dans ses traits des rapports bien frappants avec un des anges que nous admirerons plus tard, au monument *Diewlouart-Pourcelet*, à Saint-Mihiel.

Pour tout visiteur habitué au faire de Gérard Richier, le doute est impossible. Les femmes ont ici exactement les mêmes caractères que dans la cheminée de la Prévôté ; leur taille n'est couverte que de la lanière traditionnelle avec ce nœud, que nous retrouvons presque toujours sur l'épaule, dans le vestiaire de l'atelier Sanmihiellois ; leur tête est ébouriffée sous des cheveux en désordre, mêlés à des tresses trop maniérées. Leur poitrine manque également de grâce ; les formes en sont rebondies et sans proportions.

Quelquefois les bras des personnages sont démesurés ; toujours ils s'allongent dans des doigts impossibles.

Tous les pieds, ou à peu près, sont chaussés de sandales.

Quelques détails méritent encore d'être signalés à l'attention. Huit tentes se dressent au-dessus des personnages, nous rappelant les campements d'Israël dans le désert. Pour compléter ce dessin, l'artiste a planté, à l'extrémité de son bas-relief, un drapeau dont les plis parfaitement imités finissent bien le travail, en même temps que la présence de cet insigne militaire trouve sa justification dans les coutumes juives, et les règlements tracés à cet égard par Moïse.

L'imagination de l'artiste a également jeté, çà et là, dans son œuvre, des animaux, que d'ailleurs son ciseau a parfaitement réussis. Des anfractuosités du rocher, on voit sortir un rat, une grenouille, un lézard ; un hibou demeure perché sur l'extrémité d'une pierre ; trois escargots rampent sur le sol ; un lapereau se dresse tout près du berceau, sans craindre la mère penchée là, sur son nourrisson.

Mais nous sommes loin d'avoir terminé notre étude. Ce bas-relief se divise en deux parties bien distinctes. Pendant que, sur la terre, la verge de Moïse tire l'eau du rocher, les anges font tomber des nuées la manne miraculeuse.

Donc, au-dessus de la scène que nous avons décrite, l'artiste a représenté, à gauche, dans un ciel serein, une colonne de feu ; à droite au milieu des nuées, les anges qui envoient la manne à la terre.

Ce feu au-dessus de la montagne qui nous rappelle le Sinaï, nous apparaît sous la forme d'une colonne embrasée, qu'entoure une couronne de nuages et d'où jaillissent, en rayons lumineux, des lancettes et des flammes.

Cette vision occupe environ le quart de la zône supérieure ; le reste, comme nous l'avons dit, est rempli de nuages et peuplé d'anges. Deux chérubins n'ont que leurs têtes ailées ; trois autres envoyés célestes, ayant plus complètement la forme humaine, nous donnent encore à regretter la longueur disproportionnée de leurs bras. L'attitude d'un de ces derniers semble la traduction du verset des Livres saints : *Vous leur avez donné le pain du Ciel*, car ses yeux et ses mains chantent à Dieu un cantique d'admiration. En effet, ses deux compagnons font pleuvoir sur la terre cette nourriture mystérieuse, qu'on voit descendre, sous la forme de tout petits pains arrondis.

Laissons le manteau taillé par un maçon pour admirer deux autres morceaux qui proviennent évidemment de la cheminée primitive, et servent encore ici de consoles. Ce sont deux caryatides qui résument parfaitement les sujets du bas-relief supérieur.

Celle de gauche, dont on accuserait la forme trop ronde de la figure, si on ne la regardait de face, a en réalité une très-belle tête, ornée d'une coiffure de fantaisie, avec diamant sur le front, diadème au sommet et bandes volutées sur les tempes. Les bras sont naturels. Celui de droite porte sur l'épaule du même côté un panier d'osiers habilement tressés, plein et même comble de ces pains que nous avons vus tout à l'heure tomber du ciel. Le bras gauche, légèrement plié, retient une draperie qui entoure les reins. Le tronc est à peu près nu; seulement un simple ornement descend en pendentif entre les seins. Aussi nous reprochons les formes trop massives du cou, de la poitrine et du ventre. Notons également en passant la longueur des doigts.

Cette caryatide se termine en pyramide tronquée et renversée, ornée de deux volutes gracieuses, qui viennent se rejoindre en supportant une draperie dentelée. Un bouquet de fruits, noué par un ruban, tombe de là jusque sur la plinthe.

Cette femme dirige ses regards vers celle qui lui fait pendant, comme pour lui dire : J'ai mangé la manne, et vous, vous buvez l'eau du rocher.

En effet, cette dernière adresse évidemment son action de grâce au ciel pour cette eau miraculeuse, dont elle a rempli l'amphore qu'elle porte sur son épaule gauche.

Si nous reprochons, à celle-ci comme à sa compagne, quelques formes trop massives, nous devons constater qu'elle est plus heureusement réussie; sa chevelure, nouée et tressée, est plus élégante; un nœud qui retient son vêtement sous le bras gauche rappelle l'atelier des Richier. Cette draperie inférieure est encore plus adroitement agencée sur le ventre. Le nœud qui l'y retient est plus artistique que le désordre pressé par la main de sa compagne. D'ailleurs il a cet avantage, qu'il laisse toute liberté à la main droite et permet à cette femme de ramener son bras sur sa poitrine, en signe de reconnaissance.

Nous ne savons comment ces caryatides étaient reliées au

manteau, mais les deux coussins, qu'elles supportent sur leur tête, prouvent que nous n'avons pas tout le soubassement de la cheminée, car l'amphore et la corbeille dépassent le haut des carreaux.

Lorsqu'au seuil de cette maisonnette, on veut remercier M. Pelletier de son accueil toujours bienveillant, on s'arrête, un instant encore, pour examiner un autre débris, placé au-dessus de la porte. Ce fragment, de 0,45 de longueur sur 0,35 de hauteur, en pierre de Saint-Mihiel, comme toute la cheminée, est un reste d'écu. Deux bustes de femmes échevelées sortent de volutes délicatement ciselées et entourent un ovale héraldique que surmonte une corbeille de fruits. Au-dessous de ce bas-relief, une corniche montre son élégante frise enrubannée.

On ne peut pas admettre que ce débris provienne de la cheminée de l'abbatiale.

Terminons notre excursion par quelques détails sur le passé de cette cheminée. M. Bonnaire avait placé le bas-relief de Moyse en plein air, sur la margelle d'une vaste pierre creusée pour recueillir les eaux ; il avait troué le morceau de manière à introduire un petit tube qui, communiquant avec le réservoir d'une pompe toute voisine, renouvelait en petit l'eau du rocher. C'était ingénieux, mais l'intempérie de l'air a dû nuire aux sculptures.

Quant aux caryatides, elles ont été retrouvées par M. Pelletier dans la terre, et nous le félicitons d'avoir compris qu'il pouvait rapprocher du bas-relief ces belles consoles et les rendre à leur destination primitive.

III. *Cheminée de la maison des Montauban.*

Une autre cheminée, également remarquable, ornait à Han sur-Meuse le château des Montauban. En voici quelques détails.

Le manteau supporté par les larges acanthes de deux consoles, offre un entrelacs de crânes de bœufs, reliés entre eux par des guirlandes.

La scène en relief, qui occupe le milieu du trumeau, représente la vie champêtre. Une femme vigoureuse, le bras gauche chargé de l'enfant qu'elle allaite, tient de l'autre main sa quenouille. En face, un homme dont la nudité révèle les membres nerveux, enfonce dans le sol le fer d'une bêche.

On voit en perspective dans le lointain une habitation et des arbres qui l'entourent.

Sur les montants qui encadrent cette scène bucolique, des caryatides, des têtes de faunes, de satyres, de béliers, enguirlandées de fleurs et de fruits forment une ornementation splendide.

Des acanthes, rappelant celles des bases, servent d'appui à la corniche, composée de palmes qui se croisent et se recouvrent avec art.

La touche générale, les têtes en particulier, et les doigts allongés des personnages, révèlent le même ciseau qu'à la maison abbatiale de Saint-Mihiel. C'est du Gérard Richier.

En changeant le prénom de l'artiste, on a pu décupler le prix de cette cheminée, dont le mérite est incontestable, quoique je lui préfère celle que nous venons d'étudier à Paris.

Elle a été transportée il y a deux ans au château de Goluchon, à quatre lieues de Kalisch, dans le grand-duché de Posen. C'est Mme la comtesse de Drialynska, née princesse Czartoryska, qui possède cet autre monument de l'école Sanmihielloise.

IV. *Cheminée de l'école de Saint-Mihiel.*

Madame Allizé, dont la belle résidence à Saint-Mihiel contient, dans ses vastes dépendances, l'ancienne maison des Capucins, possède un singulier trumeau de cheminée.

On y voit Jésus, littéralement assiégé par les enfants qui réclament ses caresses et ses bénédictions. Sept femmes qui lui présentent leurs nouveau-nés; six apôtres formant le cortège du Sauveur, composent ce groupe, où il y a du mouvement, du drame, de l'ensemble et beaucoup d'expression.

Dans le cartouche, qui ornemente très-bien la corniche, on

lit des vers français de l'époque. Deux femmes soutiennent cette légende, qui est bien par elle-même la formule rhythmée de la charité chrétienne. Malheureusement, si elles portent elles-mêmes la croix et l'ancre, symboles de la foi et de l'espérance, elles ne sont pas des types de pudeur.

Primitivement, l'ensemble de cette cheminée, dont les montants portaient aussi des inscriptions traduites de l'Évangile, devait être très-ingénieux.

Tous les détails qui m'y frappent, me déterminent à l'attribuer à Gérard Richier. C'est bien son style. Le fils s'y est inspiré des cartons du père. Évidemment le médaillon que nous avons admiré à la Bibliothèque nationale, à Paris, a guidé le crayon et le ciseau de l'habile imitateur.

Quant au local, pour lequel le sculpteur dut dès le principe exécuter ce travail, il semble facile de le conjecturer.

On lit dans l'*Histoire de Saint-Mihiel* (1) qu'en 1543, « la
» ville fit les frais d'acheter une maison pour y réunir les
» enfants et la fit approprier à cet usage. Ce fut à la montée
» Saint-Blaise, en l'endroit qu'elle convertit depuis en prisons,
» après que l'auditoire fut établi près de là, et qui aujour-
» d'hui sert à remiser les pompes et à préparer les aliments
» destinés aux pauvres. Le recteur qui y était chargé de l'en-
» seignement, se nommait, en 1554, Pierre Plauté. »

Ce texte semble assez formel. La maison Allizé n'est séparée que par un étroit chemin, de l'appartement qui vient d'être désigné. La *Porte à Metz*, contre laquelle était adossée la grande école, la *Tour des écoliers* qui reçut son nom du voisinage des classes, s'élevaient à deux pas de la maison qui possède le travail de Gérard.

N'est-ce pas une magnifique rétribution que le père aurait commandée au ciseau de son fils, pour prix de l'instruction qui aurait été donnée à celui-ci? En effet, en 1550, le fils de Ligier pouvait avoir vingt ans, il avait reçu les leçons de maître Plauté.

En tout cas, l'image de Jésus bénissant les enfants convenait parfaitement au caractère religieux de l'instruction, à

(1) T. IV, p. 260.

cette époque. Alors on n'enlevait pas les images de piété suspendues aux murs des classes. C'était dans leurs convictions religieuses que les maîtres puisaient leur dévouement et les élèves leur docilité. On n'avait pas toutes les ressources des temps modernes, mais la foi y suppléant, donnait à la patrie des hommes de labeur, de courage, de caractère et souvent de génie, car le Moyen-âge fit de grandes choses. En bannissant la foi de nos écoles, les francs-maçons ont déjà recueilli l'énervement général et l'indiscipline de la société. Hélas! le monde ne comprendra peut-être que trop tard ce que vaut au fond le prétendu progrès de leurs lumières sans Dieu!

Ces considérations allaient me faire oublier une réflexion. On sent, dans le style du groupe de l'école, que c'est Gérard qui l'a sculpté, mais sans être abandonné à lui-même. Une autre main empêche les incorrections, qui le caractériseront plus tard, quand il n'aura plus, pour le surveiller, l'œil de son père ou de ses oncles.

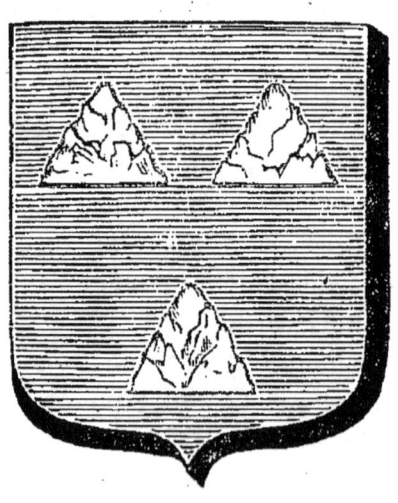

CHAPITRE XLIV.

SUITE DES ŒUVRES DE GÉRARD RICHIER.

La Résurrection. — Bas-relief de l'Adoration des bergers. — Fragment de Chauvoncourt. — Débris du prieuré Saint-Blaise. — Saint Pierre et saint Blaise. — Statuettes de la collection Moreau. — Statuettes du Musée de Nancy. — Le groupe de Léda, au Musée de Bar-le-Duc.

Les voyageurs intelligents, attirés par la grande renommée du Sépulcre dans l'église Saint-Étienne de Saint-Mihiel, constatent bientôt que, si les ciseaux du sculpteur et du statuaire ont seuls été chargés, il y a quatre siècles et dans les travaux plus récents, d'y ornementer la maison de Dieu, ils l'ont fait certes à la gloire de la religion et de l'art chrétien. Dès lors, nos visiteurs, avides de détails, ne veulent laisser, sans l'interroger, aucune des chapelles de l'édifice.

Or, en s'éloignant du Sépulcre, ils découvrent à leur gauche, auprès d'un autel de saint Joseph, une composition dont ils cherchent à examiner la valeur artistique.

Bien vite, les yeux saisissent l'exagération et le maniérisme qui distinguent cette œuvre. Ce n'est plus l'art consommé de Ligier, si pur d'idéal, si parfait d'exécution. Ce n'est plus la douce mansuétude que Claude répandait dans les figures. Ce n'est pas davantage l'énergie de l'expression jointe à la régularité des formes, qui aide à reconnaître les statues du plus jeune des trois frères. C'est le style de Gérard Richier, tel que nous l'avons étudié dans les chapitres précédents. Il a hérité de son père le talent de dramatiser les groupes, de leur communiquer la vie et l'expression, et d'observer toujours admirablement les lois de l'harmonie. Mais qu'il est loin du fini que Ligier donnait aux moindres détails anatomiques, loin de sa délicatesse de sentiment ! Opposé par caractère à son oncle Claude qui est plutôt langoureux, Gérard a l'énergie de son oncle Jean, moins le grandiose des conceptions et la régularité du dessin.

Ce morceau, dont j'ignore la place primitive, a été rendu à la paroisse Saint-Étienne par M. Gouget en 1797, lors de la réouverture des églises. Il a environ 1^m,30 de longueur sur 0^m,90 de hauteur.

Dans la cavité d'une pierre tombale, décorée d'arabesques et de têtes d'anges ailés, un homme est représenté moitié couché, moitié assis, le bras droit appuyé sur un livre qui est sans doute celui de sa vie. Le pied gauche ramené sous le genou droit, le linceul qui est agencé de manière à ne couvrir que les reins et les épaules, le carreau contre lequel la tête est appuyée, l'expression inquiète des traits, révèlent un artiste qui n'est pas à son premier essai.

En face de cet homme, un ange porté sur des nuages, sonne de la trompette. Sa main gauche montre le ciel. Une banderolle, sortant de l'instrument, traduit aux yeux des visiteurs le cri du héraut de Dieu :

EXPERCISCIMINI . ET . LAVDATE . QUI
HABITATIS . IN . PVLVERE . ESAIÆ 26.

C'est le texte du prophète Isaïe : *Réveillez-vous et louez, vous qui habitez dans la poussière.*

Nous voyons donc, dans cet homme, l'emblême de l'humanité ; et, dans ce drame, l'allégorie de nos espérances.

De là, le globe du monde, placé à droite au-dessous de l'ange, comme pour résumer notre existence, qui débute sur la terre et dans le temps, pour se continuer au ciel, dans l'éternité.

Ce bas-relief est encadré dans une moulure qui sent la touche de Claude et rappelle le trumeau de sa cheminée. Le soubassement en est très-remarquable. Une tête de mort, des draperies, des arabesques, y sont du goût architectural que nous avons admiré à Solesmes. Le fini de l'exécution n'est pas moins digne des premiers maîtres, dans les enroulements des spirales, qui nous révèlent pourtant le xviie siècle.

De chaque côté du sujet qui représente, avons-nous dit, l'Espérance chrétienne, l'imagier place debout, sur des socles ornés de branches d'olivier, des femmes qui ont aussi leur signification symbolique.

A gauche, celle qui tient une croix et regarde le ciel, est l'emblême de la Foi.

A droite, une mère avec ses trois petits enfants, figure la Charité.

Je ne sais s'il faut attribuer à la malveillance ou à d'imprudentes restaurations la disparition des dessins qui terminaient le sujet. J'ignore également ce que l'imagination de l'artiste avait pu placer au-dessus de l'ange et des nuages; mais un ciseau moderne, en polissant cette partie du cadre, n'a pas laissé le moindre vestige du dessin primitif. Peut-être la main de Gérard y avait-elle sculpté une légende, un blason, qui nous fixeraient aujourd'hui sur l'origine de ce morceau.

Des documents authentiques, déjà relatés dans cet ouvrage, nous ont appris que le fils de notre illustre imagier, avait dû ériger un monument funèbre pour la famille Lescuyer, dont les membres reposaient dans l'église Saint-Étienne de Saint-Mihiel. Je croirais volontiers que la Résurrection est un fragment de ce mausolée. Il aurait été exécuté en 1603, et en le rendant à l'église, la main chrétienne qui l'avait arraché aux profanateurs, ne faisait qu'une restitution.

Dans son Mémoire sur le Sépulcre (1), M. le Dr Denys fait mention de ce bas-relief. « *Ce morceau*, dit-il, *est d'un ciseau plus moderne et bien inférieur à celui de Ligier.* »

C'est vrai; le ciseau du fils ne saurait être comparé à celui du père; dans tous les traits, il y a quelque chose de dur et de grossier; dans les vêtements, beaucoup de maniérisme. Les doigts des mains et des pieds sont trop longs; les cheve-

---

(1) Deuxième partie, 10.

lures des femmes, quoique tressées et enrubannées, manquent de grâce; les formes de leur taille sont exagérées; la tombe n'est pas proportionnée à celui qui a dû l'occuper. Et pourtant l'homme de goût avoue bien volontiers qu'il y a dans ce mausolée un travail digne d'être étudié.

Il est *plus moderne*, c'est vrai encore, puisque, si mes conjectures sont justes, ce débris funèbre pourrait être daté de trente et un ans après la mort du père, d'un an avant la mort du fils.

Puisqu'une saine critique aime à s'appuyer sur des rapprochements, constatons sans l'ombre d'une hésitation, que la même main qui a dessiné et sculpté les cheminées de la Prévôté et de l'Abbaye, a fait le groupe de la Résurrection. Comparons plutôt les membres d'Apollon avec ceux du mort qui sort du tombeau; l'ange qui le réveille au son de la trompette est frère de la muse qui embouche le même instrument; les femmes qui symbolisent, auprès de la Résurrection, la Foi et la Charité, ressemblent aux deux déesses qui tiennent le triangle et la cornemuse. Comparons encore le coussin, sur lequel le mort s'appuie et les carreaux qui supportent les bras d'Apollon; enfin, le style de toutes les ornementations. Tout révèle dans ces œuvres la même touche.

En tout cas, je constate à la gloire de l'école Sanmihielloise, combien les amateurs des beaux-arts apprécient les compositions qui portent le cachet, ne fût-ce que d'un élève de Ligier Richier. C'est à Paris, dans un splendide hôtel, que je vois, ornant le salon d'honneur, une des œuvres de Gérard Richier. Une autre, non moins monumentale, décore la pièce principale d'un château de Poméranie. La paroisse Saint-Étienne doit donc conserver avec soin ce débris qu'elle possède du même artiste.

Dans la façade d'une maison de la rue des Tisserands à Saint-Mihiel, a été incrusté un bas-relief, long de 0,65 et haut de 0,23. Cette petite composition retrace l'Adoration des bergers. Représentez-vous une porte cintrée, que surmonte une corniche, décorée de médaillons, et deux colonnes encadrant cette porte. Sous cette arcade, qui nous rappelle plusieurs médaillons de Neufchâteau, l'artiste offre à nos adorations l'Enfant de Bethléem.

Des langes et un amas de paille forment l'humble lit du Sauveur naissant. Le pied droit ramené sous la jambe gauche, les mains tendues, l'enfant de la crèche semble prier et vouloir partir pour la conquête des âmes. A sa droite est agenouillée sa sainte Mère qui le contemple avec amour; à sa gauche est saint Joseph, dans la même attitude. Mais l'auguste vieillard s'appuyant sur un bâton de pèlerin, porte un costume qui sent bien le xvie siècle; en sorte qu'on verrait volontiers en lui un bienfaiteur du statuaire. Le bœuf et l'âne allongeant leur tête au-dessus de la crèche, regardent avec étonnement ce qui s'accomplit dans leur étable.

Droits et comme en marche vers le divin Enfant, deux bergers s'approchent derrière saint Joseph; le premier porte une houlette, le second soutient un agneau sur ses épaules.

Leur faisant pendant, une femme vient offrir un vase de lait, et semble en élevant un pain, exprimer la joie qu'elle éprouve de secourir la sainte Famille. Une autre la suit; son doigt levé vers le ciel, rappelle qu'elles obéissent au message angélique.

Ce petit groupe est taillé dans la pierre Sanmihielloise. Les vêtements, où apparaît toujours la casaque relevée à la ceinture, rappellent bien notre école.

Le temps n'a pas complètement effacé la peinture qui recouvrait cette pierre. Mais cette décoration primitive, jointe aux doigts allongés, de même que le vêtement de saint Joseph, me déterminent à attribuer ce petit travail à Gérard Richier. Les formes généralement peu délicates, me confirment dans mon jugement. Toutefois, digne de son école, ici comme dans ses autres compositions, il sait mouvementer la scène, tout en lui gardant une belle unité.

Le lecteur qui s'intéresse aux beaux-arts, me pardonnera la vénération avec laquelle je m'arrête devant les moindres épaves, sur lesquelles je puis constater, ne fût-ce qu'un vestige, qu'un coup de ciseau de nos illustres statuaires. Aussi j'accepte avec reconnaissance toutes les communications qui me seront faites à cet égard.

Chauvoncourt est comme le faubourg de Saint-Mihiel; cependant c'est une commune qui n'en dépend que pour l'administration religieuse. En face de la mairie de ce hameau, une maison conserve, incrusté dans la muraille, un débris qui me fait soupçonner une grande composition, dont je n'ai pu découvrir la destination primitive.

On a placé dans une niche le personnage que je vais décrire. Un homme vigoureux, aux cheveux crépus, aux bras très-nerveux, drapé correctement dans son vêtement d'ailleurs très-simple, porte de sa main droite une corbeille d'osiers tressés, surchargée de fruits que sa main gauche retient. Une gourde est suspendue à son côté. Ces divers caractères, joints à l'expresssion d'un étonnement mêlé de joie, me font conclure que l'artiste a voulu représenter un des premiers adorateurs de Bethléem.

La partie inférieure du corps jusqu'aux genoux est brisée, une main étrangère appuyée sur l'épaule droite de ce berger, prouve que ce personnage provient d'un groupe.

Les traits du visage sont rudes, le nez est grossier. On n'hésite pas, quand on a étudié la Résurrection de l'église du Sépulcre, à reconnaître la même touche, la même énergie exagérée, les mêmes doigts allongés.

Ce morceau, taillé dans la pierre de Saint-Mihiel, mesure 0,75 sur 0,50.

N'est-ce pas du même ciseau un petit bas-relief, que l'on voit en descendant, à Saint-Mihiel, la rue de Vigneulles? Deux enfants, soulevant un rideau, découvrent une arcade, dont un maçon moderne a eu l'adresse de faire une lucarne pour son grenier.

C'est de la même origine, c'est-à-dire, du prieuré de Saint-Blaise et de la même main que provient une pierre, ornée d'arabesques, que l'on voit au-dessous du premier débris, dans la façade de cette maison.

Nous nous rappelons le zèle avec lequel M. Moreau, juge au Tribunal de Saint-Mihiel, collectionnait dans son musée, tous les bas-reliefs, les statues, les sculptures dans lesquelles son œil exercé croyait découvrir quelque caractère.

Son cabinet possède plusieurs œuvres de Gérard Richier.

1° Deux statuettes, sculptées, demi-ronde bosse, méritent certainement l'attention des visiteurs.

Enlevés de l'église Saint-Étienne et achetés par M. Moreau, ces deux morceaux, en pierre de Saint-Mihiel comme tous les objets que nous étudions, ont été acceptés par M. le Dr Denys parmi les œuvres authentiques, quoique d'un mérite secondaire, de Ligier Richier.

L'une de ces statuettes représente un pontife martyr; l'autre saint Pierre.

Les physionomies en sont bonnes; celle de l'apôtre a beaucoup d'énergie; l'autre est empreinte d'un doux mysticisme. Si les proportions n'en semblent pas heureuses, peut-être faut-il accuser de cette incorrection de dessin la place que ces deux sujets devaient occuper dans le plan de leur auteur.

Ce qui reste de l'encadrement porte bien les caractères de la Renaissance, mais ne suffit pas pour asseoir un jugement.

Certains détails, tels que les doigts trop allongés, et en particulier l'expression du visage de saint Pierre, me déterminent à attribuer ces deux sujets à Gérard. J'affirme, sans hésiter, qu'ils ne sont pas du père, et je crois pouvoir sans crainte les ranger parmi les œuvres du fils.

Je présume que ces bas-reliefs proviennent du tombeau de la famille Lescuyer. Les archives ont conservé le testament de Perin Lescuyer, qui chargeait Gérard Richier d'élever un monument à la mémoire de Blaise Lescuyer, son père, dont le corps reposait dans l'église paroissiale de Saint-Mihiel. Blaise était mort en 1591 ; Perin hérita de la lieutenance générale du bailliage, mais ne survécut que quatre ans.

Donc, cet évêque-martyr représenterait saint Blaise, le patron du père ; saint Pierre serait le patron du fils, car le nom de Perin vient évidemment de *Petrinus*.

2° Un fort beau groupe de deux personnages, qui semblent prier et appeler le ciel à leur aide, mesure $0^m,50$ centimètres de hauteur. C'est du Gérard Richier. N'a-t-il pas sculpté ces statuettes, l'année qui suivit la mort de son père, alors que la peste exerçait de cruels ravages dans le pays? Ces deux figures semblent conjurer le Ciel d'écarter un fléau.

3° Une femme, couronnée d'un diadème, tient un glaive dans sa main droite qu'enveloppe un serpent ; l'autre main porte un livre fermé et un rameau d'olivier.

Gérard Richier n'a-t-il pas voulu représenter sous ces emblêmes la Puissance, le Commerce, les Sciences et la Paix, ses rêves pour sa patrie?

4° La Force, la Vérité et la Justice, petits emblêmes de $0^m,40$ centimètres, ont aussi le style de Gérard Richier (1).

5° Il en est de même d'une Espérance et d'une Charité, assises sur des consoles et d'un ange aux ailes déployées, aux bras étendus, destiné sans doute, avec l'arcature qui l'entoure, à couronner une niche.

Il est probable que ces sujets avaient été primitivement destinés à ornementer des tombes. Dans la ville des *Grands-Jours*, ces emblêmes devaient être souvent demandés aux artistes, pour symboliser les charges au Parlement d'une part, et de l'autre, les sentiments chrétiens des défunts.

Une excursion au Musée de Nancy m'y révéla une collection de débris, désignée sous le nom de *groupe des Richier*.

---

(1) Une statuette du même style se voit dans le mur de M. Mercier, avoué à Saint-Mihiel. C'est aussi une Justice.

Au n° 403, dans des bas-reliefs de 0ᵐ,50 de hauteur, des enfants accroupis tiennent entre leurs mains des branches, l'une de chêne, l'autre d'olivier. Évidemment c'est du Gérard Richier.

Celui qui porte l'emblême de *la Force* presse contre son cœur un livre ouvert. Son sourire n'indique-t-il pas sa joie, au souvenir des hauts faits d'armes de la Lorraine; comme l'olivier de l'autre symbolise le bonheur des peuples pendant *la Paix?* Ces deux statuettes, en demi-ronde bosse, reposent sur des consoles figurées dans des panneaux qui les encadrent. Elles ont été taillées dans la pierre de Saint-Mihiel. Les pieds, malheureusement mutilés, sont chaussés de riches cothurnes; les draperies que des cordons rattachent à l'épaule n'empêchent pas la nudité de ces statuettes.

Une visite au Musée Barisien doit intéresser les amis des arts lorrains. Si M. Ménard a pu regretter le mauvais état dans lequel il a trouvé cette collection, il est de toute justice, croyons-nous, de féliciter aujourd'hui M. Jacob, archiviste adjoint du département de la Meuse, de l'intelligente organisation qu'il a su donner à tous les détails, dans les vastes salles de l'établissement.

Nous nous rappelons qu'un fragment d'une plinthe, sculptée pour la Chapelle ducale, fait partie de cette collection; et tout d'abord on se propose de voir cette pierre riche de la signature de l'illustre imagier.

Mais à peine a-t-on monté quelques marches dans l'escalier qui conduit au Musée, qu'une *Léda* s'offre aux regards; or, pour tout visiteur initié à l'école Sanmihielloise, il n'y a pas un doute à émettre, c'est du Gérard Richier qu'on a sous les yeux.

Ce bas-relief, en pierre de Meuse, long de 1ᵐ,35, haut de 0ᵐ,80, offre bien tous les caractères du sculpteur auquel nous l'attribuons; la tête ébouriffée, malgré le diadème qui retient la chevelure; les doigts longs et renversés contre na-

CHAPITRE XLIV.

ture ; les défauts anatomiques que nous retrouvons dans les productions du même ciseau ; la taille mal comprise et exagérée, voilà des caractères irrécusables et suffisants.

Mais, considérez encore le pendentif qui descend sur la poitrine de la princesse ; le carreau qui supporte son bras ; sa pose qui rappelle si parfaitement *l'homme ressuscité* de l'église du Sépulcre ; les nœuds enrubannés qui soutiennent la draperie dans le fond du tableau ; les traits et les chevelures des deux enfants qui sourient aux pieds de leurs mères. Chacun de ces détails est une preuve frappante ; vous constatez à chaque coup de ciseau le dessin et l'exécution de Gérard.

Malgré les mutilations du nez, la figure de Léda est gracieuse, ou plutôt elle exprime, avec la noblesse des traits que l'on retrouve dans la forme grecque, le caractère particulier d'une curiosité passionnée.

Le cygne est bien compris ; mais la tête est trop ébouriffée, et les pieds sont peut-être trop grossiers.

Auprès des deux enfants repose à terre l'œuf de la fable.

Nota. Dans son étude importante sur le palais ducal de Nancy, M. Henri Lepage parle d'un marché fait avec Thierry Marchal, pour « parachever la grande porte devant la neuve escurie..., de tel model et enrichissement qu'il est porté par le portraict que Me Médard en a fait de l'ordonnance de Monseigneur, pour laquelle porte, armoiries de dessus et enrichissement qu'il fera faire par le petit Me Gérard de Saint-Mihiel ou par Jessé. »

Cet extrait du compte du cellérier, 1578-79, prouve que le fils de Ligier était en grande considération à la Cour lorraine.

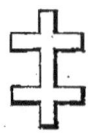

CHAPITRE XLV.

ŒUVRES DE JOSEPH RICHIER.

I. L'enfant jouant avec des têtes de morts.
II. Monument Dieulewart-Pourcelet.
III. Quelques œuvres de Joseph Richier à Saint-Mihiel.
IV. Recherches de M. Léon Germain.

I. *L'enfant jouant avec des têtes de morts.*

C'est dans la chapelle des fonts baptismaux de l'ancienne église abbatiale de Saint-Mihiel, que le visiteur admire la figure d'un enfant qui sourit, tenant de chaque main une tête de mort.

Quoique le type du bambino soit un peu vulgaire, et qu'on lui reproche l'exagération du torse et du front, comme l'incorrection des membres, il y a dans ce travail des détails vraiment remarquables ; les pieds et les mains sont parfaitement traités ; mais on constate surtout le fini des crânes.

La tête de droite, avec laquelle l'enfant semble converser ; à laquelle il sourit, comme s'il ne devait jamais succomber sous la faux de la mort, ou parce qu'il n'a pas encore conscience de ses coups épouvantables, ou enfin parce que leur colloque a pour objet les promesses de la résurrection et de la vie éternelle, cette tête a quelque chose du ciseau de Ligier Richier. Il en est de même de l'autre ; j'allais dire que son regard, tourné vers nous, nous adresse ses graves menaces et les plus solennels avertissements.

Des tiges de blé, également ciselées dans la pierre, ornementent par leurs feuilles et leurs épis, ce singulier dialogue entre la vie naissante et le trépas. Ce rapprochement signifie, dans la pensée de l'artiste, la brièveté de notre vie représentée par la plante des champs ; ou mieux encore il rappelle le texte sublime et bien connu de saint Paul sur la résurrection.

M. le docteur Denys regarde Ligier Richier comme l'auteur de ce travail.

M. René Ménard, après avoir avoué que le corps de l'enfant atteste un artiste habile, trouve le visage trop vulgaire, pour qu'on puisse attribuer cette œuvre au grand maître. Selon lui, *la chevelure implique absolument les premières années du XVIIe siècle.*

M. Dumont, malgré ses longues critiques sur le passé et le présent de cette belle église Saint-Michel, ne fait aucune allusion au mausolée qui nous occupe.

M. Dauban pense que si *l'enfant du baptistère* de Saint-Michel n'est pas de la main de Ligier, il a pu être exécuté par son élève, ou d'après ses dessins (1).

Heureusement, nous avons un document qui donne, sans réplique possible, raison à M. Ménard. M. Léon Germain, membre zélé de la Société d'Archéologie Lorraine, à Nancy, possède la copie exacte du dessin primitif, motivé, signé et daté.

C'est en 1608, que ce monument a été placé sur la tombe de Messire Warin de Gondrecourt, d'abord prévôt d'Hattonchâtel, puis conseiller en la Cour des Grands-Jours.

Didière Martinot, sa veuve, qui fonda pour lui, en 1609, une messe solennelle et perpétuelle, lui fit probablement ériger cette sculpture funèbre, dont elle confia l'exécution à Joseph Richier : car on lit en toutes lettres, au bas du dessin, la signature du petit-fils de maître Ligier.

Dans leur intérêt pour les œuvres de notre école, les lecteurs me permettront d'esquisser en traits rapides l'histoire et les caractères de ce monument, que l'on admire, avons-nous dit,

(1) *Étude sur la vie et les ouvrages de Ligier Richier.*

dans l'église Saint-Michel de Saint-Mihiel. Comme des documents authentiques et le dessin lui-même attestent que ce mausolée avait primitivement été posé dans l'église Saint-Étienne de la même ville, il est probable qu'aux mauvais jours de la Révolution, des mains pieuses auront soustrait au vandalisme cette composition remarquable, et l'auront depuis léguée à la fabrique de leur paroisse. On se rappelle très-bien l'avoir vu dans l'avant-sacristie, puis dans le sacraire de l'église Saint-Michel. C'est en 1857, d'après les dessins de M. Demoget, architecte, que M. Thirion, sculpteur, l'a placé au-dessus d'un autel, entre des colonnes et sous un couronnement assez fantaisiste, dans la chapelle baptismale. En vérité, il a fallu bien peu de goût, pour donner comme fond à un baptistère, où tout est vie et espérance, un appareil funèbre, qui parle avant tout des tristesses de la mort.

L'œuvre de Joseph mesure actuellement 1,75 de hauteur sur 1,35 de largeur. Le marbre destiné à une inscription commémorative a disparu. Il était couronné d'une frise, dans laquelle on remarque :

1° Une tête d'ange, aux ailes déployées, à la chevelure partagée en trois touffes, comme l'enfant que nous avons déjà étudié ;

2° Un cartouche, entourant un marbre noir ;

3° Des arabesques qui remplissent les autres parties de cette frise.

De chaque côté du monument, descend un agencement architectural de pierre de Saint-Mihiel, encadrant des marbres noirs de dessins variés. Ces marbres ont été replacés par M. Thirion, sculpteur, il y a quelque vingt ans.

C'est à la base de cette composition funèbre, que l'enfant, jouant avec des têtes de morts, est assis sur une corniche, que terminent deux volutes, d'où descendent en pendentifs des bouquets d'acanthes.

Le reste du soubassement n'est pas moins remarquable. Le milieu et les côtés se composent de cartouches de marbre noir, incrustés dans des ciselures de pierre, qui se terminent par un gland délicatement imité.

Enfin, cette base se complète, à ses extrémités, par de très belles consoles sculptées, qui supportent les motifs latéraux du monument.

Les armes de Warin de Gondrecourt se voyaient primitivement au milieu du fronton, qu'elles terminaient. J'ai retrouvé à Saint-Mihiel, dans une propriété de M. Albert de La Lance, une pierre sculptée, représentant le blason du noble conseiller : *entre deux aigles, un champ d'azur porte deux éperviers d'or en chef, une fasce d'argent et la mollette de même en pointe*. Ce blason ne proviendrait-il pas du mausolée, travaillé par Joseph Richier? Disposé en forme de console, il supportait peut-être un sujet religieux.

Sans doute, le dessin primitif représente ce blason, surmonté du heaume de la chevalerie, encadré dans un cartouche de forme ovale, que deux motifs relient au fronton du mausolée.

Selon le goût de l'époque, le sculpteur avait dessiné deux statuettes aux extrémités de la corniche ; d'un côté, la Vierge tenant l'Enfant-Jésus sur le bras gauche et de la main droite accueillant le défunt; de l'autre, celui-ci agenouillé et priant.

Je n'ai rien pu retrouver de la Vierge. Je croirais volontiers que, peu d'années après, la famille aurait fait modifier le premier dessin et placer, sur les motifs latéraux de son monument, deux statuettes parallèles, hautes de $0^m,40$ centimètres, qui sont actuellement la possession, l'une de M. Montbled, à Saint-Mihiel, l'autre de M. de La Lance à Loupmont, qui les auraient acquises, en devenant tous deux propriétaires d'immeubles de M. Martin.

Les deux personnages que je retrouve là, sont des conseillers agenouillés, les mains jointes, devant des prie-Dieu. Ils unissent à l'ample vêtement des magistrats le large col rabattu de l'époque, et réalisant bien le type du dessin.

Quand Nicolas de Gondrecourt, qui obtint au grand-conseil la survivance de son père, décéda le 20 septembre 1633, et fut inhumé dans la même tombe, le sculpteur put être invité à représenter le père et le fils, avec les mêmes caractères, puisqu'ils avaient rempli les mêmes charges.

Quoi qu'il en soit, nous ne terminerons pas cette étude, sans remarquer la lumière que ce monument, signé et daté, doit jeter sur l'appréciation des œuvres qu'il nous reste à classer.

II. *Monument Dieulewart-Pourcelet.*

Dans la nef gauche de l'église Saint-Étienne, à Saint-Mihiel, on a placé, sous un vitrail, un petit monument funèbre, qu attire et mérite vraiment l'attention des visiteurs.

Vous voyez sur une console qui rappelle les premières années du xviie siècle, une tête de mort, d'une exécution remarquable. Deux petits anges, aux ailes écourtées, et détournant leurs regards, couvrent pourtant ce crâne d'un linceul qui, dans ses replis, leur sert à eux-mêmes de draperie.

Ces anges, qui manquent de naturel dans le mouvement du torse, la forme des membres et le développement du front, semblent assis sur une corniche destinée à les supporter d'abord, puis à justifier l'enfoncement dans lequel la console semble taillée, pour supporter le crâne. Il résulte de cette habile disposition que la tête de mort est à la même hauteur que ces deux têtes vivantes.

Or, cet arrangement ingénieux suppose le talent d'un véritable artiste.

Au-dessous de cette corniche, entre l'ange de droite et la console, le sculpteur a disposé un blason, dont la rage égalitaire de 1793 n'a pu effacer tout à fait l'empreinte.

Cet écu *à champ d'or, portant trois porcs de sable*, 2 *et* 1 *passants, armés et allumés d'argent*, rappelle la famille des Pourcelet, originaire, je crois, de Neufchâteau.

Parallèlement à ce premier, un autre écusson, moins facile à traduire pour moi, porte encore visibles, sur je ne sais quel champ, *trois lis* 2 *et* 1 *séparés par une fasce* que je ne puis non plus caractériser.

En tout cas l'inscription :

DIEVLEWART POVRCELET,

placée en deux légendes au-dessous du groupe, ne signifie pas, comme l'ont pensé quelques visiteurs : *Dieu le garde pour le Ciel*. Elle indique évidemment que ce mausolée avait été sculpté en mémoire d'un dignitaire, tenant à la fois à une maison de Dieulouard et à celle des Pourcelet de Neufchâteau.

« C'est le cri d'une famille, » dit M. le docteur Denys, après un examen attentif de la légende (1).

Comme le mausolée de Saint-Michel, ce morceau est évidemment de la main de Joseph Richier. Les caractères en sont absolument les mêmes. En le rangeant avec nous, parmi les œuvres de notre école, M. Dauban avoue que « l'inspiration d'un grand artiste a pu passer par là (2), » et M. René Ménard déclare que les enfants de ce groupe sont modelés d'une façon ravissante (3). Ce dernier jugement est exagéré.

III. *Quelques œuvres de Joseph Richier à Saint-Mihiel.*

Il existe un travail moins artistique, mais pourtant remarquable, chez Mme Eugène Hémelot, à Saint-Mihiel, dans la maison que possédait au xviie siècle la famille GARSEVAL DE LA GARDELLE (4). C'est le manteau d'une cheminée. Un rideau parfaitement agencé ; des anneaux, courant sur une vergette pour le supporter, et les plis de l'étoffe, tout est d'une vérité surprenante. Les caryatides qui forment consoles de chaque côté, sont des bustes assez lourds, mais assez purs de style dans les figures. Je lirais volontiers, dans ce travail du xviie siècle, la signature de Joseph Richier. Le trumeau de la cheminée est dans une maison de campagne de Mme Hémelot.

J'attribue au même ciseau une *Madeleine* à genoux, œuvre de 0^m,45 centimètres de hauteur, en pierre de Saint-Mihiel.

(1) *Mémoire sur le Sépulcre*, 2me partie, p. 9.
(2) *Ligier Richier*, 25.
(3) *L'Art en Alsace et Lorraine*, 529.
(4) *Histoire de Saint-Mihiel*, IV, 172.

Elle devait pleurer au pied d'un crucifix, car elle essuie ses larmes avec le pan de son manteau. Sa tunique rattachée sur l'épaule par un nœud et un galon, le pendant qui ornait son oreille, les tresses des cheveux, rappellent la pécheresse. Les doigts sont petits; par contre, le bras et le cou sont trop gros. Cette statuette est la propriété de Mme Wilhem, qui l'avait héritée de sa famille.

Enfin, je ne saurais passer devant l'hospice de Saint-Mihiel sans examiner avec plaisir une statuette de *sainte Anne*, placée au-dessus de la porte de cet établissement, et que son mérite me ferait volontiers classer parmi les œuvres du petit-fils de Ligier Richier.

IV. *Recherches de M. Léon Germain.*

J'attribue à Joseph Richier le monument funèbre des Gondrecourt, et j'ai motivé cette assertion. Or, dans une lettre dont parle M. Germain, M. Demoget, actuellement architecte de la ville d'Angers, disait avoir lu le nom de Jean Richier au bas d'un calque du dessin de ce mausolée. En face de cette autorité, j'ai dû recourir à l'original que possède M. Morey, l'architecte nancéien, dont le nom sera à jamais inscrit avec celui de Mgr Trouillet en tête de l'histoire de l'église Saint-Epvre. Or, le doute ne peut subsister; examinée scrupuleusement, la signature est bien de Joseph Richier. Si le calque, qui appartenait à M. Bonnaire, avait substitué le nom de Jean à celui de Joseph, il y avait là une erreur regrettable. J'avoue qu'au premier aspect de la signature originale, on n'en distingue pas nettement les caractères; mais vus à la loupe, l'appendice de la lettre *p* et l'exhaussement de l'*h* font cesser toute hésitation. Du reste, par une observation judicieuse, M. Morey me faisait remarquer la similitude des traits et même leur parfaite reproduction, dans d'autres originaux qu'il possède du même sculpteur, et où la formation des lettres ne permet aucun doute.

Je dois entretenir mes lecteurs de ces planches curieuses. Je le ferai sommairement en exprimant d'abord ma reconnaissance, à M. l'architecte de la ville de Nancy, pour la bienveillance avec laquelle il m'a donné communication des trésors qu'il possède; puis, à M. Léon Germain, dont je suivrai sans crainte le compte rendu.

1° Une superbe statue de femme, les bras nus jusqu'aux coudes et tenant un caducée, est sans doute l'allégorie du *Commerce*. Admirablement drapée, elle a dans son attitude de la noblesse et de la force.

2° Dans deux bas-reliefs dont on constate la bonne composition, il est facile de reconnaître *Hercule aux pieds d'Omphale* et *Minerve*.

3° Une cheminée sent bien aussi son époque; avec des cariatides pour supports; un cartouche entre deux enfants pour manteau; pour trumeau un attique riche de décorations, entre des statues très-sveltes qui occupent les niches latérales; enfin, pour encadrement, des consoles et des enroulements, où la pierre alterne avec le marbre. On y voit deux écussons héraldiques, mais sans aucune indication d'armoiries.

Au bas du dessin, est une inscription en partie illisible; M. Morey et M. Germain ont cru distinguer : *Joseph Reschier Spip (?) 1625 X Mars 1604 à Paris. — Joseph Richier fecit Janvier à Paris.*

NOTA. *Sur une figure de statue représentée des deux faces*, on lit : *Joseph Richier, fait le 25 Janvier 1609 à Paris.*

Ces différentes dates ne m'étonnent pas, car le même sujet pouvait être demandé par plusieurs familles, à des époques différentes. Mais ces diverses légendes me déterminent à ne voir dans cette feuille qu'un calque du dessin original.

4° Un cartouche rappelle également par son agencement et son bon style l'atelier Sanmihiellois.

Au centre est un écusson environné de draperies et de rameaux emblématiques; aux angles supérieurs, deux génies ailés portent, l'un la trompette dont il sonne et la corne dont il répand l'abondance; l'autre un livre et une palme. Des guirlandes d'acanthes et de fruits et d'autres ornementations décorent les compartiments latéraux.

5° Il y a parmi les dessins de Joseph cinq esquisses de tombeaux.

La première porte, outre la signature de Joseph Richier, les deux initiales de ce nom en monogramme, et l'inscription : *le 26 Décembre 1624 à Metz.* Elle a des analogies frappantes avec le monument funèbre de la grande église de Saint-Mihiel. En haut, un écu, de forme ovale, est soutenu par deux génies. En bas, un enfant assis sur un cul-de-lampe, presse de ses mains deux têtes de morts. L'encorbellement qui soutient ces crânes, le cadre qui forme l'ensemble, l'élégance du travail, tout est remarquable.

La seconde esquisse indique un tombeau destiné à être adossé à un mur. Une statue de saint Nicolas, et d'autres du style allégorique, pouvaient être choisies comme encadrement de l'inscription. Un ange tenant une clepsydre et une tête de mort; deux enfants agencés sur des acrotères, décorent ce monument qui devait être considérable.

Dans ces différents dessins, on voit que l'idée n'est pas toujours arrêtée et que le sculpteur, en présentant plusieurs variantes, s'en rapporte au goût des personnes pour lesquelles il travaille.

Un troisième mausolée devait également s'appliquer au mur. Deux chérubins déploient des draperies, sur lesquelles est un médaillon de forme carrée. Au dessous de cet agencement, deux autres génies soutiennent un cartouche, dont l'écusson couvert du casque et des lambrequins de la chevalerie, n'est pas armorié. Dans trois tablettes, qui ornent le soubassement, est incrustée la légende : *Fatis omnia cedant.*

Toujours du même style, voici un sarcophage supporté par des têtes de mort. Au sommet, s'élève un motif funèbre assez compliqué. Le fronton est chargé de deux génies qui entourent un médaillon ovale, dans lequel est représenté le buste d'un homme barbu, surmonté d'une couronne et de deux palmes. Un de ces génies soutient ce portrait; l'autre appuie sa main sur une tête de mort.

Au-dessous de ce fronton ouvragé, la table destinée à l'épitaphe est entourée de pilastres; mais, à gauche de l'inscription, un troisième génie tient une croix et une palme. Séparées de cet agencement central, deux vastes pyramides étalent des écussons en marbre incrustés dans la pierre. Deux statues latérales, dont l'une paraît être l'*Abondance*, complètent la composition qui repose, dans tout son ensemble, sur un soubassement orné de piédestaux.

Une dernière esquisse funèbre a singulièrement occupé M. Germain.

« Ce monument, dit-il, est formé d'une grande table à
» inscriptions, divisée en trois compartiments verticaux, flan-
» quée de troncs d'arbres sur pilastres coniques supportant
» les écussons des huit quartiers généalogiques et de deux
» statues de femmes debout, l'une tenant une palme et l'autre
» une trompette (la Renommée). En haut est un écu fémi-
» nin. Deux pyramides sur piédestaux forment attique sur
» l'ensemble. Le tout repose sur un encorbellement formé
» de consoles très-ornées, de figures, draperies, feuilles d'a-
» canthe et devises, dont la principale est : UBI AMOR,
» IBI FIDES. »

Après cet exposé, M. Léon Germain cherche quelle noble famille désignent les caractères héraldiques des armoiries représentées dans le monument. Avec sa patience d'archéologue, il s'efforce de jeter quelque lumière dans cette question, que nous serions nous-mêmes heureux de voir élucider, parce qu'elle fixerait la date et le manoir où Joseph Richier composa ce mausolée.

6° Enfin, notre artiste a préparé, probablement exécuté, plusieurs fontaines monumentales, dont M. Morey possède également les dessins originaux.

Deux projets, à peu près semblables, présentent, vus des deux faces, des édicules sculptés, entourés de six enfants nus, portant sur leurs épaules des vases d'où l'eau doit jaillir. On lit sur l'un : *Joseph Richier, fait le 18 Octobre 1603 à Indiller;* sur l'autre : *Fait le 24 octobre 1604 à Indiller, en Gascogne.*

Une troisième fontaine, dont la destination n'est pas indiquée, est assez curieuse. La margelle est flanquée de vases en saillie « *dont le couronnement servait à poser les objets destinés à contenir l'eau.* » Au-dessus s'élèvent deux colonnes spirales et enguirlandées, de style ionique. Entre ces colonnes, une niche partagée en caissons, a pour clef de voûte une tête de Neptune. Au-dessus de cet ensemble, s'étend un fronton triangulaire, que couronne un vase, garni de roseaux et d'animaux fantastiques.

Trois autres dessins signés, mais sans date, représentent des bassins avec des caractères qui les différencient.

Dans le premier, dont la forme est circulaire, une niche abrite une sirène, montée sur un dauphin et qui se presse les seins, comme pour en extraire les flots qu'elle lance dans la vasque. Un écu ovale, entouré de branches feuillées, orne le devant du sujet.

La seconde vasque a huit jets d'eau qu'alimentent des enfants, montés sur des tritons. Le bassin présente l'aspect d'une étoile à quatre branches. Au centre s'élève Neptune armé de son trident.

La dernière fontaine est de forme carrée : chacune des lignes qui la bordent a pour ornement un demi-cercle sortant, d'où des enfants à cheval sur des monstres marins et armés du trident lancent l'eau dans le bassin. Au centre, une haute colonne sert de piédestal à une statue d'Hercule, que l'on reconnaît à sa peau de lion et à sa massue.

Tous ces dessins, qui intéressent aussi vivement l'architecte que le sculpteur, auraient besoin d'être reproduits sous les yeux du lecteur, qui pourrait alors en apprécier tout le mérite. En les voyant, avant 1864, entre les mains de M. Bonnaire, M. Dauban constatait que les élèves de Richier avaient complètement abandonné la belle simplicité et l'élégance de leur maître, pour courir après les exagérations des mauvais imitateurs de Germain Pilon.

Il avoue que, par là même, « ces dessins étaient très-curieux (1). » Je partage son opinion sur l'éloignement de

---

(1) *Ligier Richier,* par M. Dauban, dans une note.

style, qui sépare Ligier et ses frères d'une part, de l'autre leurs petits-fils et neveux. Mais il faut reconnaître que si Joseph a nécessairement les caractères de son époque, il est bien à la hauteur des maîtres du xviie siècle, et je regarde comme une haute justice de révéler ses œuvres.

Au n° 4817 de sa collection, M. Noël fait mention d'un dessin, haut de 0^m,30, large de 0^m,20, représentant un portail. Il cite aussi une moitié de portique architectural cintré, avec les statues de saint Georges, saint Laurent et sainte Catherine. Le monogramme $\overset{R}{\underset{J}{}}$ ne dit pas s'il faut attribuer ces croquis à Joseph, ou à Jean, ou à Jacob.

L'auteur de cette collection pense que Jean et Joseph étaient neveux de Ligier. C'est vrai de ce Jean Richier, dont nous admirons les œuvres à Saint-Mihiel, et dont nous constatons la présence dans les chantiers de sculpture de Nancy. Joseph était incontestablement le petit-fils du grand artiste.

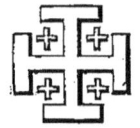

CHAPITRE XLVI.

ŒUVRES DE JEAN RICHIER.

I. Les deux Bambinos.
II. La Charité.
III. La Prévôté-moine.
IV. Recherches sur les œuvres de Jean Richier.
V. Débris de ses œuvres au Musée de Nancy.
VI. Deux statues de la collection Moreau.
VII. Bas-relief de M. Morey.

I. *Les deux Bambinos.*

La touche très-facile à reconnaître, et qui caractérise les petits mausolées Sanmihiellois, nous ne la retrouvons plus dans deux Bambinos, que possède la chapelle baptismale de l'église du Sépulcre.

Assis sur deux dés de pierre, dont la face antérieure est garnie de quelques arabesques évidées, ces deux enfants sont vraiment des chefs-d'œuvre de naïveté et de candeur. Il y a dans le sourire de l'un tant de malice, et dans les yeux de l'autre tant de bonhomie enfantine, qu'on se prend à sourire soi-même dès qu'on les aperçoit.

Les formes corporelles ont une régularité, une souplesse, une délicatesse, qui défient toute critique. Les cheveux sont d'un agencement et les quelques draperies rattachées par un cordon, d'un naturel au-dessus de tout éloge.

Avec quelle grâce l'un des deux joint ses petites mains, tandis que l'autre croise les bras sur la poitrine !

On y reconnaît, selon M. le docteur Denys, l'une des beautés propres au style de Ligier, *l'élégance des formes* (1).

Tout en admirant l'expression de ces deux statuettes, nous ne pouvons souscrire à ce jugement, et n'attribuons ce travail qu'à un élève de la grande école.

Mais, si par le sujet lui-même, on se sent bien loin des compositions, toujours religieuses, de nos grands imagiers; si, d'un autre côté, l'exécution n'a plus aucun des caractères du XVIᵉ siècle, il ne faut pas un long examen des formes, des chevelures et des expressions, pour n'y pas reconnaître davantage, soit la main qui a sculpté le monument de Warin de Gondrecourt, soit celle qui a travaillé le mausolée de la Résurrection. Le style de Jacob sera plus avancé.

Nous avons donc sous les yeux l'œuvre d'un des Jean Richier, dont j'ai déjà entretenu mes lecteurs. Mais comme à plusieurs reprises, nous retrouvons le même ciseau au service de la religion catholique, travaillant pour des églises qui possèdent encore aujourd'hui de ses œuvres, j'en conclus que l'auteur des Bambinos n'est pas ce Jean Richier qui, Saint-Mihiel ne lui suffisant pas, chercha, pour son âme aventurière, plus de bruit et de renommée dans l'ancienne capitale de l'Austrasie, embrassa et prêcha la Réforme. L'auteur des Bambinos est donc l'autre Jean, né d'un Jean Richier en 1581, par conséquent la même année que Joseph son cousin.

Une interprétation peu judicieuse avait voulu transformer ces Bambinos, l'un en Enfant-Jésus, l'autre en saint Jean-Baptiste. Dans ce but, on avait perforé pour celui-ci, entre les mains et la poitrine, un trou destiné à la hampe de la croix banderollée, dont on orne ordinairement le Précurseur. Cette attribution me semble d'autant moins fondée, qu'après un examen plus attentif, on trouve, dans les traits et la chevelure de l'enfant de droite, les caractères d'une petite fille, qui sourit avec gentillesse et naïveté.

Quoi qu'il en soit, je n'ai pu découvrir l'origine de ces deux

---

(1) *Mémoire sur le Sépulcre*, II, p. 8.

statuettes, en réalité charmantes, mais qui seraient plus convenablement placées sur la cheminée d'un salon princier que dans une église. Ici, du moins, elles ne peuvent avoir de meilleure place qu'aux fonts baptismaux, souriant aux nouveau-nés, que les familles chrétiennes y présentent avec joie et espérance.

Je crois que deux consoles, ciselées et ornementées de rosaces, que possède la sacristie de la même église, servaient de supports à ces Bambinos.

Dans ses dessins, M. le docteur Denys agence les deux enfants sur deux volutes, que l'on conserve également avec soin. Ces débris, malheureusement mutilés, révèlent la même époque et le même ciseau.

II. *La Charité.*

M. le docteur Denys voit dans le groupe de la Charité une alliance heureuse et hardie de la beauté et du mouvement. Il y admire le goût, la puissance, l'énergie, l'antique, le naturel du ciseau de Ligier.

Pour se convaincre de l'exagération et de l'erreur dans laquelle ce critique, ordinairement circonspect, s'est laissé tomber, il suffit de considérer ce morceau à la chapelle des fonts baptismaux, dans l'église Saint-Étienne de Saint-Mihiel.

« Sans doute les plis des vêtements sont bien drapés; ils ne sont ni trop lourds ni trop multipliés, dit M. Denys (1). » C'est vrai, puisque des visiteurs indignés de nudités regrettables, ont fait au groupe des mutilations, qui ont nécessité quelques modifications.

« Les enfants sont bien groupés, leurs mouvements sont vrais. » C'est juste; mais comment expliquer que ces enfants aient des têtes doubles de celle de leur mère?

Avouons qu'il y a dans le travail des parties bien exécutées; chaque détail plaît, s'il est pris séparément, mais l'ensemble prouve bien vite que l'œuvre n'est pas de Ligier.

---

(1) *Mémoire sur le Sépulcre*, 2º partie, p. 11.

CHAPITRE XLVI.

Cette femme, emblême de la Charité, parce qu'elle élève, de sa main droite, un cœur enflammé, ferait meilleur effet comme allégorie de la maternité.

M. Ménard, étudiant ce morceau taillé dans la pierre très-fine et rosée de Saint-Mihiel, fait l'observation suivante :

« Ceux qui, en parlant de ce groupe, ont nommé Ligier Richier, ont oublié que l'ornement qui encadre une statue n'est pas une chose arbitraire, mais dénote forcément une date. Or, l'ange du socle sur lequel est posée la Charité, appartient par le style à la fin du xvie siècle, ou même au commencement du xviie (1) : » Il aurait dû constater, en passant, le mérite réel de cette tête de chérubin.

La chevelure des enfants du groupe trahit également l'époque de Henri IV, ainsi que les enroulements qui ornementent le piédestal.

Je crois devoir attribuer ce monument au ciseau qui a sculpté les Bambinos. Comme M. Dauban, je constate que la Charité est l'œuvre d'un élève de la grande école, mais je ne souscris pas à la pensée qu'il ajoute et qui supposerait que le dessin en aurait pu être fait sous les yeux du maître. Certainement le dessin est étranger à Ligier, l'œuvre lui est postérieure, tout en conservant avec son école des affinités incontestables.

Les chevelures des enfants, que M. Ménard signalait tout à l'heure à notre attention, n'ont pas, il est vrai, cet arrangement artistique, qui est si gracieux dans les Bambinos; mais elles sont plus soignées que sous le ciseau de Gérard, et même que sous celui de Joseph. Quant à la mère, elle a bien les mêmes tresses que les Bambinos, enrubannées avec une perfection que Gérard n'obtenait pas.

Dans cette composition, que j'ai donc bien des raisons d'attribuer à Jean Richier, les membres de chaque statue sont justement proportionnés; les expressions ont de la douceur; les nus sont traités de main de maître; les draperies, dont on regrette seulement la rareté, sont parfaites d'agencement.

---

(1) *L'Art en Lorraine*, p. 309.

III. La Prévôté-moine.

La demeure de l'abbé bénédictin à Saint-Mihiel était, dans les derniers temps, le presbytère actuel de la paroisse décanale. Alors même que les empiétements de l'autorité civile avaient enlevé à l'abbaye une partie de ses prérogatives, celle-ci conservait encore une juridiction temporelle sur les terres qui formaient son domaine.

Or, dans le but de surveiller cette administration, l'abbé avait, tout près de sa demeure, un tribunal désigné dans les vieux titres sous le nom de *plaids annaux*. Le local, affecté aux séances judiciaires, se prolongeait à l'est de l'abbatiale. A cette époque, la place, connue aujourd'hui sous le nom de *place des Regrets*, était plus longue; elle comprenait, sauf une, toutes les maisons qui la séparent maintenant de la ruelle de l'Église.

Il y a encore, croyons-nous, dans les attenances de ces constructions, des débris de l'appartement destiné au prévôt-moine ou à son lieutenant. Nous ne saurions expliquer que par cette origine ce que l'habitation actuelle de M. Ulman renferme de vestiges de la Renaissance.

Une cour intérieure a son pourtour garni d'entrelacs de pierre sculptés. Ces mailles, parfaitement exécutées, ornent également les appuis d'une galerie supérieure et les pans d'une tour octogone, dans laquelle un escalier tournant était éclairé par des fenêtres garnies d'arabesques.

Mais, pour soutenir ces constructions, les pieds droits des portes, les jambages des fenêtres, et les bases des colonnes de la galerie, l'architecte ne s'est plus contenté de son ciseau de sculpteur, il a demandé à l'art de la statuaire divers objets très-intéressants à étudier.

Un *satyre* accroupi se reconnaît encore à sa figure grimaçante et à ses pieds de chèvre, malgré les détériorations que l'intempérie des saisons a dû produire dans une pierre trop friable.

A côté du satyre, voilà le dieu *Pan*, jouant de la flûte; des lierres enveloppent ses bras, ses reins et ses jambes velues qui se terminent également en pieds de chèvre. De longues oreilles achèvent son portrait. Ce personnage et le petit chien qui se dresse contre lui, sont mieux conservés, et d'assez bonne exécution. Cette statue mesure 1^m,50.

Quel est, tout près de cette divinité champêtre, cet homme au corps nu, aux bras croisés sur la poitrine? Un casque couvre sa tête, qui supporte un faisceau d'armes, des carquois pleins de flèches, une francisque, des glaives, un tambour, un plastron. Si ce n'était un anachronisme, la croix de Lorraine qui décore un de ces objets, ferait juger que cette caryatide représente le guerrier de la primitive *Lotharingie*.

Plus loin, est une déesse. Sa main droite, entourée d'un serpent, relève les plis de son manteau. L'autre, appuyée sur la poitrine, semble exprimer la générosité de ses bienfaits. Une riche corbeille de fruits surmonte sa tête. La figure de ce personnage est assez bien traitée ; les vêtements ne manquent pas de grâce dans leur agencement, qui laissent à nu le bras et le sein du côté droit. Les touristes qui ont visité Solesmes, ont dû remarquer dans l'église Saint-Pierre, un serpent enroulé autour du bras gauche de la statue allégorique qui représente la Force.

Ici j'aime le rapprochement de ces deux statues ; l'une symbolise la Force brutale, qui conquiert le pays ; l'autre, la Force tempérée par la Prudence, qui assure aux peuples subjugués la paix et l'abondance.

A l'angle de la cour, voici un vieillard souriant naïvement, sous des cheveux qui retombent en longues mèches autour de ses tempes. Sa tête est chargée de fruits ; son buste, sans avant-bras, se termine en une console où le sculpteur a ciselé un écu, nu de toute armoirie.

Ces trois derniers morceaux mesurent également 1^m,50 de hauteur.

Contre l'un des murs de cette cour, est appuyée la margelle d'un puits. Les blocs sculptés qui la forment, n'ont de remarquable que l'énorme tête de lion qui supportait autrefois la poulie destinée aux cordages ; et les dents qui servent de chapiteaux aux deux colonnes cannelées, sur lesquelles repose le faîte de la construction.

Au-dessus du puits, domine la statue assise d'un homme vêtu comme les héros du paganisme ; une couronne d'oliviers ceint ses cheveux légèrement frisés. Le menton n'a pas de barbe ; la tunique descend sur les genoux ; une casaque, à dents arrondies, plastronne la poitrine ; un manteau, retenu par une boucle sur l'épaule droite, projette ses draperies sur le dos et sur les flancs. Les pieds sont chaussés de riches sandales.

Par son regard, cet homme semble inviter ceux à qui il s'adresse, à considérer l'objet que ses deux mains soutiennent à sa gauche, et qui était probablement un miroir, cet emblême de la justice qui veut la vérité et la lumière.

Entre ses genoux écartés apparaît un blason, dont les caractères m'échappent. Même en approchant de tout près, je n'ai pu y saisir aucun vestige d'émail ou de métal. Ce me semble un tourteau ou un besan parti, cantonné de quatre roses, sur un champ qu'entourent les volutes d'un cartouche, genre Renaissance.

Cette statue assise mesure un mètre de hauteur ; elle est peut-être un portrait, en même temps qu'une allégorie. Mais à sa place, l'architecte avait dû primitivement faire poser un groupe que l'on retrouve dans le jardin de la même maison et qui terminait bien plus naturellement le massif du puits.

C'est un dauphin, sur lequel s'appuient le dieu et la déesse des eaux, statues détériorées par le temps, mais bien plus mutilées par la malveillance qui ne leur a laissé ni nez ni jambes. Leur entière nudité permet de constater qu'elles n'étaient pas sans mérite au point de vue de l'anatomie. Elles supportent des cornes d'abondance. Comme le fronton du puits, elles mesurent $1^m,30$ de longueur, leur hauteur est de $0^m,75$ centimètres.

Est-ce que tous ces détails ne rappellent pas à l'esprit un grand justicier, chargé de surveiller la terre, les forêts et les eaux, comme d'assurer par sa vigilance l'abondance et la sécurité aux tenanciers de l'abbaye ?

A quelle époque, à quel architecte, à quel sculpteur, attribuerons-nous ces travaux ?

Ici, tout nous éloigne des caractères gothiques ; il n'y a même plus de réminiscence du style flamboyant. La pensée est toute païenne, la forme n'est plus du xviᵉ siècle. Ligier et ses frères ont le ciseau trop exclusivement chrétien, pour qu'on ait un instant la pensée d'apposer, au bas de cette composition, la signature de l'un d'eux.

Gérard, moins scrupuleux que son père et ses oncles, savait plier son talent à tous les goûts. Il sculptait Jésus attirant à lui les enfants, pour les classes chrétiennes de sa ville natale, comme il représentait Apollon au milieu des Muses pour le palais de la prévôté civile. Mais les personnages qui sont devant nous, dans la cour des plaids annaux de l'abbatiale, ne sentent en rien le faire de son ciseau.

Toutes ces considérations me déterminent à attribuer ce travail aux premières années du xviiᵉ siècle, à cette époque où Gérard, déjà trop âgé, s'il n'était déjà mort, avait laissé à ses fils et neveux l'atelier Sanmihiellois. Je croirais volontiers que ces œuvres doivent encore être attribuées au sculpteur des Bambinos et de la Charité ; car il y a le même naturel, la régularité aussi soignée et surtout une grâce non moins délicate dans ces compositions. J'y sens le même coup de ciseau.

IV. *Recherches à Nancy.*

On serait heureux de découvrir et d'enregistrer plus de détails sur des artistes aussi éminents ; mais l'histoire de la Renaissance garde un silence à peu près absolu. La *Biographie historique et généalogique des hommes marquants de l'ancienne province de Lorraine*, publiée par M. Michel, magistrat, et imprimée à Nancy en 1829, dit cependant que Richier se présenta pour exécuter la statue de saint Georges, que l'on voulait placer sur la porte de ce nom à Nancy, mais que Florent Drouyn, son compétiteur, obtint la préférence, même en exigeant une plus forte rétribution pour son travail (1). Comme

---

(1) Nous devons la découverte de ce détail à la bienveillance de M. Lallemant, correspondant érudit et dévoué du journal *l'Art*.

ce concours eut lieu en 1608, il ne peut y être question ni de Ligier Richier, ni de ses frères, ni de son fils. Des trois descendants de cette grande famille, qui peuvent revendiquer l'honneur d'avoir ainsi concouru contre un Drouyn, il faut exclure Jacob, dont l'histoire n'enregistre que plus tard les belles œuvres. Enfin, comme M. l'abbé Guillaume, dans ses recherches érudites sur l'église des Cordeliers (1), cite Jean Richier parmi les artistes qui y ont travaillé, ce doit être ce descendant des Richier qui disputa à Drouyn l'honneur d'élever sur la porte nancéienne la statue de saint Georges.

Monsieur Lepage, dans sa monographie de la Chartreuse (2), parle également de travaux exécutés par le même artiste dans cette maison religieuse.

Notre Jean Richier dut travailler pour d'autres contrées; c'est ainsi qu'au n° 4816 de son Catalogue, M. Noël relate le dessin d'un tombeau, au bas duquel est écrit : *Jean Richier, fait le 20 juin 1604, à Vizille, en Dauphiné.*

Comme nous l'avons déjà dit, aux numéros suivants de la même collection, deux dessins représentaient, l'un un portail, l'autre un portique architectural cintré, avec les statues de saint Georges, saint Laurent et sainte Catherine. Le monogramme visible au bas des deux esquisses, J R, en lettres croisées, est-il de Jean, de Joseph ou de Jacob?

Jean dut se fixer hors de Saint-Mihiel : car on lit, dans les comptes de la maison ducale, qu'il résidait à Nancy en 1610.

En effet, la somme de 17,693 francs fut « payée et délivrée » à Pierre Martin, Jean Richier et Toussaint Marchal, *maîtres* » *sculteux* et massons, *demeurant* en la ville neuve de *Nancy,* » pour exécution des pilastres, des chapiteaux, des architraves, des corniches, des moulures du dôme de la chapelle du palais.

Déjà en 1609, Jean Richier et un collègue avaient touché 16,603 francs, pour la préparation des caveaux de cette chapelle.

En 1611, ce sont les ogives, les fenêtres et la tribune de ce

---

(1) Nancy, 1851, pages xxxvii et xlii. Notes.
(2) Page 35.

sanctuaire qui méritent à Jean Richier et à ses aides, la somme de 11,921 francs.

En 1614, ils touchent 3,100 francs.

En 1615, ils travaillent à l'autel pour 5,031 francs.

Tous ces détails, appuyés de dates et de faits que nous retrouvons dans le recueil des actes de la Cour ducale de Nancy, prouvent jusqu'à l'évidence, que cette ville était devenue le séjour habituel de ce Jean Richier.

Nous avons déjà dit qu'il était mort en 1624.

V. *Débris de ses œuvres au Musée de Nancy.*

Son séjour prolongé à Nancy m'explique la présence de plusieurs compositions que je retrouve au Musée de cette ville qui portent, en quelque sorte, la signature de Jean.

Le n° 402 présente deux caryatides, qui ont souffert beaucoup de dégradations. Ce sont deux hommes qui retiennent d'une main les replis d'un vêtement drapé autour de leurs reins. Leur autre main devait lever en l'air quelque objet, mais dans les deux bas-reliefs on a brisé les bras qui exprimaient ce mouvement. Les têtes sont bonnes; les cheveux bien bouclés; les formes anatomiques bien observées; les bouquets de fleurs et de fruits, qui tombent des vêtements pour terminer les caryatides, sont parfaits d'exécution.

Sous le n° 404, le même Musée expose deux sujets allégoriques. Deux femmes, d'environ 60 centimètres de hauteur, représentent, l'une l'*Espérance*, l'autre la *Justice*. Je les crois du même ciseau; les caractères sont bien les mêmes que dans le groupe de la Charité de Saint-Mihiel.

L'Espérance, levant les yeux au ciel, tient sa main droite appuyée sur l'ancre symbolique, et l'autre sur la poitrine, comme pour traduire la pensée de Job : *reposita est hæc spes mea in sinu meo*. Sa robe et son manteau échancrés partent de l'épaule droite, laissant à nu tout le côté gauche du buste et la jambe opposée. Les cheveux soulevés par le vent, et les vêtements qui flottent, caractérisent mieux l'heure de la tempête, qui ne saurait ébranler l'âme confiante.

La Justice laisse retomber sa main gauche le long de l'épée qui est l'emblême de la force. Elle tenait sans doute de la main droite un flambeau, qui marquait l'amour de la vérité. Il y a plus de lisse dans ses cheveux, moins de désordre dans ses vêtements. Elle aussi regarde le ciel; sa mise est à peu près semblable, sauf les modifications qu'exige dans le parallélisme des poses, le devoir d'éviter une trop complète uniformité. C'est ainsi qu'une ceinture serre les plis de la robe qui descend jusqu'aux pieds; qu'un ruban rattache les pans du manteau et que des tresses ornent la chevelure. Dans les deux statues les pieds sont nus; les doigts des mains, assez grands, n'ont cependant pas la longueur exagérée que Gérard leur aurait donnée.

VI. Collection Moreau.

La riche collection de M. Moreau, à Saint-Mihiel, possède, du même statuaire, deux sujets très-remarquables.

Ces statues, d'environ 80 centimètres, fraîchement réparées par M. Pierson, ont été placées par Mme Moreau, de chaque côté de la cheminée de son grand salon. Elles représentent la *Paix* et la *Justice*.

Évidemment la distinction et l'expression des traits révèlent le même ciseau qui a sculpté les Bambinos et la Charité. On le sent à l'agencement des tresses sur les têtes, à la bonne disposition des vêtements et en général, à la régularité du dessin.

La Justice porte à droite un glaive, la pointe sur la terre; de l'autre main, elle tient un flambeau.

La Paix a dans sa main droite la branche d'olivier qui la symbolise; sa gauche répand d'une corne d'abondance des fruits parfaitement imités.

Les manteaux noués, l'un sur l'épaule gauche, l'autre sur l'épaule droite, sont agencés et drapés avec la dernière grâce.

J'ignore la destination primitive de ces deux statues, qui, évidemment, devaient se faire pendant l'une à l'autre.

Je les attribue, ai-je dit, à Jean Richier.

VII. *Bas-relief de M. Morey.*

Outre les dessins dont j'ai fait une relation sommaire, l'ilustre architecte de Saint-Epvre possède un bas-relief très-curieux. Or, ce tableau a toutes les affinités désirables avec les œuvres où nous avons reconnu la touche de Jean Richier le Nancéien.

L'idée du groupe est la même qu'au Sépulcre de Saint-Mihiel, mais avec des caractères particuliers. J'y compte onze personnages, taillés en relief dans deux planches jointes qui mesurent ensemble, 1^m,55 de longueur sur 0,70 de hauteur.

Le personnage principal est Notre Seigneur, au moment où les disciples, l'ayant descendu de la croix, l'étendent sur la terre. La tête et le haut de la poitrine légèrement inclinés en avant; le bras droit tombant contre le corps avec les doigts comme refoulés; l'autre main respectueusement soulevée par Madeleine; la jambe gauche ramenée sur le genou droit; la draperie qui recouvre les reins et qui n'est justement qu'un coin du suaire, dont Nicodème se sert, pour soutenir la divine victime, tout est bien compris. L'inertie de la mort s'unit à une beauté surhumaine dans la tête, splendide d'expression.

La Vierge occupe naturellement le second plan, auprès du corps inanimé de son fils. Sous l'effort de la douleur, elle tombe évanouie, appuyant sa tête que couvre un long voile, contre celle de son fils adoptif. Dépositaire dévoué du legs sacré que lui a confié le Sauveur, saint Jean soutient Marie. On sent qu'une double inquiétude le saisit. Il veut à la fois l'empêcher de se renverser en arrière et de s'affaisser sur elle-même. Les mains traduisent très-bien ces deux mouvements.

Trois autres personnages prennent une part directe à l'ensevelissement. C'est, à la tête de la victime, Nicodème qui la soutient sous les aisselles. Son vêtement, sa coiffure haute et orientale, ses chausses élégantes indiquent son autorité dans Israël.

Aux pieds du Christ, voici Madeleine debout, mais inclinée avec une élégance qui révèle bien la châtelaine de Béthanie; avec un respect et une affection où se reflète le surnaturel de son cœur que la grâce a profondément converti; un naturel enfin qui prouve le talent du sculpteur. D'une main, ai-je dit, elle soulève celle du Christ; de l'autre, elle tient une longue mêche de ses cheveux, comme si elle s'apprêtait à renouveler ce que l'Evangile dit d'elle dans le narré du repas de Notre Seigneur chez Simon le lépreux.

Quelle suavité dans les traits! Quelle richesse dans les vêtements! Digne neveu de Ligier, Jean s'applique à draper les plis de la robe de Madeleine, à onduler les boucles de sa belle chevelure, à traiter ce personnage avec toute la perfection dont est capable son imagination d'artiste.

Le statuaire n'a pas oublié le vase d'aromates de l'illustre pénitente : on le voit à ses pieds. Admirateur du Sépulcre Sanmihiellois, il renouvelle à sa façon le dialogue des deux sénateurs, mais cette fois c'est Madeleine qui interroge Nicodème : il semble qu'elle demande si le Sauveur est réellement mort. En effleurant de ses doigts timides la main glacée du Christ, elle paraît craindre un *noli tangere!* ne le touchez pas!

Le troisième personnage qui concourt directement à rendre les derniers honneurs au corps inanimé du Christ, vous le voyez à droite dans le tableau. Il étend le linceul sur la pierre du sépulcre. Au lieu de notre Salomé Sanmihielloise, c'est un homme couvert d'un chapeau à bords larges et rabaissés. Cette coiffure originale, les proportions que l'artiste a amoindries dans ce personnage pour essayer un effet d'éloignement, tous ces détails sont loin d'être heureux, et je ne saurais admirer ce coin du drame.

Deux petits anges ailés, qui occupent la partie opposée de la scène et se donnent la main, sont bien autrement traités. On y retrouve la touche exquise, avec laquelle les Richier représentent les enfants. Ceux-ci paraissent converser entre eux du mystère de la Rédemption, des deux testaments scellés du même sang au Calvaire. Ils semblent même sourire à l'espérance de la résurrection qu'ils s'apprêtent à proclamer au monde.

CHAPITRE XLVI.

Pour compléter le groupe d'après les traditions de l'Évangile et de l'école, Jean Richier fait intervenir Joseph d'Arimathie, Marie, Cléophée et Salomé sa fille. Il place deux saintes femmes auprès de Madeleine. L'âge plus avancé de Cléophée explique le long voile qui retombe sur son front ; ses mains tendues et jointes expriment une vive anxiété, une profonde douleur. Plus jeune, Salomé a rejeté son voile en arrière de la tête.

Joseph d'Arimathie, près de son généreux ami, tient avec vénération la couronne d'épines ; il est coiffé d'un turban ; sa barbe splendide rappelle celle de Nicodème au Sépulcre de Saint-Mihiel.

En vérité, ces trois derniers personnages sont merveilleusement réussis.

En dehors du drame qui se passe sous nos yeux, rien n'appelle notre attention qu'un arbrisseau qui s'élève tout près du sépulcre, et que domine un rocher. Encore ces détails ont-ils pour but la perspective de la scène.

Tel est ce tableau dont la famille de Ludres s'était dessaisie en faveur des Dames du Saint-Sacrement de Nancy et que celles-ci, plus avides de faire le bien que de convertir leur sanctuaire en musée, ont vendu à M. Morey, qui en est aujourd'hui l'heureux possesseur.

CHAPITRE XLVII.

ŒUVRES DE JACOB RICHIER.

Ce nom n'est pas inconnu dans l'histoire des beaux-arts. En 1864, M. Dauban disait qu'on avait pu attribuer à Ligier Richier les ouvrages de Jacob Richier.

Neuf années auparavant, les savants éditeurs de *l'Abécédaire* de *Mariette*, ayant publié son article sur le maître de l'école Sanmihielloise, ajoutaient la note suivante : « Jacob Richier était de la famille de Ligier Richier, le grand artiste Lorrain. »

Le 6 septembre 1882, dans une réunion de la Société barisienne des Lettres, Sciences et Arts, M. Maxe-Werly entretenait ses honorables collègues d'un contrat passé entre la maison de Lesdiguières et *Jacob Richier de Saint-Mihiel*.

Tout nous autorise donc à affirmer que ce sculpteur était de notre grande école, un élève de l'atelier, un enfant de la famille.

Sans doute, je ne trouve point son nom dans nos archives. Mes prédécesseurs, que la législation de cette époque chargeait exclusivement de rédiger et de garder les actes de baptême, avertissent eux-mêmes que les fréquents ravages de la peste doivent les excuser de longues et regrettables lacunes.

L'amour du sol natal ne retenait plus au foyer Sanmihiellois les petits-fils et neveux de Ligier Richier. Nous avons vu, dans l'histoire de Joseph, ses nombreuses pérégrinations à Paris et jusqu'en Gascogne. Jean s'établit à Nancy, et je croirais volontiers qu'il y eut pour fils ce *Claude Richier*, qui fut occupé par les architectes du palais ducal, en 1628, à réparer les désastres d'un terrible incendie, et refit « les » corniches de pierre de taille qui étaient sur la galerie de la » salle du côté des jardins. »

J'avais pensé que Jacob pouvait être le frère de ce Claude ou un fils de Joseph; mais les dates que nous enregistrerons tout à l'heure, rapprochées de celles que nous connaissons déjà, ne nous permettent pas cette conjecture. Il est plus probable qu'il descendait directement du plus jeune des frères de Ligier.

En tout cas, les traces qu'il aurait laissées de son passage dans nos régions sont bien douteuses, et c'est sur les bords du Rhône et de l'Isère que nous serons obligés d'étudier des œuvres qui présentent, en sa faveur, des preuves irréfragables d'authenticité.

M. Maxe-Werly, l'éminent archéologue que nous avons déjà cité, appelle notre attention sur les *stalles de l'église de Ligny*. Vu la signature I. R. et la date 1631 qu'on y lit, il serait possible qu'elles fussent du ciseau de Jacob; mais le travail, dépourvu de mérite artistique, y consiste plutôt en moulures bien exécutées qu'en sculptures à étudier dans cet ouvrage.

Deux ans plus tard, on posait à Velaines, village tout rapproché de la ville de Ligny, deux cheminées assez ornementées, dont l'une porte une inscription curieuse et difficile à interpréter.

On lit sur une première ligne en quatre monogrammes séparés, deux C adossés, CA, CR, TA;

Et sous ces abréviations, dans une seconde ligne, les chiffres 1, 6, 3, 3, distants les uns des autres comme les caractères supérieurs.

Les cheminées de Velaines doivent-elles leur exécution à Jacob? Je l'ignore encore. Il est certain que cet artiste n'aurait pu les sculpter que pendant un séjour momentané dans la vallée de l'Ornain, car l'histoire du connétable de Lesdiguières nous atteste la présence de Jacob à Grenoble et au château de Vizile, pendant de longues années; et la famille de Dolincourt confie encore à l'artiste, en 1635, un tombeau qui suppose sa présence à Lyon. C'est donc au pied des Alpes qu'il nous faut suivre ce descendant de nos Richier.

On connaît l'histoire du duc de Lesdiguières, que les Calvinistes choisirent, en 1575, pour défendre leurs intérêts par la politique et l'épée, mais qui rentra dans le giron de l'Église catholique en 1622, et mourut quatre ans après.

Louis de Videl, son secrétaire et son historien, nous révèle le train de vie princier que menait le duc dans ses châteaux, et laisse à supposer qu'un architecte en permanence devait demeurer à son service. Si M. Noël, de Nancy, a bien lu le nom de Jean Richier sur le dessin d'un monument funèbre, qui devait être exécuté en 1604 à Vizile, c'est-à-dire, dans une des résidences de Lesdiguières, n'est-il pas probable que Jean aura placé là Jacob, son parent et peut-être son frère?

———

Les recherches consciencieuses de M. le Pasteur Dannreuther vont nous rendre un véritable service au sujet des relations entre Jean Richier le Messin et Jacob.

Il suit, dans sa carrière artistique ce Jean, fils de Gérard, que nous avions abandonné lors de son départ pour Metz, persuadés par M. Abel que ce petit-fils de Ligier avait sacrifié la taille des images à son engouement pour la Réforme. C'était une erreur.

En 1608, ce sculpteur *offrit à la ville de Metz un buste du roi, qui fut placé sur la galerie du corps-de-garde devant la place. En* 1612, *il fit avec son neveu Toussaint Hainzelin, de Saint-Mihiel, la fontaine Saint-Jacques qui représentait ce saint avec son bourdon, entouré de trois dauphins portant trois enfants.*

En 1624, *il travaille au Haut-Palais; et, à deux reprises, en* 1612 *et en* 1624, *il exécute des décorations assez importantes pour l'entrée du marquis de la Valette, gouverneur de Metz.*

Ce bourgeois protestant de Metz eut de Judith de la Cloche, trois enfants : Judith, née en 1616; Jean, né en 1618; Suzanne, née en 1620. C'est le second de ces enfants que des documents inexacts avaient confondu avec le père, et qui exerça les fonctions pastorales à Bar-sur-Seine, puis à Francfort sur le Mein.

Ce sculpteur messin mourut en 1625.

Mais il ne faut pas confondre Jean le Messin avec Jean le Nancéien qui mourut en 1624, après avoir consacré son ciseau, comme nous l'avons vu, d'abord à la ville de Saint-Mihiel, puis à la capitale du duché. Comme M. Dannreuther, nous n'avions pas assez distingué ces deux artistes. Ainsi, à propos des dessins que possédait M. Noël, nous avons attribué à Jean le Nancéien l'esquisse d'un tombeau destiné à Vézille en Dauphiné. Ce croquis devait être plutôt de son homonyme messin, que sa conversion au protestantisme mettait naturellement en relation avec la résidence du connétable de Lesdiguières. C'est le même Jean Richier de Metz, qui dut conduire en Dauphiné Jacob Richier, protestant comme lui.

———

En s'engageant au service de la maison de Lesdiguières, Jacob devint-il hérétique par conviction, ou plutôt « ne fit-il pas quelques semblants de calvinisme, parce qu'il était dans ses intérêts matériels de feindre et de cacher ses principes? » Telle est la question que pose M. Bégin, en se hâtant d'ajouter que Jacob s'empressa d'abjurer l'erreur, quand il vit son maître se convertir.

C'est justement le retour de Lesdiguières à la foi catholique, qui met en évidence la position que notre Jacob occupait dans cette illustre maison.

Le duc de Lesdiguières venait d'être décoré de l'ordre du Saint-Esprit. Sa réception solennelle avait eu lieu à Grenoble.

« Toutes ces cérémonies et ces actions de piété estant
» acheués, il en restoit vne, que le connestable ne vouloit
» différer qu'au landemain. Sa maison de Vizile, qui n'est
» qu'à trois petites lieues de Grenoble, sembloit le conuier,
» outre la belle saison à s'y aller promener. Il y auoit autre-
» fois fait bâtir un Temple qu'il voulut consacrer au culte de
» la Religion Catholique, Apostolique et Romaine. Pour cet
» effet, s'y estant rendu, avec la bonne compagnie qui estoit
» chez lui, il y fut reçu par les habitans auec beaucoup de

» solemnité, *Iacob Richier, son sculpteur, et l'vn des plus ex-*
» *cellents de son Art*, n'y ayant pas épargné la gentillesse de
» ses inventions, en plusieurs sortes d'ouvrages. »

« Peu après, le gardien des Capucins de Grenoble s'y ren-
» dit avec six Religieux de son Ordre, qui trouvant un autel
» dressé dans ce Temple; converty en une Chapelle par le
» soin de la Croix, Trésorier général de France et Capitaine
» du Chasteau, et en ayant assigné la Dédicace au dimanche
» suiuant, septième d'aoust, fit conuoquer, au nom du Connes-
» table et par son commandement exprès, toutes les Paroisses
» dépendant du marquizat de Vizile, de la Mure et d'Oysans,
» pour venir en procession solemnelle, rendre grâces à Dieu
» de la conversion de leur seigneur et assister à la bénédic-
» tion de la Chapelle. Ce qui fut fait (1). »

Nous regrettons qu'à ce propos, Videl n'ait pas détaillé, au moins dans quelques notes explicatives, les *gentilles inventions* et les *sortes d'ouvrages* que *le sculpteur* du connétable, *Jacob Richier, l'un des plus excellents de son art*, avait imaginées pour cette solennité.

Nous serons plus heureux dans le chapitre final de l'histoire de Lesdiguières, où il est question de ses funérailles. Cette fois, Videl nous donne une idée du talent et d'une œuvre de notre artiste.

« Le corps fut porté avec tous les honneurs conuenables et
» en grande compagnie à Lesdiguières, dans vn sépulcre
» que, dès longtemps il s'y estoit fait dresser par Iacob Ri-
» chier, excellent sculpteur, monument certes digne de la
» main de l'ouurier, mais plus considérable sans doute, par
» ce dépost, pour lequel le Mausolée et les Pyramides n'eus-
» sent rien eu de trop magnifique. Le lecteur me sçaura pos-
» sible bon gré que ie luy fasse connoistre icy. »

« Tout l'ouurage est porté sur vn piédestal de marbre noir,
» enrichy de quatre basses taillées de marbre blanc, repré-
» sentant la prise de Grenoble, la bataille de Pont-Charra,
» le combat des Molettes et la prise du fort de Barraux. Au-
» dessus est élevé vn vase ou tombeau de marbre noir, sou-

---

(1) *Histoire de la vie du Connestable de Lesdiguières*, 3ᵉ édition, p. 758.

» tenu par deux chérubins de marbre blanc, ov repose son
» effigie de mesme marbre, couchée et armée à la moderne.
» Aux deux costés il y a deux pyramides de marbre noir, et
» au-dessus de l'effigie deux anges de marbre blanc, soute-
» nant vne table de marbre noir pour épitaphe. Au plus haut,
» paroissent les armoiries de marbre blanc, avec nombre de
» trophées, tout cela enrichy de fort belles corniches, de
» moullures, de pointes, de diamants et d'autres pareils or-
» nemens, que l'art a curieusement apportés. La chapelle de
» ce monument est dans l'enceinte du chasteau (1). »

Le secrétaire du connétable l'avait prévu : nous lui savons gré de cette description qui nous révèle une composition grandiose et un talent supérieur.

M. Maxe-Werly a lu également que le même artiste avait ciselé, pour Marie Vignon, seconde femme du connétable de Lesdiguières, une grande médaille, au bas de laquelle étaient gravées les initiales de I. R.

Depuis 1626, c'est-à-dire après la mort de son mécène, notre artiste demeura-t-il en Dauphiné, je l'ignore. S'il a travaillé dans le Barrois, c'est à cette époque, mais il devait préférer les bords du Rhône à ceux de l'Ornain. Aussi nous le retrouvons à Lyon, vers 1635, sculptant et coulant en bronze la statue de Dolincourt, qu'il représente agenouillé et priant.

M. Dauban (2) fait mention de cet autre monument funèbre, que Jacob Richier avait exécuté dans la chapelle de la maison de Villeroy aux Carmélites.

---

(1) *Histoire de la vie du Connestable*, 1re édition, p. 477.
(2) Ligier Richier, sculpteur Lorrain.

CHAPITRE XLVIII.

DÉCOUVERTES PLUS RÉCENTES.

I. Monument de Richard de Wassebourg.
II. Saint-Nicolas-de-Port.
III. Bas-relief de Domjulien.

Les archéologues contemporains, jaloux de reconstituer l'album national du xvie siècle et de relever dans l'estime du monde le style, les artistes et les œuvres de cette époque, me tiendront compte, je l'espère, de la bonne volonté, avec laquelle j'ai poursuivi mes recherches.

Des amis, dévoués à la tâche que j'avais entreprise, avaient rêvé, pour la publication de mon ouvrage, un volume de luxe, où la richesse et le nombre des dessins, joints à la somptuosité de l'impression, honoreraient davantage les illustres imagiers, que nous voulons remettre en lumière.

J'ai refusé leurs offres obligeantes, dans la pensée que de nouvelles découvertes, des rectifications dans les faits ou les appréciations, m'amèneraient heureusement à une seconde édition, plus complète au point de vue des œuvres, plus exacte sous le rapport de l'histoire, et d'une esthétique irréprochable. Alors, je pourrai faire appel à la générosité de mes compatriotes, de tous ceux qui aiment et protègent les beaux-arts, et pourquoi pas du pays entier, puisque le but que je poursuis, est d'élever un piédestal au sculpteur incomparable qui a créé des œuvres splendides, et formé autour de lui une école aussi glorieuse que féconde?

Ces considérations autorisent et excusent auprès de mes lecteurs ce chapitre, où je leur révélerai des œuvres dont je n'avais pu jusque-là connaître l'existence ou l'origine. Quand de nouvelles recherches et des documents plus positifs m'ont permis de leur assigner une place dans mon étude sur les Richier, déjà tous les chapitres antérieurs en avaient été livrés à la presse.

I. *Monument de Richard de Wassebourg.*

Une première excursion nous reconduit sous les voûtes de la cathédrale de Verdun, en face d'un monument mutilé que l'on voit dans la chapelle de la Vierge.

Voici l'histoire de ce monument.

Richard de Wassebourg, né à Saint-Mihiel en 1494, avait été élevé par Messire Gauchon, ce doyen d'Hattonchâtel, dont Ligier Richier perpétua le portrait dans le splendide rétable que nous connaissons. Principal au collège de la Marche à Paris, puis archidiacre de Verdun, il écrivit les *Antiquités de la Gaule Belgique, Royaume de France, Austrasie et Lorraine.* Heureusement Richard a placé, en tête de son ouvrage, la copie du monument qui est l'objet de notre étude actuelle, car la Révolution l'a affreusement mutilé.

Loin d'oublier sa ville natale, où sa famille possédait des terres et des maisons, il dote l'église paroissiale de Saint-Mihiel de la croix d'argent ciselée, que l'on vénère encore de nos jours; et le cimetière public, d'une chapelle de Notre-Dame de Pitié, dont on a récemment découvert les fondations.

Or, en 1553, nos trois artistes Sanmihiellois, de retour des bords de la Sarthe, redisaient à leurs compatriotes quelles splendides images D. Bougler avait demandées à leur ciseau pour la chapelle de Solesmes. Je croirais volontiers que ces récits inspirèrent à Richard le monument, que possède encore la cathédrale de Verdun.

Il est daté de 1555. Alors Ligier sculptait à Bar-le-Duc le

sanctuaire réservé aux princes de la famille ducale dans l'église Saint-Maxe. Claude et Jean aidaient-ils leur frère dans cette tâche, à laquelle concourait déjà leur illustre rival, Paul Gajet de Bar; ou bien reprenaient-ils leur place parmi les maçons et les sculpteurs que le jeune Charles III ne cessait d'occuper à Saint-Nicolas-de-Port?

Dans l'une ou l'autre de ces hypothèses, il est permis d'admettre que Jean Richier trouva le loisir de sculpter pour Richard de Wassebourg, cette *Représentation de l'image Nostre Dame de Verdun*.

Ce monument mesure en élévation quatre mètres. Le bas-relief, qui en fait la partie principale, est encadré entre un soubassement, deux colonnes corinthiennes et un couronnement, très-sobres de sculptures. Ce caractère est une nouvelle probabilité en faveur de Jean Richier qui préférait, dans ses travaux, la statuaire à l'ornementation. La corniche qui finit le tableau sert de base à des édicules superposés, dont les fenêtres sont garnies de petits personnages.

Cette conformation du travail, les textes qui en surchargent les cartouches, semblent des souvenirs de Solesmes. Mais ce n'est pas tout.

La statue de la Vierge, assise sur un autel, tient de la main droite son divin enfant; ses pieds foulent le dragon qui retourne contre elle sa gueule menaçante.

Au-dessous de cette lutte, qui rappelle bien la vision apocalyptique de Solesmes, on lit dans un cartouche :

Vipera vim perdit, sine vi pariente puellâ,

Hexamètre qu'on a essayé de traduire par ce distique français :

Vains seront désormais les efforts du serpent,
Depuis que sans effort la Vierge eut son enfant.

A votre gauche, l'illustre archidiacre est à genoux, en surplis, l'aumusse sur le bras. Une banderolle semble sortir de ses lèvres, chargée de la prière qui exprime le dévouement et la confiance de l'archidiacre envers la Sainte Vierge.

Voici le texte :	J'en donne la traduction :
Dignare me laudare te, Virgo sacrata : da mihi virtutem contra hostes tuos.	O Vierge sacrée, daignez m'agréer parmi ceux qui vous louent et donnez-moi la force contre vos ennemis.

A votre droite, six clercs également à genoux et en surplis, échelonnés d'ailleurs, deux à deux, à proportion de leur taille d'enfants, redisent à Notre-Dame cette strophe qui commence encore tous les offices dans le rite de la cathédrale Verdunoise :

> Monstra te esse matrem,
> Sumat per te preces,
> Qui pro nobis natus,
> Tulit esse tuus.

Il est inutile de traduire ces vers inscrits, les trois premiers sur des banderolles qui semblent, en sortant des lèvres, exhaler le cri de chaque rang; le dernier, dans un ruban qui flotte au-dessus des autres.

Cette prodigalité d'épigraphie ne rappelle-t-elle pas Solesmes? Mais il y a encore d'autres cartouches et même de très-longues légendes, que nous devons relater.

Au sommet du monument, je lis :

> Sum quod eram nec eram quod sum, nunc dicor utrumque.
> Christiferam pietatis heram cole me genitumque.

Ce distique, d'ailleurs d'une concision regrettable, a été traduit en deux quatrains, peut-être un peu prolixes :

> Je n'étais point ce que je suis,
> Je suis ce que j'étais; ma gloire
> Est d'être vierge et mère de mon fils;
> Grave ces faits dans ta mémoire.

> Rends au Christ un suprême honneur;
> De son amour si je suis mère,
> Honoré-moi d'acte et de cœur,
> Offrant à tous deux ta prière.

D'un côté de la Vierge triomphante, je lis :

Χριστοτοκος.
Mater Christi.

De l'autre :

Θεοτοκος
Mater Dei.

Poursuivons notre étude épigraphique, où le grec avec ses caractères propres ; le latin et le français en lettres gothiques, attestent plus d'érudition que d'art.

Voici devant l'archidiacre, son blason de famille, avec l'exergue *sustine et abstine*, que je traduirais volontiers : *patience et prudence*.

En face, sous les jeunes clercs, je lis un texte presque littéralement extrait des Psaumes, et d'ailleurs parfaitement approprié :

Ex ore infantium perfecisti laudem, ut destruas inimicos tuos

Je traduis :

C'est de la bouche des enfants que vous avez tiré une gloire parfaite et la louange d'avoir détruit vos ennemis.

Une large banderolle, qui se déroule au bas de la scène, met sous nos yeux des passages empruntés, avec de légères variantes, aux prières liturgiques en l'honneur de la Vierge.

Voici le texte :	En voici le sens :
Hæc contrivit caput serpentis antiqui quæ sola cunctas hæreses interemit, et virgo permanens, Deum et hominem genuit.	Elle a écrasé la tête de l'antique serpent, celle qui a vaincu toutes les hérésies ; et, sans cesser d'être Vierge, a mis au monde le Christ, Dieu et homme.

Cette dernière légende est donc l'explication de celles qui ont précédé. Sept ans plus tard, aux pieds d'une image miraculeuse, la ville de Verdun, délivrée des menaces des Huguenots, redisait le même cri de triomphe : *Hæreses interemisti ;* Vous avez triomphé de l'hérésie.

Mais à cette érudition scripturaire et liturgique, Richard ajoute une thèse d'histoire, que le sculpteur grave en caractères serrés dans le cartouche de la base :

Representation de l'ymage Nostre Dame de Verdun ordonnée par saint Pulchrone, cinquième Evesque d'icelle cité, selon le décret du concile de Calcédoine, où il fut présent, quand les hérésies contre la Vierge Marie furent confondues. Et décrété que désormais seroit appelée Χριστοτοκος et Θεοτοκος. C'est-à-dire Mère de Christ et Mère de Dieu. En l'an de grâce quatre cens cinquante deux et trois cens quatre vingt dix ans que cette Eglise avoit commencé auparavant du temps de sainct Sainctin, premier Evesque d'icelle cité. En quoi appert qu'à présent y a environ quinze cens ans qu'icelle Eglise est érigée en Evesché.

En cette année 1555.

L'archidiacre ne nous dit pas à quelles mains il avait confié l'exécution de ce monument. Roussel en fait la description, mais sans assigner d'auteur. J'ai inutilement interrogé D. Cajot. Dans son année 1777, l'annaliste attribue au ciseau de Paul Gaget le Bon Dieu du Trice, groupe dont le peuple Verdunois n'a plus que le souvenir. Il estime que le rétable de l'Assomption de la cathédrale et l'autel de la chapelle des princes à Bar sont également de Gaget. Pour le rétable Verdunois, je crois que l'examen attentif du travail contredit cette assertion. Quant à la chapelle de Saint-Maxe, la plinthe que conserve le Musée de Bar est à mes yeux un témoignage plus digne de foi que le récit de D. Cajot, fût-il appuyé d'une ligne de Chévrier.

Seulement, dès que l'auteur de l'Almanach Verdunois est si jaloux d'attribuer au sculpteur barisien des œuvres que nos artistes Sanmihiellois sont en droit de revendiquer, il me semble que son silence au sujet du monument de Wassebourg nous autorise à penser qu'il ne le regardait pas comme le travail de Gaget.

J'aurais voulu ajouter à cette argumentation une preuve tirée de l'étude des personnages qui forment le groupe. Mais les mutilations les plus regrettables ont détérioré le bas-relief, La tête du Christ et celle de sa mère étaient couronnées ; or, en 1793, ces emblêmes séditieux condamnaient à une inévitable décapitation ceux qui les portaient. Marie tenait de sa main gauche une fleur de lis. N'était-ce pas encore un souvenir de la royauté?

Seule la tête d'un jeune clerc fut exceptée dans ce vandalisme. Avec ses yeux peints en noir qu'il tourne vers nous, cet enfant semble nous attester que toutes les autres têtes étaient traitées avec la même habileté et la même expression ; j'ajoute volontiers, avec cette énergie, qui caractérise les personnages de Jean Richier.

II. *Saint-Nicolas-de-Port*.

Une autre excursion nous ramène en face, puis dans l'intérieur de la splendide basilique, créée par Moyset. C'est un devoir pour moi d'y revenir ; mes lecteurs m'y suivront encore avec un nouvel intérêt.

Des informations plus précises m'obligent à rectifier quelques assertions, que j'avais formulées sur de faux renseignements.

Il est probable que Claude Richier avait sculpté, pour l'intérieur de l'édifice, une statue digne du pèlerinage, sans doute celle qu'on a brisée, lorsque l'église fut dévastée et incendiée dans la guerre des Suédois.

Celle que nous avons étudiée précédemment, et que nous attribuons, sans hésiter, au même statuaire, put échapper, on ne sait par quels moyens, au vandalisme de cette malheureuse époque. Préservée ou XVIIe siècle, elle fut encore mise à l'abri des fureurs iconoclastes de 1793. Comme elle était adhérente au portail et taillée dans la même pierre, des mains prudentes scièrent ce bloc verticalement, pour séparer la statue du meneau ; et horizontalement, pour l'enlever de son piédestal.

Pendant les trop longues années de la Terreur, elle demeura cachée dans un jardin de la ville. Quand le calme fut rendu à l'Église, on replaça la statue, non plus à son poste de sentinelle du temple, mais sur un autel intérieur, où la piété des pèlerins lui voua une grande vénération. Il paraît qu'elle fut alors badigeonnée, et cette circonstance explique les reproches adressés par une *Revue artistique* à des restaurateurs, qui auraient enlevé sans précaution ces teintes d'ailleurs regrettables, lorsqu'en 1865, on replaça la statue dans le portail.

M. le curé de Saint-Nicolas, qui s'occupe, en archéologue consommé, du passé et du présent de sa basilique, m'a donné la plupart de ces renseignements, dont une tradition digne de foi garantit l'authenticité. Le lecteur comprendra sans peine comment la confusion des dates avait faussé les faits, dans les premières explications que j'avais recueillies, relativement à cette question historique.

Ce nouvel examen a eu pour récompense plusieurs découvertes très-intéressantes.

Dans le sommet de l'ogive qui encadre le grand portail de la basilique, l'architecte a fait sculpter un *Bon Pasteur*, dont le socle est au même niveau que la galerie destinée à terminer le rez-de-chaussée de l'édifice.

A droite, deux anges soutiennent le grand blason du duc Antoine, armé de ses huit quartiers, sur lesquels est broché l'écu de sa maison. A gauche, deux autres anges étalent entre eux le simple écu de Lorraine, *à la bande chargée d'alérions*.

Or, ces anges et ce bon Pasteur, de grandeur naturelle, portent manifestement en eux les caractères du ciseau de Jean Richier, à l'époque où il débutait dans l'art de ses aînés. Je l'ai trouvé à Génicourt, en 1531, j'allais dire ébauchant un Calvaire, pendant que Claude sculptait de splendides rétables.

Je le reconnais ici, travaillant avec ce même frère, taillant ces statues où il y a plus d'énergie que de grâce; mais dont il varie les attitudes, les caractères, les draperies, comme savait le faire son école. Pendant ce temps, Claude sculptait la majestueuse statue de saint Nicolas, que nous admirons au portail, et un autre *petit buste du même Evêque*, que l'on voit dans la voussure d'une entrée latérale.

Très-peu d'années, je pense, s'écoulèrent entre le séjour des deux frères à Génicourt et celui qu'ils firent au port lorrain : car, dès 1544, le grand portail de Moyset, terminé jusqu'à la base des tours, étalait avec orgueil la masse imposante de ses murs étayés de leurs contreforts, ses voussures ogivales, ses galeries en dentelles flamboyantes.

Il me semble que la tâche de Claude et de Jean, dans la construction extérieure de la basilique, ne se borna pas aux quelques œuvres, que nous venons d'enregistrer sous leurs noms.

Laissant à des ciseaux vulgaires les ornementations, dont le compas fait presque tous les frais, ils purent se réserver les parties du travail, où l'architecte réclamait l'inspiration de la statuaire. Plusieurs *gargouilles* révèlent une facture tellement magistrale, que je les attribuerais volontiers au ciseau de nos Richier. Parmi ces sculptures qui se détachent avec élégance des corniches, je signale en particulier à l'attention des visiteurs, *un religieux* et *une religieuse*, qui m'ont paru vraiment remarquables.

NOTA. Instruit de mes recherches, qu'il aide et encourage avec une bienveillance toute sympathique, M. l'abbé Deblaye m'avertit que l'église de Remiremont possède une *statue de saint Nicolas*, du même style que celle du port lorrain.

Seulement à Remiremont, cet évêque est assis. Or, mes lecteurs se rappellent qu'en parcourant la collection de M. Moreau, à Saint-Mihiel, nous avons admiré la statuette d'un pontife dans la même attitude, et que nous l'avons également attribuée à Claude Richier.

Dans cette basilique, où l'œil n'a jamais fini d'admirer, je devais découvrir encore une merveille, dont l'étude est d'autant plus importante, qu'elle doit nous révéler un autre travail de Claude Richier.

Descendons, à gauche de l'abside, dans une crypte, primitivement dédiée à la Sainte Vierge, et vénérée aujourd'hui sous le vocable de saint Nicolas, dont les reliques y ont été transférées ; une cuve baptismale très-curieuse, du xvie siècle, atteste que, de vieille date, cette chapelle sert le baptistère à la ville.

L'histoire du pèlerinage rappelle les difficultés qui surgirent entre les administrateurs de la paroisse et l'évêque de Verdun, au sujet de cette chapelle, que le prélat devait entretenir. En 1508, le duc de Lorraine obligea celui-ci à reconstruire cette crypte dans le style adopté pour la nouvelle basilique, dont le plan, par un tour de force d'architecture, dévie sensiblement de sa ligne primitive, pour se rapprocher de cet antique sanctuaire et le couvrir de ses nouvelles constructions.

Mais ce qui nous intéresse vivement, c'est *l'autel* du baptistère, avec l'ornementation de son *rétable*.

A 350 ans de distance, deux ciseaux ont concouru à l'œuvre que nous contemplons ; et certes, le ciseau de M. Pierson a su rivaliser avec celui de Claude Richier, au point que l'ensemble paraît de la même main.

L'autel sort des ateliers de Vaucouleurs. La splendide *Apparition de saint Nicolas*, qui en orne le tombeau, compte parmi les compositions, dont on doit le plus féliciter notre artiste Meusien.

Le *rétable* a des affinités incontestables avec celui de Génicourt. Représentez-vous un magnifique réseau flamboyant ; pour le soutenir, huit colonnes, dont les bases contournées sont aussi élégantes qu'ingénieuses ; dans la baie plus étroite du milieu, la statuette du *Sauveur* ; dans les autres baies, les *douze apôtres*, deux à deux, avec leurs vêtements et leurs emblêmes traditionnels.

Or, de ces treize statuettes ronde-bosse, cinq seulement datent du xvie siècle, les deux premières en partant de saint Matthieu, la quatrième, la neuvième et l'avant-dernière. Pour les autres, l'imitation est si parfaite qu'il faut en être averti.

Je dirai plus loin de quels modèles M. Pierson s'est inspiré, pour se rapprocher à ce point des types primitifs.

Au-dessus de ce bel ensemble, une vaste balustrade, à deux dessins superposés, taillée avec beaucoup d'art dans cette pierre fine et blanche qui convient parfaitement à la sculpture, occupe toute la largeur de la chapelle. Cette galerie flamboyante couronne ainsi, au centre, le groupe des apôtres; et de chaque côté, les portes qui introduisent dans la sacristie réservée derrière l'autel.

Le style ogival de la voûte de l'édifice exigeait que la ligne supérieure fût brisée par quelque œuvre d'art. Le sculpteur, l'ayant parfaitement compris, élève au-dessus du réseau flamboyant qui forme la partie principale du rétable, trois clochetons, du même genre que la balustrade, mais plus riches d'exécution.

Dans des niches inférieures, ils abritent le *Christ sur la croix*, la *Mère de douleur* et *saint Jean*. Or, le Sauveur est une reproduction si parfaite des types de Ligier Richier, que, si les documents de notre époque venaient à manquer à la postérité, nos neveux croiraient volontiers que Ligier a travaillé là avec ses frères. La Vierge a bien les traits qui la caractérisent dans l'école Sanmihielloise; mais, par sa pose, elle se rapproche trop des représentations modernes de l'Immaculée-Conception.

L'ensemble de ces dentelles déchiquetées et du riche entablement qu'elles couronnent, mesure six mètres en hauteur, avec une largeur égale.

J'ai vu dans l'œuvre primitive le ciseau de Claude Richier. Il ne faut pas une longue confrontation du rétable de Saint-Nicolas avec les travaux que nous connaissons de cet habile sculpteur, pour demeurer convaincu de la justesse de cette attribution.

Table de Domjulien.

Ce village est à 14 kilomètres de Mirecourt. Il occuperait assez exactement le milieu de l'angle que forment les lignes ferrées, en partant de cette ville des Vosges pour Contrexéville au sud, au nord pour Neufchâteau.

M. l'abbé Chapiat, auteur du *Voyage dans les Vosges* (1), parle avec admiration du beau chœur ogival de l'église de Domjulien. Le regret qu'on ait démoli le reste de l'édifice, lui fait prendre en pitié ce « pauvre XVIIIe siècle, qui n'a rien compris dans les choses de l'âme. »

Le travail qui nous attire dans ce village écarté, n'est plus à l'intérieur de l'édifice. « Un superbe bas-relief, continue le même narrateur, a été placé dans la nouvelle tour, en dehors et au-dessus du portail. C'est une œuvre extrêmement remarquable, qui pourrait bien être sortie du ciseau de Ligier Richier. »

Il n'est pas de Ligier, mais il est d'un Richier.

Rappelons-nous le Calvaire de Troyon, le rétable de Génicourt, la maquette du Musée barisien, l'autel du baptistère de Saint-Nicolas, et nous répondrons sans hésiter : évidemment, c'est le style, la composition, l'ornementation de Claude Richier. M. Pierson l'avait senti ; M. l'abbé Deblaye, avec son tact d'archéologue, partageait sa conviction. Figurez-vous un travail de trois mètres de longueur, sur un mètre de hauteur à ses extrémités latérales, et 2 mètres 50 au fronton du centre.

Sous ce fronton, dont le triangle est occupé par une tête environnée de rayons, descend une ornementation flamboyante, qui couronne un *Calvaire*.

Le Christ sur la croix aux quatre branches, les deux Larrons dont le gibet n'a pas de branche supérieure, rappellent exactement Génicourt et Bar-le-Duc. Ce sont les mêmes poses, les mêmes expressions. Si le pied gauche du Christ accuse quelque négligence, c'est qu'il devait être moins en vue.

Autour du Christ, je n'aperçois que des soldats : quatre sont à cheval, deux sont à pied ; tous insultent à leur victime ; un des derniers tient la lance légendaire, transformée en hallebarde du XVIe siècle.

Sous le rocher qui supporte les croix, voici la scène attendrissante de ceux qui compatissent à la mort du Sauveur.

Les deux saintes femmes et les deux disciples qui pleurent à votre droite, devraient être Cléophée, sa fille Salomé, Nico-

(1) Page 391.

dème et le Sénateur d'Arimathie; mais les vêtements de deux de ces personnages nous révèlent le donateur et sa pieuse parente.

Au centre, est Madeleine à genoux, comme si le sang de la victime, qui coule du rocher, pouvait, en l'arrosant, la purifier encore de sa vie d'autrefois. Les crevés de sa belle robe rappellent le Sépulcre; un vase d'aromates est à ses pieds.

A gauche, saint Jean soutient la Vierge défaillante.

Délicatesse dans les expressions, naturel dans les attitudes, variété des détails, harmonie de l'ensemble, tels sont les caractères des deux groupes, où chaque coup de ciseau rappelle Claude Richier.

De chaque côté du drame central, s'ouvrent trois baies ornementées, dans lesquelles l'artiste a disposé, deux à deux, les *douze Apôtres*, qui paraissent converser sur les intérêts de l'Église naissante. M. Pierson, frappé de la ressemblance incontestable qui existe entre les statuettes de Saint-Nicolas et celles de Domjulien, s'est heureusement inspiré de celles-ci, pour repeupler les niches que le temps et l'impiété avaient vidées dans le rétable du port lorrain.

Le soubassement du travail de Domjulien est très-intéressant. Au centre, on lit une inscription et surtout une date qui répand une grande lumière sur nos recherches.

WILMIN MILLON.... HENRY BRANTIGNY ONT FAIT FAIRE
CETTE TABLE, 1541.

Telle serait la teneur de cette légende d'après la monographie, que M. Ch. Guyot a esquissée de l'église de Domjulien.

Après un examen plus scrupuleux, M. l'abbé Deblaye a lu et je lis avec lui :

MESSIRE WILLEMIN HUSSON CURÉ DE BRAUTEGNEY
AIT FAICT FAIRE CETTE TABLE, 1541.

Ce prêtre à genoux et les mains jointes, que l'artiste a vêtu d'un surplis à larges manches et que nous distinguions tout à l'heure dans la grotte du Calvaire, est probablement la portraiture de messire Husson. De sa cure de Brautgny, près de Charmes-sur-Moselle, il s'est souvenu de ses parents décédés à Domjulien, et a fait ériger en leur mémoire cette table, c'est-à-dire, ce mausolée, sous lequel devait être primitivement une épitaphe détaillée.

C'est probablement la sœur de messire Husson, que nous voyons à côté de ce prêtre, tenant la place d'une des saintes femmes de l'Evangile. La forme des vêtements permet cette conjecture. Domjulien en 1541, Saint-Nicolas au plus tard en 1544 : ces millésimes rapprochés n'indiquent-ils pas que ces travaux, dont l'un est la reproduction de l'autre, ont été exécutés simultanément ou diffèrent peu de date.

Les pilastres ont, pour ornementer leurs bases, des anges dont les uns portent des urnes funéraires, les autres des têtes de morts et des quenouilles. Ces emblêmes ne m'autorisent-ils pas encore à juger que nous avons sous les yeux le débris d'un ancien mausolée?

D'ailleurs, d'autres détails n'appuient pas moins mon assertion. Parmi les arabesques de la base, je ne vois que des allusions à la brièveté de la vie et au trépas; mais Jésus sur la croix a vaincu la mort; les apôtres, témoins de sa résurrection, m'enseignent à croire; et cette tête, que des rayons environnent au sommet du fronton, n'est-elle pas le soleil de l'éternité, objet de nos saintes espérances?

Avec sa science des deux testaments, Claude a placé au sommet de chaque pilastre et sous la forme d'ornementation, de petits personnages qui paraissent être des prophètes. Leur costume, les banderolles qu'ils déroulent, appuient cette interprétation et rappellent leurs oracles sur la vie qui s'enfuit, la mort qui est un passage et l'éternité qui succède au temps.

On regrette, avec M. Chapiat, que ce mausolée « reste malheureusement exposé à l'intempérie des saisons. » Hélas! trop de dégradations ont été jusqu'ici le résultat de ce déplorable abandon. Deux apôtres n'ont plus de têtes; deux chevaux du groupe du Calvaire sont également mutilés. Mais, de toutes les détériorations, celle qui contriste davantage le visiteur, c'est la disparition presque totale des abaresques, qui reliaient les côtés à la baie centrale et avaient pour résultat d'ajouter deux véritables joyaux d'architecture à une composition, dont les lignes paraissaient par là moins brisées. Les quelques vestiges, qui nous restent de cette partie de l'œuvre motivent ces regrets.

Je prie les archéologues de ne point négliger, dans leur visite à Domjulien, une statue de *saint Georges*, monté sur un coursier caparaçonné comme au xvie siècle. Le travail, qui mesure un mètre de hauteur, est de bonne exécution. La douceur mélancolique des traits du jeune saint rappelle bien le style de Claude. Le dragon légendaire est parfaitement traité; malheureusement le valeureux guerrier a perdu sa lance et son cheval n'a plus que trois pieds. Pourrait-il en être autrement, puisque cette statue, qu'on a reléguée malgré son mérite, dans la façade de l'église, demeure exposée à l'action de la gelée et de la pluie?

Le temps qui ne respecte pas la vie de l'artiste, mine avec lenteur la pierre et le marbre de ses œuvres. Mais, plus dangereuse que la vétusté, l'incurie des hommes cause encore plus de ravages, quand leur vandalisme ne descend pas jusqu'à briser ce qui blesse leurs passions!

Faut-il que le dernier jet de ma plume soit l'expression d'une plainte aussi amère? Hélas! j'ai retrouvé bien des épaves de nos Richier; mais combien d'autres joyaux j'aurais offerts à l'admiration de mes lecteurs, si d'une part, les tempêtes des révolutions religieuses et sociales; et de l'autre, des préjugés ou l'insouciance, n'avaient condamné à une destruction sans remède ou à des détériorations à peu près irréparables, une grande partie des trésors artistiques, dont nos illustres imagiers avaient enrichi les sanctuaires et les monuments de leur patrie!

O vous, qui rencontrerez sur votre route quelques débris de cette merveilleuse école, croyez à la reconnaissance que je voue à tous ceux qui m'aideront dans ma tâche, pour la gloire des beaux-arts, de la Renaisssnce, de nos Richier et de notre chère Lorraine!

CHAPITRE XLIX.

QUELQUES NOTES.

I. Les Richier et la Réforme.
II. L'Enfant Jésus.
III. Les Gros-Saints de Solesmes.
IV. Le rétable de Géricourt.
V. La porte Saint-Georges de Nancy.
VI. Ligier Richier n'était point pauvre.

I. *Les Richier et la Réforme.*

Le chapitre, où nous étudiions la vie et les œuvres de Jacob Richier, contenait une allusion au travail, dont M. Dannreuther annonçait la publication toute prochaine, relativement à l'orthodoxie religieuse de Ligier Richier et de sa famille.

Or, au moment où l'impression de ces pages finales réclamait les dernières épreuves, paraît l'opuscule de M. le Pasteur de l'Église réformée de Bar-le-Duc. Avec une courtoisie pleine de bienveillance, l'auteur s'empressait de m'en adresser le premier exemplaire. Je le prie d'agréer l'expression de ma sincère gratitude.

Aussi bien profiterons-nous de ces pages, d'abord pour ajouter à notre travail quelques notes qui aideront à le compléter; puis, pour rectifier quelques assertions sur des faits, que les investigations de ce docte archéologue ont mis plus abondamment en lumière. Mais, nous réclamerons aussi le droit de contester les assertions qui sembleraient inexactes dans l'opuscule : *Ligier Richier et la Réforme à Saint-Mihiel.*

L'adage *Quid verum curo* doit être la règle invariable de l'historien. Ne cherchons que le vrai.

L'auteur évoque la tradition dont l'historiographe lorrain, D. Calmet, s'est fait l'écho sur les *trois Richier, frères, sculpteurs et calvinistes.* Cette tradition, contestée seulement de nos jours, n'aurait contre elle qu'un préjugé, c'est-à-dire, la persuasion que des Réformés sont incapables de tout sentiment artistique, surtout dans l'art religieux. On devrait affilier Ligier Richier à l'école protestante allemande, *forte et originale, — puisant son inspiration au texte même des Écritures, — affranchissant son art du traditionalisme du Moyen-âge, — faisant disparaître la légende, la raideur hiératique, les figures nimbées, — traitant les mêmes sujets avec un esprit nouveau.*

Vers 1523, des prédications auraient jeté dans le Barrois les premiers germes de la Réforme; mais un tribunal inquisitorial se serait signalé par des procédures impitoyables.

Reprenons en détail ces données de l'opuscule.

Personne n'ignore que D. Calmet enregistre trop souvent des renseignements qu'il compile sans les critiquer. Ainsi, relativement à notre grand artiste, il ne précise pas son nom; il se trompe sur le lieu de son origine; il relate une fable impossible sur un voyage de Michel-Ange en Lorraine; il croit que le Squelette Barisien est le mausolée d'un duc d'Arschot, et fait travailler Ligier à l'abbatiale de Saint-Mihiel, même après sa mort. Avouons que des traditions ne mériteraient guère le crédit d'un historien, si elles ne reposaient que sur l'autorité de D. Calmet.

L'honorable rapporteur ajoute que de nos jours seulement

on a contesté les attaches des Richier au Calvinisme. La raison en est bien simple : jusqu'à nos jours on avait laissé nos artistes dans l'oubli. En cherchant consciencieusement et avec persévérance, c'est à peine si l'on peut découvrir dans les deux siècles derniers quelques lignes qui les concernent.

Dom de l'Isle leur consacra un chapitre; mais il aurait mieux fait s'il s'était contenté, selon son habitude, de copier textuellement ce qu'il lisait dans son confrère de Senones. Car, relativement à l'origine des Richier, il ajoute un singulier anachronisme. *Ligier Richier*, né vers 1500, *prit naissance*, dit-il, *de parents qui avaient embrassé le calvinisme*. Est-ce naïf? Calvin naquit en 1509 et Luther ne se révéla qu'en 1511.

Je prends note de la date que M. Dannreuther assigne à l'apparition des idées nouvelles dans le Barrois. Quand un moine augustin essayait d'y jeter les premières semences de la Réforme, déjà le Calvaire d'Hattonchâtel révélait le génie de l'atelier Sanmihiellois, marqué au double coin de l'art catholique et de la Renaissance.

En effet, ce n'est nullement le protestantisme qui inspire à Michel-Ange, à Raphaël, à Léonard de Vinci, à tant d'autres, leurs splendides créations. Certes, ils possèdent, au suprême degré, *la force, l'originalité; ils s'affranchissent du Moyen-âge*; on ne voit dans *leurs œuvres ni la raideur hiératique, ni les figures nimbées. Ils ont l'esprit nouveau*, oui, l'esprit et le style de la Renaissance.

Ligier Richier est de son époque, où le réveil chrétien des arts unit le sublime de l'idéal à la perfection de l'exécution. Hélas! cette heureuse harmonie ne fut pas de longue durée. Le XVIe siècle reprochait au Moyen-âge d'avoir méconnu la forme; le XVIIe siècle n'eut guère pour type du beau que la grâce des contours, dans une réhabilitation de la chair, qui oubliait la beauté spirituelle et morale.

Les maîtres de l'esthétique ne s'y trompent pas. Ils enseignent que la nature des croyances religieuses influe sur l'intelligence et le cœur de l'homme, par conséquent sur l'imagination et la sensibilité, qui sont les facultés créatrices, dont la Providence a plus richement doué l'âme de l'artiste.

Selon eux, un protestant peut être architecte, sculpteur ou peintre ; il peut avoir, pour représenter un paysage, le coloris vigoureux de Ruisdaël ; dessiner des scènes intimes à la manière de Rembrandt ; exceller dans les portraits comme Laurence ; mais ses compositions n'auront point le cachet qui caractérise l'artiste catholique. C'est dans ce sens que Napoléon Ier disait : *en fait d'art, les protestants n'ont rien de véritablement beau.*

Sans doute, le protestantisme moderne est singulièrement revenu du vandalisme de Carlostadt et de Zwingle ; cependant, quand les réformateurs et leurs disciples déposèrent le brandon de l'incendie, il leur resta les anathèmes de Luther et de Calvin qui proscrivent les œuvres d'art comme des signes d'idolâtrie. C'est ainsi qu'il y a moins de trente ans, le programme offert au concours des architectes, pour la construction d'un temple splendide à Constantinople, portait cette clause : *aucune reproduction de la forme humaine ou de la vie animale ne doit être introduite en dedans ou en dehors.* Érasme l'avait prédit : *Partout où régnera la doctrine de Luther, s'éteindra le culte des beaux-arts.*

Nous lisons dans l'opuscule qui nous occupe : *Dans le bailliage de Saint-Mihiel, les arrestations paraissent avoir été nombreuses en* 1539.

C'est bien la date que M. Dumont assigne au mouvement des idées nouvelles dans notre ville. Aussi semblait-il oisif de rechercher si, dans la suite, d'autres tentatives y avaient été faites par les fauteurs de la Réforme.

Cet historien relate qu'en 1559, le passage des troupes protestantes avait jeté une grande perturbation dans le pays, que rançonnaient tour à tour les bandes des huguenots et des troupes catholiques envoyées à leur poursuite. Mais là se bornent les renseignements fournis par M. Dumont.

Des documents, sur l'authenticité desquels il n'est permis

d'élever aucun doute, attestent qu'il y eut, vers 1560, de nouveaux mouvements. M. le Pasteur nous les rappelle.

Malgré les édits du duc Antoine en 1523 et en 1539; du duc François en 1544 et des régents en 1545, à Saint-Mihiel comme dans d'autres localités lorraines, l'attrait de la nouveauté et la soif de l'indépendance donnèrent des partisans aux idées protestantes.

M. Cuvier découvrit, en 1861, dans les archives de la Moselle, une pétition faite à ce sujet, et accompagnée de listes chargées de signatures.

Cette requête, dont on a le texte original, supplie humblement Mgr le Duc de Lorraine *de laisser vivre désormais en liberté chrestienne,... bastir des temples,... prescher, faire prières publiques..... Quoy faisant, Monseigneur, vous rendrez iceulx suppliants toujours plus prompts et volontaires à tous leurs devoirs envers vous.*

Suivent cinq signatures, incontestablement de Sanmihiellois, convertis *par la congnoissance qu'il a pleu à Dieu leur donner de la certaine vérité de sa saincte et pure parole, désyrant vivre selon la règle et réformation d'ycelle.*

A l'appui de cette pétition, était jointe la copie d'une liste des *noms et surnoms d'habitants du lieu de Saint-Mihiel qui, — ayant veu et approuvé cette requête dressée au nom des vassaux, bourgeois et subjets du pays de Lorraine et Barrois, qui désirent vivre selon la parole de l'Évangile de Jésus-Christ, pour présenter à nostre souverain Seigneur et dont la copie est jointe icy, — ont advoué et subsignés de leurs noms et paraphes.*

Des signatures suivent, parmi lesquelles nous lisons Me Ligier Richier, tailleur de pierres; Me Girard Riquechier, tailleur de pierres. Mais en apposant leurs noms sur le parchemin qui accompagnait la pétition, nos Sanmihiellois déclarent-ils qu'ils veulent professer le protestantisme? Rien ne le prouve. Ils *advouent*, c'est-à-dire, reconnaissent que les cinq signatures disent vrai, que les intentions des réformés n'attentent pas au bien général, et, en conséquence, supplient Mgr le Duc de leur accorder toute liberté. Certes, si des édits de persécution menaçaient aujourd'hui, dans leur vie et leurs biens les Israélites qui habitent Saint-Mihiel, et que cinq notables d'entre eux présentassent une requête dans le but d'obtenir, pour eux et leurs coreligionnaires, la liberté de demeurer en France, l'autorisation d'avoir des synagogues et un culte public, avec promesse d'*être prompts et volontaires à tous leurs devoirs* envers le pays, tous les catholiques s'empresseraient de signer, *advouant icelle requête et subsignant de leurs noms et paraphes*.

C'est bien la réponse que M. Bégin formulait sans hésitation, quand il eut connaissance de la question et des arguments qui pouvaient être présentés contre l'orthodoxie de Ligier Richier. Parmi les signataires, il en était probablement qui désiraient imiter les cinq rédacteurs de la pétition, mais presque tous accordaient simplement à la requête une preuve de bienveillante tolérance et de confiance dans la loyauté de leurs concitoyens.

En vérité, ce document ne suffit pas pour établir, dès 1560, l'adhésion de Ligier Richier à la Réforme.

Non, Ligier n'abandonna que plus tard la foi de ses ancêtres. Une preuve incontestable de cette assertion est la fidélité de son ciseau à travailler pour les sanctuaires catholiques.

Tout contredit la prétendue tradition de D. Calmet et les revendications de la polémique protestante de notre époque : la chapelle castrale du fort de la Woëvre, la paroisse et l'abbaye de Saint-Mihiel, la collégiale Saint-Maxe et l'église Saint-Étienne de Bar-le-Duc, les pèlerinages de Moëslains et de Saint-Nicolas-du-Port, les maisons religieuses de Pont-à-Mousson et de Solesmes, Étain, Génicourt, Neufchâteau, Kœur-la-Petite, Domjulien, toutes les œuvres de Ligier et de ses frères les réclament sans réplique dans les rangs des artistes catholiques.

II. *L'Enfant Jésus.*

Les Richier, oubliés jusque-là, préoccuperont désormais nos archéologues. De la discussion naîtra la lumière. C'est ainsi que dans la Société barisienne des Lettres, des Sciences et des Arts, M. Maxe-Werly, précédant M. Dannreuther, exposait ses recherches aussi actives qu'intelligentes sur l'origine de l'Enfant Jésus du Louvre. Le docte archéologue arrive à la même conviction que nous ; ce petit chef-d'œuvre provient de la chapelle des Princes, de Bar-le-Duc.

Il nous permettra d'enregistrer ici quelques renseignements, qui ont leur importance.

Les historiens de la ville de Ligny gardent un silence absolu sur cet Enfant Jésus. M. l'abbé Comus lui-même, *qui, pendant toute sa vie, a consulté les archives, interrogé les personnes ayant assisté à la démolition de la collégiale, recueilli les souvenirs de toute la génération qui l'avait précédé, et a pu, mieux que tout autre, recueillir des documents inédits sur l'église du château et les monuments qu'elle renfermait, n'a laissé dans ses manuscrits aucune note, qui puisse faire croire à l'existence, dans la collégiale, d'un groupe sculpté représentant la Nativité.*

En 1852, l'*Enfant à la crèche* fut acheté 500 francs pour le Musée du Louvre, à M. Pillotel, qui appartenait à notre pays, et qui s'était chargé, en 1815, des fournitures et des vivres pour les alliés.

M. Maxe-Werly n'a pu découvrir quelle main avait sauvé ce précieux fragment, lors de la destruction de la collégiale Saint-Maxe, ni comment M. Pillotel en était devenu possesseur.

III. *Les Gros-Saints de Solesmes.*

La question de Solesmes est du plus haut intérêt pour la vie de nos Richier. Nous nous rappelons que les recherches de l'éminent défenseur de nos Bénédictins l'avaient amené à voir dans les sculpteurs d'Anvers les auteurs des Gros-Saints. Nous avons déjà constaté que les ciseaux des Floris, occupés au tabernacle de Léau en 1552, ne pouvaient terminer en 1553 la chapelle bénédictine de Solesmes. M. Charles Blan corrobore notre assertion, en nous révélant que Franz Floris, le chef de l'atelier était bien à Anvers en 1552, où il peignait l'entrée de l'empereur Philippe II. Il y était encore en 1554, où il terminait son chef-d'œuvre, *la chute des anges rebelles*. Nous nous sentons de plus en plus le droit de revendiquer pour nos Richier l'honneur des splendides compositions de Solesmes, surtout que les esquisses, données par le splendide ouvrage de M. Charles Blan, dans la biographie de l'illustre peintre d'Anvers, n'offrent aucun trait de similitude avec les groupes de Solesmes. Attitudes, expressions des figures, draperies des vêtements, tout diffère de style et de caractère.

IV. *Rétable de Géricourt*.

A propos de la restauration d'une crypte de Saint-Nicolas-du-Port, nous avons constaté qu'un rétable de Domjulien avait dû servir à en reconstituer les Apôtres. Or, de plus amples informations nous ont appris que l'église de Géricourt, près de Dompaire (Vosges), avait été visitée, dans le même but, par le sculpteur chargé de ce travail.

Le rétable de Géricourt, du même style et de la même main, offrait à l'œil exercé de M. Pierson, dans tous ses caractères iconographiques, le collège apostolique, tel qu'il avait été fait par le ciseau de Claude dans la basilique lorraine : saint Pierre avec ses clefs ; saint Paul, armé de son glaive ; saint Jacques le Mineur, chargé du bourdon et des coquilles du pèlerin ; saint Barthélemy, montrant le scalpel de ses bourreaux ; saint Jean, tenant le calice ; saint Thaddée avec la massue qui l'a frappé ; saint Thomas, l'équerre à la main ; saint Mathieu, présentant son Évangile ; saint André et saint Simon appuyés l'un sur sa croix, l'autre sur une scie ; saint Philippe et saint Jacques le Majeur, ayant tous deux entre les mains le livre de la doctrine et la palme du martyre, mais aux traits de l'un d'eux, on reconnaît le frère de saint Jean.

Les Vosges possèdent de nombreuses richesses artistiques, qui n'ont pas encore été étudiées. Bien souvent, en s'arrêtant à Contrexéville, devant un hôtel dont le Christ et les douze Apôtres, sculptés en reliefs, décorent la façade, les visiteurs Sanmihiellois se demandent si cette table aux baies et au réseau du XVIe siècle, n'est pas encore une œuvre de l'école?

V. *La porte Saint-Georges de Nancy.*

Avec le zèle infatigable et la sûreté de critique qui le distinguent, M. Léon GERMAIN scrute tous les monuments, toutes les archives, qui peuvent jeter quelque lumière sur les antiquités lorraines. Ses recherches viennent de restituer une gloire à la ville de Saint-Mihiel, en prouvant qu'elle est la patrie de frère Guillaume, l'illustre peintre-verrier, qui fut contemporain de Ligier Richier.

En même temps, il nous adressait ses études sur les portes de Nancy, avec des appréciations que nous nous empressons d'enregistrer avant de clore ce volume.

Dans ce dernier opuscule, il rétablit la vérité sur un fait qui honore singulièrement notre Jean Richier, l'artiste Nancéien.

La statue de saint Georges, qui domine la porte, passe pour l'œuvre de Florent Drouyn. Lionnois le constate; mais en affirmant que ce sculpteur dut *suivre le modèle fait par le dit Richier*. D'où il résulte que le dessin aurait été préparé par Jean Richier lui-même; que des circonstances aujourd'hui inconnues l'empêchèrent de l'exécuter, et que la substitution du ciseau ne fut nullement la conséquence d'un concours entre lui et Drouyn.

Mais cette statue n'est pas le seul ornement de cette porte, aussi remarquable au point de vue artistique qu'intéressante pour l'histoire de la capitale lorraine.

On y admire des sphinx et d'autres décorations, parmi lesquelles deux personnages; un *Mercure*, dont la main droite est brisée et qui porte dans la main gauche une corne d'abondance; une femme aux longs vêtements, qui tient de sa main gauche un caducée, emblême de la félicité (1). M. Germain pense que ce dernier personnage devait avoir, dans sa main droite, un rameau d'olivier. Insigne et main, tout ce côté est mutilé.

Or, en rapprochant ces sculptures des dessins que possède M. Morey, il est facile de constater la paternité commune qui relie ces œuvres.

Dans le même article, notre docte correspondant ajoute qu'il attribuerait volontiers au ciseau de Jean deux statues, que l'on remarque dans des niches de la seconde porte Notre-Dame, et qu'il ne craint pas de placer parmi les sculptures remarquables de Nancy.

VI. *Ligier Richier n'était point pauvre.*

Les voyageurs qui interrogent les habitants de Saint-Mihiel sur les traditions relatives à Ligier Richier, emportent tous cette idée qu'il était un artiste malheureux, luttant au jour le jour contre les exigences de la vie, et souvent contre les poursuites de créanciers inexorables.

Nous avons déjà fait justice de ces allégations sans fondements; mais elles trouvent le démenti le plus formel dans la somme des biens laissés par leur père à Gérard et à Bernardine.

C'est M. le Pasteur Bonnet (2) qui nous a transmis, par l'obligeant intermédiaire de M. Dannreuther, le texte très-intéressant de ces *partaige et accord*, qu'il a découverts dans les minutes du notaire Ragueau, de Genève (3).

---

(1) M. Germain nous avait signalé un dessin analogue dans la riche collection de M. Morey : il avait cru y voir une allégorie de la *médecine*, et nous avertit de son erreur.

(2) *Bulletin historique et littéraire*, 15 avril 1883.

(3) Vol. VIII, année 1566, p. 385.

Gérard eut pour sa part :

1º *Une cédulle de la somme de 2,000 livres tournoys, faicte au défunct par honnorable sire Estienne Trembley et ses compagnons, bourgeois et marchans de Genève, à la charge d'en paier le profict annuel, à raison de l'édict des très honnorés seigneurs.*

2º *Ung oblige de 200 escus soleil, receu et signé par le notaire.*

3º *Plus, la somme de 1,380 francs barroys, qu'est provenue de la vente d'un guagnage dict de la Croix sur Meuse, et des prés situez au banc de Treuve et au banc de la Baroche, le tout au pays de Barroys, et lesquels héritages estoient des biens provenus et appartenant à Dame Marguerite Royer, sa mère* (1).

Bernardine obtint de son côté :

1º *Une cédulle soussignée par noble Jehan Canal, citoïen et marchant de ceste cité de Genève, en date du 13º de janvier, 1565, par laquelle appert que ledit Canal doibt au dict défunct la somme de 500 livres tournoys.*

2º *Ung oblige receu et signé par égrége Neyrod, notaire de cette cité, du 28 de mars de l'an 1565, par laquelle appert que honnorable Paul Uoisin, citoien et marchant de Genève, doibt audit défunct la somme de cent escus d'or soleil, coing du Roy de France.*

3º *Plus, un oblige, receu et signé par moy dict notaire, le 13º de février, l'an 1566, par lequel appert que Laurens de Normandie doibt audict défunct la somme de 150 escus soleil, à cause de prest, et sur lequel oblige y a escript de la main du dict défunct que à ladicte Bernardine appartiennent 45 escus de la dicte somme.*

4º *Plus un oblige receu et signé par égrége Jehan Loys Blecheret, notaire de ceste cité, le 11º de décembre l'an 1564, par lequel appert que noble Claude de Chasteauneuf et noble Amied de Chasteauneuf doivent audict Léger Richer la somme de 531 florins, monnoye de Genève.*

5º *Plus une autre obligation, receue et signée par égrége Gas-*

---

(1) Treuve, que je crois être Troyon ; la Croix et les Paroches sont au nord de Saint-Mihiel, dans la vallée de la Meuse.

pard Anastaise, notaire de ceste cité, le 10ᵉ d'août 1566, par laquelle appert que noble François Mestrigat, bourgeois de Thonon, et noble Claude de Chasteauneuf, son beau-frère, doibvent audict défunct la somme de 100 florins.

6° *Plus ung obligé estant en parchemyn, faict par devant les seigneurs lieutenant et auditeur du droict de ceste cité, en date du 19ᵉ jour d'octobre l'an 1564, par lequel appert que dame Vilberte, vefve de feu Jehan Troullet, doibt audict défunct Léger Richer la somme de cent escus soleil.*

Si l'on tient compte de la valeur de l'argent à cette époque, on demeurera convaincu qu'une honnête aisance régnait au foyer de notre Richier.

Ses travaux avaient dû lui apporter leur rémunération : aussi, en s'éloignant de Saint-Mihiel, il laissait à Gérard, son fils, le soin de vendre la moitié de sa maison et des meubles, de percevoir les *fruicts, proficts, revenus et émoluments de quelques héritages,* de faire *rentrer des debtes.*

Une *quittance faite par honnorable Léger Richier en faveur d'honnorable Gérard Richier, son fils,* en date du 2 août 1566, se lit encore dans les minutes du notaire Ragueau (1).

Toutes ces circonstances sont loin de nous révéler un intérieur dans le dénuement, et un artisan ayant toujours maille à partir avec la justice.

---

(1) Vol. VIII, p. 385.

ÉPILOGUE.

A LA VILLE DE SAINT-MIHIEL.

A l'une des portes de la ville natale de Richier, les secousses de la nature ont dénudé sept falaises, dont les bases gigantesques ont inspiré les armoiries de la cité Sanmihielloise.

Sous des tours garnies de créneaux, entre deux aigles, un blason au *champ d'azur, porte trois rocs d'argent : posés, deux en chef et un en pointe*.

Couronnées et décorées du collier de Lorraine, les aigles soutiennent dans leurs serres une banderolle, sur laquelle se lit le mot d'ordre : *Donec moveantur! Jusqu'à ce qu'ils soient ébranlés*.

Ah! que j'aime ce cri de vos pères, habitants de Saint-Mihiel! Mais que cette devise de leur dévouement envers leurs souverains soit aujourd'hui l'expression de votre reconnaissance pour le prince de la sculpture chrétienne!.

Souvenez-vous toujours de Ligier Richier, oui, toujours, tant que vos falaises seront debout!

C'est votre Michel-Ange, dont l'énergique ciseau sait exprimer la vie, la mort, le mouvement, le repos; et toujours la structure du corps, la proportion des membres, le jeu des organes, la contexture des os et des muscles, tout est l'imitation la plus délicate de la nature la plus parfaite. Ah! souvenez-vous de lui!

Habitants de Saint-Mihiel, c'est votre Raphaël, dont la sensibilité, supérieurement douée, communique à la pierre, à l'argile et au bois, tous les mouvements du cœur humain; il sent les élans les plus nobles, pour les exalter; les passions les plus viles, pour les honnir; il suit l'âme dans toutes ses émotions, sans les exagérer jamais; il les peint au vif, à défier la nature. Ah! toujours, souvenez-vous de lui!

Oui, c'est Michel-Ange, oui, c'est Raphaël; c'est la force et la suavité, réunies ensemble à leur apogée. Mais pourquoi chercher en Italie, quand l'amour de la patrie l'a au plus vite rendu et pour longtemps attaché au sol natal? C'est notre Ligier Richier, le génie qui crée par lui-même et d'une main presque divine exprime un idéal où tout est surhumain, la conception du sujet, l'ingénieuse harmonie de l'ensemble, le fini dans les détails, la richesse dans la simplicité. Ah! tant que vos falaises seront debout, souvenez-vous de lui!

Souvenez-vous toujours de cet ange de la Renaissance, de son noble essor sur les ailes du Génie et de la Religion! Au milieu de son siècle qui, sous prétexte de réforme, se paganisait, il sut donner à la foi le charme de l'art et à l'art le parfum de la foi.

Tant que vos falaises seront debout, enfants de Saint-Mihiel, souvenez-vous de cette grande âme, de ses longues méditations sur le Calvaire, de sa tendre piété pour les mystères qui s'y accomplirent! Y eut-il jamais théologien plus sublime, orateur plus éloquent, poète plus inspiré? En face des rationalistes et des indifférents de tous les siècles, il mène les âmes catholiques au pied de la croix. Il leur révèle là combien Jésus les a aimées, combien elles lui doivent en retour de reconnaissance et de générosité.

Tant que vos falaises seront debout, enfants de Saint-Mihiel, méditez les deux pages sublimes que sa main vous a léguées. Il y instruit, il y console, il y fortifie, il y surnaturalise. Le Centenier et Véronique vous révèlent le secret de la méditation; Madeleine, la source des saintes larmes; Nicodème et Joseph, la liberté chrétienne, que le respect humain ne saurait arrêter; Salomé, sa mère et son aïeule, les merveilles de la Charité qui agit; saint Jean, les droits de la pureté sur les cœurs de Jésus et de Marie. L'Ange nous y prouve que jamais le ciel n'abandonne la terre; la Reine des Martyrs vous y redit tout l'amour de son cœur, qu'elle veut bien partager entre son fils et vous.

Tant que vos falaises seront debout, habitants de Saint-Mihiel, gardez les saintes images que le ciseau de Ligier a taillées pour vous; gardez-les, sans permettre jamais à des mains sacrilèges d'en briser un fragment. Si quelque Judas osait vous proposer d'échanger votre Christ, sa Mère et ses disciples pour des pièces de monnaie; quelles que soient les offres de ces Ismaélites, méprisez leur argent, gardez votre trésor.

A la vue du SÉPULCRE et de la VIERGE DE PITIÉ, souvenez-vous des merveilles que le travail et la patience vivifiés par les convictions religieuses, ont toujours su produire. Aussi, sans écouter des réformateurs qui tuent, gardez comme un précieux héritage de Ligier, le courage du travail, la vie de la foi, l'amour de la sainte Église. Comme lui, ayez toujours en vue Dieu, les âmes, le temple de la terre et celui du ciel. Un jour, l'Ange du Jugement ébranlera les bases de vos falaises et les fondements du monde, mais les œuvres inspirées à l'école de la Religion ne périront point; leur récompense est éternelle.

Cependant, n'y a-t-il pas pour son pays, pour sa ville natale, une dette de reconnaissance, qui ne se paie pas seulement par un bon souvenir? Oui, certes, cette dette réclame autre chose que des notices, si artistiques et si élogieuses qu'elles soient.

On voit avec quel légitime orgueil, les Sanmihiellois invitent les dessinateurs, les photographes et les sculpteurs, à reproduire les œuvres de Ligier Richier. Mais là ne se bornent pas les obligations d'une cité envers le plus illustre de ses enfants.

M. Lepage termine sa notice sur Richier par quelques lignes, dont la sécheresse a, ce me semble, une certaine pointe d'ironie.

« *On remarque*, dit-il, *sur une des places publiques de Saint-Mihiel, un monument élevé à la gloire de Richier. C'est une fontaine, surmontée d'un vase, et l'inscription suivante prouve le pieux respect que les habitants portent à la mémoire du grand artiste :* A LIGIER RICHIER, QUI SCULPTA LE SÉPULCRE EN 1536, SES CONCITOYENS RECONNAISSANTS. 1836. »

Ce centenaire, bien hasardé quant à la fixation de son époque, n'eut d'autre cérémonial que la pose d'un marbre mesquin, sur une pierre taillée par les maçons de la ville, et l'érection d'une urne aussi pauvre qu'insignifiante, puisque, fondue dans le moule le plus simple, elle demeure éternellement sèche des eaux, que deux tuyaux inférieurs laissent tomber à regret dans une vasque toute commune.

Oh ! non ! ce n'est pas là un monument élevé à la gloire de Richier ! Ce n'est pas là un témoignage de pieux respect.

Ce qu'il y avait de vulgaire dans ce bloc et cette urne, tous les compatriotes de Ligier le sentirent ; aussi, dans des protestations qui leur font honneur, ils affirmèrent que ce ne pouvait être là qu'une première pierre d'attente, et que dans un avenir non éloigné on élèverait un monument, digne à la fois d'une ville aussi heureusement dotée des biens de la fortune et des œuvres glorieuses du plus illustre des Sanmihiellois.

En 1846, enfant de Saint-Mihiel, heureux de redire dans une séance solennelle de la Société des Sciences et des Belles-Lettres à Orléans, les titres de Richier à l'admiration des siècles, M. le Dr Denys faisait un appel à son pays natal, à toute la Lorraine.

Il voulait qu'au moins un buste fût élevé à la gloire de Ligier Richier (1).

---

(1) *Mémoires sur le Sépulcre*, p. 47.

« Si, comme il faut le croire d'après la tradition, Richier,
» à l'exemple des artistes de l'époque, s'est consigné dans son
» œuvre avec une impartialité naïve et dans la prévision
» peut-être de ce qui devait arriver un jour, croit-on que ce
» génie se soit fait une assez forte part d'éloges pour le laisser
» couvrir de poussière et d'oubli? Croit-on qu'il lui suffise
» de l'honneur qu'il s'est fait lui-même en prenant soin de
» nous léguer son portrait, sous les traits d'une belle et mé-
» lancolique figure d'ange? »

Et l'éminent rapporteur réclame que la patrie de Ligier lui élève sur la place publique un bronze légitimement dû à sa mémoire.

Dans une réunion de la Société *Foi et Lumière à Nancy*, M. J. Bonnaire, dont nous connaissons l'enthousiasme pour notre grand artiste, lut des stances lyriques, dont beaucoup furent applaudies, mais en particulier celles où il réclamait en son honneur un monument commémoratif.

FIN DES RICHIER ET LEURS ŒUVRES.

TABLE DES MATIÈRES.

Chapitres.	Pages.
I. Introduction	1
II. Origine de Ligier Richier et de ses frères	5
III. Voyage des Ligier à Rome	9
IV. Les Richier à Rome	12
V. Retour de Ligier et de Claude en Lorraine	17
VI. Le Calvaire à Hattonchâtel	24
VII. Rétable de l'Assomption, à Verdun	41
VIII. Le Calvaire, à Bar-le-Duc	47
IX. Le bon Dieu de Pitié, à Etain. — Maquette de ce groupe	56
X. La Madeleine, à Clermont-en-Argonne	64
XI. Le bon Dieu de Pitié, à Bonzée	68
XII. Ligier Richier et la Famille ducale	73
XIII. Le groupe de l'église abbatiale, à Saint-Mihiel. — Chapelle de Loupvent. — Le Crucifix	78
XIV. OEuvres de Claude Richier, à Génicourt. — Maquette à Bar-le-Duc	89
XV. La maison de Ligier Richier. — Le plafond, la cheminée	101
XVI. Quelques œuvres de Jean Richier. — Jubé de Saint-Mihiel. — Calvaire de Troyon. — Samaritaine. — Christ de Nancy. — Groupe du séminaire de Nancy	107
XVII. L'Assomption, à Kœur	115
XVIII. Travaux dans l'église paroissiale de Saint-Mihiel. — Clefs de la voûte. — Rétable. — Sainte Lucie. — Sainte Marthe. — La Visitation. — Saint Eloi. — Blason des Wassebourg	118
XIX. Statue de saint Aubin, à Moëslains	128
XX. Le Squelette de Bar. — Tête de mort de Verdun	131
XXI. Saint-Nicolas-du-Port	140

CHAPITRES.	Pages.
XXII. Tombeau de la reine Philippe	143
XXIII. Tombeau de Réné de Beauvau	149
XXIV. Bas-reliefs de Neufchâteau	152
XXV. Les Gros-Saints de Solesmes	162
XXVI. Rétable de la Pâmoison, à Solesmes	175
XXVII. Ensevelissement de Marie, à Solesmes	184
XXVIII. Assomption de la Vierge, à Solesmes	194
XXIX. Triomphe de la Vierge sur Satan	206
XXX. Débris d'un groupe, à Solesmes	213
XXXI. Chapelle du Sépulcre du Christ, à Solesmes. — Les Larrons. — Les saintes Femmes. — La Madeleine. — Le massacre des Innocents	220
XXXII. Chapelle des Princes, à Bar-le-Duc. — Plinthe de Saint-Maxe. — Tête du Christ. — Têtes de saint Jérôme et de saint Grégoire. — Tête de saint Jean-Baptiste. — L'Enfant Jésus	227
XXXIII. Le jugement de Suzanne. — Les Chérubins	235
XXXIV. Jésus bénissant les enfants	240
XXXV. Le Sépulcre de Saint-Mihiel. Aperçu général	246
XXXVI. Personnages du premier plan du Sépulcre	253
XXXVII. Personnages du second plan du Sépulcre	258
XXXVIII. Autres personnages du Sépulcre	262
XXXIX. Résumé général du Sépulcre	277
XL. Historique du Sépulcre. Maquette de ce groupe	283
XLI. Fin de Ligier Richier et de ses frères	298
XLII. École de Ligier Richier	303
XLIII. OEuvres de Gérard Richier. — Ses cheminées	312
XLIV. OEuvres de Gérard Richier. — Autres œuvres	328
XLV. OEuvres de Joseph Richier	338
XLVI. OEuvres de Jean Richier	350
XLVII. OEuvres de Jacob Richier	364
XLVIII. Découvertes plus récentes. — Monument de Richard de Wassebourg. — Saint-Nicolas-du-Port. — Bas-relief de Domjulien	370
XLIX. Les Richier et la Réforme. — L'Enfant Jésus. — Les Gros-Saints de Solesmes. — Le Rétable de Domjulien. — La Porte Saint-Georges. — Ligier Richier n'était point pauvre	385
ÉPILOGUE	399

PREMIÈRE NOTE.

Phototypies.

Page 16. *Le Portrait de Ligier Richier*, dessin de M. Pierson, statuaire à Vaucouleurs (Meuse).

Page 78. *Notre-Dame de Pitié*, photographie du même artiste.

Page 131. *Le Squelette*, photographie de M. Boquet, à Bar-le-Duc.

Page 185. *L'Ensevelissement de Marie*, photographie de M. Karren, à Caen.

Page 246. *Le Sépulcre de Saint-Mihiel*, photographie de M. Charpin, à Saint-Mihiel.

Toutes les phototypies sont de M. André Quinsac, de Toulouse.

Les lecteurs qui désireraient des photographies des autres compositions exécutées par Ligier Richier et les artistes de son école, peuvent les obtenir par l'intermédiaire de l'auteur de l'ouvrage.

DEUXIÈME NOTE.

Le lecteur comprendra que l'auteur de ces pages ait apporté plus de soin aux études qui avaient pour objet les œuvres du grand imagier lui-même et de ses frères. Leur ciseau a quelque chose de plus poétique, qui inspire facilement la plume.

En descendant, l'école du maître perd de son parfum, et l'historiographe, qui en relate les compositions, doit souvent se contenter d'une nomenclature, qui n'intéresse guère que les archéologues.

ERRATA.

Page 10, ligne 36, *au lieu de :* où   *lisez :* ou.

Page	Ligne	Au lieu de	Lisez
18,	15,	du coin	au coin.
60,	16,	PRÉS	PRIÉS.
83,	4,	a	la.
89,	8,	toutes	presque toutes.
151,	18,	intrinsèques	extrinsèques.
171,	15,	*faleor*	*fateor*.
179,	28,	Conture	Couture.
181,	27,	Carlier	Cartier.
186,	3,	Carlier	Cartier.
188,	19,	Barreau	Bureau.
189,	13,	de	ce.
191,	29-30,	en particulier et	et en particulier.
250,	34,	fait	faite.
254,	35,	ciseau	talent.
299,	16,	Houjelot	Houzelot.
307,	1,	1572	1567.
315,	19,	ne devait plus travailler,	ne travaillait plus.
318,	dernière,	1572	1567.
331,	8,	31 ans	36 ans.
332,	1,	médaillons	modillons.
341,	31,	réalisant	réalisent.
373,	23,	pietalis	pietatis.
376,	28,	ou	au.

— 306. Le lecteur trouve seulement à la fin du volume les lignes qui concernent un monument commémoratif à ériger en l'honneur de Richier.

— 309. Des documents plus récents annulent les lignes 12, 13, 14.

BAR-LE-DUC, IMPRIMERIE CONTANT-LAGUERRE.

www.ingramcontent.com/pod-product-compliance
Lightning Source LLC
Chambersburg PA
CBHW050917230426
43666CB00010B/2205